"自主"涵养品质

基于核心素养培育背景下学生自主活动的实践研究

主　编◎李　群

副主编◎朱哲明　金向敏　吴庆春　李道军

上海社会科学院出版社
SHANGHAI ACADEMY OF SOCIAL SCIENCES PRESS

图书在版编目(CIP)数据

"自主"涵养品质：基于核心素养培育背景下学生自主活动的实践研究 / 李群主编. —上海：上海社会科学院出版社，2021
 ISBN 978-7-5520-3679-4

Ⅰ.①自… Ⅱ.①李… Ⅲ.①活动课程—教学研究—中学 Ⅳ.①G632.3

中国版本图书馆CIP数据核字(2021)第179444号

"自主"涵养品质
——基于核心素养培育背景下学生自主活动的实践研究

主　　编：李　群
副 主 编：朱哲明　金向敏　吴庆春　李道军
责任编辑：路　晓
封面设计：徐　蓉
出版发行：上海社会科学院出版社
　　　　　上海顺昌路622号　邮编200025
　　　　　电话总机 021-63315947　销售热线 021-53063735
　　　　　http://www.sassp.cn　E-mail: sassp@sassp.cn
照　　排：南京理工出版信息技术有限公司
印　　刷：上海颛辉印刷厂有限公司
开　　本：710毫米×1010毫米　1/16
印　　张：26.25
字　　数：423千
版　　次：2021年11月第1版　2021年11月第1次印刷

ISBN 978-7-5520-3679-4/G·1122　　　　　　　　　定价：88.00元

版权所有　翻印必究

序

十年磨一剑，三载历苦辛，吴迅中学《"自主"涵养品质》专著终于出版了！向李群校长领导的吴迅中学教科研团队表示由衷的祝贺！向奋发有为的吴迅中学广大师生致以由衷的敬意！

2021年4月，在吴迅中学李群校长的邀请下，我参加了学校的区级重点课题"核心素养培育背景下学生自主活动的实践研究"结题成果汇报会。这场汇报给我留下了深刻而美好的印象。汇报会充盈着倾听、观察、感受、融入、思考和交流的科研氛围，每一位汇报的老师都彰显着积极、进取而又从容、恬淡的气质风度。我不由地感叹：这就是学校教育科研应该有的样子，就是每一位教师应该过的专业生活。因此，当李群校长嘱我为本书作序时，虽觉得自己资历不深，应坚辞不受，但又觉得与吴迅中学教研工作有缘，欣赏李校长带领的科研团队踏实扎实务实的工作作风，为之作序，亦不失为一次好的学习机会，写点体会感受，似乎情当如此、理当如此。

本书呈现了吴迅中学于2017年启动的为期三年的"核心素养培育背景下学生自主活动的实践研究"区级重点课题的研究成果，包含了课题研究报告和教师教科研论文案例等。细读之下，我感触渐深，对学校的科研之路有了更加详细而深刻的了解，也有了更多的共鸣。

书名中的"自主"二字，正是课题的核心词。人之立世，最要紧的莫过于"自主"。教育的使命就是要把人培养成为自我发展的承担者。一个人能承担自己的人生，才能担当起家庭、社会赋予的责任，担当起中华民族伟大复兴的历史重任。

人民教育家陶行知先生极力主张培养具有自主特质的一代新人，"流自己的汗，吃自己的饭，自己的事情自己办，靠人、靠天、靠祖上，不算是好汉"。这样的教育思想在今天仍然有着深刻的现实意义。特别是青年人中出现了"啃老族""空心人""佛系""躺平"等现象，自主的人格特质就显得更加重要。自主能力的培养是符合人的发展规律的，"自主"之人有勇气做真正的自己，坚定屹立，永不言弃，能够活出生命的意义和价值。2014年,教育部《关于全面深化课程改革 落实立德树人根本任务的意见》首次提出"核心素养"概念,吴迅中学把准教育发展脉搏,认为通过聚焦学生核心素养的培育,借助多种方法,研究教师应该如何设计与实施以提高学生的自主发展素养,是当下核心素养培养的教育大趋势;通过鼓励学生自主活动,学会学习和健康生活,才得以达到发展学生核心素养的目标,得以为学生核心素养培育闯出一条新路。2017年,浦东新区教育局把瑞和路校区设为吴迅中学高中部,一校两址,为初高中的发展提供了良好的硬件条件;2018年,初中部成为上海市强校工程实验校,并加入了华二浦东教育集团,由此吴迅中学迎来新的发展机遇。吴迅中学直面机遇与挑战,秉持学校教育科研是为解决问题摆脱困境而谋,为学校、教师和学生发展而生的理念,迎难而上,因地制宜,打开格局,以课题研究为学校发展谋篇布局。

　　本课题从四个层面有序开展:以培育核心素养为背景的学生自主活动的目标体系及其类型的研究;以培育核心素养为背景的学生自主活动课程建设和实施的研究;以培育核心素养为背景的对学生自主活动的实践指导的研究;以培育核心素养为背景的对学生自主活动评价方法的研究。吴迅中学结合"提供适合的教育,成就学生的成长"的办学理念,以让每一个学生成为有"信心、毅力、自爱、责任"的"有为学子"为育人目标,对"核心素养培育背景下学生自主活动"进行校本化解读,确定"学会学习"和"健康生活"两个一级目标及"乐学善学"等八个二级目标。学校确立自主活动课程的建设目标是规范建设、效率建设、特色建设和助力建设,建成指向学生未来发展,为每一个学生提供各种学习经历、适应学生发展内在需要的、轻负担、高效益、多类别、分层次、个性化的、能体现时代特征和校本特色的自主活动课程体系。学校在三类课程实施中,要求师生在语言人文、科学与艺术、体育与健康、社会与生活、实践与创新等学习领域中,充分体现学生的自主性、能动性。通过课程实施,让学生具有健全的人格、健康的身心、扎实的基础知识、合理的能力结构。课题组在教学第一线采集了大量的教育教学案例,进行了细致的分析,总结了宝贵的经验,提炼成了规律性认识。在课题实施过程中,基于选取的核心素养八个基本要素,学生自主活动实行多元评价,建立了有着吴迅中学校本特色的学生自主活动评价体系。课题研究呈现出覆盖面广、指导性强的特色。

　　本书第二部分汇集了吴迅中学教师撰写的优秀教育教学论文及案例。窥斑见豹,呈现出学校课题在实施过程中全面推动、全员参与、整体设计的特点,是真研究、真成效。字里行间,让我感受到吴迅中学来自学生、课程、教师诸多方面的巨大进步。进步产生动力,动力推动新的进步,在这种良性循环中吴迅师生在课题研究实践中形成的"有为"行动链逐渐显现:从个人发展和学校发展的"心动"到"行动",从"驱动"到"自动",由"愿为—敢为"到"能为—善为",实现了认识与实践的双向互动,从而达成了"有为"愿景。

教育活力是一种状态,是一种动力机制。以科研先行,以科研引领,是慢功夫,20年来,以"关爱""自信""主动""有为"和"自主"为关键词的吴迅中学龙头课题已形成系列课题链,呈现出"连续性""衔接性""广泛性"和"发展性"的显著特点,"有为教育"之树日渐枝繁叶茂,吴迅中学能耐得寂寞,旨在融化坚冰,其从慢速起步、不断加速的研究心态让人敬佩。

如今,我们看到一个"教师才智不断涌流,学生活力竞相迸发"的吴迅中学,我们有理由相信,吴迅中学的明天更美好。

上海市浦东教育发展研究院院长 李百艳

前言　师生生命双向的流注

上海市吴迅中学　李　群

培养学生的核心素养已成为当前讨论教育问题的"新焦点",被置于深化课程改革、落实立德树人目标的基础地位,"素养比分数更重要,只看分数赢不了人生'大考'",正成为教育工作者的共识。

于是如何培养学生核心素养问题就成为一个大家探讨的热点,近几年研究成果频出。但我们发现,在现有的研究成果中,存在着关于核心素养培育的理论认识深刻,但联系教育教学实际少,操作实践被边缘化的不足;也见到了不少囿于某一学科素养培育的研究成果,但对学校整体发展的指导有着较大的局限性的状况。

我们认为,人具有自主活动的本质,自主活动是人的主体性的表现,是人发展的内在动力。核心素养的培养必须通过学生"自主参与""自主活动"的途径才能发挥最大效能,于是"基于核心素养培育背景下学生自主活动的实践研究"就成了我校研究的紧迫课题。

教育活动中的"人"包括学生和教师两个群体。除了学生的自主参与之外,教师对学生自主活动的引导也至关重要。所以3年来,我校大多数教师都参与了本课题的研究。我们通过聚焦学生核心素养的培育,借助多种方法,研究教师应如何设计与实施学生自主活动来唤醒和激发学生的内驱力,以提高学生的自主发展素养;通过鼓励学生自主活动——学会学习和健康生活,发掘自身潜力,以达到发展学生核心素养的目标。我们在自主活动的目标体系与架构、课程建设与实施、教育实践与研究、评价与案例分析、自主活动调查研究、基础保障与成效、主要措施与问题讨论等方面取得了一些成果。它们在本研究报告中都有着充分的反映。

在3年的研究过程中,我们采用了多种研究方法,进行了大量的观察、实验、调查,获取了大量客观材料和教学案例,在此基础上再采用归纳、总结等方法,获得侧重经验、贴近现实的研究结论,是一次成功的实证性研究。这次研究覆盖了我校学生发展、教师专业能力提高、有为课堂、有为课程开发等学校工作的方方面面,具有新视角,具备新内容,对学校工作具有非常重要的指导作用。

这是一次针对真问题、开展真研究、收到真效果的研究实践。本课题的实施,对我校的学生、课堂、课程、教师等方面已经产生了明显的良性影响。

我们真切地感受到,通过自主活动培育学生核心素养的教育教学途径,是一场培育核心素养执着不弃的修行,是师生心与心的交流,也是培养学生志趣广博、教师教育生命丰盈的过程,更是师生合力化育、共赢未来的奋斗,是师生互促共进、生命双向的流注。

目 录

序　/ 1

前言　师生生命双向的流注　/ 李　群　/ 1

研究报告——基于核心素养培育背景下学生自主活动的实践研究

第一章　绪论　/ 3
　　一、问题提出与研究意义　/ 3
　　二、文献综述与研究思路　/ 7
　　三、研究基础与研究内容　/ 16

第二章　基于核心素养培育背景下学生自主活动的目标体系与架构　/ 18
　　一、校情分析　/ 18
　　二、目标体系　/ 20
　　三、架构与内容　/ 22

第三章　基于核心素养培育背景下学生自主活动的课程建设与实施　/ 26
　　一、课程建设　/ 26
　　二、课程实施　/ 30

第四章　基于核心素养培育背景下学生自主活动的教育实践与研究　/ 36
　　一、学会学习　/ 36
　　二、健康生活　/ 77

第五章　基于核心素养培育背景下学生自主活动的评价与案例分析　/ 99
　　一、评价原则　/ 100

二、评价类型　／ 102
　　三、评价主体　／ 103
　　四、评价量表　／ 105
　　五、评价案例　／ 109
第六章　我校学生核心素养与自主学习活动调查研究　／ 123
　　一、调查目的　／ 123
　　二、调查对象　／ 123
　　三、调查内容　／ 123
　　四、调查数据与分析　／ 125
　　五、调查结论　／ 165
第七章　基于核心素养培育背景下学生自主活动的基础保障与成效　／ 168
　　一、核心素养背景下学生自主活动的基础保障　／ 168
　　二、基于核心素养培育背景下学生自主活动的初步成效　／ 184
第八章　基于核心素养培育背景下学生自主活动的主要结论与讨论　／ 206
　　一、基于核心素养培育背景下学生自主活动的主要结论　／ 206
　　二、基于核心素养培育背景下学生自主活动的相关讨论　／ 210
主要参考资料　／ 211
主要附件目录　／ 211

教育教学专业研究

校园心理剧在改善中学生同伴交往中的应用研究　／彭程程　／ 215
"一朵云"推动"另一朵云"——以初中语文云课堂为例　／于晓莉　／ 226
找"自己"——核心素养培育背景下学生自主活动"勇于探索"的实践
　　研究　／姜　毅　／ 234
自主活动语境中整本书阅读的实践研究——以五四学制六年级
　　《呼兰河传》导读的设计与实施为例　／万　玮　／ 238

字间响惊雷　碎语定乾坤——以《鸿门宴》为例浅谈学生自主阅读
　　方法　/ 李道军　/ 250
思想政治课中有效培养学生核心素养的实践与探索——以"高一金融
　　知识教学为例"　/ 赵　刚　/ 261
在信息技术的支持下从浅层学习走向深度学习——以上海高中英语
　　课堂为例　/ 王丽曼　/ 277

教育教学典型案例

课堂因活动而精彩——劳动技术课堂中"学生自主活动的实践与探索"
　　案例　/ 金向敏　/ 291
爱在心中,口好开——《校荣我荣,爱我吴迅》初一(1)班班会课自主教学
　　案例　/ 王　萍　/ 296
缘何"昙花一现"——一次"自主学习活动"的"成"与败　/ 吴庆春　/ 303
从单词"good"谈起,激发学生写作思维——"How to improve your writing"
　　教学案例　/ 宋　飞　/ 308
一分钟故事——英语分层拓展课案例　/ 瞿　婧　/ 314
语文教学:不是缺少美,而是缺少发现——《再别康桥》教学案例
　　分析　/ 陈春华　/ 318
设计自主复习方案　提高复习有效性——《现代文阅读——句段的作用》的
　　自主复习方案设计　/ 钱小燕　/ 323
音乐,有你而精彩——《青春舞曲》教学案例　/ 张　燕　/ 326
浅谈初中数学教学有效性的实施策略及案例　/ 李雪绫　/ 330
整本书自主阅读为学生积淀人文底蕴——以《骆驼祥子》整本书阅读
　　为例　/ 钱小燕　/ 338
"情境"引"探究"　"探究"促"自主"——初三化学课堂情境创设的案例
　　分析及启发　/ 王　瑛　/ 343

生活皆"数" 宜"境"至动——以初中数学情境创设激发活力
　　为例 / 陆天依 / 350

激荡教育活水,启程生命修行——我与学生共成长 / 方依琳 / 359

我是活力课堂的"变身人"——以一节初中数学公开课为例 / 孙 婧 / 365

破局后的困惑——历史"活力课堂"漫笔 / 罗舒璃 / 373

以"现场"为管　窥"活力"之斑——漫谈教育活力 / 张爱华 / 381

初中生英语朗读能力培养的实践 / 吴丹青 / 389

由内及外　展示自我 / 唐璐敏 / 397

高效化学课堂的"有为"与"无为"——以《从海水中提取溴和碘》
　　为例 / 傅佳艺 / 402

后记 / 407

研究报告

——基于核心素养培育背景下学生自主活动的实践研究[①]

[①] 浦东新区教育科学研究区级重点课题研究成果。课题负责人:李群。课题组主要成员:朱哲明、金向敏、丁林华、吴庆春、李道军、邱凤、张敏、钱小燕、倪菊红、万玮、王瑛、宋飞、罗舒璃、赵刚。

第一章 绪论

一、问题提出与研究意义

(一) 研究问题提出

通过文献和实践比较研究,我们发现关于学生核心素养和自主活动的理论和实践存在矛盾,即存在理论认识充分、实践边缘化问题。例如,辛涛在《基于核心素养的教育改革实践途径与策略》一文中指出,教师在日常教育教学中需要转换角色,重点落实在:第一,由"抽象知识"转向"具体情境",注重营造学习情境的真实性;第二,由"知识中心"转向"能力(素养)中心",培养学生形成高于学科知识的学科素养;第三,由"教师中心"转向"学生中心",促进学生增强主动学习和合作学习的意识与能力。提高学生学习的主动性就是要把教学中心由"教"转向"学"。

我们通过研究发现,在具体的实践操作中,学校仅仅停留在对"不仅仅是放手让学生自学"的观念的辨析上。该观念虽然已经得到广大教育者的认同和重视,但在实际操作时却表现出一种边缘化现象,并没有被广泛应用于实践教学之中。通过研究学校在此领域的实践发现,自主活动的实践还是集中在学习方式的转变上,例如大量的研究放在合作学习、研究性学习上。但是,依照核心素养的相关内涵看,我们还需要关注学习意识和自我评估的研究,还需要关注健康生活中的自主管理等。相对来说,教育实践界对自主活动的应用研究比较薄弱,主要体现在片断、零散的研究多,系统研究少。

吴迅中学50年的办学历程,凝练与积淀了"信心、毅力、自爱、责任"校训。在秉持学校教育科研是为解决问题摆脱困境而谋,为学校、教师和学生发展而生的理念指导下,近 20 年来,以"关爱""自信""主动""有为"和"自主"为关键词的吴迅中学的龙头课题已然形成系列课题链(见图 1-1),呈现"连续性""衔接性""广泛性"和"发展性"的显著特点,"有为教育"之树日渐枝繁叶茂。

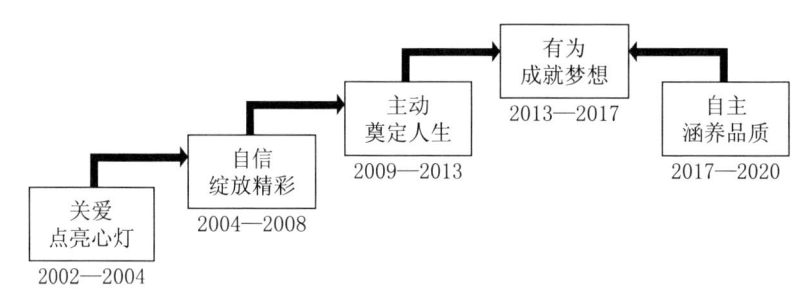

图 1-1 上海市吴迅中学 2002 年至 2020 年区市级系列课题链

在开展系列课题研究(见表 1-1)的过程中,我们将"关爱"置于每个吴迅学子的心中,呵护自尊,培养"自信",使其不断获得"主动"发展的能力,促进了学生"有为"和"自主"发展的理念,使其深深根植于吴迅人心中,凸显了学校内涵发展的特色。

表 1-1 上海市吴迅中学 2002—2020 年区市级系列课题简要介绍表

时 间	课题名称	级别	简 述	奖 励
2002—2004 年	学生弱势群体的成因和对策研究	区重点	面对学生弱势群体,以"关爱"点亮心灯为主题的实践探索,以一己之力帮助学生,并让学生快乐地成长	原南汇区首届科研成果评比二等奖
2004—2008 年	农村普通完中学生自信心培养的策略研究	区重点	面对学校困境,师生自信心缺失的情况,以"自信"绽放精彩为主题的研究,积极的校园文化和内涵底蕴初步显现	浦东新区第六届科研成果一等奖
2009—2013 年	农村普通完中自我主动发展能力的实践研究	市级	面对学生被动学习的状况和学生的不良学习习题,以"主动"激发潜能为主题的行动研究,提高了学生主动发展的能力,促进了教师队伍整体素质的提升	浦东新区第七届科研成果二等奖

续表

时 间	课题名称	级别	简 述	奖 励
2013—2017年	农村普通完中开展有为教育的实践研究	区重点	面对学生的不良学习习惯,突出学生主体地位,从"教"和"学"两个方面成就学生"有为"的教育实践,进一步凸显学校内涵发展的实践研究开展实施	浦东新区第九届科研成果一等奖
2017—2020年	基于核心素养培育背景下学生自主活动实践研究	区重点	基于"为每个学生全面个性的发展提供适合的教育"之理念,实施核心素养培育,促进学生主动发展	

通过系列化课题的研究和实践,学校积极打造"有为"文化,提出了"让学校成为师生有为的地方"的办学愿景,引导师生通过自身的努力有改变、有进步、有发展,获得成功体验和持续的成长。

但是在社会对学校教育提出高标准、抱有高期望的同时,吴迅中学学生的学习基础比较薄弱,学习行为和学习习惯不尽如人意,学生家庭教育环境不理想,学校整体的教学质量很难获得提高。同时,学校课程整体设计还需进一步完善,通过优化国家课程的实施,促进学校课程特色的形成。教师队伍发展不平衡,部分教师的教育教学观念、教学方法依然比较陈旧,对教育的本质、新的课程观以及以学生发展为本的课程理念还缺乏较深的认识,教学有效性不高。上述难点和问题的突破需要学校系统地做出回应。

(二) 课题研究意义

1. 本课题研究的理论价值

(1) 开展自主活动,有利于发展学生自主管理的能力,学会学习和健康生活。在我们所能查阅到的文献资料中,以林崇德教授为核心的研究团队在《21世纪学生发展核心素养研究》中指出,核心素养理论经历了以"德性"为主要观点的传统理论,到以"能力"为主要观点的近现代理论,至20世纪90年代以来的以"素养"为主要观点的当代理论的发展历程。特别是人的素质(天赋)有所不同,素养不是与生俱来的,个体有一个形成、发展和逐渐趋于成熟的动态过程,即个体的核心素养是在动态的教育过程中不断丰富和发展起来的。

在核心素养中,自主发展是其中三大素养之一。自主性是人作为主体的根本属性。自主发展重在强调能有效管理自己的学习和生活,认识和发现自我价值,发掘自身潜力,有效应对复杂多变的环境,发展成为有明确人生方向、有生活品质的人,成就出彩人生。具体而言,有两个子素养:一是学会学习。主要是学生在学习意识形成、学习方式方法选择、学习进程评估调控等方面的综合表现,具体包括乐学善学、勤于反思、信息意识等基本要点。二是健康生活。主要是学生在认识自我、发展身心、规划人生等方面的综合表现,具体包括珍爱生命、健全人格、自我管理等基本要点。

(2)开展自主活动,有利于增强学生学习的自主性。主体教育理论认为,人具有自主活动的本质。人的自主活动是人的主体性的表现,是人主体性的活动。它是历史发展的内在动力。自主活动表现为每个人要求把自己的才能总和发挥出来。因此,充分调动学生自觉学习、主动学习、学会学习的积极性,培养学生的学习能力和学习方法,已成为现代教育的一个本质要求。

因此,本课题研究的理论价值就是围绕核心素养中学生发展领域的部分关于自主发展的核心要素,以学生自主活动为载体,唤醒和激发学生的内驱力,使学生自主参与教育教学活动,展现自己的才能,提升和培育自身的核心素养,实现美好的人生追求。

2.本课题实践意义和可操作性

学生自主活动有利于强化学生的主体性。学生的核心素养的培育可以从认识自我、挖掘自我和在自主活动中实现。在自主活动中,学生处于主人的地位:在课上,他可以占有一席之地,驾驭自己的思维,发现问题、提出问题、探索问题,解决问题;在课外,他可以从自己的兴趣爱好出发,从事游戏、运动、娱乐、学习、劳动、交往等活动,每个人都可以在任何领域内充分显示自己的个性和能力。由于潜能有了释放的时空,学生的主体性就会在活动过程中得到强化。

二、文献综述与研究思路

(一) 学界研究综述

1. 核心素养的文献综述

学界关于核心素养的文献综述主要围绕概念、类型结构以及如何发展等方面展开。

（1）核心素养的概念。

第一，国内学界关于核心素养的研究。《人民教育》曾有论述，核心素养"不同于一般意义的'素养'概念，'核心素养'是指学生应具备的适应终身发展和社会发展需要的必备品格和关键能力，突出强调个人修养、社会关爱、家国情怀，更加注重自主发展、合作参与、创新实践。从价值取向上看，它'反映了学生终身学习所必需的素养与国家、社会公认的价值观'。从指标选取上看，它既注重学科基础，也关注个体适应未来社会生活和个人终身发展所必备的素养，不仅反映社会发展的最新动态，同时注重本国历史文化特点和教育现状"。核心素养不是只适用于特定情境、特定学科或特定人群的特殊素养，还是适用于一切情境和所有人的普遍素养。

核心素养既是一种跨学科素养，也是知识、技能和态度等的综合表现。它是知识、能力、态度或价值观等方面的融合，既包括问题解决、探究能力、批判性思维等"认知性素养"，又包括自我管理、组织能力、人际交往等"非认知性素养"。更重要的是，核心素养强调的不是知识和技能，而是获取知识的能力。

此外，成尚荣教授在《基础性：学生核心素养之"核心"》一文中，把"核心"解释为基础。他说，"核心素养之'核心'应当是基础，是起着奠基作用的品格和能力。是'核心'的基础性决定着核心素养的内涵、重点和发生作用的方式。因此，完全可以说，核心素养就是基础性素养"。他在文中还强调了核心素养的基础性是随着社会的发展而发展的，所以说，核心素养是发展的概念，既可以表述为"学生发展核心素养"，还可以表述为"学生核心素养发展"。

总之，"发展"二字不能省略，"发展"应是核心素养的生命力之所在。褚宏启教授则更加具体地谈到了"21世纪核心素养",认为21世纪素养分为三大类:一是学习与创新素养,包括批判性思考和解决问题能力、沟通与协作能力、创造与革新能力;二是数字化素养,包括信息素养、媒体素养、信息与通信技术素养(ICT素养);三是职业和生活技能,包括灵活性与适应能力、主动性与自我导向、社交与跨文化交流能力、高效的生产力、责任感、领导力等。

第二,国外学者关于核心素养的定义。 张娜在《DeSeCo项目关于核心素养的研究及启示》中提到,DeSeCo项目团队认为:"首先,核心素养是对每个人都具有重要意义的素养,并且这些素养是能够发展与维持的。其次,核心素养是帮助个人满足各个生活领域的重要需求并带来益处的素养。再次,核心素养是有益于实现预期结果的素养。"在此基础上,DeSeCo项目团队明确了核心素养的内涵:"核心素养是指覆盖多个生活领域的,促进成功的生活和健全的社会的重要素养。"

(2) 核心素养的类型及结构。

辛涛、姜宇在《核心素养模型的类型及结构》一文中提到了三种类型:一是以DeSeCo项目为代表的并列交互型,其内容大多可以分为人与自己、人与工具和人与社会3个维度,彼此之间的关系是并列交互型。二是以美国"21世纪技能"为代表的整体系统型,核心素养辐射影响教育的各个环节,融入整个教育体系中。三是以日本"21世纪型能力"为代表的同心圆型。日本"21世纪型能力"的核心素养结构是同心圆型,内核是基础能力,中层为思维能力,最外层是实践能力。由于世界各国的教育实践各不相同,核心素养的结构以及它对教育改革的影响和促进作用也不尽相同。这些模型的构建也为我国义务教育阶段的核心素养模型构建提供了借鉴意义。

辛涛、姜宇、刘霞在《我国义务教育阶段学生核心素养模型的构建》一文中提到,"学生核心素养模型的构建成为推动世界教育改革的重要环节。通过总结质量标准建立的需要,梳理国家宏观教育目标,分析当前国际形势,提出我国基础教育阶段学生核心素养的概念内涵,在核心素养的遴选时要遵守素养可教可学、对个体和社会都有积极意义、面向未来且注重本国文化这三个原则。我国义务教育阶段学生核心素养的遴选应注重一贯性、发展性与时代性,其建立过程需要广泛征集教育利益相关者意见"。

（3）如何发展核心素养。

核心素养的概念很多，但其旨归是促进学生的全面发展。在如此多的概念面前，我们首先要认定发展核心素养的原则。傅禄建在《认定学生核心素养应该有三个原则》一文中介绍了认定的三个原则：一是这个素养应该具有不可补偿性。在终身教育或终身学习体系中，大量知识、技能甚至一些素养都允许暂时的缺失，因为还有机会与可能得到补偿，但有一些错失后却无法弥补，如身体的素养，应该成为所有素养中最核心的部分。二是不可替代性。越是基本的，与生存、工作、生活紧密相关的技能与素养，往往越是不可替代。此类技能与素养是个体维持生存、保障生活所不可或缺的基础与核心要素。三是可迁移性。内核与外围肯定相连，任何核心素养必然会对人的全面发展有潜移默化的促进作用，如阅读素养、科学素养，早已经超越了语文、物理、化学的学科概念了，因为它们在人解决问题的过程中以及人的发展中发挥着综合作用。确定了学生的核心素养后，才能有针对性地落实核心素养的发展。

关于如何培养核心素养，褚宏启教授在《细说"21世纪核心素养"》一文中提到，"教育发展方式既包括孩子学习的方式，也包括老师教育的方式，还包括管理的方式。这3个方式都可以发生变化，而且是同时变化。所以想要让中国孩子富有创造力，必须激发孩子的好奇心，培养孩子的兴趣爱好，营造独立思考、自由探索、勇于创新的良好环境，这样他将学会发现学习、合作学习、自主学习。教研活动中，先让普通老师多讲讲孩子的情况；再看最有效的教研交流形式，现在提出了课程整合。课程整合有两种方式：一个是纵向整合，比如一年级到六年级的英语；横向整合是不同学科之间老师的整合，这种整合越来越多，需要加强这种教学方式"。

褚宏启教授在他的论述中谈到了课程整合，这是目前培养核心素养的最重要途径，即通过课程的改革来推进素养的提高。清华大学附属小学在这方面已经做了最有效的尝试。窦桂梅、胡兰在《"1＋X课程"与学生发展核心素养》一文中说道，清华大学附属小学学生发展的核心素养被概括为5个方面：身心健康、成志于学、天下情怀、审美雅趣和学会改变。为了落实核心素养，学校需要以课程为依托，将核心素养转化为学生学习的生产力。实现人的自主发展是全面推进素质教育、实施基础教育新一轮课程改革的目标之一。为此，新课程实施倡导自主学习这一新的学习方式。

关于自主学习,国内外已经有大量的研究。这些研究主要围绕自主学习的概念、价值、特征、重点和方法等方面展开。

2. 自主学习的文献综述

(1) 关于自主学习的概念。

对自主学习概念的理解,大致分两类:第一种观点认为,自主学习是一种学习模式或学习方式。如余文森等认为,自主学习是指学生自己主宰自己的学习,是与他主学习相对立的一种学习方式。程晓堂指出,自主学习有以下3个方面的含义:自主学习是学习者的态度、能力和学习策略等因素综合而成的一种主导学习的内在机制,就是学习者指导和控制自己学习的能力;自主学习是指学习者对自己的学习目标、学习内容、学习方法以及使用学习材料的控制权,就是学习者对这些方面的自由选择的程度;自主学习是一种模式,即学习者在总体教育目标的宏观调控下,在教师的指导下,根据自身条件和需要制订并完成具体学习目标的学习模式。

第二种观点认为,自主学习是一种主动的、构建性的学习,学生自己确定学习目标,监视、调控由目标和情境特征引导,以及约束的认知、动机和行为。持相近观点的还有美国著名教育心理学家 Barry J. Zimmerman、Sebastian Bonner、Robert Kovach 等。他们把自主学习定义为一种自我调节的学习过程。自我调节学习是指学习者为了保证学习的成功、提高学习的效果、达到学习的目标,主动地运用与调控元认知、动机与行为的过程。自我调节的学习者在获得知识过程中能自己确定学习目标、选择学习方法、监控学习过程、评价学习结果。

第二种观点以庞维国为代表,主张从纵向和横向两个维度来定义自主学习。从横向即学习的各个方面来定义。自主学习的动机是自我驱动的、内容是自我选择的、策略是自我调节的、时间是自我管理的,学生还能主动营造有利于学习的物质环境和社会环境,并能对学习结果做出自我判断和评价的学习;从纵向即学习的整个过程来定义,自主学习是学习者能自定学习目标、自订学习计划、做好学习准备,在学习活动中能够对学习进展、学习方法自我监控、自我反馈、自我调节,对学习结果能进行自我检查、自我总结、自我评价和自我补救的学习。

综上所述,大家对自主学习的定义不同,但其本质含义是一致的。我们认为,可以把自主学习理解为一种学习方式,是由学生自己决定学习内容、学习方法、学习强度、学习结果评价的学习方式;也可以把它理解为学生的一种学习能力与习惯,学生能够指导、控制、调节自己学习行为的能力与习惯。

(2) 关于自主学习的目的与价值。

关于自主学习的目的和价值,也有几种不同的观点:

第一种观点是把自主学习看成解决当前教育问题和社会问题的重要手段。例如,Zimmerman认为,学生完成作业率较低、辍学率较高,以致很多老板不能聘请到足够数量的年轻雇员(年轻人不会读写算)。这已经成为很严重的教育问题和社会问题。解决这些问题,就要培养学生自主学习的能力,使他们能挑起这副担子,为了自己的命运去学习。

第二种观点认为,实施自主学习主要是培养自主学习的学习者。美国Dale Scott Rid-ley、Bill Walther等认为,教育的宗旨在于培养自主的学习者,也就是能够进行有意义的学习并养成终身爱好学习的学习者。他们认为,当务之急是引导学生成为自我指导和自主的学习者。

第三种观点认为,实施自主学习主要是培养学生的自主学习能力和习惯。培养学生自主学习的意识、习惯、能力和方法是实施素质教育的核心,是提高国民素质的基本任务之一。如我国心理学家卢仲衡在《自学辅导心理学》中指出,有了自学能力(自主学习能力),无论知识周期如何缩短,科学技术综合化的洪流如何奔腾,仍能用自学能力迎头赶上。张玉昆等还进行了"教师指导下学生自主学习教学模式研究"。其目标就是使每个学生学会学习,达到愿学、乐学、会学、善学。

第四种观点认为,实施自主学习的目的主要是培养学生的自主性人格。该观点认为,自主性是现代人应具备的道德特征,是人的主体性最核心的规定,通过自主学习能够发展和培养人的自主性。韩清林强调,自主学习以教育主体自主性发展作为教育改革的起点和依据。他把自主性发展目标分解成主体性发展目标、自立性发展目标、自觉性发展目标、主动性发展目标和创新性发展目标。

教育专家们从不同的角度强调自主学习的价值与目的。总的来说,就是通过学生的自主学习培养学生自主性的人格,培养学生自主学习的能力与习惯,培养出能学、乐学、善学的学习者,以改进教育现状,改变学生今后的生活命运。

（3）关于自主学习的特征。

从自主学习研究理论来看，大多数学者认为自主学习应该具备下列一些特征：

一是主体性。在师生关系上，自主学习研究者都强调学生的主体性，强调教师的指导作用，强调在自主学习中"教师是学生学习的引导者、帮助者"，强调教师在自主学习中不再是知识的传授者，而是教学内容、教学过程、教学活动的组织者、参与者和指导者。

二是选择性。学者们都强调自主学习中学生的选择性，提出自主学习首先体现在学生选择权上，学生选择自己相对喜欢的学习内容，选择更适合自己的学习方法，在自己喜欢的时间和场合学习自己想学的东西。

三是独立性。研究者强调自主学习并不完全是独立学习。只是和其他学习方式相比，自主学习更强调学生学习的独立性。自主学习中有"个人自主学习"和"集体自主学习"，自主学习主要是相对于学生学习行为对教师的过分依赖而提出来的。

四是能动性。强调学生学习的能动性和学习的主动性发展目标。学者们认为，自主学习是把学习建立在人的能动性上，是以尊重、信任、发挥人的能动性和主动性为前提的。肖川认为，自主学习的一个重要特征就是，"学生学习过程有内在动力支持，能从学习中获得积极的情感体验"。韩清林在自主学习的自主性发展目标中提出了主动性发展目标，把学习主动性分解为适应性、选择性、竞争性、合作性和参与性5个方面。

五是有效性。学者们认为，自主学习的目的就是采取各种调控措施，使学生的学习达到最优化。

六是相对性。学者们认为，绝对自主学习和绝对不自主学习都比较少。学生的学习大多是介于两者之间的。

（4）关于自主学习研究的重点。

不同的教育心理学家关于自主学习的研究侧重点不一样，主要有这样一些研究重点。

有的注重自主课堂环境的研究。如美国 Dale Scott Ridley、Bill Walther 的自主学习研究强调的是课堂上自主学习。他们研究的重点是创立自主的课堂环境。这种课堂环境把学生的需求放在首位,能满足学生对学业与非学业的追求的需要,能满足学生在课堂中关于自己的身份、态度、情感及自我调控的需要,还能满足教师工作和个人发展的需要。

有的注重自主学习技能和自主学习能力的研究。如 Zimmerman 关于自主学习的研究重点放在自我调节学习技能技巧的培养上,强调培养学生自我调节学习的能力,包括培养时间计划与管理能力、文章理解与摘要技能、笔记的技能、考试预测与准备的技能、写作的技能等。卢仲衡开展的自学辅导教学实验,注重培养学生的自学能力,并提出了"自学辅导四阶段":第一阶段是领读阶段;第二阶段是适应自学阶段,目的是使学生适应"启、读、练、知、结"课堂教学模式;第三阶段是阅读能力与概括能力形成阶段;第四阶段是自学能力成长与自学习惯形成的阶段。而张玉昆、胡继渊、沈正元等则把重点放在如何提高学生自主学习能力的研究上。他们的研究以激发学习动机为前提,以发展元认知能力为重点,以思维训练为中心,以优化课堂教学为突破口,通过实验,使学生会学、善学,素质得到全面提高。

还有的学者重点研究网络环境中的自主学习。他们强调要充分利用现代网络资源,让学生自主地构建知识。在这种学习中,教师是引导者、帮助者,学生的自主学习受动机水平、自律水平、网络操作技术、认知风格、认识基础等方面的影响。

可见,从研究重点来看,大部分教育心理学家和我国工作在第一线的教师们都倾向于对学生自主学习能力开展研究。随着教育技术的不断现代化,关于网络环境中学生的自主学习也逐渐成为自主学习研究的热点。

(5) 关于自主学习研究方法。

不同背景的研究者在开展自主学习研究时,明显采取了不同的研究方法。教育理论工作者一般以理论研究为主,以历史分析法、文献研究为主要的资料收集方法。如庞维国教授系统地研究了国内外教育家关于自主学习理论的研究历史、研究现状,提出了关于自主学习的研究体系。

但很多一线教师的研究方法大都采用行动研究法。如关于各学科学生自主学习方法的研究、自主学习课堂教学模式研究、自主学习教学设计研究、教师引导与学生自主间关系的研究等。这些研究都是就教师在教学实践中遇到的实际问题而展开的,研究的针对性和实效性比较强。同时也有的学者在自主学习研究中采用了个案法、调查法、访谈法、测验法等研究方法。

我国自主学习研究最具权威的是中国科学院卢仲衡先生的自学辅导教学实验所采用的实验法。他首先在北京女六中(现北京156中学)和北京西四中学个别班进行试验,后来把试验范围扩大到全国29个省市区的5 000多所学校。江苏省苏州市吴江区南麻中学开展的"教师指导下学生自主学习教学模式研究",也是运用实验法开展学生自主学习的教学模式研究。

(6)自主学习研究中存在的问题与对策。

关于自主学习的研究很多,理论也比较丰富。但由于种种原因,我国的自主学习研究还是存在一些问题,主要有:

第一,自主学习的研究在思想认识上并没有得到充分的重视,表现出一种边缘化现象。这可能与我国的教育传统、教育历史有关。在我国漫长的教育史中,一直强调师道尊严。强调以教师主导,强调以教师、课堂、教材为中心,学生的主体地位就无法得到落实,所以,学生的自主学习能力与习惯的培养无法得到重视。

第二,理论研究多,实践研究少。自主学习的大量研究者是教育理论工作者。他们对自主学习进行了大胆的思考与构想,也引进了一些国外的自主学习理论。相对来说,教育实践界对自主学习的应用研究比较薄弱,没有大面积地开展。且在实践研究中,片段、零散的研究比较多,系统研究少;高段研究多,低段研究少;中学段研究很多,小学段研究很少。这可能与过去的研究没有和课程改革相结合有关,跟中小学不同的任务要求有关,跟当时学校教育发展的大环境有关。

针对这些问题,自主学习的研究在以下几个方面值得做深入探讨。

第一,从思想认识上,研究者应该高度重视培养学生的自主学习能力与习惯,培养学生的自主性人格,教师在教育教学实践中更要脚踏实地应用和实践这一重要理念。

第二,自主学习的研究要充分发挥广大第一线骨干教师开展研究的积极性,鼓励他们大胆实践。教育理论工作者应投入中小学教育教学第一线去,指导并和中小学教师一起进行自主学习实践研究,通过深入系统的研究,提炼出切实有效的操作性较强的自主学习的策略与方法。

第三,自主学习的研究与培养应该贯穿整个基础教育和高等教育。不仅要在基础教育中注重培养学生自主学习的能力与习惯,而且在高等教育中甚至高等教育后的终身教育中也要充分重视学生自主学习能力的培养。

第四,借新课程实施的机会,把课程改革和学习方式的改革有机地结合起来,可以在新课程提出来的自主学习内容和新课程极力提倡的自主学习、合作学习、探究学习等学习方式中进行相关系统研究。

第五,自主学习的研究重点应该从当前的教育教学实践需要着手,把研究的重心放在自主学习的条件、内容、策略及相关能力与习惯的培养等方面,并用以指导中小学教育实践。同时要进一步加强研究的成果推广工作。

(二) 主要研究思路

1. 理论学习

从学生核心素养和自主活动的概念和表现特征的文献资料研究入手,理解核心素养培育和自主活动的重要地位和作用,请专家对课题组和教师进行相关的培训指导。

2. 实践操作

一是梳理核心素养培育和学生自主活动的关系,构建课题研究框架,形成课题研究实施方案;二是明确德育教育、课堂教学、校本课程自主活动的研究目标和研究内容,落实课题研究任务;三是学生自主活动设计的模式以及评价方法的探索。

3. 研究借鉴

十余年来,学校在系列化课题研究方面已经积累了丰富的实践经验。这些经验值得推广和借鉴,并需要不断完善。在"有为"课题的研究中,我们将"有为"概括为:愿为→能为→可为。由此,我们将学生自主活动概括为:建立在自我意识发展(动机)基础上的"(想)能动";建立在学生具有内在学习动机基础上的"(能动)想动";建立在学生掌握了一定的学习策略基础上的"会动";建立在意志努力基础上的"坚持动"。在研究中,我们从"能""想""会""坚持"等方面实施核心素养的培育。

三、研究基础与研究内容

(一) 吴迅中学特色活动积累

自2002年以来,学校开展了"关爱""自信""主动"和"有为"系列课题的研究。其中,"学生弱势群体的成因和对策的研究"于2002年被确定为原南汇区重点课题,研究成果于2004年获得区首届科研成果二等奖;"农村普通完中学生自信心培养的策略研究"于2006年被立项为原南汇区重点课题,研究成果于2008年获得区第二届科研成果一等奖;系列课题之三"农村普通完中学生自我主动发展能力的实践研究"于2009年10月被确立为上海市教育科学研究市级项目,历经3年多的实践研究,研究成果编撰成集《主动奠定人生》,于2012年11月由吉林人民出版社出版。系列课题之四"普通完中开展'有为'教育的实践研究"系列课题的研究于2013年9月立项为区级重点课题。截至目前,已经提炼研究成果近10万字,教师教育教学案例和论文90余篇。其中,3项成果获得浦东新区第八届科研成果评选三等奖,"关于非智力因素和学习习惯调查报告"获得上海市中小学调查征文评选二等奖。2016年,区级内涵项目"农村完中自主性学习的实践探索",在课堂教学诊断与改进、学习习惯培养促进学生主动性学习方面进行了深入的探索,形成了大量的教育教学案例和成果。该项目也获得浦东新区优秀项目。系列课题的研究和项目的实施,积累了经验,在课题研究和项目推进过程中,培养了一批科研骨干力量,形成了课题研究的坚实基础。

本课题负责人李群校长来自教育教学第一线,有丰富的教育教学实践经验和扎实的业务能力,科研工作的底蕴深厚。参与新区教育内涵项目"学校国家课程体系实施的校本化实践"子项目"理科类教学的有效性实践"和"研究型课程"的研究;参与市级课题"中学生'自主合作素养'培养的实践研究"获上海市教育科学研究院第四届学校教育科研成果三等奖。"物理规律教学中运用科学探究实施科学方法教育的策略"获全国第三次"物理科学方法教育"学术研讨会论文评选一等奖。主持新区内涵项目"基于实验室建设的学生创新精神和实践能力培养",获优秀项目奖。李群校长在吴迅中学不到两年的时间里,团结广大教师,凝心聚力,始终致力于唤醒和提升广大教师的自信心,致力于唤醒学生的内驱力,为学生全面个性的发展创造更加适合的教育环境。他主持的2016区级内涵项目"普通完中学生自主性学习的实践探索"获得区内涵优秀项目。

课题的参与者都能严以律己,教书育人,为人师表,且都具有较好的业务素质,具有教育教学科研理论和开展研究的能力,都能承担本课题的研究工作。本课题组主要成员历经学校系列课题研究的磨炼,有较丰富的课题研究经验。本课题组成员中既有较高科研水平的学校领导,又有精力充沛的青年骨干教师。以中青年为主,他们精力充沛,积极进取,都能挤出时间学习探索、实施研究和撰写论文。课题组成员都具有良好的教学素质,并且都有多年教学经验,教师对学生学习习惯的培养已有初步的实践经验,通过今后进一步的培训、学习,我们有信心完成这项研究课题。

为了确保本课题的顺利开展,学校将为参加课题研究的人员提供时间保障,提供足够的研究经费并满足其他的有关条件。

(二) 本课题的主要研究内容

我们基于核心素养和自主活动的概念,以及校情和学情,以核心素养中乐学善学、勤于反思、人文情怀、勇于探究、自主管理、健全人格、社会责任和劳动意识八大要素为核心,在学科教学和德育活动中,寻找自主活动的载体,发展学生的核心素养,促进学生的全面发展。

我们主要从以下5个方面实施研究:
(1) 以培育核心素养和自主活动的文献研究,以培育核心素养为背景,我校学生自主活动成效调查分析。
(2) 以培育核心素养为背景,学生自主活动的目标与架构。
(3) 以培育核心素养为背景,学生自主活动的课程建设与实施。
(4) 以培育核心素养为背景,学生自主活动的实践探索与研究。
(5) 以培育核心素养为背景,学生自主活动的评价与案例分析。

第二章 基于核心素养培育背景下学生自主活动的目标体系与架构

通过查找文献资料以及梳理学校发展历史和现有基础等,结合核心素养指标内容,课题组以学会学习和健康生活两个维度确定自主活动的目标体系,在学校课程改革方案基础上,研究和确定自主活动的架构与内容。评价体系主要围绕学生、同伴和学校3个层面开展评价。

一、校情分析

(一) 学校历史与发展基础

上海市吴迅中学前身为周西公社第一初级中学,创建于1969年8月。1988年秋由美籍华人吴迅先生捐建吴木铨教学楼一幢,学校易名为吴迅中学,并由原初级中学改为全日制普通完全中学。2017年9月,学校设立初、高中分部,高中迁址至周浦镇瑞和路校区。初、高中分部设置后,原本教育教学空间紧张的矛盾得以缓解。办学条件的改善,为学校的持续发展与教育教学的改革深入提供了基础保障。

学校高中部新校区(瑞和路校区)占地面积为53亩,[①]校舍建筑面积近17 806平方米,设计规模为24个教学班,现实际有教学班共12个,学生有354名。高中教师编制数为40名,教师任职资格符合率达100%,学历达标率达100%,教师平均年龄为46.6周岁;其中高级职称有11人、一级职称有24人;研究生学历有5人,区级骨干教师有2名、中心组教师有3名、职称评审专家库成员有1人、华二浦东集团专家组

---

① 约为35 333平方米。

委员有2名。教师团队敬业爱生,踏实努力。

(二)学校传统与文化阐释

吴迅中学经过了50年的办学历程,凝练与积淀了"信心、毅力、自爱、责任"校训。在此激励和劝勉下,学校积极推进以"关爱、自信、主动、有为"为内核的学校文化,确定了"文化引领、科研先行、项目推进、特色创新"的办学策略。2017年区级重点课题"普通完中开展'有为教育'的实践研究"顺利结题。

学校积极打造"有为"文化,提出了"让学校成为师生有为的地方"的办学愿景,师生通过自身的努力有改变、有进步、有发展,有所作为,获得了成功体验和持续的成长。目前,我校又确立了科技特色发展之路。学校文化传统与办学特色结合,为学校内涵发展插上了翅膀,将带领学校进入新的发展阶段。

(三)学校优势与面临挑战

目前,学校有章程的统领、制度的保障,各机构正常运作,全体全人同心,形成了学校健康良好的运作机制。以"关爱""自信""主动""有为"和"自主"为龙头课题的系列化研究,形成学校教育科研的一大亮点,并凸显了学校"有为教育"的发展特色。2018年10月,学校加入了华二浦东教育集团,从而获得了前所未有的强力支援。外援内修,学校"有为"文化有了新的传承与发展,学校教育教学工作正走向良性循环。

但是在社会对学校教育提出高标准高期望的同时,吴迅中学高中学生学习基础比较薄弱,学习行为和学习习惯不尽如人意,学生家庭教育环境不理想,学校整体的教学质量很难获得扭转。其次,在新课程、新教材的"双新"背景下,学校课程整体设计还需进一步完善,优化国家课程的实施,促进学校课程特色的形成。另外,教师队伍发展不平衡,部分教师的教育教学观念、教学方法依然比较陈旧,对教育的本质、新的课程观及以学生发展为本的课程理念还缺乏较深的认识,学校的教研组建设尚不平衡,教学有效性不高。随着新高考改革进一步推进,一些难点问题的突破也需要学校系统回应。

(四) 办学理念与育人目标

确立"提供适合的教育成就学生的成长"的办学理念。教育的任务就是要根据学生的特点,创设激发每位学生主动发展潜能的环境和机会,打好学生身心健康成长的基础,打好学生终身学习的基础,打好学生走入社会的基础,努力培养他们适应社会生存与未来发展的核心素养,让每一个学生拥有成长的力量,成为有"信心、毅力、自爱、责任"的有为学生,实现自觉、自信、自强和自主发展,成为"有为"之人。这也是我们对"立德树人"校本化的解读。

二、目标体系

自主活动的目标是开展自主活动的前提。自主学习者在目标的引导下,不断地调节学习活动和学习策略,进而实施学习。Meece(1994)的研究发现,个体为什么、如何形成及形成什么样的目标定向,都会对其自主活动的不同过程产生影响。

然而,当前的学生对自主活动的目标认识不够,大多数学生没有独立确立自己的自主学习目标,没有对自己的学习效果进行自我检测、评价和反思。自主活动目标的缺失已严重影响了学生学习的效果。因此,我们研发了基于核心素养的学生自主活动的目标体系。本课题自主活动目标分解如表2-1所示。

表2-1 学生自主活动目标分解

一级指标	二级指标	表现特征	
		初中	高中
健康生活	自我管理	1. 能较为正确地认识自我,并进行正确的评价 2. 能够合理地分配学习和活动的时间 3. 有自主学习的行动力	1. 正确认识与评估自我 2. 依据自身个性和潜质选择合适的发展方向 3. 合理分配和使用时间与精力 4. 具有实现目标的持续行动力等

续 表

一级指标	二级指标	表现特征 初中	表现特征 高中
健康生活	社会责任	1. 自尊自律，文明礼貌，诚信友善，宽和待人；孝亲敬长，有感恩之心 2. 热心公益和志愿服务 3. 能明辨是非，具有规则意识 4. 热爱并尊重自然，具有"绿色生活"方式	1. 诚信友善，宽和待人 2. 热心公益和志愿服务，敬业奉献，具有团队意识和互助精神 3. 能主动作为，履职尽责，对自我和他人负责 4. 能明辨是非，积极履行公民义务，理性行使公民权利；崇尚自由平等，能维护社会公平正义 5. 具有"绿色生活"方式和可持续发展理念及行动等
健康生活	健全人格	1. 积极向上，自信、自爱 2. 有自我约束能力，较好的调节自己情绪的能力 3. 有克服困难和挫折勇气等	1. 具有积极的心理品质，自信、自爱、坚韧、乐观 2. 有自制力，能调节和管理自己的情绪 3. 具有抗挫折能力等
健康生活	劳动意识	1. 有积极的劳动态度和劳动习惯，有动手操作能力，掌握简单的劳动技能 2. 积极参加家务劳动和社会公益性实践活动	1. 具有积极的劳动态度和良好的劳动习惯；具有动手操作能力，掌握一定的劳动技能 2. 主动参加公益活动和社会实践，具有改进和创新劳动方式、提高劳动效率的意识 3. 具有通过诚实合法劳动创造成功生活的意识和行动等
学会学习	乐学善学	1. 具有积极的学习态度，养成良好的学习习惯 2. 在教师指导下掌握适合自己的学习方法 3. 能够主动参加学习和社会实践活动	1. 能正确认识和理解学习的价值，具有积极的学习态度和浓厚的学习兴趣 2. 能养成良好的学习习惯，掌握适合自身的学习方法 3. 能自主学习，具有终身学习的意识和能力等
学会学习	勤于反思	1. 在教师指导下，具有对自己的学习状态进行反思的意识和习惯 2. 能够在学习和自主活动中选择或调整学习方法和策略	1. 具有对自己的学习状态进行审视的意识和习惯，善于总结经验 2. 能够根据不同情境和自身实际，选择或调整学习策略和方法等

续 表

一级指标	二级指标	表现特征	
		初 中	高 中
学会学习	勇于探究	1. 有好奇心和想象力,有克服困难的勇气和探索精神 2. 遇到挫折能够积极寻求有效的解决办法等	1. 具有好奇心和想象力 2. 能不畏困难,有坚持不懈的探索精神 3. 能大胆尝试,积极寻求有效的问题解决方法等
	人文情怀	1. 能够正确认识学习的价值,尊重人的尊严 2. 理解人的生存、发展和幸福的意义等	1. 具有以人为本的意识,尊重、维护人的尊严和价值 2. 能关切人的生存、发展和幸福等

三、架构与内容

我校2017年结题的区级重点课题"普通完中开展'有为教育'的实践研究"的实施,使学校初步形成了"有为教育"的内涵发展特色。随着强校工程的启动,"有为"课程的架构和课程的开发也日渐成熟。我们认为,以培育核心素养为背景的学生自主活动的实践探索,应该是"有为教育"研究的延续和补充,理应在"有为教育"成果的基础上再探索!

(一)"有为"课程架构

学校"有为"课程将国家课程方案"八大学习领域"进行校本整合,组成五大学习领域:语言与人文、数学与科学、体育与艺术、工程与技术和综合实践。基础型课程、拓展型课程和探究型课程面向这五大学习领域开展教学。基础型课程涵盖语、数、英等18门课程,以发展"有为"课堂范式为着力点;拓展型课程重点打造"有为"拓展型课程群;探究性课程通过"有为"探索型小课程发展学生的自主学习和提升创造性思维,学习空间和教师群体为其提供支撑。具体如图2-1所示。

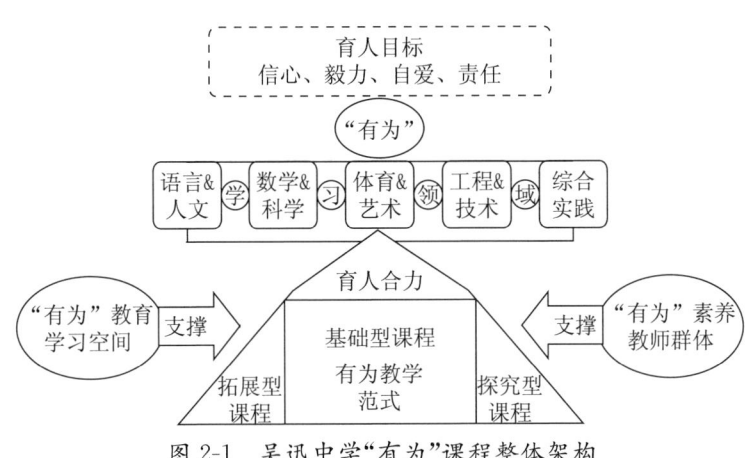

图 2-1　吴迅中学"有为"课程整体架构

关于课程架构的说明：一是对学习领域的划分，主要关注了知识内容的维度。二是将上海三类功能性课程配合组成育人合力，体现的是功能的维度。三是从营造学习空间和建设教师群体表现为资源维度支撑，都聚焦于"有为"课程的实施。

（二）"有为"课程具体内容

基于 2017 年教育部核心素养具体内容和三类课程标准，考虑学校学生的基础和实际发展需求，我们制定了吴迅中学"有为"课程的具体实施内容，如表 2-2 所示。

表 2-2　吴迅中学"有为"课程具体内容

学习领域	语言与人文	数学与科学	体育与艺术	工程与技术	综合实践
主要素养要求（参考国颁的核心素养）	语言的构建与运用、文化传承与理解等	数学思维、科学思想与科学精神等	健全人格与身心等，审美意识与鉴赏等	生活实践与劳动意识，问题解决与技术运用等	自我认识与管理，对社会性与生活体验等
基础型课程	语文、英语、写字、道德与法治、历史、人文地理、社会	数学、物理、化学、自然地理、科学、生命科学	体育与健身、心理、音乐、美术、艺术	劳动技术、信息技术、跨学科学习	

研究报告——基于核心素养培育背景下学生自主活动的实践研究

续 表

学习领域		语言与人文	数学与科学	体育与艺术	工程与技术	综合实践
拓展型和探究型课程	课时课程	科普英语、我们来"悦读"、辩论与演讲、英语演讲、历史天地、时政小组、点亮未来	化学小实验、物理小实验、3D打印	1. "灵动心理剧社"、篮球、击剑、红十字救护 2. 打击乐、舞蹈、合唱、腰鼓、彩绘	船模、车模、植物科普、中国结、象棋、剪纸、面塑	根据教育部《综合实践活动课程纲要》规定
	校内活动	吴迅的故事、朗读比赛、读书节、英语演讲比赛、温馨教室评比	数学、物理、化学学科竞赛、科技节	"心理月"、"阳光"体育活动、体育小型竞赛、体育节、心理和健康、午会广播、艺术节	德育课程、爱心义卖、消防演习	社团节
	专题教育	安全与防范教育、法律与道德教育、民族与文化教育、环境与健康教育、综合与实践教育、生涯课程				
	校外实践	春秋游社会实践、十四岁生日、暑期教育、文化行走、参观等				

根据学校"有为"课程中的五大学习领域和具体的内容,基于学生自主活动的目标、主要表现特征和研究内容,确定自主活动的架构和实施内容。

(三) 自主活动的架构

吴迅中学自主活动架构如图2-2所示。

"有为"课程五大学习领域的内容和基于核心素养培育背景下学生自主活动的研究内容,我们把语言与人文、自然与科学、体育与艺术、综合与实践4个部分确定为自主活动的领域,分别将乐学善学、勤于反思、人文情怀、勇于探究、自我管理、健全人格、社会责任和劳动意识等融入其中。依托"有为"课程,在基础型课程、拓展型课程

图 2-2 吴迅中学自主活动架构图

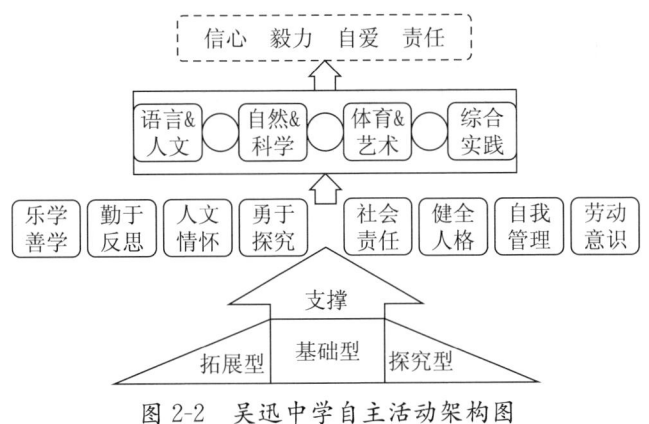

和探究型课程的实施过程中,探索学生自主学习活动的途径和方法。

(四) 自主活动的内容

吴迅中学自主活动的内容见表 2-3。

表 2-3 吴迅中学自主活动的内容

自主活动领域		语言与人文	自然与科学	体育与艺术	综合实践
主要核心素养自主活动目标		乐学善学、人文情怀、勤于反思	乐学善学、勤于反思、勇于探究	健全人格、社会责任、自我管理	自我管理、社会责任、勇于探究
基础型课程		语文、英语、道德与法治、历史、人文地理、社会	数学、物理、化学、自然地理、科学、生命科学	体育与健身、心理、音乐、美术、艺术	劳动技术、信息技术、跨学科学习
拓展型探究型课程	课时课程	科普英语阅读、辩论演讲等	化学小实验、物理小实验、3D打印	心理剧社、运动舞蹈、音乐美术	船模、车模、植物科普、传统文化类
	校内活动	阅读节、读书节、温馨教室评比	科技节学科竞赛等	体育节、艺术节、心理和"健康教育月"等	社团节、德育课程、爱心义卖等
	专题教育	安全与防范教育、法律与道德教育、民族与文化教育、环境与健康教育、综合与实践教育、生涯课程			
	校外实践	春秋游社会实践、14岁生日、暑期教育、文化行走、参观等			

第三章 基于核心素养培育背景下学生自主活动的课程建设与实施

为贯彻落实党和国家的教育方针、国家和上海市中长期教育改革和发展规划纲要,以及上海市基础教育工作会议精神,以《上海市普通中小学课程方案》为依据,深入实施素质教育,深化教育教学改革,落实立德树人根本任务。在"提供适合的教育,让学校成为师生'有为'的地方"的办学理念引领下,结合《上海市吴迅中学发展规划(2015年9月—2020年7月)》,以实施强校工程为契机,加强学校特色建设,完善学校整体课程架构,结合培育核心素养为背景的学生自主活动要求,使课程能满足学生全面和个性发展的需要,达到学会学习的目标,特制订上海市吴迅中学课程方案。

一、课程建设

(一)课程目标

树立科学的质量观,实现国家课程的校本化、学校课程的特色化、课程资源整合的优化。以"有为教育"为核心,指向学生未来发展,构建为每一个学生提供各种学习经历、适应学生发展内在需要的,轻负担、高效益、多类别、分层次、个性化的,能体现时代特征的学校"有为"课程体系,让每一位学生通过努力获得小进步、小成功,培养"有为学生"和"有为教师",营造"有为"的文化氛围。

1. 课程建设目标

(1)规范建设。根据《上海市普通中小学课程方案》,结合学校"致力于对学生核心素养的培养,把学生造就成有'信心、毅力、自爱、责任'的人"的育人目标,完善学校的课程体系。

（2）效率建设。通过校本研修，提升教师对课程标准和学生核心素养的理解和实践，引导教师关注学生的学习规律、发展需求，强化教师的课程意识。加大基础型课程校本化实施的力度，增加课程的选择性，开展课堂教学的实践探索，推进课堂教学转型。

（3）特色建设。围绕"有为教育"，完善学校的课程体系，架构"'有为'系列拓展型课程"，给予学生个性化的学习体验和展示舞台，同时通过这些课程的开发建立起联结学校、家庭的纽带，探索"有为"家庭教育课程的开发，促进学生、教师、家长、学校的发展，丰富学校的"有为"文化，形成设计—实践—评估—完善的循环上升的学校课程完善机制。

（4）助力建设。借助华二教育集团和专家团队等的力量，开展课程共享和课程培训，丰富课程资源。

2. 学生发展目标

为学生构建适合的课程，提供有效的教育，培育基于核心素养的有"信心、毅力、自爱、责任"的"有为"学生，使学生具有健全的人格、健康的身心、扎实的基础知识、合理的能力结构，促进学生的个性发展和能力提高，为其终身学习奠定基础。

3. 教师发展目标

更新教育观念，提高专业水平，把精力集中在教学上，把视线聚焦在课堂中。通过专业引领、案例研究和同伴互助等途径，提升教师对课程的理解能力、对教材的二次开发能力、基于课程标准的教学设计能力和课堂教学实施能力。建设一支学科素养坚实、教学技能扎实，由名教师、骨干教师引领，青年骨干为梯队的多层次、阶梯式的，能适应素质教育与课程教学改革的要求，能满足学生发展的需要，有创新意识的"有为"师资队伍。

（二）课程结构

学校的课程结构如表 3-1 所示。

表 3-1 吴迅中学课程结构表

		语言与人文	科学与艺术	体育与健康	社会与生活	实践与创新
学习领域		语言的构建与运用、文化传承与理解等	科学态度与思维、审美意识与鉴赏等	自我认识与管理、健全人格与身心等	学生发展的社会性、学生生活体验等	生活实践与劳动意识、问题解决与技术运用等
基础型课程		语文、英语、写字	数学、物理、化学、地理、科学、生命科学、音乐、美术、艺术	体育与健身、心理	道德法制、思想政治、历史、地理、社会	劳动技术、信息技术、实验
拓展型或探究型或研究型课程	选择课程	科普英语、悦读、辩论与演讲、英语演讲编导、文学社	数学衔接教程、打击乐、舞蹈、合唱、腰鼓、彩绘、DIY制作、理化生小实验	灵动心理剧社、篮球、击剑、红十字救护	历史天地、时政小组、点亮未来	机器人、3D打印、船模、车模、植物科普、中国结、象棋、剪纸、摄影、视频制作
	校内活动	吴迅的故事、阅读节、英语节、温馨教室评比	数学、物理、化学学科竞赛、艺术节、五月歌会	"心理月"、阳光体育、体育节、心理和健康、午会广播	德育课程、爱心义卖、消防演习、志愿者服务	科技节、社团节、十四岁生日、成人仪式、毕业典礼
	专题教育	安全与防范教育、法律与道德教育、民族与文化教育、环境与健康教育、综合与实践教育、生涯辅导系列、校训主题系列					
	校外实践	(1) 春秋游社会实践、暑期教育、文化行走、国防教育、学农、学工等 (2) 小课题研究、社会调查与社会实践					

(三) 课程设置

根据上海市课程计划与标准,遵循学生身心发展规律,结合校本实情,合理设计学校课程,努力让课程适合每一个学生,在以基础型课程、拓展型课程和研(探)究型课程为核心的三类课程(见图 3-1)中,呈现教学有效、质量提升的课程实施效果,架构"有为"课程体系,实现课程育人的功能,在国家课程与校本课程的融合中,实现国家课程的校本化。

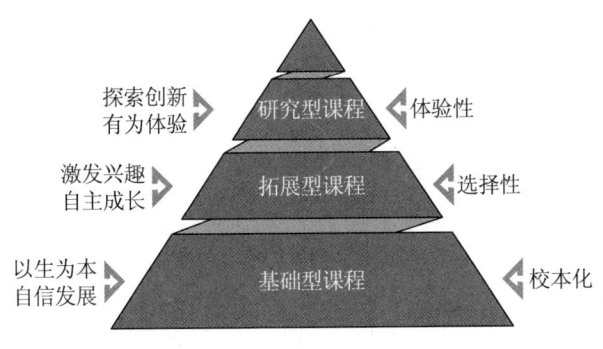

图 3-1 学校三类课程设置

1. 特色校本课程建设

（1）打造富有我校发展特色的科技类课程。积极开展系列科技教育活动。组建车模、船模、创意机器人、3D打印、无人机、创新科技、科普英语等科技类社团,通过承办区级科技赛事,举办校级科技节、科技周、科普日等主题活动,营造学校科技氛围。选拔优秀学生参加区级及以上科技竞赛。积极创建以科技为特色的创新实验室,为学生开展科技活动提供空间。

（2）开发非物质文化遗产传统手艺和艺体类课程。剪纸、中国结、彩绘、面塑等传统手艺的拓展型课程和社团课程深受学生喜爱,与现代科技的3D打印结合的传统手艺智造工坊创新实验室由此创建。学校将继续完善已有开发的课程,融合学科建设开发的课程,如诵读、棕编、布艺、中国舞、击剑等课程,形成更成熟的拓展型课程群。

（3）开发家庭教育课程。开发家庭教育教材,发挥家庭教育的育人功能,让家长充分体验、参与、感受学校的"有为"文化,让家长参与学生的成长,助力学生的"有为"发展,营造家庭的育人氛围。

（4）开发校训主题教育课程。针对学校育人目标,培育基于核心素养的有"信心、毅力、自爱、责任"的"有为"学生。

2. 研(探)究型课程建设

基于课标和学生发展,整合社区资源、教师特长,关注生活现象,鼓励理科类学科教师开设实验探究课程,鼓励开设跨学科探究课程,完善高中学生小课题研究管理。

选定区域适合的场馆资源,增设社会实践课程。以激发学习热情、完善学习方式,增设社会生活体验、了解和认识科学的前沿知识和新科技的成果,从而开拓学生的视野、拓宽知识面、提高学生的人文、科学素养。根据不同年级学生的年龄特征设定不同的探究型课程目标,引导学生联系生活,发现问题,学会解决问题;培养学生的创新思维和素养,结合科技节活动为师生提供成果展示平台。

在高一、高二年级学生中,实施小课题研究项目,组建教师专家团队,指导学生的研究过程,规范管理,组织课题汇报展示,编辑"探颐集"等。在学生完整体验小课题研究过程中,教师着力培养学生发现问题、研究问题和解决问题的能力。

二、课程实施

三类课程的构建和目标指向不同,基础型课程侧重培育自信和夯实基础,拓展型课程侧重培育自主和彰显个性,研究型课程侧重培育创新和注重体验。

(一) 基础型课程,夯实自主之基

基础型课程作为国家课程,基础的奠定作用不言而喻,自然也成了实现学生"能为"的基石。学科教学作为评价学生在校学习考核的重要量化指标,必须建立在充分了解学生、尊重学生、满足学生内在需求的基础之上。根据本校学生的共性特点,针对不同学生的个性特点,因材施教,才能真正激发学生的内驱力和主动性,让学生感受到学科课堂生命的灵动,让不同的学生获得不同的成长体验和乐趣。这样的过程让学生充分地感受到我"能为"。我们主要通过以下3种途径实施操作。

1. 编制学案,先学后教,提高课堂有效性

根据学情要求,我们对学案的编制和使用重点关注"一个理清""两个原则"和"三个统一"。

"一个理清",就是理清"教"与"学"的关系,就不同学习内容,努力给学生创造更

多的自学、自问、自做、自练的机会,做学习的主人,增强"能为"的兴趣。

"两个原则":一是参与化,创造人人参与的机会,激励人人参与的热情,提高人人参与的能力,激励人人参与的意识;二是层次化,努力使学习内容有序和递进,问题设计有层次,符合不同学生的认知规律,使不同学生各有所得,以此增强"能为"的积极性。

"三个统一":一是实现掌握知识(学会)与发展能力(会学)的统一,使学案成为构建知识体系和学习方法的载体;二是个性发展与全面发展的统一,适应不同层次学生的实际能力和知识水平;三是把握教材、学案、练案的统一,相辅相成,互有补充,以此成为增强学生"能为"的有效载体。

2. 分层教学,因材施教,增强学生自信心

二期课改的核心理念是面向全体学生,尊重每一个学生的发展,切合每一个学生的需求。分层教学就是教师根据学生现有的知识、能力水平和潜力倾向,把学生科学地分成几组各自水平相近的群体并区别对待。这些群体在教师恰当的分层策略和相互作用中得到最好的发展和提高。

在两届实验班的研究中,我们在年级分层、小组分层、作业分层和评价分层方面做了尝试,取得了一定的效果。

所谓年级分层,就是对同一年级的不同学科的薄弱学生进行有针对性的指导,加强对学生的基础概念、基本方法的训练,增强学生自信心。

所谓小组分层,就是对同一班级根据学科特点组成不同层次的学习小组。在小组合作学习的模式下,激发学生的学习兴趣。

作业和评价分层,旨在使基础和学习力不同的学生都能获得成就感,获得学生"能为"的动力。

课题组老师还就分层的方法做了更多的探索,比如隐性分层、显性分层和自主分层。

3. 关注课堂,丰富形式,促进学生主动性

课题组通过宣传、学习、研讨、诊断、展示等方式努力转变教师的课堂理念,努力

让教师学会站在学生的角度去思考什么样的内容和方式是现代学生更容易接受的，从而不断转变教师的角色定位、转变教学方式，使课堂成为师生共同成长的精神乐园。

（二）拓展型课程，拓宽自主之路

拓展型课程作为基础型的延伸和拓宽，贴近学生，满足了不同学生的个性发展需求，促进了学生的多元发展，为学生"能为"拓宽了思路，成为学生"能为"的又一重要抓手。

在完善制度、规范管理的前提下，我们重点关注拓展型课程的开发，同时创设经典课程，促进学生的自主发展。

拓展型课程内容，以知识拓展、人文素养、兴趣爱好、科学素养等为主，兼具学校文化精神的传承和学生的特点，讲究趣味性、生活化、实用性。提倡小课程，即课时量控制在3—4个学时，形式灵活，为学生走班创造条件。我们主要从以下3个方面实施操作。

1. 挖掘吴迅内涵，健全学生人格

围绕"信心、毅力、自爱、责任"的校训，挖掘学校内部资源，根据不同年级学生特点确定不同目标的序列化教育主题，育人方面体现出本校的特点。

"吴迅精神"一直激励着同学们。这是独属于吴迅中学特色的内容，体现着教育的价值。我们编写了吴迅中学的德育校本《吴迅的故事》。每年学校会组织学生阅读《吴迅的故事》，通过征文比赛、讲故事比赛等形式，让学生能更深入地了解吴迅先生的生平及励志故事，滋养着吴迅的学子，使他们得以健康快乐地成长。

2. 挖掘教师特长，满足学生个性发展

在学校课程开发的过程中，我们建立了更灵活的课程实施的制度，关注学生兴趣爱好，也为教师的兴趣和特长的发挥搭建平台。比如，随着拓展型课程开设的日趋成熟，我们开设拓展课由原先以本年级、本学科为主到可以跨年级、跨学科，学

生选课从同一年级走班上课到不同年级"混搭"上课,从学生选课"走班"上课到教师"走班"的小课程拓展,打破了人物、空间上的限制,极大地拓宽了拓展型课程的实施渠道。

我们从鼓励教师开课,到开精一门课,再到编写校本课程,在几年的发展过程中,"生活中的化学""机器人制作""英语听说训练""硬笔书法""软笔书法""急救防灾""中华文明礼仪"等课程逐渐完善成型,这些课程贴近学生实际生活,成为深受学生喜爱的课程。

3. 丰富优秀资源,滋养学生心灵

我们努力寻找适合本校学生艺术特色类课程,力求通过艺术的熏陶和渲染来提高学生对美的理解,从而提高学生的审美能力,打造美好的校园文化,通过文化来滋养学生的心灵。近两年,我们陆续引入了"打击乐""素描与色彩""木兰拳""创意剪纸"等课程。这些课程的开设犹如一阵清新的风,极大地激发了学生的兴趣,潜移默化中给予学生艺术的熏陶,成了学生争相报名的热门课程,也成了学校对外展示的窗口,成为学校的特色课程。校外优秀课程资源的加入,极大地丰富了学校的课程内容,拓展了学校的课程实施思路,丰富了学校的文化内涵,为学生的"能为"另辟蹊径。

4. 推动社团建设,展现学生风采

学生社团活动是实施综合实践活动的一个重要载体。学校积极引导学生组建各类社团,教师以引导者的身份来关注学生的发展,对于学生社团开展中存在的问题予以及时解决,对于社团的管理趋于规范完善,从每年的社团招新到社团活动过程的组织、展示形式日益丰富,形成了一些较成熟的社团,并逐步形成了对应的课程。如"心灵驿站"文学社,定期开展读书写作活动,定期通过吴迅中学家校联盟发布学生文学作品,通过社团的活动课程,创新写作的形式,提供写作的多元评价。通过分享会、微信发布等平台,这些有别于平时写作的形式让学生乐在其中,获得了写作的成就感,增强了"能为"的信心。

(三) 研究型课程,体验自主之乐

研究性学习是当前课程改革活动中一项具有探索性和创新的学习活动,是一种全新的学习方式。对于吴迅中学高中的学生来说,很大一部分学生是带着挫败感进入学校的,但这并不等于他们的学习能力很差。研究性学习为学生们提供了更多元的学习方式和评价方式,在参与的过程中获得了更多快乐的体验。我们主要从以下三个方面实施操作。

1. 宣传动员,悦纳研究性学习

我们邀请了专业机构的专家、培训教师到班级对学生进行分级培训。专家具体、专业、清晰的阐述,让师生明白了实研究性学习的本质还在于生活本身,学生们发出了研究性学习其实离我们并不远的感慨。我们和"春禾"研究性学习的公益组织合作,为师生做了系列化的专业解读。鲜活的事例从根本上消除了对研究性学习的畏难情绪,大部分教师经过了从不愿接受到乐于参与的思想转变。

2. 扎实推进,体验研究的过程

研究过程的体验重于研究结果的呈现。过程推进中,引导学生制订清晰的计划,明确研究的步骤,引导学生在解决问题时注重科学、严谨的调查和思考,以科学事实为依托,充分运用团队合作的智慧和力量,引导学生增强发现问题和解决问题的能力,提高逻辑思维的缜密性,大胆假设,反复推敲论证,充分感受体验过程中的乐趣。

导师参与学生研究过程,对于学生研究过程中问题的发现、课题研究的展开、报告的撰写等都给予指导性意见,使得学生研究课题方向明确、研究内容越来越明朗。针对我校 2017 届、2018 届毕业生开展研究性学习的过程中,从 2015 年 11 月研究性课题启动到 2016 年 5 月课题展示,整整 7 个月,历经讲座培训宣传、分组选题指导、撰写开题报告、收集资料调查访谈、中期报告撰写、结题报告撰写、评选展示汇报、《探颐集》出版,每一个环节都扎实开展,一步一个脚印,见证了师生在研究性学习过程中的成长。

3. 搭建平台,展现自主的成果

评价的结果不在于研究的结论是否有多高深、多科学、多准确,我们更关注的是课题研究过程中的参与度、合作力、思维逻辑性,评价的开放性使得学生课题呈现不同的亮点。课题评价成了学生研究型课程走向终结的方式。历经自评、小组成员互评、组长评价、导师评价、专家评价到优秀课题脱颖而出,最终走上舞台,在师生面前自信阐述观点。2016年5月,优秀课题汇报精彩落幕,学生感悟良多,同伴掌声热烈,专家点评给力。"我研究 我快乐"研究性学习的视频制作,记录了同学们在研究过程中的讨论和认识。11月,凝结了学生和导师心血、智慧的研究性学习成果——《探颐集》——正式出版,令所有参与其中的人欢欣鼓舞。

第四章　基于核心素养培育背景下学生自主活动的教育实践与研究

本章依据自主活动的目标体系、架构内容等,结合研究目标和研究内容,基于学会学习和健康生活两个方面,在德育、教学、课程等教育教学实践中,开展实践探索。

一、学会学习

(一) 乐学善学

即以"乐"激趣,主动参与,夯实自主之基。

1. 设置情境,让学生"乐学"

在学科教学中,恰当的情境设计能激发学生的学习热情,使其快速地进入学习状态,产生积极的思维活动,达到更好的学习效果。在实践研究过程中,我们在课前导入和课中的教学活动中,以知识储备、场景设计和问题探讨为主,唤醒和激发学生的学习兴趣,启迪学生的思维活动,使学生产生乐学的愿望。

(1) 激活储备,以"旧"唤新。在课前的导入环节,通过复习旧知、激活储备,既可以将学习过的内容进行复习,又可以使学生认识到新旧知识的内在联系和逻辑,还可以引发学生对新知识的渴求愿望。

【案例1】

张敏老师在新授课前,引导学生有效回忆已有的语法知识,根据知识点之间的内在联系,激活他们的知识储备,使学生进入自主学习的"乐学"状态中。

为了使学生的思维意识更有直观性,教师在教学材料的引用上全部使用高一课文中出现过的句子和图片,如 friend or enemy、the hamburger business 等,在回忆中先激活他们对 present participles as Attributives、present participles as an adverbial of time、present participles as an adverbial of reason 的用法的记忆,接着继续使用高二课文 The hamburger business、Virtual reality 中的相关句子和图片,归纳了 past participles as adverbials、past participles as attributives 的功能用法。这一环节中,教师尽量放手让学生自己去对比现在分词和过去分词的用法,以学生回忆为主,教师辅助呈现他们讲解的内容,适当地给予一些提示,直到学生真正激活已有的知识,得到进一步的巩固。

点评:

张老师在授新课前,注重学生原有的知识经验,在激活了学生知识储备的基础上,再引导学生把新知识纳入原有的认知结构中去,帮助学生完成了认知结构的优化,使学习的过程成为自我生成的过程。

(2)借助场景,以"境"激趣。贴近学生生活和学生熟悉的场景,更能激发学生参与的热情;借用学生熟悉的场景来提出相关的问题,学生更愿意接受和积极地思考。这样的情境设置,才是最有效的。

【案例2】

刘吉英老师在教授《冷锋》一课时,通过对上海近几天的天气情况的介绍和分析来引入新课。因为这样的情境设置是学生们熟悉的场景。学生用已有的知识和认知可以做简单分析。因此,学生有兴趣并积极地参与新授课的学习。

活动1:设置情境。

师:请大家说说上海近段时间出现的天气状况,并和前几天在温度和降水上做对比。

生:……(学生依然七嘴八舌)

师:好,大家将这段时日的天气状况根据亲身感受描述了出来,下面我们用数据说话。(请学生观看上海电视台近日的天气预报。)

生:……(看过天气预报后,学生对此后几天将出现的巨大的天气变化发出感叹。)

师:为什么会有这些变化呢,大家想过没有?(在学生惊叹之际,教师赶紧抛出问题。)

生:冷空气来了呗。(学生不以为意地说。)

活动2:追问,引发思考与讨论。

师:(追问)冷空气从哪里来?未来又将去哪里?它来后为什么会有大风?为什么会下雨?

生:……(部分学生窃窃私语。)

师:(看到学生已经开始好奇了,老师笑了)给你们看一个"冷锋锋面形成过程"的动画,希望大家能找到答案。

生:……(学生看得很认真,还有部分同学结合动画继续讨论着。)

活动3:鼓励发言。

师:……(提出前面提及的问题,鼓励学生到讲台前结合动画试着给大家讲解。)

生:……(最初学生有些害羞或害怕,给予鼓励后,陆续有学生主动上台讲解。学生在讲解中遇到了一些问题,教师并没有直接给出答案,只是给了适当的点拨,也没有否定任何一种观点,而是鼓励其他学生去反驳,让他们自己不断校正自己的理解。在讲解中学生对冷锋的来龙去脉有了初步了解,但用语不够规范。)

点评:

知识的习得是学生主动构建知识的过程。学生不是简单被动地接受信息,而是对外部信息主动地选择、加工和处理,从而获得知识的意义。刘老师通过引入已有知识,创设情境,刺激学生的求知需要和主动参与的欲望,调动了学生积极的情感因素,引发了学生的学习兴趣,为学生学习新知做了必要的铺垫。

【案例3】

宋飞老师在讲授阅读课时,在导入环节,为了让学生更好地了解《歌剧魅影》的故事梗概,在学生猜测好故事内容后,截取电影精彩片段,在线上进行播放,并在课件中配备相关的海报图片,用视听的方式帮助学生快速投入并沉浸在故事氛围中。以电影情境激发学生的学习热情,令人耳目一新。

在阅读过程中,教师利用思维导图完成故事的梗概图(见图 4-1),帮助学生厘清故事的发展脉络。

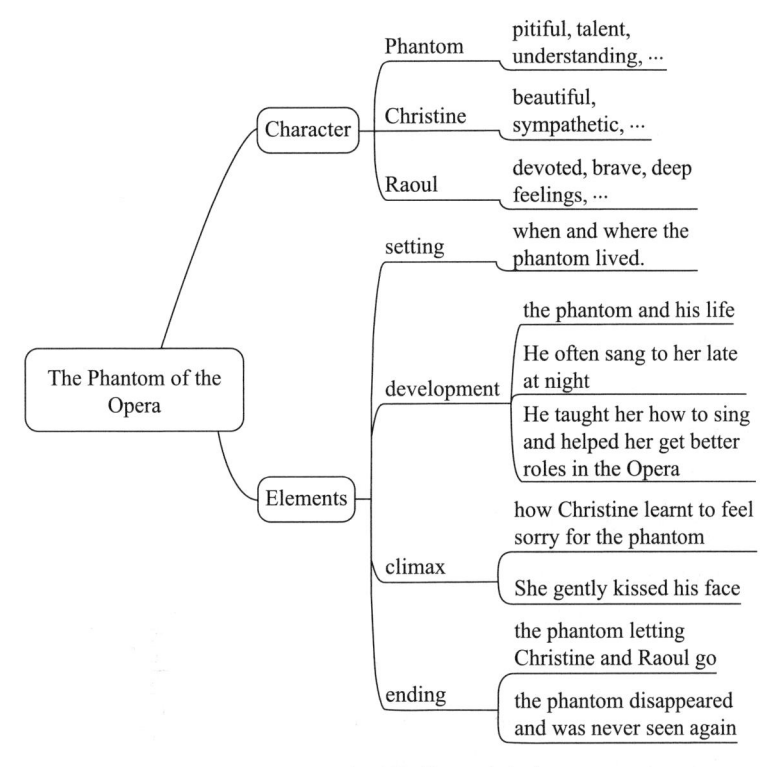

```
The Phantom of the Opera
├── Character
│   ├── Phantom — pitiful, talent, understanding, …
│   ├── Christine — beautiful, sympathetic, …
│   └── Raoul — devoted, brave, deep feelings, …
└── Elements
    ├── setting — when and where the phantom lived.
    ├── development
    │   ├── the phantom and his life
    │   ├── He often sang to her late at night
    │   └── He taught her how to sing and helped her get better roles in the Opera
    ├── climax
    │   ├── how Christine learnt to feel sorry for the phantom
    │   └── She gently kissed his face
    └── ending
        ├── the phantom letting Christine and Raoul go
        └── the phantom disappeared and was never seen again
```

图 4-1 《歌剧魅影》故事梗概

在读后环节,让学生针对课文的情境进行思考,进行结局续写,引导学生进行趣味写作,设计 Christine、Raoul、Phantom 的最终结局,使学生们完成的作业有创意:有童话般的爱情故事,如 Phantom 最终喝下药水变成凡人,与 Christine 的结局美好;有凄美的爱情故事,如 Christine 去坟前读 Phantom 的信件;有创意结尾,如 Phantom 化作 Christine 的影子,以别样的方式与 Christine 相伴终身。结局续写实现了课时目标中培养学生对他人的同理心、感受戏剧之美的用意。

读后环节让学生利用至少3个所学核心词汇进行新的情境段落创作,巩固重点词汇用法。学生可以发散思维自主设置不同的情境,将词汇套用。最后,学生将自己的段落写好并拍照上传后,教师将学生创作的段落进行梳理,发现学生的情境创设多样,形式丰富,有新闻、传记、悬疑小说片段、联系时事的疫情段落、联系自身的生活段落等,充分激发了学生乐学、善学的潜质。

点评:

没有激情的教学是不成功的教学,只有教师的激情而没有学生的激情也是不成功的教学。在教学中,教师和学生只有全身心地投入,互相配合,营造轻松、良好的教学氛围,才能有效地培养学生的学习激情。宋飞老师以视听手段+思维引导+创造性思维,充分激发了学生乐学、善学的潜质。

(3) 设置问题,以"疑"启思。

【案例4】

宋飞老师在阅读课的导入环节,让学生根据题目和课文插图进行设疑猜测:"What's the story about? What's the relationship between the characters? What's the ending of the story?"学生猜测并进行班级分享,以调动学生的阅读热情,为故事的展开设置悬念。在阅读过程中,以"What kind of person does Christine or Phantom is? Could you find evidence from the text?"让学生根据故事的情节、描述人物的动词及形容词,分析Christine和Phantom的性格特点,评价人物特点。在读后环节,抛出问题"What will happen in the end? Could you add the ending of the story?"设置续写结局的开放性任务,以问题激发学生对人物性格及命运走向的进一步思考,锻炼创造性思维。在课堂总结环节,用问题链引导学生回顾所学重点:

① Which part impress you most in today's lesson?

② Which words or phrases in the text are important?

③ What are the key points of a mind map?

④ In writing, what should you pay attention to?

⑤ How to make your writing attractive?

⑥ What did you learn from today's lesson?

这种恰当的设置问题,以问启思的做法,能够让学生的思维活起来,进而逐渐培养学生的自主思考问题和解决问题的能力。

点评:

学成于思,思源于疑——学贵有疑。以疑可以激发学生产生思维兴趣,引导学生进入思维境界,促进学生提高思维水平。教师应该善于设疑,寓思于疑,让学生由疑而思,思而释疑。这是一种较高的教学境界。

2. 习得方法,让学生"善学"

(1) 研读教材,主动思考,以"思"启智。教材是最好的学习载体,引导学生尊重教材,学会阅读教材,加深理解教材的重点内容和重要的知识点,深刻领会教材的逻辑结构和内容的编排等,对启发学生的思维、培养学生的逻辑思维能力大有裨益。

【案例5】

刘吉英老师教授"冷锋"一课,在合理的情境设置引导下,组织学生阅读教材、辨析概念。

活动4:回归教材,规范理论。

组织学生看教材,找出书中对冷锋的解析,强调地理术语。(学生对冷锋有了更加准确和清晰的认识。)

活动5:学生绘图并展示成果。

组织学生结合动画及刚才的分析,动手绘制冷锋锋面示意图。(学生两人一组,边讨论边画,场面热烈。)展示学生绘制成果,教师给予肯定与鼓励,并给出指导性说明。

点评:

教材是最好的学习载体,引导学生尊重教材,学会阅读教材,加深理解教材的重点内容和重要的知识点,深刻领会教材的逻辑结构和内容的编排等,对启发学生的思维,培养学生的逻辑思维能力大有裨益。

(2) 探索新知,主动研究,以"探"明理。

刘吉英老师在小组展示后,引导学生进行评论,在评价中,进一步加深对概念的理解与认识。

活动6:知识迁移。

我们了解了冷锋锋面,现在大家试着对暖锋锋面的形成过程和带来的天气进行推理,看谁归纳得准确。(学生又两人一组热烈地讨论起来由于有冷锋作为基础,这次讨论过程较短。请学生上前通过画图展示讨论成果,学生踊跃积极。)

活动7:对比分析。

展示学生绘制的冷锋、暖锋图,学生两人一组总结冷锋与暖锋的异同点,并请学生上台前结合图进行总结说明。(由于前面的理论分析到位,这一环节并没有遇到太多问题,学生很快能结合图找出两者的异同点。)

(3) 研讨问题,主动辨析,以"辩"反思。

学生是学习的主体,只有学生亲身参与听、思、说、写的整个学习的过程,才能够主动参与研讨问题,以"辩"反思,这样的学习才是最有效的。

【案例6】

乔华老师尝试在《圆方程——直线与圆的位置关系》一课中,开展说数学的活动。这是高中解析几何的重要内容,涉及的知识点多,贯通性强,是教学难点。这节课的例1:求圆 $x^2+y^2-4x-2y-20=0$ 上的点到直线 $4x+3y+19=0$ 的距离的最大最小值。题目一出,有的学生小声议论,有的跃跃欲试在草稿上做起来了,但还有不少学生沉默不语。这时乔老师不急不忙,先让一位学生说出圆的标准方程,然后让其他同学确认正确与否,接下来让另一位学生说出点到直线的距离公式,都没有问题。铺垫好基本知识后,乔老师让一位学生在黑板上画图,并说出画图的理由。最后,让其他同学纠正、补充并把整道题的思路叙述清楚。

为了巩固知识,乔老师让同一学习小组的同学互相启发,深入交流。接着请两个小组的代表叙述整题的解题过程,很快就把例1解决了。例2到例6如法炮制,都得到顺利解决。例7是圆心在直线$x-3y=0$上且与y轴相切,它在直线$y=x$上截得弦长为$2\sqrt{7}$,求圆方程。这道题比较综合,需要运用前几题的知识与思路。乔老师将其分解设计成这样几个问题:①圆心怎么设?②相切怎么转化?③弦长怎么解决?④图怎么画?乔老师先让学生在小组内讨论,在畅所欲言的基础上整理解题的思路,再推选代表上讲台讲给全班同学听。不知不觉中,7道题全完成了。

点评:

教师包办代替一讲到底的做法,源于对学生的不信任,怕学生说不好,浪费时间。殊不知越是不给他们机会,他们就越说不好,参与教学的积极性就越低。让学生说起来,其实就是把学生视为学习的主体,让学生参与教学过程,而不是把学生埋没在大量机械的练习和教师的冗长讲述中。让学生有动手、动脑、动口的机会,可以增强学生的专注度,帮助学生掌握与理解知识,激发学生的思维能力。让学生在课堂上说起来,需要教师创设宽松的氛围。教师要面带微笑,注意倾听,经常给予表扬,让他们不怕失败。教师要注意学生学习程度的差异性,提问难度要与学生的学习能力相适应,不能人为地挫伤任何学生的学习积极性。

【案例7】 "我说你评"数学说题活动

"我说你评"说题活动的开展,为学生带来的是学习方式和对待学习的态度的转变。说题活动是培养学生数学建模能力、创造性思维和创新能力的最好方法。唐晓雯老师在初中数学教学过程中同样采用让学生"说"的方法,达到了很好的效果。

(1)说什么。说题的内容基本分为两类:一类是知识点收集整理类的探究问题,另一类是学生作业中的典型题目。问题的选择要有代表性,或是易错的知识点,或是一类问题的通性通法整理,或是能体现出学生的解题灵感和思维过程的题目。说题的学生还要对选题有继续深入探究的兴趣,不是说答案,而是说思路、说方法、说结论。

(2)谁来说。根据问题的广度、深度和难度,教师可以根据问题的难易程度,安排学生以个人或是分组的形式开展说题前的整理探索活动。教师帮助学生选择相应层次水平的题目和组员,保证班级中的每个学生都能参与到说题活动当中,每个学生也都能有机会发表自己的想法或提出自己的问题。

(3)怎么说

其包括说解题思维、说问题建构、说数学模型、说体会反思。

点评：

课堂上,学生之间的关系比任何其他因素对学生学习和发展的影响都更强有力。因而加强对课堂上生生互动的研究和探讨,对于发挥学生的主体性,更好地推动课堂教学改革具有重要的理论与实践价值。唐老师的这一案例是改变学生上课就是"听课"的旧心态,将积极表达作为学习的必要组成部分的很好尝试。

(4)强化反馈,主动纠错,以"究"化难。学生在学习过程中,难免会出现各种各样的错误,关键是学生对待错误的态度和意识是怎样的,以及如何发现错误、改正错误等。教师不但要强化学生的纠错意识,还需要指导学生如何纠错,以"究"化难,提供减少错误的方法和途径。

① 建错题档案强化纠错。要求学生在改完错题后准备一个厚一点的笔记本,把自己改过的题目但又觉得不是太熟练、思路不容易想到的题目抄到或剪贴到笔记本上。

做好以下几点：

其一,将题目的正确答案和解析写在试题下面,并要求在题目的背面正对应的地方依次写上题号、答案、点拨。

其二,定期"回头"看。学生在翻看的时候,要沉下心来多动脑,看完题后思考自己是否一下子想出了解题的思路;如能,再想一下如果换个条件或改变问法该如何处理;如不能,就翻看背面的错因和点拨;如果看了点拨还是没有头绪,就要及时向老师或同学请教,不要再留"拦路虎"和"夹生饭"。

其三,定期筛选。过上一段时间后,学生要对错题进行筛选,把那些完全弄懂且颇有心得的题目做个记号,对看上去仍有些生涩的题目继续进行强化和补救。

其四,归纳整理。要在学完每一章节内容后都进行收集和分类整理,而且在每一章的错题之后在多留几张空白纸,留着整理期中、期末试卷中关于该章的错题部分。错题按章归类放置,便于高三总复习时作为参考。

告诫学生错题刷三遍,才能形成思维定式,不再犯同样的错误。

在指导学生的过程中,教师给学生示范、模仿和循序渐进的训练过程,最终迁移习得错题处理的系统方法的过程。实践证明,学生建立错题本,可以促进自己养成爱反思、善总结的好习惯,同时由于同学们集中了自己的缺漏,容易找到自己的薄弱点,从而使学习策略更有倾向性,复习也更有针对性,可以大大提高复习的效率,轻轻松松取得好成绩。同样,教师建立学生"错题本",可以及时掌握学生的"疑难杂症"并对症下药,在薄弱处重锤敲打。用好"错题本"既帮助学生避免了题海战术,又提高了学生的解题能力。

② 小组合作强化纠错。

【案例8】（案例8和案例9由蔡宏飞、谢娆、汪军民提供）

求函数 $f(x)=\dfrac{1}{x}$ 的递减区间。

错解:$(-\infty, 0)\cup(0, +\infty)$。

为了强化学生的纠错意识,教师提出问题,小组合作讨论,分析错误的原因。

问题1:各组作出函数 $f(x)=\dfrac{1}{x}$ 的图像;

问题2:函数的定义域是什么?

问题3:函数单调性的定义是什么?结合定义,说明为什么递减区间不能写成 $(-\infty, 0)\cup(0, +\infty)$。

问题4:如何表示递减区间?

通过本次纠错过程,发掘错误的成因,意识到自己思维过程有偏差,对基本概念不求甚解,在纠错过程中吸取教训,得到启发。

点评:

在传统教学中,教师常对学生的表达错误当堂纠正。学生在被纠错时往往紧张不安,会产生挫败感,形成学习障碍,所以效果并不理想。合作学习作为对传统教学组织形式的一种突破和补充,生生合作纠错就是其中常见的一种形式。它能较有效地解决这一问题。除小组合作纠错之外,还有师生合作纠错、组际合作纠错、同桌合作纠错等不同形式。

③ 变式跟踪强化纠错。对一些典型的易错的题,我们则在错题重做的基础上,组织学生进行变式训练,这是弥补知识漏洞的最佳方法。

【案例9】

求函数 $f(x)=\sin^2 x+\dfrac{2}{\sin^2 x}$ 的最小值。

学生典型的错误答案是 $2\sqrt{2}$,为了解决这个顽固错误,教师利用变式跟踪的方法强化训练。

变式一:求函数 $f(x)=x+\dfrac{2}{x}(x>0)$ 的最小值。

学生通过运用基本不等式,九成的学生很快求出 $2\sqrt{2}$。

变式二:求函数 $f(x)=x+\dfrac{2}{x}$ 的值域。

教师引导学生作出函数图像,经过探究,近八成的学生可以得到 $(-\infty,-2\sqrt{2}] \cup [2\sqrt{2},+\infty)$。

变式三:求函数 $f(x)=x+\dfrac{2}{x}(x\geq 2)$ 的最小值。

引导学生思考:使用基本不等式求最值时是否满足"一正""二定""三相等"? 通过图像可以解决吗? 如何求解?

通过以上思考,学生观察图像知 $f(x)$ 在 $[2,+\infty)$ 单调递增,所以 $f(x)_{\min}=f(2)=3$。

通过以上3个变式训练,再回到求解 $f(x)=\sin^2 x+\dfrac{2}{\sin^2 x}$ 最小值的问题,思考 $\sin^2 x$ 的有界性,利用换元法,结合图像就可以很顺利地求解了。

点评：

所谓"变式纠错"，就是指教师有目的、有计划地对命题进行合理的转化，即不断更换命题中的非本质特征，变换问题中的条件或结论，转换问题的内容和形式，但仍保留对象中的本质因素，从而使学生能灵活掌握学习对象的一种教学方式。变式教学的宗旨是启发、引导学生研究、探索知识的发生、发展过程，激发学生的学习兴趣，提高学生的注意力。

本案例中教师就是通过变式训练培养学生的纠错意识和能力，发挥自身的学习主动性，从而提高了学习效益。

(5) 提炼要点，主动归纳，以"理"慎思

学生是学习的主体，只有学生真正地参与到学习的全过程中，学习才是最有效的。学习的最终目的不是学生记住了多少知识，而是学生通过学习，真正发展了思维能力，掌握了解决问题的办法，学会主动归纳、整理知识点的能力，理清知识的脉络等。教师所要做的，就是激励学生学会主动提炼要点和主动归纳、整理知识点，形成网络，发展学习力。

【案例 10】 一"题"多解，提炼归纳方法

陶丽峰老师在高三复习课中，利用一题多解的方法，引导学生学会归纳和提炼方法。

教师：同学们，我们通过第一轮复习，已经复习了高中数学各知识板块，相信同学们可以解决绝大部分问题。我们要做的是，当我们在看到题目之后，先静下心来观察清楚题目在告诉我们什么，具体哪些内容，涉及哪些知识板块，再确定问题让我们求解的是什么，思考可以用哪些方式方法来解决，想好了再下手做。下面就请同学们研究下面的问题(用多媒体显示)：

例如已知：如图 4-2 所示，圆 O 的半径为 1，PA 和 PB 为该圆的两条切线，A

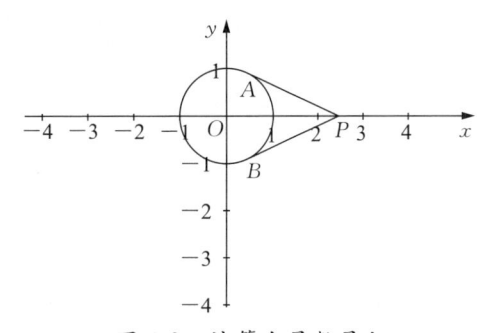

图 4-2 计算向量数量积

和 B 分别为两个切点,求 $\overrightarrow{PA} \cdot \overrightarrow{PB}$ 的最小值。

教师:请同学们注意观察,看清题目条件和问题,并仔细观察图像,也请同学们积极思考并回答问题。下面请同学们各抒己见。(同学们开始热烈讨论。)

同学杨:我们可以看到这是和单位圆有关的问题,还涉及圆切线,要求解的是两个向量的数量积问题。

同学朱:从图像可以观察到圆外一点 P 落在 X 轴上,A 和 B 正好是关于 X 轴对称的两点。

教师:基于以上条件和问题,我们有何解决问题的方法?谁来试试?

同学顾:我们可以从最基本的向量数量积公式入手,用两个向量的模和这两个向量夹角的余弦值来运算。我想尝试设 PA、PB 的长度。(同学们纷纷表示赞同。)

教师:同学们回答得真好,顾同学已经告诉我们一种解题方法,那我们还有其他解决的方法吗?还有谁来说说?(同学们略做思考。)

同学陈:同样是向量数量积,我想用向量数量积坐标的运算方式来计算。我想设点 A 和点 B 坐标来试试。

教师:同学们的想法都很棒,那让我们都来试一试。这样吧,我们分成两个大组,一、二两组紧跟顾同学方法,三、四两组同学挑战陈同学方法,有请顾、陈两位同学分别作为两组代表在黑板上求解,非常期待你们的表现。(同学们都认真做题,顾、陈两位同学也已在黑板上完成。)

教师:我们先来看顾同学的基本做法。分析:一开始顾同学设 PA 的长度为 a,角 APO 为 θ;之后在运算时,顾同学又改设 PO 的长度为 a,角 APO 为 θ,我们请顾同学来给我们讲解一下。

同学顾:我是这样考虑的,如果我设 PA 长度为 a 时,角 APB 的表达计算相对复杂,所以经过比较,我改设 PO 的长度为 a,由二倍角公式 $\cos\angle APB = \cos 2\theta = 1 - 2\sin^2\theta$ 表示,此时因为 AO 是单位圆半径为 1,$\cos\angle APO = \dfrac{AO}{PO}$,即 $\cos\theta = \dfrac{1}{a}$ 非常方便,利用向量数量积基本运算公式,整理化简之后,再根据基本不等式运算求出最值并计算出等号成立条件。

点评：

一题多解其实就是发散思维，或叫求异思维，它表现为视野广阔，思维呈现出多维发散状。它是创造性思维最主要的特点，是开启思维的钥匙，是测定创造力的主要标志之一。数学学科是培养一题多解能力最有利的学科之一，而一题多解能力的提高，离不了提炼要点、主动归纳等思维要素。陶老师的这一教学案例是一个很好的示范。

(二) 勤于反思

即以"勤"促思，迁移改进，习得自主之法。

1. 促反思：外部刺激——内部反应

（1）对学困生，采用奖励机制。"人性中最深切的本质就是被人赏识的渴望。"无论是谁，都不会拒绝别人的赞扬和信任，来自别人的赞扬或者信任，都会令被表扬者产生愉悦的情绪体验。理解学生，相信学生，赏识学生，不断地鼓励他们，挖掘他们的闪光点，学生也一定会朝着你引导的方向前进。

【案例11】 赏识你的学生

傅佳艺老师通过不断地鼓舞，使一个学习缺乏动力、上课总是睡觉、性格内向的学生发生了改变。

傅老师说："姚同学，你可以啊！都做对了！这不是很棒吗！"

"其实你很聪明，老师现在也只是把课堂的内容给你简单讲了一下，你就能把这些题目都做对了。其实，只要你能把课堂时间利用好了，成绩提升起来肯定很快。"

"姚同学开始喝咖啡了，是为了让自己上课不瞌睡吗？这个是好方法，加油！"

"姚同学，老师想请你帮个忙，当化学A组的小组长，可以吗？"

"你看，你最近一段时间课堂效率提高之后，作业完成得都很好，老师都看到了。"

那你现在能代替老师帮助一下其他同学吗？帮他们讲讲题，抽背一下知识点之类的。

"你看，你上次在东方绿洲讲军事武器的时候一个人讲了十几分钟，我觉得你讲得很棒啊，其他同学也都很佩服你呢！"

最终，姚同学不仅在化学学习上越来越如鱼得水，性格也变得外向了，在课堂上也越来越积极，回答问题也不再那么腼腆，而是眼中闪耀着自信的光芒。赞美、信任和期待具有一种能量，能改变人的行为。当一个人获得另一个人的信任、赞美时，他便感觉获得了社会支持，从而增强了自我价值，变得自信、自尊，获得一种积极向上的动力，并尽力达到对方的期待，以避免对方失望，从而维持这种社会支持的连续性。

对学困生的鼓舞奖励机制，除了口头夸赞，还有肢体拥抱、等级评分制等。也许教师的一句话、一个眼神、一个拥抱等，就可以使学生重新审视自我的学习状态，重拾学习的信心，甚至会影响他们的一生。每个学生都有自己的闪光点，只是有时候匆忙的步履、泥泞的心情遮掩了我们的眼睛；烦琐的工作、忙乱的头绪，钝化了我们的敏锐，所以我们看到的更多的是学生的缺点，而忽略了他们也是需要老师的呵护与鼓励的。

点评：

通过欣赏、赞扬受教育者的优点和长处来进行教育，能更好地增强学生的自信心、责任感和上进心，更好地增强班级凝聚力和学生的集体荣誉感，是实施素质教育的一种重要而有效的方式。

（2）对学优生，采用目标驱动。对于学优生来说，低层次的刺激，例如表扬、鼓励、夸赞，可能所引起的反应效果不大，因为他们已对这类"刺激"免疫。他们从小到大，这样的"刺激"不可谓不多。对于优等生们，外部刺激应该摆脱低层次，选择高品质。何为高品质？首先，能调动他的荣誉感、好奇心、好胜心；其次，能激发他的潜能、认知和储备；最后，能引发他的内省和反思，审视和调整。这样的"刺激"才是有效的。

【案例 12】

张爱华老师通过两个外在刺激的"小动作"，促进学优生皓昀在内心产生"目标"

反应的研究,很有参考价值。这两个"小动作",一个是冠名"优等生皓昀",另一个是追问,通过老师不断询问,促使他对自己的学习状态进行审视。

首先,张老师在皓昀的名字前冠以"优等生"的头衔。不论是在直播课两个班级同学的面前,还是在全体家长参加的家长会时,抑或是私下里和他单独沟通时,老师都称呼他"优等生皓昀"。

"优等生皓昀""优等生皓昀""优等生皓昀"!每天在你耳边念叨这个称呼,会有什么样的变化吗?变化吧,变化吧,"优等生皓昀"。

然后,奇迹就产生了!每一次的作业,不论是卷面、格式还是答题质量,他都是两个班最优秀、最认真的。除了完成必做作业,他还争着做选做作业。直播时,他积极参与讨论答题,以第一时间、准确完成答题为追求目标。

为了巩固已有成绩,张老师紧接着进行了第二波操作:一直询问他,对于这个问题,你还有其他方法吗?你是怎么做的?你准备怎么做?

学习文言文,问他:"四行格式整理太费时,还有其他方法吗?你是怎么做的?你准备怎么做?

"老师串讲,太枯燥,还有其他方法吗?你是怎么做的?你准备怎么做?

"听专家课,同学们笔记普遍记得太杂乱,还有其他办法吗?你是怎么做的?你准备怎么做?

"同学们普遍抓不住专家讲课重点,还有其他办法吗?你是怎么做的?你准备怎么做?

"同学们作业普遍订正不认真、不到位,还有其他办法吗?你是怎么做的?你准备怎么做?"

在张老师不断地询问下,他不断地在变化:"四行格式太费事,老师,可以用口译,速度快,效果好。

"串讲太枯燥,老师,可以让我们学生来讲,我先申请做第一个主讲者。

"老师,听专家课、记笔记,可以考虑分区域记、分笔色记、分详略法记。

"老师,订正作业可以先检查自己哪些是正确的,正确的地方打钩;哪些是错误的,错误的地方圈画出来,参照老师的答案进行改正。

"老师,我发现,专家每次都有一个大问题提出,最后会对这个问题总结,那就是重点……"

于是,"优等生皓昀"在张老师持续不断地追问下,他的文言文笔记详细而不杂乱,做了一回主播,听课笔记重点突出、要点明确,订正作业堪称范本……难能可贵的是,他不断地自主尝试,不断地自我调整。在与老师和自己无数次的沟通中,对学习方法不断的比较调整中,他找到了适合他的学习方法,取得了意想不到的效果。

点评:

"优等生"一词往往是专指那些学习成绩好的学生。这些学生的学习成绩好,经常受到教师的表扬、同学的拥戴、家人的呵护、亲友的褒奖如群星拱月般的优待。正是这种特殊照顾,使其中少数人会自高自大,最终在思想品德、素质修养、行为习惯等方面出现偏差。俗话说,"快马不用鞭催,响鼓不用重锤",但这句话用于教育学生并不合适,在培养人才方面,我们更需要"快马也要响鞭催,响鼓也须重锤敲"的精神。本案例就提供了这样一个视角,一种方法。

2. 教反思:被动任务——主动探究

涵养勤于反思的核心素养,不是你告诉学生要反思,他就会反思了,更重要的是,教会学生反思的方法。我校学生相对来说,基础普遍比较薄弱,在思考问题上往往缺乏主动性,大多数学生不会主动去反思、审视自己的学习状态,也缺乏自我反思和归纳总结的方法。这需要教师首先以"被动"的任务布置,引导其最终主动探究。

(1)尝试—总结—改进。

【案例13】 文言文学习需勤反思、善总结

当黄翔倩表示感觉不到学习文言文的乐趣时,徐老师对她说:"我很能理解你的感受,因为老师从前也不太喜欢文言文,觉得既枯燥又乏味,还需要记许多字词解释。后来上了大学,我才慢慢感受到文言文的魅力。你现在也跟当年的我一样,不过没关系,一定有办法能克服文言文学习的困难的。"于是,徐老师给她布置了适合她的个性化语文作业——读当天的文言文课文,直到熟读为止,不强背任何字词,第二天跟徐老师讲讲朗读感受。

当黄翔倩表示"比强背实词感觉好多了"时,徐老师表扬她:"我感觉你是个会思考和反思的孩子,就是之前读得太少,理解不到整段文字、整篇文章的意思,只见树木,不见森林,所以越背越糊涂。"这天徐老师给她留下的作业是:平时尽量大声朗读文言文,不求快,要慢慢读,不求记住多少字词的意思。其间要把不懂意思的字词用红笔圈出来。

过了几天,徐老师再问她这几天朗读文言文的感受时,黄翔倩居然说:"以前我读文言文都是囫囵吞枣,但现在我发现,慢慢读比快读容易理解文言文的意思,而且把不懂的字词圈出来,再读的时候,我会多关注一下这些字词,印象也会加深。""你能从文言文的朗读和圈画中,反思和总结出从前阅读文言文走的弯路、错路。有句话叫欲速则不达,文言文是需要朗读的,而且一开始一定是要慢慢读、细细品,品出其中真味,你就已经学成了。"于是,黄老师又借给她一本文言书籍《新编高中文言文助读》。这本书中文言文短小、故事性强,便于阅读。

一个月后,奇迹出现了……她说:"这段时间我读了有20篇左右的小文言文,因为里面有故事情节,而且有的字词意思跟我们课文里是相通的,感觉现在读课内文言文好像也没那么难了。"

点评:

黄翔倩同学排斥文言文,徐老师有意识引导她反思以往学习方法的不足,努力摸索出一套适合自己的学习方法。黄翔倩同学反思了过去学习方法的不足,从中总结经验教训,从死记硬背被动学习到主动阅读思考,越读越有味。她走的是一条学习反思之路,获得的是学习品质的飞跃。

(2) 示范—模仿—迁移。对大多数学生来说,在学习的全过程中,需要在教师亲身示范的基础上,模仿学习,逐渐迁移习得。

【案例14】 "错题本"的运用

常进红老师对于学生如何利用错题本反思归纳总结学习,由"最近发展区"逐渐过渡到新知识的构建与能力的提升,进行了系统的方法指导。

其一,给"错题们"建立"档案"。要求学生在改完错题后准备一个厚一点的笔记本。把自己改过的题目但又觉得不是太熟练、思路不容易想到的题目抄到或剪贴到笔记本上。传统的做法是将题目的正确答案和解析写在试题下面,但是常老师的要求是在题目的背面正对应的地方依次写上题号、答案、点拨。

其二,定期"回头"看。学生在翻看的时候,要沉下心来多动脑。看完题后,思考自己是否一下子想出了解题的思路。如能,再想一下如果换个条件或改变问法该如何处理;如不能,就翻看背面的错因和点拨;如果看了点拨还是没有头绪,就要及时向老师或同学请教,不要再留"拦路虎"和"夹生饭"。

其三,定期筛选。经过一段时间后,要对错题进行筛选,把那些完全弄懂且颇有心得的题目做个记号,把看上去仍有些生涩的题目继续进行强化和补救。

其四,归纳整理。在学完每一章节内容后都进行收集和分类整理,而且在每一章的错题之后再多留几张空白纸,留着整理期中、期末试卷中关于该章的错题部分。错题按章归类放置,便于高三总复习时作参考。

其五,也是最重要的一点,就是要持之以恒,不能半途而废。错题做三遍,才能形成思维定式,不再出现同样的错误。

点评:

建立错题本可以让同学们正视自己知识的薄弱点,也可以让教师及时掌握学生学习障碍之所在,对症下药,使学生能在教师的示范中模仿,在模仿中获得知识与能力的迁移,从而提高师生"教"和"学"的双重效率。

(3) 情景—交流—升华。学生需要学习的除了"小小的书本",还有"大大的世界",培养学生勤于反思的能力,除了包括对自我学习状态、策略和方法等的反思,还应该包括对所学知识与社会现实的反思。"尽信书,不如无书",教材的编订总是跟不上时代的快速发展,新时代需要的是创新型人才,而不是"死读书"的人。爱因斯坦说,"教育就是当一个人把在学校所学全部忘光后剩下的东西"。知识固然重要,但是绝不是最重要的,而且现代社会知识更新换代可谓日新月异,我们的教育更应该着重培养学生对现实生活中遇到问题的解决能力。

（三）人文情怀

即以"文"修身，积淀情怀，涵养自主之心。

1. 自主学习和人文情怀融合的内容

通过对课题组相关课例的研究，我们梳理了一些适合中学生在自主学习过程中需要融合的人文内容。

（1）家国乡愁。我国自古以来都十分重视"家"与"国"之间的关系，家是其中重要的环节与阶段。"国"是大"家"，"家"是微缩的"国"，家国情怀，家国一体，家国体量不同，但所蕴含的"道"是一样的。当下社会，漂泊与远方成了很多人身上的标签，或者异国，或者他乡，于是，乡愁成了萦绕在每一个游子心底不可或缺的情愫。我们认为，一个爱家的人，必然是一个有情怀的人。初中生爱国爱家思乡念旧同样是有情怀的表现。

（2）理想命运。习近平总书记在论述"青年理想信念"时谈道：青年要扣好"人生第一粒扣子"。他强调成才要有正确的方向，理想也要有自己的方向。

关于命运，我们不但要把握自己的命运，也要有"命运共同体"的概念和观念，不但思考自己的理想，并去实现它，还要关注普通人，这样的人才是有情怀的人。

（3）生命母爱。生命至高无上。珍惜生命、热爱生活是每一个有情怀人的追求。与不公平的命运做斗争，更是一曲赞歌。我们热爱生命，还要感谢给予我们生命的人——父母亲。父母的爱，是生活的琐碎，是一种崇高的情感，更是人类最美的情怀。尊重并善待生命，尊重父母、孝敬父母，是中学生自主学习过程中需要关注的重点。

（4）文化差异。文化差异是各地区人们因特有的文化异同而产生的差异。了解与平等对待各民族各地区文化是对文化最基本的尊重，也是人们最具文化情怀的一种表现。中学生要放眼看世界，接触各民族优秀文化，做一个有情怀的人。

2. 自主学习和人文情怀融合的方式

自主学习和人文情怀融合的方式有多种。根据实际教学需要和既有的研究成效,我们主要梳理了如下几种:专题式、主题式、散点式以及留白式等。

(1) 专题式。依据《整本书自主阅读为学生积淀人文底蕴》和《注重英语语用学习,感受丰富多样文化》两篇教学案例,通过专题的形式,围绕核心词,譬如"自主阅读与人文"及"文化差异与人文"等方式,将自主学习和人文情怀相融合。

【案例15】

钱小燕老师以《骆驼祥子》整本书阅读为例,讲解如何通过整本书自主阅读为学生积淀人文底蕴。

整本书阅读的过程以"自主活动"方案设计来进行串联,消除初中阶段学生对于与自己时代比较遥远的文学作品的隔阂,在活动中增加趣味元素,让阅读的过程变得轻松无压力。整本书阅读的过程以"由浅到深"渐进阅读为原则,让学生在"整体—局部—整体"的阅读体验中,经历"不求甚解""细品慢读""整理回顾"的过程。这样的过程使学生阅读渐入佳境,在反复阅读的引导中让学生品读出经典的味道。具体分为三个阶段:

第一阶段为"速读"。让学生在一周的时间内完成《骆驼祥子》的阅读。读的过程中教师不进行点拨,让学生在不受干扰的情况下完成速读。这样的目的是让学生在一气呵成的整体阅读后,了解故事人物、故事梗概,构建小说的故事框架。整本书读完后,通过一定的活动形式进行交流分享。学生的阅读理解不同,读完后的感受也不同,在分享中对小说的理解能达成一种基本的共识。

第二阶段为"品读"。让学生以一天一章的速度完成《骆驼祥子》的第二次阅读,读的过程中教师介入指导,由教师事先设计问题,学生带着问题阅读,每读完一章,第二天则围绕问题进行点评研读。

第三阶段为"享读"。在前两个阶段的阅读的基础上进行回顾整理,尤其是将第二阶段的细读化零为整,串联小说的脉络发展,挖掘深度,将原先理解不到位的内容再一次进行细品、消化,再回过头来研究小说中的人物、故事情节,提出对某一问题或细节的看法,加深对文章主旨的理解,感受到深入阅读小说后的乐趣,回味作品余味。

点评:

整本书阅读是语文新教材教学改革的"重头戏",非常需要语文教师对学生的阅读进行有策略的引导。对于初中低年段的学生来说,更是如此。

设计专题式阅读活动方案,让学生自主参与其中,无疑能提升学生阅读的效果和学生对于文学的审美能力,在不断地品读中才能让学生充分阅读,实现知识拓展,丰富人文素养,提升语言素养,优化思维结构,发展想象能力。这一切,都在为青少年积淀人文素养做充足的准备。

【案例16】 注重英语语用学习,感受丰富多样文化

唐璐敏老师在准备《英语(上海牛津版)》6B 中的 Module 2:Changes 的过程中发现了有两篇关于中英文化差异对比的文章。她认为,这正是一个通过英语教学来启发和倡导学生感受语言背后的多样文化的良好契机。她是这样设计实施的:

1. 导入设疑

情境导入,动画展示:一个孩子来到中国一个陌生的城市旅行,但是他迷路了,这时他需要别人的帮助,你会怎么做?引发学生的思考与探讨,让学生意识到地区和年龄的不同,指路方式也不尽相同,体会不同地区文化差异与思维差异。

2. 问卷探讨

在提出第一个问题的基础上,唐老师设计了两份课前问卷调查。通过分析和总结,同学们得出了在中国,人们主要通过方位(东南西北或者左右)和路名地标的方式来进行指路。在此基础上,唐老师提出了第二个问题:在其他国家,人们是如何指路的?是否和中国一样?

3. 读中知异

在进行第三次的阅读时,通过5个问题的设置让学生可以深入理解文本。在核

对答案时,配以视频的方式,同学们对文本之中的指路方式有了更深的印象与体验。通过对该文本的解读,同学们不仅了解到不同地方的指路表述差异,也体会到表述背后文化的不同。

4. 体验升华

在同学们通过文本了解到不同国家的指路方式的差异后,唐老师提出了第三个问题:你们可以猜测一下,为什么不同地区的指路方式不同?通过一个情景模拟的输出活动帮助学生体验升华:四人一组,通过扮演各国不同城市的人来进行指路,让同学们不仅对今天的语言知识深入记忆,也深刻体验到指路表述后的文化多样性,从而尊重不同的文化交流方式。

点评:

唐老师的英语教学以动画和设疑导入,激发学生学习兴趣,并合理设计各项活动,由浅入深探索,环环相扣,引导学生一步步深入文本,不仅锻炼了学生的阅读能力和逻辑思维能力,还让学生感受了丰富多样的异域文化。

(2) 主题式。依据《感悟亲情之可贵　体悟生命之美好》和《增强学习自主性　打造高效语文课堂》两篇案例,确定案例主题,如"亲情与生命"及"哀愁与乡愁"等,探讨自主学习与人文情怀的结合。

【案例17】　感悟亲情之可贵　体悟生命之美好

张婷老师认为语文学科是一门人文学科,作为一名语文教师应当注重对学生人文素养的培养。因此,她选择史铁生的《秋天的怀念》一文来组织开展人文情怀的教学,通过本课的教与学,提升学生自主阅读的能力以及感悟亲情的可贵和体悟生命的美好。张老师设定两个教学目标:1.朗读课文,通过人物的语言动作来把握母亲的人物形象,感受博大、宽厚的母爱。2.通过把握人物形象和把握关键词句,来理解文章的主旨。从而感受儿子对母亲的怀念、忏悔、自责以及儿子的自我觉醒。史铁生在本篇文章中倾注了对母亲的怀念、对自我的悔恨以及母亲离世后最终自我觉醒。为了让12、13岁的初一学生读懂作者复杂的情感,教学环节设计了多个活动,让学生真正读懂这篇感人至深的散文。通过课前布置学生预习了课文,在预习环节指导学生去了解作者史铁生的生平和作品。学生们在课堂上能做到"有备而来",课题生成效果良好。在拓展环节,学生们大胆抒发自己的想法,通过本课的学习对自己的人生有了思考,表现出令人惊喜的创造力和潜力真的是无可限量!在课堂总结环节,学生们自己归纳散文的阅读路径,做到学有所得从而实现读一文而知多文的阅读方法,为后续自主阅读打下基础。

点评:

张婷老师认为《秋天的怀念》是一篇让人难以忘怀的亲情散文:母亲的隐忍、坚强;妹妹既乐观、懂事,又心疼作者多舛的命运。通过教学,学生可以感悟亲情的可贵和体悟生命的美好,主题式提升学生的人文情怀。

因为教师课前布置学生预习了课文,指导学生广泛了解作者史铁生的生平和作品,所以在教学中学生们表现良好,给人以许多惊喜;在交流环节中,学生们踊跃抒发自己的想法,谈亲情之可贵、体悟生命之美好……通过学习,学生对亲情、生命等有了新的思考。

(3)散点式。依据课例《品读语言特色 感受文化趣味》和《让"自主"穿行在生疑与释疑之间》,通过星星燎原的方式,教师将文化穿插在课例当中、渗透在相关环节当中,从而映射出人文的小火花,培养学生的情怀。

【案例18】 品读语言特色 感受文化趣味

张诗赟老师认为京剧是国粹,但六年级的孩子对京剧的了解非常有限。教学《京剧趣谈》应该从引导学生感受其魅力开始。于是教师引导学生细细品读课文中通俗、幽默的语言,安排学生观看"马鞭"和"亮相"等视频,再让学生进行身段模仿,亲身体会京剧的趣味。最后,教师带领学生一起梳理回顾本堂课的学习路径,巩固了学生的知识与能力。

点评:

本堂课中,教师运用让学生品读文本、观看视频、模仿身段、梳理回顾等多种教学手段,让学生真正融入教学过程,教学过程从容而有趣。很流畅地完成了"关注生动的语言、了解京剧相关知识、培养学生对于传统戏曲以及传统文化的兴趣"的教学目标。

【案例19】 让"自主"穿行在生疑与释疑之间

万玮老师以《狼》为例,立足学生自主学习,采用自主生疑到互助解疑的方式,借助辅读资源进行引导,推动学生在文言文学习上的进步,使学生感知古典和经典魅力与情怀。

在导入环节,以接龙的方式,梳理并积累关于狼的成语。这个环节的目的是让学生积累词语,尤其是关于狼的成语,从而让学生对"狼"在中国传统文化中的形象有个大致的印象。

学生自主积累词语,通过趣味拆字,挑战既定认知,既体现了传统文化,又依托文本,满足了学生的认知需要。

在学生自主梳理完故事情节之后,为了让学生抓住关键词,梳理人物内在品质及逻辑,教师提出了对本文理解有着重要意义的核心问题:主问题,即为什么屠户能最终杀狼?学生从文本当中找出依据,目的在于通过对关键字词的理解,带动对"人物"品质的理解,并落实于人物的心理、动作、动机及结果等。主问题是对上一个环节梳理故事情节的推进。不仅如此,主问题"为什么屠户能最终杀狼"像一条线索,贯穿于整个课堂的核心部分,又为下一个环节让学生围绕主问题提出每段的小问题做足了铺垫。

点评:

在明确核心问题和具体阅读方法之后,从教师示范提出问题到学生提出问题,再到分组合作提出问题,依托学生自主质疑和释疑的方式,把大问题化为小问题,不断靠近句式,揣摩文字意涵,从而领略人物风采和文本内涵;从故事到寓意,从一篇到一类,从示范到自主,从"帮扶"到"放手",从古典到经典,从思辨到情怀,从文字到文化,教师始终让学生的"自主学习"穿行在生疑与释疑之间。

3. 自主学习和人文情怀融合的过程

（1）文化兴趣：媒体使用，自主体验。戏曲文化既是本土文化，又是国粹。我们就是要增加学生对传统文化的兴趣。就学生的成长经历和学习经验来讲，我们首先接触到的是本地区的、本民族的本土文化。这是我们很多人成长的共同体验。课例《品读语言特色　感受文化趣味》通过散点式辐射的方式和多媒体介入的姿态，让学生对京剧文化产生认知，唤醒学生对传统京剧国粹的认同感与热爱之情。

从教学效果来看，教师首先教学生读课例的第二部分，带领学生一起寻找从文本中读出京剧艺术趣味之所在为目标。然后，让学生通过这样的目标来自行阅读第一部分，挖掘"马鞭"所体现的京剧艺术之趣，达到自主学习的目标。

通过介绍京剧中使用"马鞭"的教学视频，多媒体介入，让学生进行模仿、自主体验、亲身体会京剧的趣味。以教读的路径为抓手，再次为学生提供自主学习的支架，让学生自己归纳并自主交流"马鞭"部分所体现的京剧的趣味。

本堂课通过观看视频、模仿等环节，让学生切身参与课堂教学，走进文本，增加了课堂的趣味性；同时，学生也能够更直观地感受京剧的趣味性，减少了课堂中教师讲读的内容，体现了在学习自读篇目的过程中学生的主体地位，给予学生更多自主思考、交流的空间。学生通过自主的体验、探究，品读文章背后京剧这一传统文化的趣味，从而感受到文化的魅力。

（2）文化烙印：问题精选，自主感悟。所有的文化都有自己的文化母体。譬如母爱与乡愁。经过时间的冲刷，我们的内在的文化烙印不但没有销蚀，反而愈加清晰。课例《感悟亲情之可贵　体悟生命之美好》以单元主题"亲情"为基础，通过对"母爱"的深度挖掘与体悟，让学生自主感悟，体味亲情与母爱的美好与遗失之痛。

课例设计了几个有价值且有逻辑关系的问题：

① 文章的标题是《秋天的怀念》，作者在怀念谁呢？为什么是"秋天"的怀念？
② 母亲怎么样了，"我"又怎么样了？
③ "我"对母亲的感情前后有哪些变化，变化的关键点在哪里？
④ 本文主要表达什么？

课例通过对问题的设计，一步步引导学生感知文本的关键点与核心点。让学生看到的不仅仅是母爱，还有作者对生命的思索。当苦难、逆境来临的时候，我们首先应想到的是好好地活。让这唯一的"活"，热烈而辉煌。母爱的满溢与痛失是每个人心中欢喜与哀愁的底色，所以，我们感悟、感动。

（3）文化传承：矛盾制造，自主激发。优秀文化是人类共同的精神财富，优秀文化要传承，要不断发扬光大。课例《让"自主"穿行在生疑与释疑之间》，通过问题之间的矛盾制造，自动激发学生对传统文化的认知和探究。

课例在导入环节，以接龙的方式，梳理并积累关于狼的成语。设计的这个环节的目的是让学生积累词语，尤其是关于狼的成语，从而使学生对"狼"在中国传统文化中的形象有个大致的印象。

师：说到狼，有很多成语，大家说说带狼的成语吧。

生：狼狈为奸。

生：狼吞虎咽。

生：⋯⋯⋯⋯⋯⋯

师：看看成语中的"狼"，哪个是好的？

生：没有一个成语说狼是好的。

师：我们来看看"狼"这个字是怎么写的。

生：一个反犬，一个良。

师：那组合在一起应该是——

生："好的动物"。

师：和你们刚才积累的成语中对狼的评价不一样呀。

生：对呀，有矛盾。

师：那我去掉这一点你看变成了什么字？

生："狠"。

师：我再加上这一点呢？

生：哇，原来"狼"比"狠"还多一点呀！"狼"真够"狠"的。

从上述教学对话中看到,学生在自发积累词语,通过趣味拆字,挑战既定认知,既体现了传统文化,又依托文本,既自主激发,又满足了学生认知需要。

(4) 文化基因:语言活动,自主理解。如果说文化兴趣是起始,文化烙印是底色,文化传承是必要,那么文化基因则是血液里隐藏的民族密码。课例《增强学习自主性　打造高效语文课堂》作为一节自读课文,通过语言活动情境的创设,让学生自主理解"疼痛的青春"和"无处安放的乡愁",将有基因的文化一一解密给读者。

课例设计了如下的语言实践活动。

实践活动一:
① 说说昆明的雨,用填写修饰语的方式作答。
② 教师举例。
例:昆明的雨是(明亮的)(丰满的)(使人动情的)。
这就是(明亮的)(丰满的)(使人动情的)昆明的雨。
③ 学生活动交流。
预设:不使人厌烦,不使人气闷,舒服等。

实践活动二:
① 说说昆明的人和事物,用复句来表述。
② 教师举例。
例:仙人掌倒挂着还能开花。它极多且肥大,既能用来辟邪,又能当篱笆挡猪羊。
③ 学生活动交流。
预设:仙人掌、菌子、杨梅、缅桂花、木香、朱德熙、小酒馆等。

实践活动三:
① 说说昆明的人及事物和昆明的雨的关系,自由表述。
② 教师举例。
例:昆明的雨滋养了倒挂着还能开花的仙人掌。
　　这就是滋养了倒挂着还能开花的仙人掌的昆明的雨。
③ 学生活动交流。
教师总结:回忆性散文的特点。

语言实践活动让学生的自主能力得到逐步提高,同时,自主学习的能力也在不断推动语言实践活动往文本纵深发展。在字里行间中,为提升学生人文情怀感知力做足了铺垫。

(5)文化碰撞:创设情境,自我设计。语言是思维的载体,是思维的外壳。文化也是语言背后的一种思维方式,所以学习一种语言,就是学习其语言背后的思维方式。不同的语言也是展示和透视不同文化的一个窗口。我们在学习过程中,会感受到语言背后的思维和文化差异及碰撞,学会尊重和欣赏多元文化之美。

课例《注重英语语用学习,感受丰富多样文化》让学生自主创设情境与自我设计问卷,从而感受不同文化的碰撞。

此次课堂设计与教学活动,以文章中的中西指路表述差异为契机,让学生体验语言表述背后的文化多元化。本次教学从学生感兴趣的动画和设疑导入,不仅成功地引起了学生的探索兴趣,还了解到探索的主题。之后通过调查问卷的图表展示,同学们更加清晰直观地感受到中国不同城市、不同地区的文化差异。之后通过创设实际情境设计一系列活动,各活动间环环相扣,不断为学生架阶梯,激发学生的探索兴趣,从而循序渐进。最后的小组活动环节,学生们通过情景模拟的方式深入体验多元文化与碰撞的魅力。

(6)文化沉淀:任务驱动,自主阅读。文化的沉淀,需要经历汲取、消化、吸收等过程。课例《整本书自主阅读为学生积淀人文底蕴》以任务驱动为手段,倡导学生自主阅读。

本课例进行了如下任务与活动,现以第一阶段为例。

① 利用一周时间以较快的速度通读《骆驼祥子》。读完后请设计一份阅读小报。小报需要具备本书作者、写作背景、故事梗概、读后感悟等内容。第二周将对设计的小报进行评选。也可以进行一次《骆驼祥子》的电影海报设计,要求具备小报的要素,海报上还得有吸引观众的广告语。以上设计可以二选一。

② 随手进行圈点勾画。可以依据自己的习惯在重点或关键语句、精彩语句、有疑问处、有感触的地方做出不同的标记。

③ 为了了解人物经历和命运走向,为祥子制作人物卡片,同时绘制祥子的命运

轨迹图。通过绘制线条的方式梳理小说中祥子的主要经历,尤其要关注引起其人生转折的事件,呈现祥子的主要经历。

另外,通过设计小组合作写小传、排小话剧等活动任务,在合作分享中享受深入阅读后的深度思考,经过讨论后展现成果。写小传要求基于阅读的客观梳理,排演小话剧需要对阅读进行加工,展开一定的联系、想象,需要对情节做一定的补充。这样的安排可以激发学生自主探究的兴趣。

通过活动推动阅读,通过阅读来关注人物命运、关注群体生存状态,通过对命运和生存状态的正视,不断丰富自己的内心,尤其是培养关心社会、关爱他人的情怀。

(7)文化反思:悬念设置,自主反思。文化反思属于更高层面的认知与体验。课例《将"人文情怀"渗透在日常教育中》让学生通过对比前后不同的认知,激发学生对问题的自主反思;通过留白与假设,将反思落到实处。

材料呈现:使团翻译李雅各中文生疏,更不熟悉官场文书的体裁、格式,显然不能胜任翻译照会的工作。最终,这份照会极富传奇色彩地被翻译出来:英文原件先由赫脱南翻译成拉丁文,然后由李雅各译出汉语大意,再由他人对其加工润色,使其符合中国官方文件的行文路数和格式,最后由小斯当东誊一遍并签名作为正式信件。——刘黎:《一场瞎子和聋子的对话——重构英使马戛尔尼访华的翻译过程》

材料呈现:清朝廷收到了如下翻译稿件。

英吉利总头目百灵谨禀天朝大人前,我国王处向有贸易之人回国,闻知大皇帝八旬万寿,欲遣人进京恭祝……

而英国人所要表达的真实思想却是:

最仁慈的英国陛下听说:贵国皇帝庆祝八十万寿的时候……为了增进贵我双方臣民之间的商业关系……深望通过他(马戛尔尼)来奠定两者之间的永久和好。——《信息传递与中国传统官僚的政治心理——以马戛尔尼访华为中心》

通过还原访华信件的翻译过程和对比信件内容,不难发现,双方在翻译问题上确实出现了一些出入。究其原因,由于清政府"天朝上国"的思想,在清朝皇帝、官员的观念中,英国即为蛮夷之地,来华是祈求天朝赏赐庇佑,与之贸易毫无必要。在这样的想法支配以及清朝的官僚体制运作之下,英使访华的真正目的未能传达。即使传达了一部分,也遭到了驳回。

从不同的角度、立场去评价,从前因后果去评价,从横向纵向对比去评价,学生对原来的认知有了一定的变化。教师在课堂教学环节不断留白,又不断论证充实。这一节课通过材料呈现和假设验证的方式,帮助学生进行了一次自主的反思:为何真实意图和传达的意图竟如此不同?出现差异的原因是什么?我们怎么看待这些差异?这种文化反思,大概是具有历史学科意味的"人文情怀"表现吧。

(四)勇于探究

即以"探"启智,构建发现,拓展自主之用。

1. 创设情境,搭建勇于探究的平台

针对学生勇于探究的自主性缺失,我们要为鼓励学生质疑和创新不断地创造条件,为不同的学生提供探究学习的机会。教师创设教学情境,诱导学生发现问题、提出问题,激发学生探究欲望,培养学生的探究意识,使得学生的探究能力在情境教学中获得发展。

【案例20】

陆老师发现学生们总爱捡拾一些落叶,拼凑出一些有趣的形状。陆老师联想到初一数学第四章的学习内容"圆和扇形的面积",又想起了练习册中一道求阴影部分面积的问题。阴影部分形似一片落叶。陆老师设想,是不是可以将生活同数学相联系,在学生动手操作的过程中,引导学生探究叶子状图形的面积,使学生体会复杂图形是由简单图形组合而成的,去感受数学的美,在拼接、重组、运动的过程中,在自主探索的过程中,总结、归纳求组合图形面积的方法。

于是,陆老师布置了一项回家作业,让学生用树叶拼一个美丽的图形,并尝试着去求它的面积。对于这项新奇的作业,学生的反响很热烈。第二天一早,学生就拿着自己的作品争先恐后地给陆老师看,陆老师肯定了每位孩子认真的态度和富有创造力的品质,并从中选取了最符合教学内容的作品(形似电扇叶的图形)。上课时,陆老师展示了典型的图案,并要求学生思考如何去求它们的面积,由此激发了学生的探究兴趣。

这堂课的学习气氛特别热烈,学生们展开了小组讨论,教学效果出色。

点评:

学习的过程不是简单地把书本上的知识和教师课堂讲授的内容被动地装入脑子的过程,而是一个在特定的教学情境中发展自己以前认知的过程,是认知结构和认知方式的变化过程。本案例中,陆老师抓住了学生玩乐中的一个细节,创设了一个良好的教学情境,以此诱导学生发现问题、提出问题,在有趣的学习情境中实现了认知结构和认知方式的良性变化。

【案例21】

王瑛老师在初中化学"溶质质量分数"一课中,在构建质量分数概念环节,利用红糖水这一日常所见的溶液作为探究素材,通过往其中继续加水及加红糖的实验情境,从而呈现溶液颜色的深浅变化,有效引导学生的感官认识,丰富其感性认识;常见的生活情境,为探究新知铺设捷径,逐渐促进理性认识的转化和升华,最终获得知识,自主构建概念;讨论环节,以联系生活和知识的应用为目的创设情境,学生探究配制16%的食盐水多种方法。从日常生活出发,选择了生活中的鲜活素材。情境取材于生活,同时其广泛的实用性也让学生体会了化学和生活息息相关,增加了学生的学习热情,最终让探究变得水到渠成。

点评:

学习情境与探究活动是融为一体的,生动有趣的学习情境有利于引导学生通过多种多样的探究活动,促进新旧知识的迁移和联系,让学生在活动中理解并巩固所学的知识。王瑛老师的这一案例证明,创设良好的学习情境对于教学是多么重要!

2. 构建发现,提高勇于探究的品质

有效的自主探究是指学生本身真实的内在互动、亲身感受和体验。这是培养学生探究能力的课堂教学活动的中心环节,是指导学生运用学过的旧知识创造性地解决新问题的过程。这一阶段所要完成的任务是针对问题定向阶段提出的实质性问题,寻找解决问题的方案或方法,应充分体现学生的主体作用,使学生在研究活动中逐渐养成观察、实验、类比、归纳等习惯。

例如,初中数学中"平行四边形的性质"这一节课的主要内容就可以利用思维导图进行呈现:以平行四边形为中心,从它的定义出发以及它的组成元素——边、角、对角线——进行发散来研究它们的性质,就能描绘出来一个知识的体系。从而简化平行四边形这一知识点,为接下来平面几何的相关探究过程提供必要的知识基础,进而提高学生品质。

【案例 22】

思维导图是一种将思维形象化的方法。我们知道放射性思考是人类大脑的自然思考方式,每一种进入大脑的资料,不论是感觉、记忆还是想法——包括文字、数字、符码、香气、食物、线条、颜色、意象、节奏、音符等,都可以成为一个思考中心,并由此中心向外发散出成千上万个关节点。每个关节点代表与中心主题的一个联结,而每一个联结又可以成为另一个中心主题,再向外发散出成千上万的关节点,呈现出放射性立体结构。

这些关节的联结可以被视为记忆,就如同大脑中的神经元一样互相联结,也就形成了个人数据库。

因此,在教学中,我们可以利用思维导图帮助学生建立自己的知识体系。例如,它可以是一章节的内容,也可以是相关知识,或者是一个单元的知识。

例如,以"平行四边形的性质"这节课,教学生将这节课的主要内容以思维导图的形式呈现,以平行四边形为中心,从它的定义出发以及它的组成元素——边、角、对角线——进行发散,研究它们的性质,就能描绘出其知识体系。通过一张思维导图,学生相对就容易记住了本节课的主要内容。

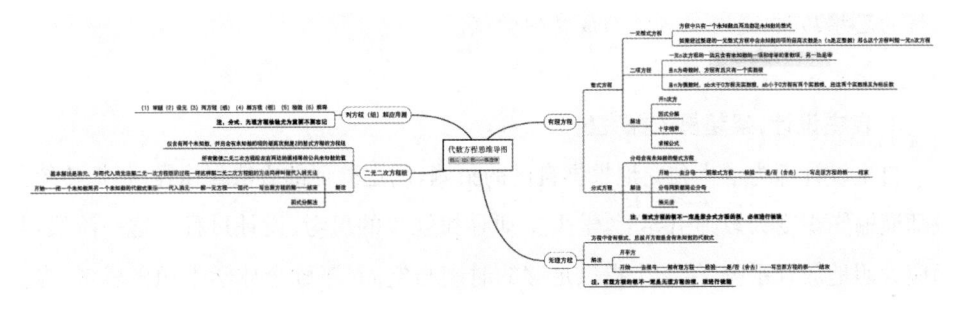

图 4-3　代数方程思维导图

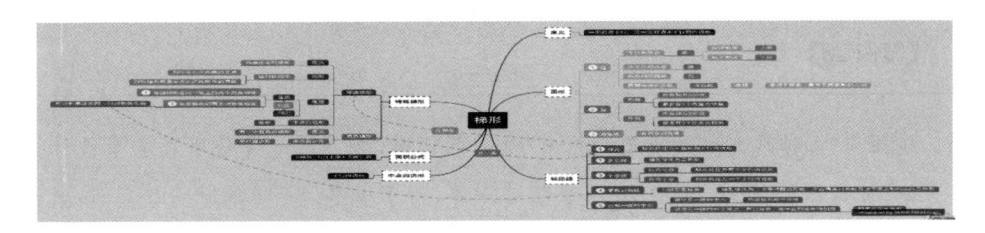

图 4-4　梯形思维导图

学生在学习平行四边形的判定的时候,也可以利用思维导图整理该节的主要内容,并与平行四边形性质的思维导图相比较,对性质和判定的相关内容进行回溯并做深入的理解,可以更深入、持久地掌握相关知识。

学生在后面学习的菱形、矩形和正方形都可以采用同样的方式。通过教师的引导和制作,学生可以很好地学会使用思维导图总结及记忆章节内容。如代数方程,其与方程相关的内容都是很零散的,六、七、八三个年级都涉及了方程,但当学生将零散的知识利用思维导图整理在一起,就能整理出代数方程完整的体系。

当学生利用思维导图将所有的知识串联成网络的时候,就能"一网打尽"、系统掌握。所以,利用思维导图建立知识体系是一个很好的学习方法。也可以把这种方法用在其他学科的学习上。

点评:

思维导图又叫心智导图,是表达发散性思维简单而有效的工具。与一般线性笔记相比,它更容易修改和添加。它最大的优点就是拥有无限发散性和添加能力。李老师利用制作思维导图的方式,引导学生重新构建知识网络,发现新知,培养学生的良好的思维品质,是一次勇敢而成功的尝试。

3. 自主设计,架起勇于探究桥梁

自主设计即为学生独立地根据自己的猜测,确定验证的方法与途径;是把传统的教师灌输知识变为教师引导下,学生主动寻找规律的思考、设计过程。这一阶段,教师应大胆地放开手脚,给学生提供足够的时间与空间,激励全体学生积极思考,自主设计,架起勇于探究的桥梁。

【案例23】

在探究"加速度与力和质量的关系"这一问题时,金向敏老师放手让学生设计探究方案,包括器材、组装、测量方法、数据处理等,给学生提供足够的时间与空间,激励全体学生积极思考、自主设计。

设问:实验需要完成什么探究任务?

生1:需要研究当物体 m 一定时,a 与 F 是否成正比;还要研究当 F 一定时,a 与 m 是否成反比。

师:完成这一探究任务需要哪些器材?怎样组装?

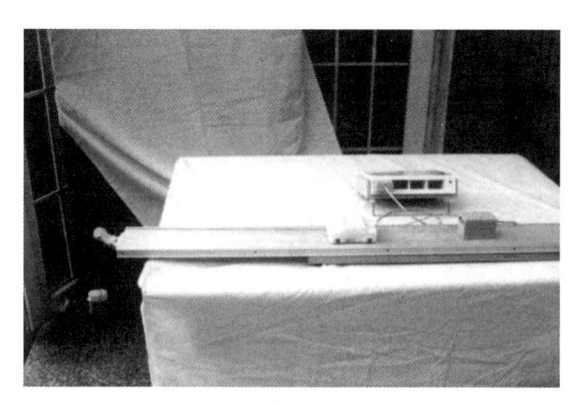

图 4-5

生 2：轨道、小车、位移传感器、钩码等。

师：观察实验室提供的器材设备，讨论 a、F、m 这些物理量应该怎样测量？请大家讨论并设计实验方案。

生：学生讨论环节（根据学生实际情况可以以学案的形式给出一些问题支架）。

师：请按小组交流设计的方案。（略）

明确了实验的设计方案、器材和实验步骤以后，探究活动的准备工作已经就绪，学生可以开始进行探究了。

生：学生实验环节。教师在巡视中观察学生的实验步骤、进度等，发现问题及时与学生探讨并给予指导。（可以提供采集数据表格、图像坐标等降低实验的难度，提高探究课的效率。）

点评：

以自主设计架起探究的桥梁是创造性思维的开始。以它为开端的学习过程包括：①发现问题；②重温、回忆以前的知识与方法；③进行类比和归纳；④联想与构造；⑤交流讨论；⑥修改、完善和解决问题；等等。为了让学生架设起最好的桥梁，教师必须给予学生充分的信任，让他们放开手脚主动学习，让探究真实发生。

【案例 24】

在初中化学中过氧化氢分解制氧气是初三化学实验中的重要实验。但是在实验过程中，会由于过氧化氢溶液的浓度过高而使反应速度太快，或由于所加催化剂的种类和质量上的出入，使反应达不到最佳效果。这时，学生就可以以"过氧化氢分解生成水和氧气的实验条件探究"为主题，自主设计探究过程。

一、实验设计过程

首先，学生自主进行简单的实验方案的设计。

在此之前，每次动手实验前，学生都有现成的实验设计和实验报告，其中包括了详细的实验目的、实验用品、实验内容（包括实验步骤、现象和结论）等，学生只需要在实验过程中仔细观察实验现象并进行记录，然后根据所得现象或数据得出结论即可。

因此,现在让他们自己进行实验方案的设计显然难度提高了。学生初次设计方案时主要出现了以下两种情况:①实验设计:比较不同浓度的过氧化氢溶液分解速率;比较不同催化剂影响过氧化氢溶液的分解速率。②实验设计:当催化剂的种类和质量相等时,比较等质量不同浓度的过氧化氢溶液的分解速率;当过氧化氢溶液的质量和溶度相等时,比较等质量的不同种类的催化剂对过氧化氢溶液的分解速率的影响。

其次,学生根据实验方案进行实验,准确观察,记录现象和数据。教师可以提供所需仪器和药品。

学生开始动手实验了,才发现根据自己设计的那两个简单方案根本无法进行实验操作。于是学生开始自主进行实验方案的完善,在原来的基础上增加了实验用品(包括实验仪器和实验药品)、实验步骤等,将实验方案设计如下并开始实验。

二、过氧化氢分解生成水和氧气的实验条件的第一个设计

(一)主要实验仪器和试剂

(1)主要的实验仪器:锥形瓶、双孔橡皮塞、分液漏斗、导管、集气瓶、直角导管、200 mL量筒、秒表。

(2)试剂:浓度为5%的过氧化氢溶液、浓度为15%的过氧化氢溶液、浓度为30%的过氧化氢溶液、二氧化锰、氧化铁、氧化铝、水。

(3)实验装置图:

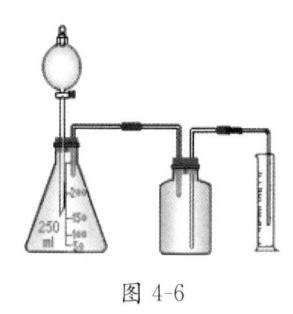

图 4-6

(二)实验原理:$2H_2O_2 \rightarrow 2H_2O + O_2 \uparrow$

(三)实验步骤

根据以往实验经验,既节约药品,又要使现象明显,过氧化氢溶液定为60 mL,并

规定 MnO_2、Fe_2O_3、Al_2O_3 的质量为 3 克。

(1) 检查装置气密性。

(2) 集气瓶中事先装满水。

(3) 先将催化剂放入锥形瓶中,再将过氧化氢溶液逐滴从分液漏斗中往下滴。

(4) 通过倒流到量筒内的体积来确定产生相同体积的氧气,最后用秒表记录下产生这些气体所需要的时间。

(四) 修订

学生根据实验过程中出现的现象或者某些"意外"对实验方案进行修订。此时,学生可以自主查阅资料,并进行自主讨论解决实际问题;教师可以对学生实验过程中出现的通过自身努力仍然无法解决的问题进行恰当的点拨和提醒。

在本实验的具体操作过程中,学生发现:由于本实验中存在两个变量即催化剂种类和溶液浓度,而每个变量又有 3 个不同水平,即 3 种不同的催化剂和 3 个不同的浓度,所以在实验过程中,实验的顺序和实验数据的整理显得有点杂乱。鉴于此,教师指导他们可以采用表格的形式让实验次序更加有序,让数据的采集和比较更加科学、精准,于是同学们将实验方案完善如下:

三、过氧化氢分解生成水和氧气的实验条件的第二个设计

(一) 实验目的

(1) 对过氧化氢分解生成水和氧气实验条件进行探究。

(2) 通过该实验,学生养成在实验过程中尊重实验事实的科学素养,并且体会到一个化学实验的确定是在无数科学实验探究的基础上得到的。

(二) 实验过程

1. 主要实验仪器和试剂

(1) 主要的实验仪器:锥形瓶、双孔橡皮塞、分液漏斗、导管、集气瓶、直角导管、200 mL 量筒、秒表。

(2) 试剂:浓度为 5% 的过氧化氢溶液、浓度为 15% 的过氧化氢溶液、浓度为 30% 的过氧化氢溶液、二氧化锰、氧化铁、氧化铝、水。

(3) 实验装置图如图 4-7 所示。

图 4-7

2. 实验原理

$2H_2O_2 \longrightarrow 2H_2O + O_2\uparrow$

3. 实验优化条件探究

(1) 探究因素确定。通过对影响该实验诸多因素的初步分析,本着既要操作简单、规范,适合初中课堂演示,又要保证100%成功率的原则,从中选取两个主要因素:A 溶液浓度、B 催化剂的种类,并将两个因素设计成3个不同的水平(见表 4-1)。

表 4-1 影响实验的两种因素

层　　次	A 过氧化氢浓度	B 催化剂的种类
1	30%	MnO_2
2	15%	Fe_2O_3
3	5%	Al_2O_3

(2) 设计实验方案。

实验步骤:根据以往实验经验,既节约药品,又要使现象明显,过氧化氢溶液定为 60 mL,并规定 MnO_2、Fe_2O_3、Al_2O_3 的质量为 3 克。

① 检查装置气密性。

② 集气瓶中事先装满水。

③ 先将催化剂放入锥形瓶中,再将过氧化氢溶液逐滴从分液漏斗中往下滴。

④ 通过倒流到量筒内的体积来确定产生相同体积的氧气,最后用秒表记录下产生这些气体所需要的时间。

实验安排及实验结果记录(见表4-2)。

表4-2 实验结果

因　素	溶液浓度A	催化剂的种类B	实验结果
实验1	1	1	
实验2	1	2	
实验3	1	3	
实验4	2	1	
实验5	2	2	
实验6	2	3	
实验7	3	1	
实验8	3	2	
实验9	3	3	

(3) 结果分析

① 实验速度最快的条件是_____

② 为什么老师用浓度5%的过氧化氢溶液做该实验_____

③ 从中你能得到的信息是_____

学生根据修订后的实验方案进行再次实验,并根据实验现象整理和表达数据,得出实验结论或进行反思。

点评:

学生自主设计实验方案、执行方案后,发现该方案有不尽如人意处。于是他们在教师指导下进行了修正和完善,设计和实施了第二个方案,最终取得了满意的结果。这一过程对学生而言,提升了其思维能力和创造能力;对教师而言,是为学生架设探究桥梁、引领主动学习的创新之举。

4. 深度学习,成就勇于探究素养

我们所说的深度学习是要激发学生自己的想象力、原创力,培养学生敏锐的感受

力和探究能力,提升学生的合作意识、信任感。

同时,深度学习是学生的知觉、思维、情感、意志、价值观全面参与、全身心投入的活动,是作为学习活动主体的社会活动。

深度学习的课堂教学中,需要教师不断地在促进者、学习同伴和必要的监控机制间转换,成为学生构建新知识,分析、判断、迁移和运用新知识并解决问题的引导者。

【案例25】

蔡宏飞老师在高三复习课"解斜三角形"中,从知识梳理开始,引导学生总结、归纳解斜三角形的众多知识点,展开考点链接的教学,整个过程十分流畅。其中,每一个知识点的展开都是从基础热身开始,运用变式逐步层层深入而展开,接近学生的最近发展区,学生乐于参与并积极地投入学习的过程。

比如:在考点二求边、角、面积的范围或最值中,蔡老师的设计如下:

热身:在 $\triangle ABC$ 中,若 $A:B:C=2:3:4$,则最大的内角等于多少?

变形1:在 $\triangle ABC$ 中,若 $a:b:c=2:3:4$,则最大的内角等于多少?

变形2:在 $\triangle ABC$ 中,若 $\sin A:\sin B:\sin C=2:3:4$,则最大的内角等于多少?

变形3:在 $\triangle ABC$ 中,设三边 a,b,c 上的高分别为 h_a,h_b,h_c,若 $h_a:h_b:h_c=\frac{1}{2}:\frac{1}{3}:\frac{1}{4}$,则最大的内角等于多少?

我们从中可以看到,4道题目由浅入深,条件由角→边→角的正弦值→边对应的高的变化,层层递进和深入。

点评:

深度学习是指在理解学习的基础上,学习者能批判性地学习新的知识,并把它们融入原有的认知结构中的学习。本案例中,蔡老师根据解题条件的变化,不断将学生已有知识迁移到新的情境中,引领他们做出决策,一步步解决问题。这种深度学习的方式关注了学生发现问题、提出问题、分析问题、解决问题能力的提高,凸显了学生由被动学习向主动学习的转化。

二、健康生活

（一）以自主管理为契机，发挥个性特长的自主能力

学校主要从班级班规制定、班会课自主活动、增强家校与学生层面沟通3个层面开展活动，努力使学生能够更自信、更自主地参与到自我管理中来。

1. 教师指导下的班级自主管理

尊重学生主体性，尊重学生的发展潜力，在班主任的指导下，通过不断改进和调整班规，班级的管理权逐渐还给学生，逐步形成适合学生的自我管理体制。

【案例26】 把班级管理交还给学生

张峰根据多年的班主任工作经验，结合学生的特点和发展目标，大胆地把班级管理权还给学生，其做法包括如下四点。

一、慧眼识人，知人善用

根据学生的能力、特长、意愿和责任心等，安排不同的职位，让他们充分发挥自己的才干与特长。

例如，班长做事稳妥，聪明能干，会把交代给她的事情完美地完成。但是，她不善于班级的管理。体育委员自信、大方，敢于管理学生，那就兼做副班长。两人配合，班级里的很多事务，只要交代下去，班主任不需要时刻盯着。

再例如，班级里的5个小组长，有活泼的，也有内向的，但个个都必须是责任心很强的学生。他们负责每天收发作业，也要负责值日周的值日，他们的作用不可忽视。如果他们的责任心不够强，那么操劳的就是班主任了。

二、尊重个性，提升学生做班委的热情

尊重学生的个性和意愿，真诚交流。例如，你可以坦诚地跟学生说：我们欣赏陶渊明采菊东篱下的悠然，也敬佩范仲淹的以天下为己任。我们需要浪漫的诗人，更需

要务实的实干家。担任班干部,必然要付出——付出时间、付出精力,但不一定会得到同学们的认可。老师能做的就是帮助你更多、更好地锻炼你的能力、培养你的自信。有失也必有得,你的付出,老师和同学们都看在眼里,老师会更关注你,更严格地要求你,同学们也会更信任你。有了这样的交流,很多学生会以能够为班级做事情而感到骄傲,班干部的工作热情也很高。

三、规则明了,责任明确

我们是一所普通高中,很多学生没有养成良好的学习习惯,纪律观念也薄弱,但他们内心还是渴望向上的,他们会在成长中犯错,也在不断的犯错中成长。所以,同学们对班级里的规则一定要明了、责任一定要明确。

例如,这三个月的网课,如何保证学生的"上线"与作业上交?制定明确的规则,不"上线"或"上线"迟到 20 分钟,属于旷课;"上线"晚 5 分钟属于迟到(防止网络问题,记录前,班主任会找家长或学生核实)。作业不交,每 30 次分为一个处分级别。班级里班干部与课代表建了一个小组网络群。课代表把这些学生名单及时公布在这个小网络群里,班主任再去联系学生、联系家长进行处理。再如,这次返校复课,为了防疫安全,每天要有晨检、午检、食堂分批吃饭等。班主任事先安排好每一项工作的志愿者及负责人。规则明了,责任明确,工作虽繁忙但也有序。

四、抓大放小,敢于放手

现在的学生讲个性,难管理。学校每一个部门的工作,最后几乎都要落实在班主任的头上。除了烦琐的具体事务之外,由于社会、家庭等方面的原因,学生的心理健康状况也堪忧。所以说,作为班主任,必须从琐碎的班级事务中解放出来,抓大放小,敢于放手,充分发挥学生的作用,班主任注意引导,保驾护航,逐步实现学生的自主管理,把班级管理权交还给学生。

点评:

学生是活生生的人,而不是流水线上的产品,班主任在班级管理上必须充分关注学生的发展,让大家切身感受到班级就是自己的家。这就需要把班级管理权交还给学生,要让所有的同学都意识到自己是班级的主人。张老师的这几点做法,既体现了让学生自主管理的理念,又培养了学生的自主管理能力。

> 【案例27】 个个主动，人人共治

朱莹莹老师从学生大事小事都要找老师、老师在和不在时学生的表现不一样等方面，开始思考如何破解这个难题。

朱老师进行自我反思：

一、事必躬亲的"保姆式"管理，影响了学生的自主

教师全身心地投入班级管理中，小到同学之间的拌嘴，大到学生学习任务的缺漏，事无巨细，都要亲自过问。久而久之，孩子们便也形成了依赖心理。在"保姆式"无微不至的关心下，学生自然乐见其成地找教师。他们自身的独立、自主慢慢被消磨殆尽，班干部在这样的过程中也没有得到培养，诸多事情都落在教师身上，分身乏术。

二、严厉苛刻的"裁判式"管理影响了学生的思考

遇到学生出现的问题，"裁判式"的管理只追究对错的结果，往往阻碍了学生对事情的思考。被判断为"错"的同学难免委屈、抱怨，被评判为"对"的同学便不再思考自己有无做得妥当之处。在这样的班级管理模式下，学生缺少了对自身的审视，而独立的思考、对自我的认识恰是学生成长的关键。

基于上述思考，朱老师采取了如下对策。

首先，发挥班干部的管理作用。民主选举班干部，培训班干部，下放管理权限，明确职责等。

其次，强化人人参与的共治意识。增加学生参与班级活动的机会，如黑板报、征文、歌舞活动；借助"温馨教室"评比的机会，让每个同学认领一个区域，负责装扮和维护，营造家的氛围；学校运动会、外出活动等，让学生轮换做小组长，充当负责人；班级实行"值日班长"的措施，让每位学生都在管理中更好地自我管理，培养他们自我管理的能力。通过这样的方式，营造了一种所有学生都是班级管理者的氛围，从而达到自我管理的目的。

再次，发挥量化评估的促进作用。根据《中学生守则》和《日常行为规范》，班主任将涉及学生学习、卫生、纪律、活动各个方面的条目汇编成表格，指定班干部每天对各个同学各个项目进行评分，一周清算一次记分。设置、制定和运作班级常规管理的量

化评估与奖惩细则,从而形成一种动力,使做得好的学生产生自尊、自爱的自我体验,培养他们的成就感、自豪感,激发他们朝着更高的目标奋进;使做得欠缺的学生看到差距,产生内疚和自责,增强向上意识,促进他们的改变和进步。

点评:

班级共治包括:班级制度制定民主化——增进学生对班级管理制度的理解;班级责任管理细致化——让每个学生都成为管理过程中的一员;班级问题处理多极化——提升班级问题处理的质量和效率;等等。朱老师的管理方法是以上原则的体现。"个个主动,人人共治"的管理,为学生的发展提供了一个适合成长的班级环境。

【案例28】 给孩子们一片属于自己的天空

刘船老师接手的新班级学生存在不交作业、课间混乱打闹、损坏公物和语言粗暴等问题。刘老师决定从引导学生培养自我管理意识和能力入手,破解这个难题。

第一,培养学生自我管理良好习惯。不论大事小情,我都让学生拿主意,让他们大胆实施,让他们自己感受失败的教训,在挫折中学会学习。学生把这些事当成自己的事,在遇到问题和事情的时候,会首先考虑"我应该怎样做",而不是盲目等待或不知所措。

比如,需要维护环境卫生时,刘船老师这样要求:"同学们,今天卫生大扫除、扫地、擦抹、摆放、扫卫生区……这么多的任务咱们怎样又快又好地完成,谁有好主意呢?""同学们,看咱们的教室真乱啊!有什么办法让它变得像我们自己家里一样整洁漂亮呢?"

又比如:"同学们,××同学这次没写完作业,咱们有什么好办法帮帮他吗?""今天是母亲节,同学们有什么好的想法和做法,让这一天过得更有意义呢?"

第二,创设自我管理民主氛围。实施民主管理的前提就是尊重学生,与学生平等相待,师生关系也可以是朋友关系。刘船老师与同学们共同制定了班级管理制度,实施班组长轮值制,以增强学生作为班级主人翁的责任意识。大部分学生乐于遵守纪律,乐于配合教师的工作,也乐于为集体服务。班级民主管理使学生不断体验到成功的快乐,巩固了他们进行自我管理的意识。

第三,引导学生全面参与自我管理。建立功能小组,确保人人有事做;角色轮替,岗位轮流,丰富管理体验;激发学生主动参与班级管理的积极性,并从管理者的角色中学会自我管理。

点评:

管理是为了不管理。充分发挥学生们的自主管理潜能,才算是抓住了班级管理的精髓。刘船老师通过让学生参与班级管理,进而学会自主管理,培养了其自主性、能动性和创造性,真正给了学生们一片属于自己的天空。

让学生自主管理,是班级管理的最高境界。

2. 德育课程中的自主教育活动

班主任通过班会课学生自我设计、自主开展的形式,培养学生主动精神,有序开展主题教育或者班级活动,达到自我管理的目的。

【案例29】 让学生自主进行班会课活动设计

王萍老师为了调动学生的积极性和培养学生的自主管理能力,将班会课的活动设计权利交给了学生:

① 通过周记提出自己的设计方案。
② 班委会对设计进行讨论。
③ 设定主题:知校、爱校、荣校。
④ 设计班会课的流程:忆历史—论精神—诉衷情—定理想。
⑤ 分组承担任务,收集材料等。
⑥ 小组分享讨论,确定班会课内容和展示流程。
⑦ 班会课展示交流。

班日,在班长主持下,各小组派代表参与演讲,辅以PPT演示。各组的分享都很精彩,任务完成得都很出色。预定"知校、爱校、荣校"的班会主题圆满完成。

点评：

几乎所有的学校都有班会课。班会课是德育的重要途径之一，在学校教育中发挥着重要的作用。因此，把班会当成一门课程认真对待应该成为必然。但让学生自主进行班会课活动设计和实施，还较为罕见，体现了王老师对学生的信任和培养，也展示了王老师班级管理的创新精神。

3. 激励机制下的自主教育活动

明确班级干部的作用，鼓励班主任建立班级小干部团队，激发学生的自主管理意识。注重班级干部梯队的培养，通过班干部来带动全体学生自主管理，参与班级工作。

【案例30】 两个班委会

于晓莉老师由黑板报没有按时出好的事情，意识到这些问题的核心在于学生习惯于"被管理被督促"，缺少自主管理意识。怎样激发每个学生的班级主人翁精神，调动他们的工作积极性呢？她想到了一个几近"另类"的主意：成立两个班委会，轮流"执政"，互相展开竞争。因为班级学生数较少，两个班委的"编制"，几乎涵盖了全部同学，全班同学人人都成了各担其责的一名班干部。这样做的目的就是让每个人成为一名自主管理者。

她引导学生并协商制定了班干部工作细则，将班级管理的所有事务和任务分配给每一个班干部，明确职责和任务。因为每位学生都是班干部，他们执行该细则时带着相当的责任感和主人翁的心态，还带着与另一个班委竞争的意识，你追我赶，争相展示自己的自主管理能力，自觉而主动，效果非常好。

一个学期下来，几乎全班同学都体验了做班干部的辛苦，感受了做班干部的光荣，班级面貌大大改观。

更重要的是，孩子们自我管理的意识和能力明显提高了。

点评：

杜威先生强调给儿童最大的尊重和自由，提倡"做中学"。他提出："儿童具有自我意识与自我选择的能力，儿童是具有自我能动性的人，教育在儿童的自我协调中才发生作用。"被誉为"自我教育之父"的苏联教育家苏霍姆林斯基明确讲道："只有能够激发学生进行自我教育的教育才是真正的教育。"

"两个班委会"之举或许不太"常规",但它激发了学生进行自我教育的意识,提高了自我管理的能力,确实取得了自主管理的教育效果。

> 【案例31】 让我们集体过生日

唐老师根据许多学生过生日互相邀请和攀比的情况,萌生出给学生过集体生日的想法。于是,她向同学们提出了"让我们集体过生日"。举办集体生日会的想法,得到了同学们的热烈响应和支持。她将集体生日会的策划工作交给了班干部团队,希望利用这一机会,培养班干部自主策划、组织班级集体活动的能力。

通过班委会干部收集整理同学们的生日日期,分头听取同学们的有关意见,在充分听取了同学们意见的基础上,班委商讨决定了集体生日活动的初步方案:

① 班级集体生日派对频率,大致每月一次,如当月生日人数少于3人,就与下月生日的同学合办。

② 生日必备的蛋糕以及派对产生的其他费用,原则上由过生日的几位同学家长平分,提倡节俭,反对铺张;同学间不赠送礼物,更反对奢侈和攀比。

③ 活动举行时间,放在每个月最后一个周五放学后,如果两月合办则放在下个月第一个周一的班会课上。每次派对以半小时左右为宜。

④ 生日派对上,除集体唱生日歌之外,同学们可以自由发表对过生日同学的祝福,可以自由表演小节目,营造欢乐气氛。

⑤ 活动中遗留下来的垃圾要集中丢弃在垃圾袋中,由卫生委员送至学校的垃圾集中处。

其实这份策划稿还稍显稚嫩,比如是否可以准备一份集体生日礼物,而不需要学生自行准备?是否邀请有关家长参加孩子的集体生日会……经过班委会的反复讨论,方案逐渐成熟。

点评:

唐老师把集体生日活动设计与实施的权利交给学生,让每位同学在参加"自己的""同学的"生日派对中,增进了同学友谊,提升了集体观念,也培养和提升了学生自主管理的能力,是一举数得的好办法。

4. 家校沟通下的自主教育活动

加强家校之间的联系,运用家长的力量来帮助学生更好地进行自我约束、自我管理。与学生心连心,充分沟通并理解学生的处境,在此基础上激发学生的自主管理及发展意愿。

【案例32】 家校配合教育促进了小范的转变

蓝蔚华老师在处理学生小范经常迟到的问题时,通过学生了解到,小范经常迟到的原因和父母有关系。所以,要解决小范迟到的问题,单凭口头教育是无法解决的,需要其从父母入手,先引起父母对孩子的重视才行。她单独找了小范的母亲,对小范大加赞赏,强调孩子是一个很聪明的孩子,但学习习惯特别不好,要想真正帮助孩子,必须先养成良好习惯。希望家长能配合学校更关注孩子的行为习惯,及时督促孩子早起。家长很感激,并表示一定支持学校工作,尽可能让孩子早起。

问题解决得并不顺利。没过两天,小范又迟到了。原因是母亲早起上班,打电话叫早。孩子一放下电话又睡过去了。看来家长叫早的办法还不够,只有让学生从内心意识到遵守规矩的重要性,才可以真正改正。

在班会课上,大家纷纷谈到小范的迟到问题。提议给所有有问题的同学一个月的观察期,只要在这一个月内小范不再迟到,对能改正错误的同学颁发"改错奖"。行为习惯只要坚持21天,基本上就能形成习惯。小范立刻就心动了,因为平时的奖励他基本上都拿不到。当时,他就信誓旦旦表示,肯定不再迟到。大家都对他持有怀疑态度,老师特意拿激将法表示了对他的不信任,反而激起了他的斗志。小范果然再也没有迟到了,顺利地拿到了"改错奖"。

点评:

教育是学校、社会和家庭共同的责任和义务,仅仅依靠学校教育是远远不够的,必须有效地结合家庭教育的力量,才能真正达到促进孩子健康成长的目的。苏霍姆林斯基把学校和家庭比作两个"教育者",认为这两者"不仅要一致行动,还要向孩子提出同样的要求,要志同道合,抱着一致的信念"。这就需要提高家长对家庭教育的认识,让家长积极承担起教育者的责任,才能形成家校合力。小范的改变就是家校配合教育的结果。

(二) 以健全人格为核心,塑造悦纳自我的自主品质

家庭教育、学校教育和社会教育是健全人格培养的三大支柱,是健全人格培养的必要条件。家庭教育是学校教育和社会教育的根基,学校教育是整个教育的主体,社会教育是学校教育的延伸和发展。

1. 加强家庭教育指导,帮助家长树立正确教育观

家庭是孩子的第一所学校,家长是孩子的第一任教师。家长的素质、人格、举止言谈、生活方式、教育态度等都有意或无意地影响着孩子,长时间的耳濡目染,对孩子人格的形成都起着重要的作用。然而,家庭教育的现状是堪忧的。很多行为不良、人格缺陷的学生的行为背景大多与家庭结构、父母管教的方式有着重要的关联。针对家庭教育方面的种种问题,学校开展了以下几个活动:

(1) 开办家长学校,加强家庭教育指导。学校邀请家庭教育方面的专家、心理学方面的专家给家长们开设讲座,提供咨询服务。

(2) 加强家校联系,让教师成为家庭教育导师。班主任是家长之外最了解学生的人,是家庭教育指导的主体。班主任在工作过程中发现任何问题及时与家长取得联系,家长发现问题也会及时和班主任联系。很多时候,班主任的及时帮助或缓解或解决了家庭教育中出现的问题和困惑。因此,加强家校联系,及时给学生以专业指导是改善家庭教育的重要一环。

(3) 开展亲子系列活动,形成良性亲子关系。很多家长也想把孩子教育好,也想培养一个人格健全的开朗、乐观的孩子,但往往不知从何处着手。为此,学校举办系列亲子活动,旨在通过活动让父母参与到孩子的学习和生活中,形成更和睦、更健康的亲子关系,提高家庭教育的质量,助力健康人格的培养。

(4)"亲子沟通"两代书——用传统的书信方式进行亲子沟通与交流,已成为学校传统的德育实践活动,迄今已有十几个年头。书信这种沟通方式实现了孩子与父母之间的真诚的心灵沟通,促进了互相理解。

(5)初中部的"亲子阅读"活动和高中部的"书香家庭"创建活动,旨在为家长和孩子营造一个书香氛围、提供一个共同的话题、创建一个交流平台。通过亲子共读,两代人对共读的内容进行深层次的思想碰撞,非常有助于孩子健全人格的塑造。

(6)"亲子联盟,活力迎新"趣味体育比赛、"亲子联盟试身手,厨艺比拼显'能为'"活动、"幸福家庭,共同成长"的亲子手抄报评比等亲子活动,考验的是亲子之间的默契程度。通过参加这些亲子活动,家长增强了主动参与学校活动的主人翁意识,同时亲子关系也得到了和谐健康的发展,有效地培养了同学们的勇敢、自信、自立的品质,开辟了家校多赢的局面。"成长一刻,幸福一家"亲子微视频征集活动方案,通过微视频创作为家长、学生提供亲子交流的平台,展示了学生积极乐观、健康向上的精神风貌,并展示了和谐幸福的家庭生活,对学生健全的人格的形成有良好的引导作用。

【案例33】 从对人"侧目而视"到温柔、亲切的王同学

班主任王丽曼老师在开学军训时"遭遇"了一位长相俊俏却总是对人侧目而视的王同学的"白眼"。那一瞬间,她的眼神和言语让王老师心底一颤。王丽曼老师没有选择跟她"硬碰硬",而是选择先观察和了解。通过一段时间的观察,王同学表现得任性、倔强、叛逆,而且不尊重师长。

王丽曼老师分析,她偏激性格的养成跟家庭教育有着很大关系。从小到大,父母过于溺爱,让她养成了唯我独大、事事必须顺从自我的心理状态,不知道什么是责任感,什么是挫折,只会凭着自己的性子行事。处于青春期的孩子,通常不喜欢表露心迹,拒绝说出真实想法,并表现出非常强烈的独立倾向,情绪很不稳定,言行也易过激。王同学就是这样一位落入了心理不甚健全泥淖中的学生。

王丽曼老师抓住阅读节的时机。从家长处了解到王同学有吹笛子的特长,于是

努力促成她参加表演。她的表现惊艳了观众,展示了一个不一样的她。此后,王同学看人的眼神变得温柔,笑容有了温度。并学会主动与老师沟通。

点评：

处于青春期的高中生生理和心理都在发生快速变化。他们认为自己已经长大,将家长以及教师的管教帮助一概看作对自己自由的羁绊。一方面,他们会以沉默、爆发、躲避等方式进行抗争,在反叛中向外界宣告自己的"独立",以引起教师、家长的注意和尊重;另一方面,面对纷繁复杂的社会和人际关系,他们又很困惑迷茫,往往会失去主见,不知所措,在心理人格方面就会出现偏离或障碍,在行为方式上就会表现为或狂野或冷漠。案例中的小王同学就是这样一位需要修复人格的学生。本案例中,王丽曼老师利用王同学的长处作为教育的楔入点,让她感受到了王老师和同学的善意和温暖,人格上渐渐发生了变化。

不过,对学生健全人格的培育,不能寄希望毕其功于一役,人的思想随时会有反复,教育者要做好长期工作的准备。

2. 加强学校精神文明建设,实施健全人格的培养

主题教育常抓不懈。班会课是思想教育的主阵地。学校多年来致力于主题教育系列化,通过班主任研修逐步形成适合各年龄段的系列化教育主题,并通过精心准备的主题教育课潜移默化地培养学生健全的人格。

【案例34】 从"壮汉"到"壮士",健全人格的逆袭之路

万玮老师在做新生家访时遇到了一位羞涩、沉默的男孩。孩子体格健壮,身材微胖。万玮老师称他为"壮汉"。正式开学后,男孩似乎"不合群",常常形单影只。一次回家的路上,万玮老师"恰好"遇见他,聊起班级事务,男孩评价起来头头是道,对班务中的一些"小漏洞"观察细微、敏锐,坦诚地提出批评。万老师看着他义愤填膺的样子,发觉他不是不合群,而是孤傲。万玮老师发现了"教育的契机"。在一次语文课上,有一篇课文《陈太丘与友期行》。课堂上,万玮老师让学生大胆辩论：你是力挺元方,还是支持友人?两组辩论激烈,无论是捍卫观点还是联系实际都非常

精彩。

在差不多快要结束辩论的时候,万老师示意"壮汉"也表达一下自己的观点。他非常勇猛地站起来发言,赢得了班级同学热烈的掌声,同学们被他的"豪言壮语"给惊到了!万老师把他的发言放在家长群里,家长们点赞无数,好评如潮。他远在成都的爸爸发来短信说:"老师,感谢你,离异家庭里的孩子,还能如此自信,我家孩子终于'怒发冲冠'了!而且是被人如此赞许……"他话不多,却感动满满。

万老师惊喜地看到:那一刻,他的羞涩与沉默全无,自信与担当犹如明月当空,激励他一小步,一大步,往前,再往前。此后,男孩越发自信,同学们也都喜欢和他相处。他在班级里慢慢变成了一个真正的"壮士"!

"羞涩与沉默背后的'壮汉'"其实是自卑的;貌似"孤傲与孤独的'壮汉'"其实是渴望亲情友情的;"耿直的男孩与哭泣的'壮汉'"其实是脆弱的;"怒发冲冠的男孩"从一名只是体格魁伟的"壮士",成长为一位充满自信、勇气、阳刚、耿直的"壮士",是男孩健全人格逆袭之路。

点评:

从某种意义上讲,教育就是以人格塑造人格的事业,班主任的工作过程就是以自己的人格修养影响学生,塑造学生健全人格的过程。我们要始终相信,绝大部分孩子都是愿意向善的。孩子们都有走在阳光下,迎着微风,仰着笑脸,走向自信而坚毅的可能,这就看我们如何为孩子们的人格发展施以潜移默化的积极影响。

3. 以社会实践活动为抓手,助力健全人格的培养

学军、学农、学工、志愿者服务等社会实践活动是磨砺学生意志、培养健全人格的最佳途径。学校高中生的志愿者服务活动充分调动了学生的主动性和积极性,发挥了学生干部的组织能力和管理能力,在两个实践基地——康桥镇文化中心和周浦医院——的5个岗位上得到充分的磨砺,培养了学生的责任心、耐心、细心和爱心,获得了基地的好评。

研究性课程是培养学生小组合作精神的有效载体,同时也锻炼了学生的社交能力。研究性课程中,学生首先组成小组,共同选择研究课题,然后在教师的指导和组长的带领下,分工合作,写开题报告、制作问卷、展开社会调查、分析调查数据、撰写中期报告和总结报告,并制作PPT呈现小组研究成果。整个过程中,既培养了学生的创新精神和合作精神,也锻炼了他们的意志力。

开展丰富的学校活动,铸就学生健全人格。开展丰富的学校活动对于培养青少年树立理想信念、锤炼道德品质、养成良好行为习惯、提高科学素质、发展兴趣爱好、全面提高综合素质等方面具有重要作用。为此,学校不断进行拓展课程的探索,成立了文学社、摄影社、3D打印社、无人机社、机器人社、击剑社、美术社团、篮球社以及学生领导力社团,开展社团展示活动、举办艺术节、体育节、阅读节、成人礼、英语节、五月歌会等有意义的活动,以激发学生的学习兴趣,让学生在实践中增长才干,在探索中感受快乐,在活动中体会责任与担当,以达到学会生活自理、锤炼意志品质、体验创新合作、张扬个性、丰富人生内涵。

(三) 以社会责任为己任,提升胸怀宽广的自主行为

学校以班级为基础,培养中学生的社会责任感,主要从自己的事做起、从身边做起、从周围的事做起。要使学生充当一些有意义的角色,使他们感到自己的行为对周围的人和事产生着重要的影响,同时也培养他们战胜困难,增长各种能力的信心。

1. 班级活动培养学生的社会责任感

学校组织开展文化艺术、社团活动、科技体育、团队教育,鼓励学生积极参与,在承担各种责任中锻炼自己。寓教育于活动之中,体验民族精神,爱心世界,团结和谐,用这些多彩的活动形式来促进校园文明建设,使我们的学生文明修养、道德素质得以全面的提高,并树立个人与集体荣辱共存的责任感。教师必须做好与其学科教学的有机融合,并懂得挖掘个学科的德育潜力。例如:历史教师通过引导学生讲人文环境的变更与历史自然结合,培养学生关注现实及人类生存与发展;生物课利用自然和谐相处,引导学生高度的责任感,爱护大自然。学生通过不同的角色转换,体验到管理者的艰辛,从而产生对管理者的理解,进而使学生内心道德情感碰撞,确立强烈的主人翁意识和高度的责任感。

> 【案例35】 "知恩感恩报恩，自信成长"班级教育活动

宋飞老师为了让学生逐渐养成"知恩，感恩，报恩"的意识，开展了"知恩、感恩、报恩，自信成长"班级教育活动。活动实施过程如下：

(1) 母亲节系列活动

① 学生在校的活动。

② 学生母亲节当天自主表达对母亲的爱。

表达爱的方式有送礼物(鲜花、化妆品、衣服、护手霜等)、下厨做饭(晒照片、合照等)、送心意(收集的母亲白发、亲笔信、手绘贺卡等)、家务劳动等。

③ 校国旗下演讲，确立师生共同主题(感恩)，为感恩系列活动做铺垫。

(2) 父亲节系列活动

① 小记者策划，班级学生配合，拍摄感恩祝福视频，节日当天发送。

② 班会课制作祝福墙，并配乐做成视频，父亲节当天校内外推送。

③ 学生父亲节当天自主表达对父亲的爱。

(3) 校庆系列活动

① 班级宣传委员带领小组完成30年校庆板报，烘托感恩学校主题。

② 配合校庆活动，召开以校庆为主题的班会，学生学唱校歌，加深爱校情感。

③ 在校五月歌会中，学生学唱励志歌曲《奔跑》，增强班级凝聚力，感恩学校。

(4) 教师节系列活动

① 庆祝教师节主题板报。

② 学生为任课教师送祝福(祝福墙、微信、口头、书信贺卡等)。

③ 学生为任课老师送小礼物(鲜花、笔记本、红笔、丝巾、巧克力、护手霜等)。

④ 开展"献出我的真情"活动，对象为任一任课教师。活动有写一封信、谈一次心、提一个建议、表一个决心、解决一个问题等。

⑤ 配合感动校园人物颁奖典礼，班级部分学生学唱《感恩的心》手语版，作为节目献唱，以表师恩。

点评：

社会责任感，就是社会中每个人在心理上和感觉上对其他人的关怀与义务。没

有人可以在毫无人际交流的情况下独自一人长期生活。因为社会不是无数个独立个体的集合,而是一个不可分割的整体,纯粹独立的个人是一种不存在的抽象。对孩子进行感恩(识恩、知恩、报恩、施恩)教育,就是培养孩子社会责任意识的重要一环。

要让孩子懂得,所有有助于自己发展成长的人——家庭长辈、学校师长、同学朋友——都值得感恩。感恩教育,家庭父母有责,学校教师也有责。

2. 家校互助建立学生的社会责任感

家庭教育首先要与学校保持联系,"家校"双管齐下是培养孩子责任感教育的重要方式。学校通过办家长学校、开家长会等形式,让家长可以明确自己的责任。学生在家庭生活中真正成为平等的一分子,分享家庭的快乐的同时,也分担家庭的忧愁,让他们明白家庭对自己的爱,对家庭应持感恩之心,更好地挑起家庭之责。学校可以通过感恩教育活动,让学生体验亲情,增强责任感。

3. 校外活动增强学生的社会责任感

利用节假日,组织学生积极参加有意义的社区活动或公益活动,关注社会。例如:去敬老院做一些力所能及的事情,让学生去做、去看、去想,爱的种子由此萌发;学校组织提倡学生捐出自己一日的零花钱来资助那些贫困山区的学生;在学雷锋纪念日或其他节日,组织一些同学主动去社区义务劳动、奉献爱心。在活动中,学生逐渐树立起人生价值观和为社会做贡献的精神。通过上述活动,整个学校在"德育育人、服务育人、管理育人、环境育人"中培养学生的社会责任感。陶行知先生的生活教育理论认为,整个的社会活动,就是我们教育的范围。根据这一理论,我们更应引导学生走向社会大舞台,扮演多种社会角色,让他们在丰富多彩的社会活动中得到体验、锤炼、打造,从而学会关心社会、关心他人,乐于奉献爱心。

(四) 以劳动教育为抓手,开启走向独立的自主意识

1. 家校联合培养学生劳动意识和良好的劳动习惯

学生通过做家务,具备了满足生存发展需要的基本劳动能力,形成了劳动自立的

意识和良好的劳动习惯。

（1）通过学校引导,家长树立正确的劳动观念,支持和配合学校开展劳动教育。班主任组织活动,倡导学生在家学习基本的生活劳动技能,通过活动推广劳动教育经验。

【案例36】 学会自立

班主任蔡微琼老师认为,"学会自立"是人类生存的第一要素。她将《小学生毕业前该会的十五件事》作为第一次预备年级新生家访的主题,并借此了解这些刚刚小学毕业的同学能力到底如何。家访结果显示,几乎班中的孩子只能完成一两件事,只有一个孩子会做四件事。针对这种情况,蔡老师现场给孩子布置了一项烧饭、做菜、做家务的任务,给孩子父母的任务是天天晚上和孩子进行饭桌会议,讨论交流这一天发生的有趣的事情,你有什么看法,父母是什么看法。

开学第二周,学校开新生家长会。会前,有个学生的爸爸提出要加蔡老师微信好友。聊天后才知道,他要和蔡老师分享他的喜悦。通过这次家访,他的女儿发生了翻天覆地的变化——早上起床,不用父母喊无数遍了(解决了他喊早的苦恼),自己听到闹钟就起床,洗漱后给自己和弟弟各做了一个鸡蛋饼,每天的家庭作业7点前就认真完成了。

另一位家长告诉蔡老师,她布置他们家双胞胎兄弟在家做各种家务。双休日是兄弟俩的厨艺大比拼时间。他们自立能力越来越强。他们第一次在学校比赛展示就获得一等奖。有了这个成绩后,孩子和父母越干越欢,接着迎来了第二次、第三次、第四次的厨艺比赛,孩子在不断的表扬中增加了自信,现在的文化成绩也大幅度提升了。

一学期后,蔡老师和许多家长都感觉到了孩子们的变化——自信心增强、自理能力提高了。

点评：

自立是一种能力,也是一种品质,人生需要自立。要想让孩子自立自强,除了孩子自身的努力外,还需要家庭和学校共同创造良好的外部教育环境。我们老师需要做到的是帮助孩子树立自立自强的信念、坚忍不拔的毅力和积极向上的心理素质,让他们能承担责任,告别依赖;立足现在,做好小事;不怕困难,反复实践,从而最终实现自强自立。

(2) 学校举办"亲子联盟试身手,厨艺比拼显'能为'"活动。通过家长与学生联手菜品介绍、烹饪厨艺展示、作品评比等环节,学生经历厨艺体验,学习并熟练掌握家庭生活的技能,培养职业兴趣,增强了学生的自理能力。

【案例37】 这是另一个抗疫的战场

新冠肺炎疫情突如其来,使神州大地一片沉寂。班主任张老师带领班级学生开展线上"学会自立"活动,记录劳动的瞬间、拍照片、发视频。同学们都十分积极,老师也认真点评。起先大家都只发一些扫地、洗碗等基本的家务活视频,老师鼓励大家还可以做一些更有"含金量"的劳动。所以班里好多同学都尝试着自己做菜做饭。一开始时同学们做得并不是很好,不是切菜中的问题,就是摆盘时的问题。不过老师会及时纠正大家,并鼓励大家下次会做得更好。同学们也一次一次地尝试,后来班上好多同学都已经会做三菜一汤了,还有的女生在家学习刺绣,传承传统手艺,同学们真了不起。这是另一个抗疫的战场。——初一(2)刘同学的周记

点评:

家庭厨艺的高下是考量人自理能力的一项重要指标。学校举办"亲子联盟试身手,厨艺比拼显'能为'"活动,让学生提高生活技能,是一种值得提倡的教育方法。疫情期间,班主任在线上开展此项活动,说明老师们将培养学生自理能力的工作摆到了重要位置上。

(3) 学校德育处与家委会联合举办亲子活动。"成长一刻、幸福一家"微视频征集活动,收到近百份作品,其中有一部分家长展现了学生在家劳动的情景。视频积极乐观、健康向上的劳动风貌,对学生的人生观、价值观的形成具有良好的引导作用。

> **【案例38】** 人,做了多少事就成长多少

邱凤老师认为,劳动教育在家庭中能得到最好的实践,学生们在厨房里都跃跃欲试。初一(2)班王嘉诚、王嘉诺双胞胎兄弟为家里做了美味午餐。初一(3)班孙贝洋家长带来了制作牛轧糖的视频。视频的结尾这样写道:女儿学会了牛轧糖的制作工艺,妈妈知道了配方对牛轧糖口感的影响。爸爸学习会了视频的简单剪辑。人不是成长了多少才做多少事,而是做了多少事才成长多少! 初一(5)班朱凌筠制作了披萨给父母品尝。预备(3)班陆浩然在大人的指导下一起做月饼,感受我国的传统节日——中秋节。劳动无处不在,初二(1)班的孙叶可可,就是一个热爱劳动的学生,把家里打扫得干干净净。高二(3)班的钟文弢,在家中承担起了擦窗的任务。初一(5)班的张博宇,在父亲的指导下细心地擦拭物件。预备(5)班的吴晨萱到奉贤的外婆家的菜园里,和家人一起收获金秋。初一(3)班王浩冉的家庭响应亲子阅读的号召,在暑假里,一家人组装了一个书架,迎接新学期的到来。预备(6)班李亦阳和家人一起学习垃圾分类知识,主动分担倒垃圾的任务。而且其在家庭垃圾知识抢答比赛中也乐在其中。

点评:

劳动是教育的应有之义。德、智、体、美、劳全面发展是我们一直倡导的教育思想。爱学习、爱劳动强调的是手脑并用、相辅相成。学校通过"成长一刻、幸福一家"亲子活动开展劳动教育,让孩子从劳动中收获了很多书本上学不到的知识和技能。劳动的成就感和获得感胜过父母和教师的千言万语。

2. 学校规范培养学生认真负责和吃苦耐劳的品质

学生通过学校劳动,培养了学生正确的劳动价值观,学生初步养成了认真负责、吃苦耐劳的品质。

(1) 通过学生值日周,积极调动全校学生参与学校管理的意识,在各个岗位上完成自主管理任务,创设学生自主管理的校园环境。值日周为各班轮换制,学生在校门口站岗、升旗仪式、"两操"(广播体操、眼保健操)、个人和校园卫生、校徽校服整洁、课

间文明休息、午间用餐等方面进行了认真的检查工作。由此既付出了劳动,也得到了锻炼,是学生自主、自治的最好体现。

(2) 对班级卫生和学校包干区打扫,建设以"自理、自立"为荣的健康班风,渗透"一屋不扫何以扫天下"的理念,学会自理,学会自我服务,做生活的主人。各班卫生打扫岗位由全体学生承担,每位学生定岗定责。每日有晨扫、午扫、晚扫。值日生工作就是每位学生践行学校劳动中最基础的工作。像扫地这样的小事,也是一项有技术的劳动,如何用好扫帚、用好拖把,班主任指导,学生学习,同学互相帮助,最后也能够做得尽善尽美。每周一进行大扫除,全班齐力完成教室课桌、地面、墙面、门窗等擦拭与打扫。用自己的劳动换来窗明几净的教室。学校培养学生从小把身边的一点一滴的小事做好,培养学生的责任心,长大了才能够成就"扫天下"的辉煌事业。

学校进一步完善了包干区责任制,把全校的清洁区划分到了每一个年级的每一个班。利用周一卫生大扫除时间,学生们对清洁区进行彻底的清扫,使校园整洁干净,为创建文明校园添砖加瓦。

【案例39】 在日常教育教学中参透劳动意识

班主任吴丹青老师认为,劳动意识是决定孩子们劳动态度、劳动能力的重要因素。初中阶段是培养劳动意识、形成劳动观念的重要阶段。在这个阶段,不仅需要通过劳动主题班会课给他们讲解劳动的意义与劳动的技巧,更需要教师在日常教育教学及生活的各个细节中参透劳动意识。劳动意识的提高是可以促进学习意识的提高的。

其实,很多同学对劳动不是"不能为",而是"不愿为"。他们的劳动观念淡薄,在家里都是"宝贝","劳动"这个词对于他们来说是不重要的。有些家庭从来都轮不到孩子劳动。学生认为自己还小,这些事没必要干;或者认为,这些事从来都是爷爷奶奶、爸爸妈妈干的,跟自己无关。于是,每届学生一接手,我就把同学们的理想前途与身边的小事联系起来,跟他们一起理解什么是"一屋不扫,何以扫天下",要求他们在家中整理自己的床铺、书桌,帮家长做力所能及的家务;在学校,除了要完成自己的值日工作外,更要做好自己的课桌整理,随手清理座位周边的卫生,把简单的举手之劳养成习惯。我经常把这些工作与他们的德育积分联系起来,让他们既享受了自己创造的劳动成果,又能得到精神上的奖励,看到自己的劳动带来的环境美好、积分上升,力争让"崇尚劳动、参与劳动、尊重劳动"的观念植根于学生心间,让劳动意识和劳动习惯陪伴他们终身。

点评:

劳动教育,要见"劳",更要见"育",班主任在其中有着天然的优势。班主任可以通过班会课、家访、主题活动、日常谈心等传统方式对学生进行劳动教育,还应该督促学生在家里、校内和社区尽量多做力所能及的劳动,让学生的劳动意识渗透于学校、家庭、社会生活之中,让孩子们在普通的劳动中体悟劳动的平凡与伟大,从而培养出新时代合格的劳动者。

3. 社会实践培养学生劳动光荣和服务社会的情怀

学生通过参加劳动,学会了与他人合作,体会到了劳动光荣。通过公益劳动,学生们理解了劳动创造价值,具有主动服务他人、服务社会的情怀,同时也初步树立了职业意识。

(1)组织预备年级学生、初一年级学生赴美林小区、双秀家园进行清洁家园的公益劳动。自主组建小组,合作完成清洁劳动任务,倡导垃圾分类,感受劳动带来的成就感。

【案例40】 参与垃圾分类,争做清洁小卫士

预备(5)班张雨欣和初一(4)班的阮家悦同学都讲述了班级组织的环保公益活动:班主任带领他们走进社区,开展捡拾垃圾、清洁家园活动。到达社区后,每个班级为一个单位,由社区居委会安排的志愿者指挥大家到相应的地点开始清理草丛里、马路边的垃圾。四人一组,组长拎着垃圾袋,带领组员开始搜寻垃圾。地上散落着各种垃圾:香烟头、饮料瓶、废打火机、废电池、包装纸,甚至还有用过的纸尿裤。同学们不怕脏、不怕累,统统用手、用木棍捡拾起来,甚至连埋在泥土中只露出一点儿的瓶盖都

不放过。"电池是有害垃圾,纸尿裤是干垃圾",大家一边捡拾起来,一边对垃圾进行分类。一个多小时过去了,同学们装满了一袋又一袋的垃圾,灌木丛变得干净了,马路也焕然一新。

点评:

　　社区公益活动可以让孩子们感受到地球是我们的家园,我们应该增强环保意识,保持家园的干净、整洁,也可以从中感受到劳动的乐趣和成就感。同时,我们做好宣传,使更多的人养成良好的习惯,不要乱扔垃圾,为美化环境献出一分力量,让我们的生活更加美好! 这是最生动的劳动教育。

　　(2) 学生赴康桥镇敬老院,为老人们打扫卫生、收拾物品。大家用实际的劳动行动感恩社会,传扬爱老敬老的社会好风尚。

【案例 41】 爱老敬老,爱的教育

　　张婷老师带领学生赴敬老院开展慰问活动。有的同学扫地,有的同学拖地,有的同学擦窗,有的与爷爷奶奶们聊天。炎炎夏日,同学们因劳动湿透了衣服,但脸上却洋溢着幸福的笑容。能让老人们有一个干净、舒适的居住环境是大家最高兴的事情。学校将敬老院作为德育基地,让师生们走进敬老院,更好地亲近老人、服务老人,从而懂得孝敬老人是中华民族的传统美德。这样的爱的教育,会让学生们更加有爱心、有责任感。

点评:

　　爱对于人生的重要性恐怕没有多少争议了,古往今来的许多贤哲都曾有过论述。例如,泰戈尔就曾说过:"爱就是充实了的生命,正如盛满了酒的酒杯。"教育的一个重要功能就是教给学生懂得爱、学会爱、珍惜爱,爱自己,也爱别人。教育孩子用实际行动关心、爱护、孝敬老人,就是爱的教育。

　　(3) 高中生赴实践基地开展志愿服务。高中生志愿服务成绩突出,通过具体的岗位体验,懂得了尊重普通劳动者,懂得了劳动无贵贱之分。学生们培养了坚持、奋斗、创新、奉献的劳动精神,增强了社会责任意识。

在新高考改革和综合素质评价的推动下,学校于2015年与浦东新区康桥镇文化中心及周浦医院建立了志愿者服务合作关系,签订了合作协议。康桥文化中心和周浦医院,有图书管理员、艺校管理员、影院管理员、暑托班助教和医院导医等岗位。我校参与志愿服务的有6 000余人次,共3万多总学时,表彰293人次。

第五章　基于核心素养培育背景下学生自主活动的评价与案例分析

文献资料显示：在对自主活动行为的评价方面，主要是论述评价的优势及某类学生的评价体系建立。如，钟玲认为行为表现评估的正确使用可提高学生的自主性、创新性。王小慧分析行为表现评估，总结出行为表现评估的特性与优势，同时提供了评估的具体方法。王小明认为学习行为应该采取表现性评价。表现性评价有多种形式，在进行编制时，首先要明确评价的能力或倾向，然后再编制表现性任务，最后确立具体评价方法。赵德成通过论述当下表现性评价评分细则中存在的较少应用非纸笔形式的表现性任务、表现性任务不真实、任务与观察点脱节、缺乏可操作性4个问题，提出了促进表现性评价的可行性建议。

本课题学生自主活动成效的评价是在充分掌握学生学习过程、学习结果的基础上，对学生自主活动实施合理的评价，尽可能采用多维度、多元化的评价，即"以发展为本"，以鼓励学生评价中的合作、重视过程的评价理念，向学生提供明确的、及时的、经常的反馈，同时合理利用外部奖励、有效运用表扬。皮格马利翁效应[1]认为，期望对人有很明显的影响，教师应对学生表达明确的积极的期望，促进学生向积极的方向发展。

《基础教育课程改革纲要（试行）》明确规定："建立促进学生全面发展的评价体系。评价不仅要关注学生的学业成绩，而且要发现和发展学生多方面的潜能，了解学生在发展中的需求，帮助学生认识自我，建立自我发挥评价的教育功能，促进学生在

---

[1] 皮格马利翁效应亦称"罗森塔尔效应"。一种期望效应。1968年由美国罗森塔尔（Robert Rosenthal，1933— ）等在《课堂中的皮格马利翁》一书中提出。认为教师对学生的期望，会在学生的学习成绩等方面产生效应。如教师寄予很大期望的学生，经过一段时间后测试，他的学习成绩比其他学生有明显提高。因此效应与希腊神话中皮格马利翁的故事相似，故名。杨治良主编.简明心理学辞典：上海辞书出版社，2007-08。

原有水平上的发展。"自主活动评价以此为评价理念，注重评价的原则和方法，促进学生的自主能力培养，树立正确的情感、态度、价值观。

一、评价原则

我们认为，学生自主活动的评价应更多地关注自主活动的过程，而不必特意强调结果的科学性和合理性，应注重学生获得结果的体验过程；鼓励并尊重学生极富个性的、多元的在自主活动中的自我表现；在活动中，不断引导学生反思自己在自主活动参与方面的情况等。因此，学生自主活动评价应遵循以下几项原则。

（一）参与性

学生自主活动要注重学生亲身参与和学生全员参与，从质和量两个方面考虑。即在自主活动中参与的态度，参与的情况（活动量）；学生参与自主活动中某一个或多个环节的情况，参与是否主动积极等。

这里特别要重视学生自我参与评价，并辅以小组或者教师的评价。

（二）主体性

学生自主活动是在教师指导下，学生自主参与实施的活动。无论是课堂教学中的自主活动，还是社团、拓展、校园各种节日活动等，其主体都是学生。因此，让学生自我评价有助于学生明确活动目标，从而自觉地严格要求自己。强调学生的自我评价，强调学生在评价中的主体地位，可以充分调动每个学生的主动性、积极性和自觉性，使评价过程真正成为学生自我认识、自我分析、自我改进、自我完善和自我教育的过程。

（三）过程性

如前所述，学生自主活动开展的过程要比结果更加重要。因此，评价的内容集中于学生在活动过程中的情绪情感、参与过程、投入程度和能力养成,揭示学生在自主活动过程中的表现以及他们解决问题的过程,而不是仅仅针对得出的结论,即注重学生在综合实践活动过程中的实际体验和发展程度。

(四) 差异性

根据多元智能理论和学生的具体情况,从认知和能力等方面看,学生之间是存在差异的。在开展的各项自主活动中,设计的活动内容、活动的难度、知识面等各有差异,学生的表现也会各有不同。因此,我们要承认学生的差异,承认不同学生在不同的发展方面有差异。

我们在自主活动中允许学生根据自己的优势,有选择性地参与,让自己的优势、潜能得到充分的发展。因此,在评价过程中,我们决不能要求学生都整齐划一,相反,允许学生在不同问题的研究中,学习不同的知识,锻炼不同的能力;即使在对同一活动的过程中,也应该对不同的学生提出不同的要求,允许学生有不同的收获。总之,差异性原则是学生自主活动的一大特色,其评价也相应地具有差异性。

(五) 多元性

我们认为,学生的发展不可能是整齐划一的,学生的能力、认知水平等,决定了学生的发展状况是不同的。学生自主活动的评价应包含多元价值取向和多元标准,肯定学生与世界交往的多元方式。所以,自主活动的评价注重评价主体的多元化、评价标准的多元化、评价形式的多元化。

(六) 开放性

由于学生自主活动具有开放性的特点,因而评价也应该具有开放性。在学生自我评价和教师评价的基础上,班级应采用集体讨论和交流的形式,将个人和小组的经验及成果展示出来,并鼓励相互之间充分发表意见和评论。这样的评价不仅可以使学生吸收他人的有益经验,还可以促使学生加深对活动的认识,有助于培养学生敢于参与活动,并在活动中积极地展现自己的能力,培养优良品质。

二、评价类型

在本课题实施的过程中,基于我们选取的核心素养 8 个基本要素,我们在学科教学、研究性学习、德育活动、社团、拓展课、阅读节等方面开展丰富多彩的学生自主活动。对于学生们的活动,实行多元评价,如形成性、诊断性、终结性、能力评价、自评、小组或综合评价等。

(一) 形成性评价

形成性评价又称过程性评价,其任务是对学生日常学习过程中的表现、所取得的成绩以及所反映出的情感、态度、策略等方面的发展做出评价。其目的是激励学生学习,帮助学生有效调控自己的学习过程,使学生获得成功感,增强自信心,培养合作精神,从而形成自主学习的能力。

形成性评价的一个显著特点就是,使学生从被动接受评价的人转变为评价的主体和积极参与者。在评价主体上,变单一的教师评价为教师评价、学生自我评价和学生相互评价相结合,突出自评和互评在形成性评价中的重要地位。

(二) 诊断性评价

我们这里所阐述的诊断性评价,是指在自主活动开展前,为了解学生的学习活动背景、学习活动准备、学习活动的能力,以及影响自主活动的因素等而进行的评价。评价的方式和手段可以是测试、访谈、调查、自主活动档案、自主活动记录等。在课堂教学过程开展的自主活动中,为了某种需要,我们也可以采取诊断性评价。

(三) 终结性评价

我们这里所阐述的终结性评价,是指对学生自主活动所达到的结果进行恰当的评价,是在学生自主活动结束后为判断活动效果而进行的评价,包括课堂教学过程的自主活动、社团节、拓展课、探究型课程、学校八大节活动结束后对最终结果所进行的评价。

我们所采用的终结性评价的方法和手段包括"有为"课堂教学活动评价量表、活动感悟、活动成果评选和展示、活动展演汇报、自主活动档案、自主活动记录等。

三、评价主体

(一) 评价主体

1. 自我评价

自评要求学生主动参与对自己自主活动整个过程中各方面的评价:课堂学习中的参与意识和参与程度,与同学的合作精神,对自主学习的兴趣和态度,学习方法和策略,完成教师布置作业的质量和效率,日常作业、练习、测试等暴露出的学习问题,等等。通过自评,学生可以更直接地看到自己自主学习的整个过程,明确自己的长处和不足,不断调整学习的各个要素,自主地投入学习中。

2. 同伴互评

互评对学生提出更高的要求:一方面,使之站在一定的高度,客观、公正地对同学做出评价,如上课的投入,与自己的合作,对学习的兴趣、态度、策略等,完成作业的态度、质量、效率等,并诚恳地向他们提出建议,使同伴更客观地认清自己,激励其强烈的好胜心,促进他们的学习;另一方面,能充分发挥学生的主体作用,客观、中肯地对教师做出评价,如对教师的课堂用语、工作态度和上课的方式和方法等,及时提出自己的期望和要求,有利于教师更合理地调整上课策略和对学生的态度,拉近师生距离,促进教学工作的开展。这两种评价手段不仅能培养学生正确评价自我的能力,有助于保护学生的自尊心和提高其自信心,而且有助于提高学生反思和自我调控学习的能力,有益于保护学生独特的体验,真正点燃学生智力活动的不灭之火。

3. 学校综评

学校综评是在自主学习活动中,教师依据学生的自评、互评、活动成果展示或展演、自主活动记录等,对学生进行的综合性的评价。

综合评价的体现可以是量化、评语、奖励等方式。其中,量化的数据结果中,学生自主活动的自评作为参考,但不计入分数;学生互评或者小组评价与教师的评价所占比值以 4∶6 为宜,以确保其公正性。对于有些自主学习活动的评价,教师可以采取等第性的评价。

(二) 评价方式

采取什么样的有效方式进行自评、互评和综评,可视具体的活动目标、活动内容及学生的实际情况或需要解决的问题而定。以下是操作性强、效果好的几种方式。

1. 问卷调查

教师可针对学习的某个特定方面设计一系列的问题。其优点是:学生填写方便,有点像做选择题;能对学生课堂参与度和各种行为表现提供量化分析的依据。

2. 学生档案

学生平时完成的各种作业,如小论文、图表、调查报告、书面测验、观测记录等,让学生自己选择有代表性或自己满意的作品,放入学习档案中,并定期进行调换。调换后的作品可让学生自己整理成私人的学习档案。其优点是:学生通过档案,可以对自己进行纵向比较,看到取得的进步,体会成功的喜悦,有利于培养学生自主学习的意识。

3. 作品展示

将学生个人、两人合作或小组合作的作品在课堂上进行展示,并让学生自评创作思路及方法,接受其他小组成员的质疑,反思本小组的研究结果。通过学生互评,找出作品的特点和亮点,同时指出可修正提高的地方。其优点是:讨论形式自由、气氛轻松,学生能畅所欲言;学生既欣赏他人的作品又有所启迪,从而激发他们的创造性,培养他们的批判性思维,塑造追求完美的个性。

4. 师生面谈

自评和互评敞开了学生们的心扉,他们更愿意和教师谈他们的学习体会、学习焦虑等。教师可对不同程度的学生进行学习追踪,进行有针对性的指导。其优点是:教师能及时帮助学生消除学习中的不利因素,为学生的自主学习提供有力的保障。

5. 活动展演

对拓展类、八大节等活动的评价,除了形成性、活动档案、自评互评以外,我们还相应地进行活动展演式的评价。比如,一年一度的英语和语文阅读节活动,通过历时两个月的自主活动,将学生读书的成果以诗歌朗诵、音乐剧、小话剧、小品、相声、歌舞等形式,在全校师生面前汇报演出。这种展演式的评价方式,极大地激发了学生参与活动的热情,也提高了活动的有效性。

四、评价量表

本课题结合实际研究的需要,主要从"健康生活"和"学会学习"两个一级指标,以及"自我管理""社会责任""健全人格""劳动意识""乐学善学""勤于反思""勇于探究""人文情怀"8个二级指标实施评价。

基于核心素养的学生自主活动,主要体现在基础型课程教学活动,社团和拓展课、德育教育、学校"八大节"等方面。因此,对学生在活动中形成性、诊断性和终结性的评价,根据不同类型的课程和活动方式,其评价也是多元的、互不相同的,评价的量表也各有不同。但是,评价的基本标准,离不开健康生活和学会学习的8个基本的核心素养表现特征。因此,我们制定了"核心素养背景下学生自主活动评价量表"(见表5-1、表5-2),并以此为主,根据学科特点和活动内容制定其他评价量表(见表5-3、表5-4)。

表 5-1 核心素养背景下学生自主活动评价量表(初中)

一级指标	二级指标	表现特征	评价 自我评价 1 2 3 4 5	小组互评 1 2 3 4 5	学校综评 1 2 3 4 5
健康生活	自我管理	1. 能较正确地认识自我,并进行正确的评价			
		2. 能够合理地分配学习和活动的时间			
		3. 有自主学习的行动力			
	社会责任	1. 自尊、自律,文明礼貌,诚信、友善,宽和待人,孝亲敬长,有感恩之心			
		2. 热心公益和志愿服务			
		3. 能明辨是非,具有规则意识			
		4. 热爱并尊重自然,具有绿色生活方式			
	健全人格	1. 积极向上、自信自爱			
		2. 有自我约束能力,较好地调节自己情绪的能力			
		3. 有克服困难和挫折勇气等			
	劳动意识	1. 有积极的劳动态度和劳动习惯,有动手操作能力和掌握简单的劳动技能			
		2. 积极参加家务劳动和社会公益性实践活动			
学会学习	乐学善学	1. 具有积极的学习态度,养成良好的学习习惯			
		2. 在教师指导下掌握适合自己的学习方法			
		3. 能够主动参加学习和社会实践活动			
	勤于反思	1. 在教师指导下,有对自己的学习状态反思的意识和习惯			
		2. 能够在学习和自主活动中选择或调整学习方法与策略			
	勇于探究	1. 有好奇心和想象力,有克服困难的勇气和探索精神			
		2. 遇到挫折能够积极寻求有效的解决办法等			
	人文情怀	1. 能够正确认识学习的价值,尊重人的尊严			
		2. 理解人的生存、发展和幸福的意义等			
合　　计					

表 5-2　核心素养背景下学生自主活动评价量表(高中)

一级指标	二级指标	表现特征	评价 自我评价	评价 小组互评	评价 学校综评
健康生活	自我管理	1. 正确认识与评估自我	1 2 3 4 5	1 2 3 4 5	1 2 3 4 5
		2. 依据自身个性和潜质选择适合的发展方向			
		3. 合理分配和使用时间与精力			
		4. 具有完成目标的持续行动力等			
	社会责任	1. 诚信友善,宽和待人			
		2. 热心公益和志愿服务,敬业奉献,具有团队意识和互助精神			
		3. 能主动作为,履职尽责,对自我和他人负责			
		4. 能明辨是非,积极履行公民义务,理性行使公民权利;崇尚自由平等,能维护社会公平、正义			
		5. 具有绿色生活方式和可持续发展理念及行动等			
	健全人格	1. 具有积极的心理品质,自信自爱,坚韧乐观			
		2. 有自制力,能调节和管理自己的情绪,具有抗挫折能力等			
	劳动意识	1. 具有积极的劳动态度和良好的劳动习惯,具有动手操作能力,掌握一定的劳动技能			
		2. 主动参加公益活动和社会实践中,具有改进和创新劳动方式、提高劳动效率的意识			
		3. 具有通过诚实、合法劳动创造成功生活的意识和行动等			

续 表

一级指标	二级指标	表现特征	评价		
			自我评价	小组互评	学校综评
学会学习	乐学善学	1. 能正确认识和理解学习的价值,具有积极的学习态度和浓厚的学习兴趣	1 2 3 4 5	1 2 3 4 5	1 2 3 4 5
		2. 能养成良好的学习习惯,掌握适合自身的学习方法			
		3. 能自主学习,具有终身学习的意识和能力等			
	勤于反思	1. 具有对自己的学习状态进行审视的意识和习惯,善于总结经验			
		2. 能够根据不同情境和自身实际,选择或调整学习策略和方法等			
	勇于探究	1. 具有好奇心和想象力			
		2. 能不畏困难,有坚持不懈的探索精神			
		3. 能大胆尝试,积极寻求有效的问题解决方法等			
	人文情怀	1. 具有以人为本的意识,尊重、维护人的尊严和价值			
		2. 能关切人的生存、发展和幸福等			
合 计					

表5-3 学科教学"自主活动"评价量表

内容	指标	定性评定		
		达到	基本达到	还需努力
参与情况	1. 有良好的学习习惯			
	2. 课堂上精神饱满			
	3. 思想集中,思维活跃			
	4. 乐于与同伴合作			
自主活动	1. 预习检测顺畅回答			
	2. 知识回顾清晰			
	3. 问题驱动,能自主发现新问题			

续 表

内容	指标	定性评定		
		达到	基本达到	还需努力
自主建构	1. 领会知识构建案例			
	2. 顺利补充未完成构建			
	3. 独立完成构建练习			
活动效果	1. 能梳理总结			
	2. 会学以致用			

表5-4 "有为"课堂"自主"学习效果评价量表

	评价内容（和自主学习目标相匹配）	评价结果（打"√"）
评价	1. 自主阅读、积极思考、总结归纳 2. 理解集合的概念 3. 理解集合元素与集合之间的关系 4. 理解集合元素的特征 5. 总结归纳能力	达到□ 基本达到□ 继续努力□ 达到□ 基本达到□ 继续努力□ 达到□ 基本达到□ 继续努力□ 达到□ 基本达到□ 继续努力□ 达到□ 基本达到□ 继续努力□

五、评价案例

以下我们以社团活动、学科教学和阅读节中3个自主活动的评价为例，进行简要的案例分析。

（一）社团活动评价案例分析

1. 社团活动特点

学生社团的组建和活动内容遵循以下3个主要原则，即以基础型课程为依托适当拓展，学生自主选择和教师引导相结合，兴趣特长培养和潜力挖掘等。因此，吴迅中学社团活动的特点体现在以下三个方面。

（1）围绕学校"有为"课程架构，与课堂教学内容密切相关。首先，社团活动是课堂学习的拓展、延伸、调整和优化，更加关注学生的兴趣爱好和培养。其次，更加关注学生的核心素养培育和提高，以及综合素养的提升。再次，符合不同年龄段、学段学生的身心特点和实际接受能力，有针对性且引发学生参与的积极性等。

（2）基于学生自主选择和教师引导相结合。对于学生社团的选择，首先考虑的是学生自主自愿的原则，这样更能够激发学生参与社团活动的积极性。每年在社团活动申报时，我们都利用海报、展示、演讲的方式，向学生宣传社团活动的主旨、内容和活动的方式等，供学生根据自身特点和兴趣进行选择。对于低学段的学生，教师要给予适时的引导与支持。

（3）基于挖掘特长和潜能的核心素养培育。学生社团活动的最鲜明的特色是针对学生的兴趣、爱好和特长，激发学生参与社团活动的积极性，让学生通过参加具有不同特色的社团活动，发现特长，挖掘潜能，提升综合素养，为学生终身发展打下基础。

2. 社团活动内容

几年来，学校社团不断丰富和壮大，即辩论与演讲、3D打印、无人机、领导力、灵动心理剧社、打击乐、腰鼓、击剑、船模和航模、剪纸等，共有38个。社团涉及语言与人文、数学与科学、体育与艺术、工程与技术和综合实践五大领域。

3. 评价

根据社团活动的特点和内容，我们对学生社团活动的评价主要以过程性评价和终极性评价为主。方式采取学生自评、同学互评、家长和教师评价相结合的方式；在评价标准上，既要关注学生的知识掌握水平，又要关注学生综合能力的提升。

（1）过程性评价。从学生的学习态度表现、学习能力、学习成果质量、特殊才能加分等方面进行评价，评价成绩以等第（优秀、良好、合格、须努力）记录，评价方法可为自评、互评、教师评。

（2）终极性评价。学生学习成果质量可分文本类（学生文章、问卷调查等）、实物制作类（各类材质制作的手工作品、模型、海报、电子或手抄小报作品）、非实物类（网页设计、实践操作、竞赛、汇报演出等形式)等进行评价。

(3) 某些社团活动评价,以上述核心素养自主活动量表(见表5-5)为基准进行量化性的评价。

表5-5 社团学生活动评价量表(初中)

姓名:_____ 社团名称:_____ 辅导教师:_____ 评价时间:_____

评价项目	评价标准	评价		
		自我评价	小组互评	学校综评
自主参与	参与活动及表现	1 2 3 4 5	1 2 3 4 5	1 2 3 4 5
	主动提出建议和设想			
	克服困难和解决办法			
合作交流	宽和待人,帮助同学			
	倾听同学意见并有效交流			
	有规则意识			
	乐于合作,参与讨论,勤于动手			
能力展示	有好奇心和探索的欲望			
	发挥个性特长施展才能			
	能完成承担的任务,成果质量较高			
……	……			
合计				

4. 具体案例分析

我们以高中部"微视社团"为例,该社团成立的宗旨是,为寻求学校更新、更快发展,积极创建浦东新区"影视教育特色学校",期望通过特色化的影视艺术教育活动,为同学们搭建成长的舞台,涵养学生人文情怀。

微视社团的课程主要安排在高一和高二两个年级,每学期活动课时安排10至12课时。活动内容有基础影视理论(发展史)和自主活动实践为主。本社团自主活动评价既有社团内部的形成性的评价,又有终极性的评价。

形成性的评价包括学生自评(活动体会或者感悟)和教师评价。评价重在过程性和终结性评价,以自评和综合评价为主。社团活动结束后,我们还要求每位学生撰写参加社团活动的体会和感悟,以此培养学生的自主反思能力等,引导学生对自己有更加合理和公正的评价。

终极性的评价除了教师结合学生的自评和互评,对学生进行综合评价之外,还积极组织学生参加区、市级的各类展示和比赛,检验社团活动的成效,提升学生的自信心等。

在学校组织和教师指导下,历时一个月,钱思远等4位同学的微视作品《石库门"红砖"下的秘密》,在2020年暑期举办的浦东新区"心随影动 爱在浦东"微电影征集比赛活动中,获得浦东新区中小学微视频作品征集(中学组)一等奖。同时,参加了由上海市科技艺术教育中心、上海教育电视台举办的"我眼中的上海之美"微视频征集活动获得"最佳语言表达奖"。

学生们在获奖后,收获了很多。

钱思远说:"我很荣幸获得这次一等奖,感谢学校提供的平台,感谢微视社团以及我们的团队,让我们能够充分发挥自己的各项专长。"

任怡天说:"在这次的活动中获得'最佳语言表达奖'和浦东新区'一等奖',离不开学校支持、老师的指导和团队之间的紧密合作,从创意、拍摄到补齐素材、文案、脚本、配音、视频剪辑,每一步都是同学与老师的全力付出,奖励是属于团队的集体荣誉。在活动中自己也学到了许多书本上学不到的知识,开阔了自己的视野,培养了自己的人文情怀。"

胡辰斌说:"在这次微视频比赛中,我作为主持人负责讲解石库门的特点与历史。在拍摄途中,我放下羞涩,不在意别人的眼光,总算完成了拍摄任务。作品最后获区一等奖和市级奖,我感到非常惊喜与感动。这里,我要感谢学校搭建的平台,感谢老师、同学们的大力支持,在以后的活动中更好地表现自己。"

侯博林说:"很荣幸获得了这个奖项。这次活动中,我负责写电影中的解说词,在老师的指导下,多次修改完成短小精简的解说稿,最终获得上海市教育电视台'最佳语言表达奖'。对此,我非常高兴,感谢老师们的指导,感谢常老师台前幕后的组织和指挥,感谢学校给予的机会,感谢同学们的大力支持和团队合作,没有他们是不可能拿到奖的。"

我们认为,对学生自主活动的评价方式是多元的。在上述案例中,学生在区、市活动中获得奖项固然可喜可贺,但是更欣喜的是他们从中获得了更多的是勇气、担当和责任,以及更多的自信和能力。

(二) 学科教学评价案例分析

从 2017 年开始,初中语文组在不同年级开始尝试自主活动语境中的整本书阅读活动的研究。根据学生年龄特点以及认知水平,在教师指导下开展的学生整本书自主阅读活动以及开展自主阅读评价研究,富有成效。

【案例1】 自主活动语境中《呼兰河传》整本书阅读活动(范玮老师)

一、活动要求

(1) 请给《呼兰河传》七章分别拟定一个恰当的小标题。

(2) 细读第一章。假如你是当时呼兰河这小城里面的一位小警察,为了管理方便,请你绘制一幅呼兰河小城的地图,重点标注清楚主要街道名称、学校、庙宇、店铺等。

(3) 读第二章。如果你是一家旅行社的导游,你们社景点菜单里面有"民俗"一项。请你设计一个表格,给远方的游客推荐呼兰河小城的民俗。要求写清楚民俗名称、主要看点、民俗文化的意义、举办的时间、举办的地点。

(4) 细读第三章和第四章。摘抄直抵人心的句子不少于 10 处批注并背诵。组织本班同学在一节课上配乐朗读。

(5) 请穿越回到1943年的香港一家出版社,你是这家出版社的美术编辑。假如出版社要打算出版《呼兰河传》,请你选择第三章和第四章中最能打动你的两处,画两幅插图。

要求:把最能体现插图意思的原句工整地写在插图合适的位置,并写上×××作画,时间为1943年10月。

(6)如果你是呼兰河城里的一位美食家,请依据小说文本,给《舌尖上的中国》推荐两道本地美食。要求:写出食材的名字、烹饪方法,尽量用小说里的文字介绍色香味等,并给自己推荐的美食取一个有意思的名字。

(7)阅读第五、第六、第七章。如果你是萧红,你听闻小团圆媳妇又被婆婆打了。于是你在朋友圈发布这一事实。下面有这些人物点赞或者公开评论。试想萧红、祖父、二伯、小团圆婆婆、医生、小团圆叔叔伯伯、冯歪嘴子、王大姐等会怎样评价?他们如果都有微信,微信签名又可能是什么?请依据小说中人物的性格和品质一一写出来。具体要求:写出每人的微信头像签名及对此事公开的评论。

(8)请依据尾声部分,按照老师给你的关键词,写一首现代诗。关键词为呼兰河、祖父、清晨的露珠、忘却。

(9)有一位导演要改编《呼兰河传》,要设计一款概念型海报。你应导演要求,依据你对小说的理解,要写3个词语(6个字),概括你们这部电影要传达的声音。你会写什么?

要求:设计一款电影海报,写出3个词语。

二、活动安排

本次读整本书的时间拟定一学期,即18周左右,分三个阶段来完成。

第一阶段:通读全书,整体把握。

第二阶段:分章阅读,侧重要点。

要求:(1)侧重信息的提取与整合。

(2)侧重培养语言的敏感性,理解语言的表现力。

(3)侧重运用语言。

(4)侧重理解人物,学习对人物和事件的评价,尝试发表自己的观点。

(5)学会把握整本书的主旨。

第三阶段:再读全书,写作运用。

尝试写作,学会表达,也是整本书阅读的内在要求。本部分主要在于,通过对尾声部分的理解和教师提供的关键词,能以诗歌的形式理解小说的核心。同时也训练了学生的写作能力和对语言的把控能力。

三、活动评价

1. 阅读过程监控量表

《呼兰河传》整本书阅读过程监控量表如表5-6所示。

表5-6 《呼兰河传》整本书阅读过程监控量表

周　　次	章节	语文阅读能力要求	阅读时长	阅读笔记	交流记录
1—2周	全书	概括	＿＿小时	微信群定期分享	交流要点与修改记录
3—16周	第一章	信息提取	＿＿小时	微信群分享	同上
（3—4周）					
5—6周	第二章	信息的提取、归纳与整合	＿＿小时	微信群分享	同上
7—8周	第三章	对语言的理解与语言表现力的把握	＿＿小时	课堂分享 微信群分享	同上
9—10周	第四章				
11—12周	第五章	对人物性格的把握和对人物的评价对语言的运用与训练写作能力	＿＿小时	微信群分享	同上
13—14周	第六章				
15—16周	第七章				
17—18周	全书	主旨的把握	＿＿小时	课堂分享	同上

2. 基于阅读效果的评价量表

《呼兰河传》整本书阅读评价表如表5-7所示。

表5-7 《呼兰河传》整本书阅读评价表

周　　次	章节	语文阅读能力要求	教师评价	同学评价	学生自评	理由
1—2周	全书	概括：通读全书，感知全文，概括每章节内容	好　中　差	好　中　差	好　中　差	
3—16周	各章节	信息提取、对语言的品味与理解、文化的拓展、人物性格把握、对人物的评价、写作能力等	好　中　差	好　中　差	好　中　差	
17—18周	全书	主旨的把握	好　中　差	好　中　差	好　中　差	

3. 基于核心素养指标评价

以甄同学自评与综评为例,如表5-8所示。

表5-8 核心素养背景下学生自主活动评价量表(初中)

一级指标	二级指标	表现特征	自我评价 1 2 3 4 5	小组互评 1 2 3 4 5	学校综评 1 2 3 4 5
健康生活	自我管理	1. 能较为正确地认识自我,并进行正确的评价	√		√
		2. 能够合理地分配学习和活动的时间	√		√
		3. 有自主学习的行动力	√		
	社会责任	1. 自尊、自律,文明礼貌,诚信、友善,宽和待人,孝亲敬长,有感恩之心			
		2. 热心公益和志愿服务			
		3. 能明辨是非,具有规则意识			
		4. 热爱并尊重自然,具有绿色生活方式			
	健全人格	1. 积极向上、自信自爱	√		√
		2. 有自我约束能力,较好地调节自己情绪的能力	√		√
		3. 有克服困难和挫折勇气等	√		√
	劳动意识	1. 有积极的劳动态度和劳动习惯,有动手操作能力和掌握简单的劳动技能			
		2. 积极参加家务劳动和社会公益性实践活动			
学会学习	乐学善学	1. 具有积极的学习态度,养成良好的学习习惯	√		√
		2. 在教师指导下掌握适合自己的学习方法	√		√
		3. 能够主动参加学习和社会实践活动	√		√
	勤于反思	1. 在教师指导下,有对自己的学习状态反思的意识和习惯	√		√
		2. 能够在学习和自主活动中选择或调整学习方法与策略	√		√

续 表

一级指标	二级指标	表现特征	评价 自我评价 1 2 3 4 5	小组互评 1 2 3 4 5	学校综评 1 2 3 4 5
学会学习	勇于探究	1. 有好奇心和想象力,有克服困难的勇气和探索精神	✓		✓
		2. 遇到挫折能够积极寻求有效的解决办法等	✓		✓
	人文情怀	1. 能够正确认识学习的价值,尊重人的尊严	✓		✓
		2. 理解人的生存、发展和幸福的意义等	✓		✓

统计说明:均分为 1～2.5,需努力;均分为 2.5～3.5,合格;均分为 3.5～4.5,良好;均分为 4.5～5,优秀。

本案例的评价类型包含自评、互评和综合评价,评价的主体包括学生和教师。基于语文学科整本书阅读的特殊性,本案例对学生的评价是多元的,使用了阅读过程监控量表和阅读效果的评价量表,对阅读作业学生的收获和体会,部分核心素养指标的评价,等等。另外,因为整本书阅读的时限较长,在诊断性评价的基础上,我们更加关注对学生自主活动的过程性的评价和终极性的评价。

教师会根据学生阅读作业中绘制的插图、民俗列表、海报等,从学科教学的角度给予合适的终极性的评价;阅读过程监控量表,也会给予形成性的简要评价;在核心素养方面,我们选取自我管理、健全人格及学会学习中的 4 个指标进行了自评和教师参与的综合评价。

其中,甄同学的自评和综评基本上是一致的,属于"优秀"水平。她感悟到了一种有效的学习方式,这对她未来的成长十分重要。通过她,我们发现学生在整本书自主阅读过程中,在教师的指导和自身的不断努力下,克服遇到的困难,完成整本书的阅读,获得了成长。

(三) 自主阅读评价案例分析

高中部从 2017 年开始至今,已经连续开展了主题不同的四届"阅读节"。在每一届阅读节中,同学们在书法、说文解字、征文和汇演中收获颇丰。

我们对于学生在"八大节"①中的自主活动的表现的评价,其主体是学生,主要采取自评和终结性的评价为主。自评以总结、感悟和反思为主,终结性评价以展演汇报为主。

我们以2019年高中部阅读节为例。

> 【案例2】 诵《诗经》之无邪,树吴迅之正气——2019上海市吴迅中学高中部阅读节系列活动方案

一、活动宗旨

在我国悠久的历史上,曾经产生过无数的杰出诗人。他们创造了难以数计的优美诗篇,我国享有"诗的国度"的盛誉。中国诗的源头也就是最早的诗歌总集则被称为《诗三百》,又叫《诗经》。诗中有"溯洄从之,道阻且长,溯游从之,宛在水中央"的矢志不移的执着精神,也有"昔我往矣,杨柳依依,今我来思,雨雪霏霏"戍边战士近乡情怯、百感交集的复杂情感,还有"死生契阔,与子成说;执子之手,与子偕老"的真情誓言……为了更好地了解我国悠久的历史文化,熟悉经典,展示才华,树立自信,打造班级凝聚力,营造良好的读书氛围,我们倡议精读《诗经》。通过朗读、吟诵、书写、改编创作、鉴赏等多种形式,思无邪,传经典,树正气,寻远方。

二、活动主题

"诵《诗经》之无邪,树吴迅之正气"读书节系列活动。

三、活动内容

(一)遇见最美经典——阅读《诗经》精选

语文组老师"《诗经》精选"推荐,班级阅读专题分享、语文老师阅读指导课、自主阅读氛围创设等。

(二)聆听最美书声——诵读《为你朗读》

组织"线上""线下"活动,推荐教师、学生中的"朗读者",录成音频、视频,推送微信iread等。组织《为你朗读》汇演展示。

(三)品味最美文字——解读《经典咏流传》

歌以抒怀,歌以咏志。作为一个中国人是幸福的,我们的古人教会我们用那些或

---

① 即吴迅中学每年一度的师生艺术节、体育节、阅读节、科技节、社团节、英语节、影视文化节和心理节。

典雅、含蓄或直白、显豁的话语表情达意。

那些古典的诗词其实离我们并不遥远,记载了人们的真情实感。让我们走进那些诗词,一起找寻诗词背后的故事。微信专栏推送、汇演展示。

(四)欣赏最美书法——赏读《大道小书》书法比赛

经典作品摘抄,做有心读书人,展最美书法,树创新之志。高一、高二全体参加,高三酌情参加。线上微信推送,橱窗展示、汇演展示。

(五)创作最美作品——悟读《大道直抒》征文比赛

话题"思无邪,树正气"。

学生任选一首《诗经》或自己喜爱的一本经典精读,结合自己的读书感悟,可以采用改写、新编、创作、鉴赏多种形式,抒发真情,感悟人生,展现自我,追逐梦想,提升修养。专栏推送,《新芽》文学社专刊发表。

(六)我是最美教师——享受教师读书

组织"读书沙龙",开展读书心得交流,分享自己的阅读故事、读书心得、经典朗读等。

……

此次阅读节,老师们收到很多学生创作的书法、征文、小品、说文解字、歌舞和小话剧等作品。对书法、征文等进行等第评价,并组织学生进行阅读节闭幕式的展演汇报。

附1 学生作品展示

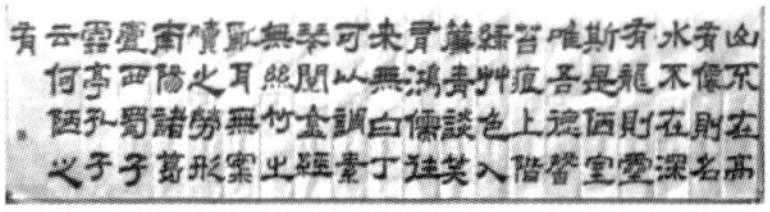

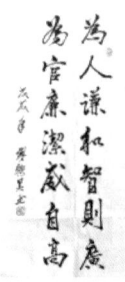

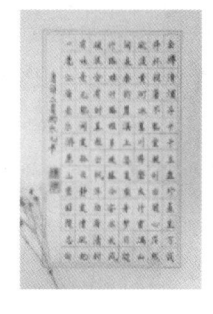

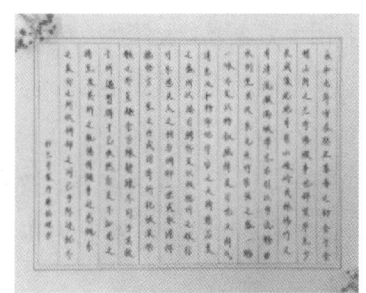

附2 "大道直抒"征文一等奖作品

善养浩然正气
高二(3)班 王 昕

孟子曰:"吾善养吾浩然之气。"那么,浩然之气到底是什么呢?

在我看来,浩然之气,不仅是浩然的正气,博大刚正,凛然不可侵犯而万古长存,直冲霄汉,贯通日月;也不仅是山川河岳、日月星辰,充满天地寰宇;而是在国运清平时,百姓和乐,上下一心的祥和气氛;更是在时运维艰时刻,或挺身而出,或团结一心的义士们。

历史车轮缓缓倒退,远远地,我看见那个被硝烟染遍的南宋,动荡不安,在风雨中飘摇。但在刹那间,烽火燃起那一瞬的光亮中,有一个身影在支撑着这个风雨飘摇中的国家。稼轩此生,本为书生,可在临安的青山如洛中泼墨挥毫,斟酒品茗。但他为了心中铮铮大义,投笔从戎。少年横槊之时,他便气壮山河,碧血丹心。尽管前路迷茫,但他心中不曾放弃,他的一腔热血,赤子爱国之心,便是他的浩然正气,竭力支撑着那个他所爱所眷恋的国,免于崩裂。

君系天下兴与亡,刀剑刻成浩然气。

似乎更遥远了。慷慨激昂的战歌之声从旷远的陇西边陲之地传来。战火照亮了甲胄,马蹄铮铮,将士们手持利剑长矛,凛然气吞河山。不要怕前路没有同袍共饮,血染黄沙,唯众志成城,万夫莫开。国恨,难道忘了吗?不要怕甲兵不利,也不要怕矛戟不尖,只要团结一心,所有敌人都将不复存在。"岂曰无衣……"声渐远,但魂仍在,战歌所及之处,秦兵所达之地,众将士协成之心,是浩然正气。那是为了国家,舍生取义,奔赴战场而激荡出的浩然之气。

秦有锐士虎狼师,同泽之谊成浩然。从自古至今碧血丹心,以挽救国家危亡为己任的义士们,到古往今来,为了国家危亡舍生取义而奔赴战场的战士们,都汇集成了浩然之气,以他们的努力和力量,以身长饲这股浩然之气,这才使之万古长存,更显得它愈发壮大,正气永存。

固然如今的社会,已经不需要我们舍生取义来发展浩然正气。但是,浩然正气依旧存在于我们身边。我们是祖国的新青年,祖国的发展需要我们,需要我们的浩然正气。

一个民族的进步,一个国家的发展壮大,需要的正是我们每一个人的努力和坚守。我们唯有秉身持正,端正做人,以自己行得正、坐得端的正直品格,善养吾浩然正气,学习它浩大刚正的精神,方不负为祖国的新青年。

附3 展演汇报

附4 学生评价(案例)

梅同学在阅读节中核心素养指标评价:

核心素养背景下学生自主活动评价量表(高中)

一级指标	二级指标	表现特征	自我评价	小组互评	学校综评
			1 2 3 4 5	1 2 3 4 5	1 2 3 4 5
健康生活	自我管理	1. 正确认识与评估自我	√		√
		2. 依据自身个性和潜质选择适合的发展方向	√		√
		3. 合理分配和使用时间与精力	√		√
		4. 具有完成目标的持续行动力等	√		√
	社会责任	1. 诚信友善,宽和待人	√		√
		2. 热心公益和志愿服务,敬业奉献,具有团队意识和互助精神	√		√
		3. 能主动作为,履职尽责,对自我和他人负责	√		√
		4. 能明辨是非,积极履行公民义务,理性行使公民权利;崇尚自由平等,能维护社会公平、正义	√		√
		5. 具有绿色生活方式和可持续发展理念及行动等	√		√
	健全人格	1. 具有积极的心理品质,自信、自爱、坚韧、乐观	√		√
		2. 有自制力,能调节和管理自己的情绪,具有抗挫折能力等	√		√

续　表

一级指标	二级指标	表现特征	评价 自我评价 1 2 3 4 5	评价 小组互评 1 2 3 4 5	评价 学校综评 1 2 3 4 5
健康生活	劳动意识	1. 具有积极的劳动态度和良好的劳动习惯,具有动手操作能力,掌握一定的劳动技能			
		2. 主动参加公益活动和社会实践中,具有改进和创新劳动方式、提高劳动效率的意识			
		3. 具有通过诚实、合法劳动创造成功生活的意识和行动等			
学会学习	乐学善学	1. 能正确认识和理解学习的价值,具有积极的学习态度和浓厚的学习兴趣	✓		✓
		2. 能养成良好的学习习惯,掌握适合自身的学习方法		✓	✓
		3. 能自主学习,具有终身学习的意识和能力等	✓		✓
	勇于探究	1. 具有好奇心和想象力	✓		✓
		2. 能不畏困难,有坚持不懈的探索精神	✓		✓
		3. 能大胆尝试,积极寻求有效的问题解决方法等	✓		✓
	人文情怀	1. 具有以人为本的意识,尊重、维护人的尊严和价值		✓	✓
		2. 能关切人的生存、发展和幸福等		✓	✓

统计说明:均分为1～2.5,需努力;均分为2.5～3.5,合格;均分为3.5～4.5,良好;均分为4.5～5,优秀。

　　持续近两个月的阅读节中,我们对学生的评价形式灵活多样,如各类评比、节目评选和展演、自评和综合评价等。这种多元化的、灵活多样的评价,极大地激发了学生主动参与的热情,学生积极主动参与"阅读节"的人数、"阅读节"的质量不断提高。

第六章 我校学生核心素养与自主学习活动调查研究

学校 2017 年立项的区级重点课题"基于核心素养培育背景下学生自主活动的实践研究"实施 3 年来,在核心素养和自主活动的关系及其内涵特征、自主活动的目标与类型、基于学校学情的核心素养指标在学科教学和德育活动中实践的案例研究、核心素养背景下学生自主活动的策略与评价等方面,进行了深入的细致的研究,并取得了较为丰硕的成果。

为了更理性地判断课题的实施效果,我们以学生自主活动为载体,围绕唤醒和激发学生的内驱力,使学生自主参与教育教学活动,提升和培育自身的核心素养,展示自己的才能等方面的变化,做了此次调查。

一、调查目的

通过调查,我们主要了解学生在自主学习活动中的主动意识和表现,以及不同年级学生核心素养培育相关指标落实情况和效果等。

二、调查对象

选取学校 2017 级至 2019 级初中和高中各年级全体学生,共收到有效问卷 847 份。

三、调查内容

我们从核心素养中,以学会学习和健康生活为主,选取与自主学习活动关系密切

图 6-1 学科教学中核心素养四要素对应的问卷题目和内容

学科教学

- **文化基础**
  - **人文情怀**
    - 25. 在自主阅读活动中,有没有关注过这些阅读材料是以人为本的
    - 26. 在你自主学习过程中,你认为师生是否充分尊重并维护了人的尊严及价值
    - 27. 你认为通过自主学习能提升人的"幸福"感吗
    - 28. 你认为自主学习与人文情怀的关系如何
  - **勇于探究**
    - 29. 你的课堂学习状况怎样
    - 30. 学习上遇到问题时,你得到答案的途径是什么
    - 31. 在探究问题、解决问题的过程中,遇到挫折、失败,使探究不能按计划实施时,你的做法是什么
    - 32. 在探究问题、解决问题的过程中,当探究结果和老师或者其他同学的不同时,你的做法是什么
- **自主发展**
  - **乐学善学**
    - 17. 当遇到学习困难或自律性不足时,是否能够调整心态,正确认识学习价值,克服困难
    - 18. 在学校开展的自主拓展活动中(如主题节、学科类活动比赛等),你是否愿意参与其中,并提高学习兴趣,获得成就感
    - 19. 你平时如何完成回家作业
    - 20. 你是否会利用网络等多渠道拓展学习途径,通过线上线下资源整合,补充学习资源以辅助课堂学习,提高学习效率
  - **勤于反思**
    - 21. 在做作业后,会想一想作业后的收获
    - 22. 在发现自己成绩进步或者退步时,会分析进步或退步的原因
    - 23. 对某些知识内容掌握不好时,会寻求改进的策略和方法
    - 24. 会对学习的知识与方法批判、质疑

图 6-1 学科教学中核心素养四要素对应的问卷题目和内容

德育活动

- **社会参与**
  - **社会责任**
    - 5. 吃好午餐,发现餐厅转角处的水龙头竟然没关,水哗哗地流着,你会怎么做
    - 6. 疫情期间,去商场购物,你是否佩戴口罩
    - 7. 当你在旅行时,看到有人在景物上刻画"到此一游"的字样时,你会怎么做
    - 8. 上海图书馆东馆落成,需要招收大量的学生志愿者,你会怎么做
  - **劳动教育**
    - 13. 在家里,你会主动承担力所能及的家务吗
    - 14. 在班级安排的值日生、大扫除工作中,你的表现是怎样的
    - 15. 学校组织学生双休日去社区进行公益劳动,你的表现是怎样的
    - 16. 有人说"劳动最光荣",作为中学生的你,从自身角度是如何理解这句话的
- **自主发展**
  - **健全人格**
    - 9. 在学校举办文体类活动时,你会做些什么
    - 10. 在遇到挫折时,你会怎么办
    - 11. 在学习过程中遇到你不懂或不理解的问题,你通常会怎么做
    - 12. 在陌生环境中,你会怎么做
  - **自我管理**
    - 1. 我能按计划安排好自己的学习和课外活动
    - 2. 我有热情和能力参加班级和学校组织的活动
    - 3. 当事情变得比较糟糕时,我通常相信自己有能力妥善处理
    - 4. 疫情期间,在线上学习时,我能够按照学习要求完成各个科目的学习任务

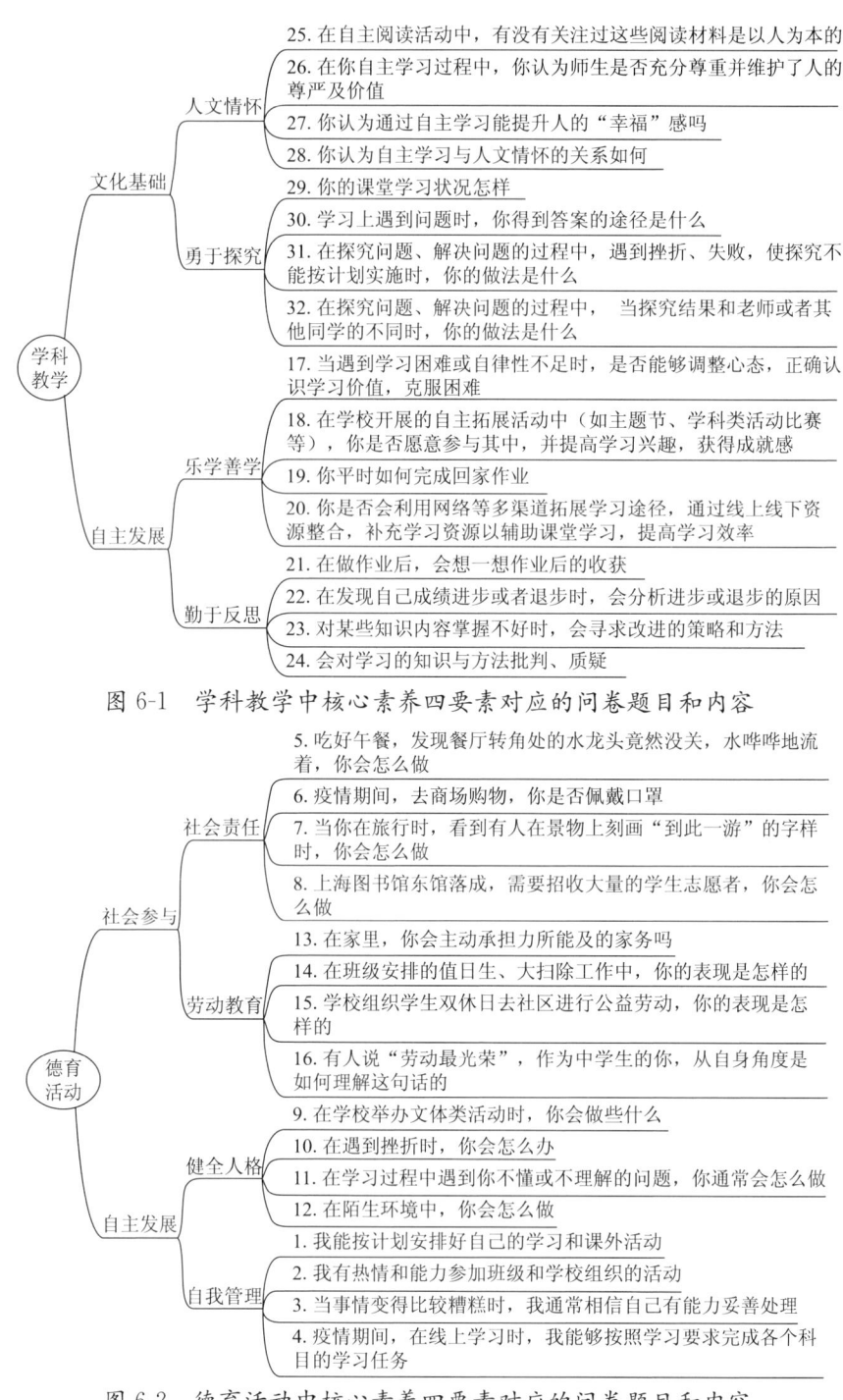

图 6-2 德育活动中核心素养四要素对应的问卷题目和内容

的八个要素(见图6-1、图6-2),基于这八个要素的表现特征,我们设计了问卷。每个要素设计了4道题目,共计32道题目,每个题目设计了4个选项,每道题目均为单选题。

四、调查数据与分析

此次调查共收到有效问卷847份,其中高中部338份,初中部509份。我们结合核心素养8个要素的特征和表现,对问卷数据进行了整理和分析。

(一) 初高中学生整体分析

1. 自我管理

即能正确认识与评估自我,依据自身个性和潜质选择合适的发展方向,合理分配和使用时间与精力,具有完成目标的持续行动力等。

第1题中,基本同意或者非常同意"我能按计划安排好自己的学习和课外活动"的高中学生占比为92.01%,初中学生占比为93.32%,这说明学生在合理分配和使用时间与精力方面表现非常好或者这方面的意识非常强。这一点,在第2题的问卷结果中也得到了印证:基本同意或者非常同意"我有热情和能力参加班级和学校组织的活动"高中学生占比达到了89.35%,而初中学生占比高达93.51%。这也说明,学生在自身个性潜质和正确认识自我方面的表现良好。

在第3题"当事情变得比较糟糕时,我通常相信自己有能力妥善处理"中,会尝试着处理和解决,实在不行再求助的高中学生占比为70.12%,初中学生占比为62.87%,主动迎接挑战、分析并解决的高中学生占比为22.49%,初中学生占比为30.05%,这说明学生评估自我和自主行动力明显提高。

我们以疫情期间的学生学习状态设计了第4题,也是考查学生的持续学习能力和行动力:"疫情期间,在线上学习时,我能够按照学习要求完成各个科目的学习任务。"在图6-3中,我们欣喜地看到,能够"每天参与线上的学习,并按时完成每天的学习任务"高中学生占比达到50.30%,初中学生占比达到63.85%。"能够坚持每天的线上学习,但是不能保证完成每天的学习任务"高中学生占比为29.88%,初中学生占比竟然达到26.13%。这一数据表明,近三分之一的学生自我管理和意识比较强,但是学习能力有待加强,初高中学生认知水平和自控能力的差异也可以从数据中得到验证。

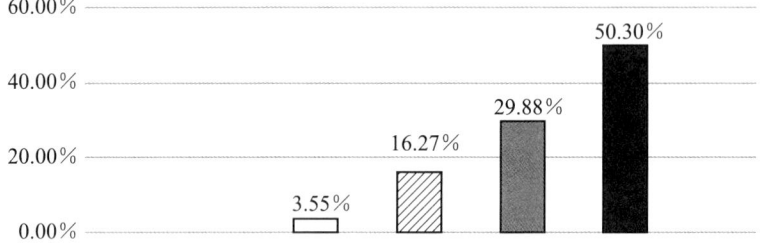

4. 疫情期间的线上学习期间,我能够按照学习要求完成各个科目的学习任务

- A. 仅仅坚持了几天,后面基本没有参与线上学习
- B. 坚持了一段时间,不能保证完成每天的学习任务
- C. 能够坚持每天的线上学习,但是不能保证完成每天的学习任务
- D. 每天参与线上的学习,并按时完成每天的学习任务

图6-3 高中学生自我管理和完成目标行动力调查数据

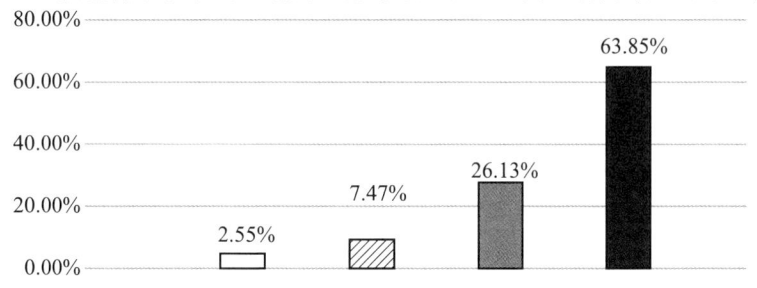

第4题 疫情期间的线上学习期间,我能够按照学习要求完成各个科目的学习任务

- A. 仅仅坚持了几天,后面基本没有参与线上学习
- B. 坚持了一段时间,不能保证完成每天的学习任务
- C. 能够坚持每天的线上学习,但是不能保证完成每天的学习任务
- D. 每天参与线上的学习,并按时完成每天的学习任务

图6-4 初中学生自我管理和达成目标调整数据

2. 社会责任

自尊自律,文明礼貌,诚信友善,宽和待人;孝亲敬长,有感恩之心;热心公益和志

愿服务,敬业奉献,具有团队意识和互助精神;能主动作为,履职尽责,对自我和他人负责;能明辨是非,具有规则与法治意识,积极履行公民义务,理性行使公民权利;崇尚自由、平等,能维护社会公平正义;热爱并尊重自然,具有绿色生活方式和可持续发展理念及行动等。

在被问到"吃好午餐,发现餐厅转角处的水龙头竟然没关,水哗哗地流着,你会怎么做"时,回答"每次碰到都会主动上前关掉"的高中学生有73.96%、初中学生有85.07%;当被问到"疫情期间,去商场购物,你是否佩戴口罩"时,回答"主动按照要求,一直佩戴"的高中学生占到73.96%、初中学生占到80.75%,两项指标初中均好于高中,学生对自我和他人负责、自尊自律等方面的表现很好。

在热心公益和志愿服务方面,我们设计了"上海图书馆东馆落成,需要招收大量的学生志愿者,你会怎么做",回答"积极主动报名参加"的高中学生仅有35.51%,初中学生有37.92%;而初高中近半数的学生都选择了"有兴趣就参加,没有兴趣就不参加",可能学生对志愿者服务的内涵和意义的认识还不够。

从图6-5和图6-6中,我们发现高中学生中,有近三成的学生面对不良行为时不敢于制止,只有27.51%的学生会主动上前劝阻;而初中学生只有两成的学生面对不良行为时不敢制止,37.33%的学生会主动上前劝阻,会提醒并劝阻的高达79.77%,明显好于高中学生。

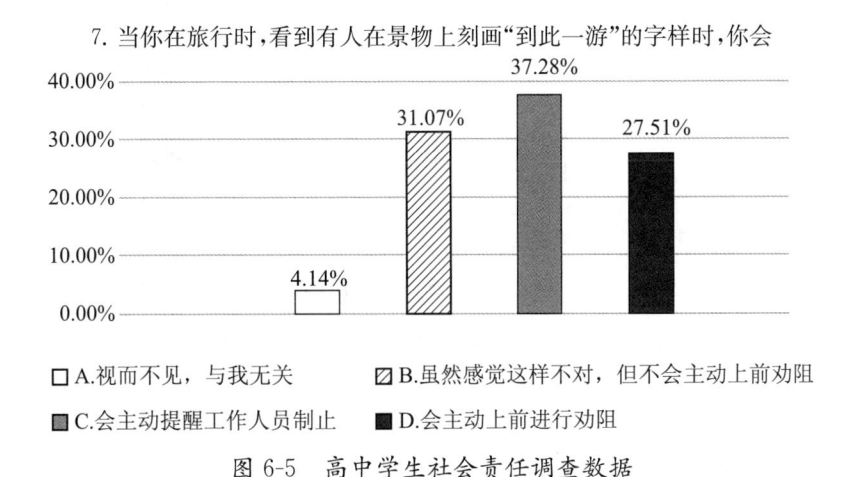

图 6-5 高中学生社会责任调查数据

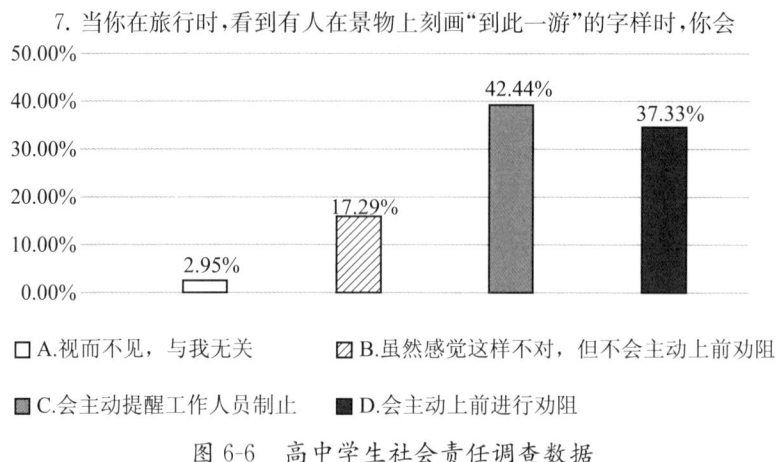

7. 当你在旅行时,看到有人在景物上刻画"到此一游"的字样时,你会

- A.视而不见,与我无关 (2.95%)
- B.虽然感觉这样不对,但不会主动上前劝阻 (17.29%)
- C.会主动提醒工作人员制止 (42.44%)
- D.会主动上前进行劝阻 (37.33%)

图 6-6　高中学生社会责任调查数据

3. 健全人格

我们设计了在陌生环境中与周围事物和人相处时的表现题目,从图 6-7 的数据来看,有 21.3% 的高中学生属于低头族,68.35% 的高中学生会主动与人交流和互动。

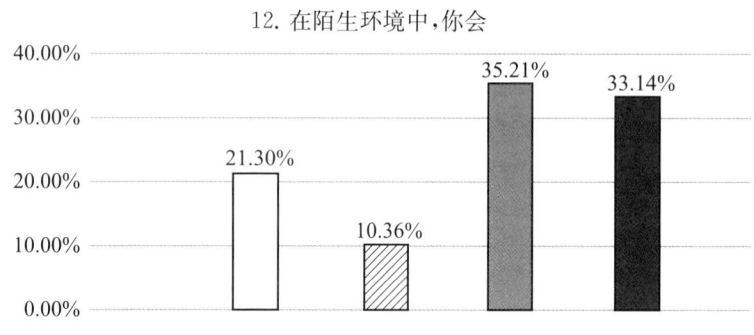

12. 在陌生环境中,你会

- A.低头看书或玩手机,不关心周围的一切事物 (21.30%)
- B.和主动和我搭讪的人友好互动 (10.36%)
- C.观察周围的人和事物;偶尔主动和同龄人交流 (35.21%)
- D.微笑对人,主动问候,形成互动 (33.14%)

图 6-7　高中学生健全人格调查

从图 6-8 中,我们可以看到,初中学生中有 16.51% 的学生对周围事物不关心,低头看手机;但能微笑对人、主动问候、形成互动的占比却高于高中学生,达到 43.61%。

第12题 在陌生环境中,你会

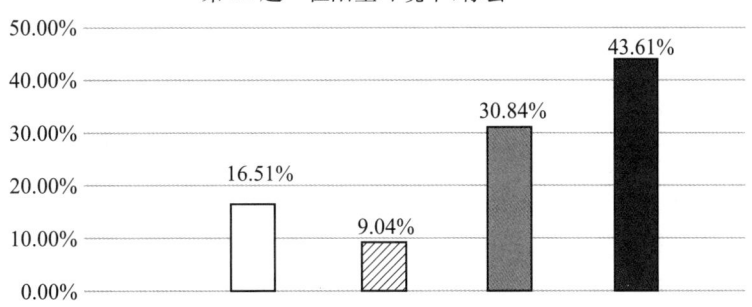

```
50.00%
                                              43.61%
40.00%
                                30.84%
30.00%
20.00%    16.51%
                   9.04%
10.00%
 0.00%
```

☐ A.低头看书或玩手机,不关心周围的一切事物　　☒ B.和主动和我搭讪的人友好互动

■ C.观察周围的人和事物;偶尔主动和同龄人交流　　■ D.微笑对人,主动问候,形成互动

图 6-8　初中学生健全人格调查数

11. 在学习过程中遇到你不懂或不理解的问题,我通常会

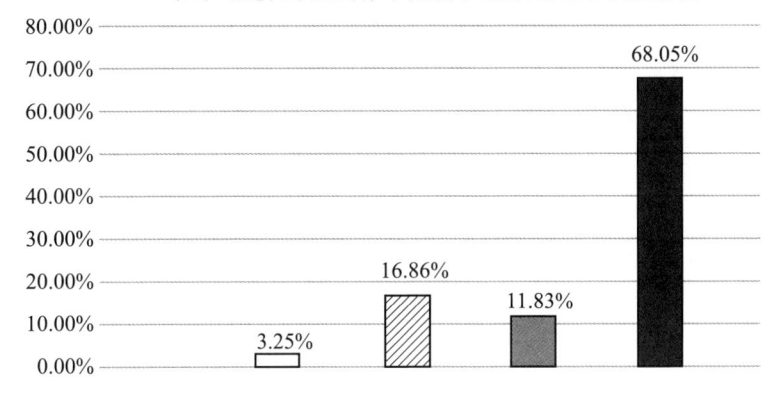

```
80.00%
                                              68.05%
70.00%
60.00%
50.00%
40.00%
30.00%
20.00%             16.86%
                              11.83%
10.00%   3.25%
 0.00%
```

☐ A.放弃　☒ B.与同学讨论　■ C.向老师请教　■ D.自己先思考,后问同学或老师

图 6-9　高中学生健全人格调

在考查学生积极进取、解决问题能力方面,我们设计了"在学习过程中,遇到困难或者不懂的问题时的解决办法",高中学生有 68.05% 的学生。会自己先思考,再请教同学或者老师,表明积极进取、自主解决问题的学生所占比例比较高,而仅有 3.25% 的同学会选择放弃。从图 6-10 中我们看到,同样的问题,初中学生的比例却高达 72.89%。

第11题 在学习过程中遇到你不懂或不理解的问题,我通常会

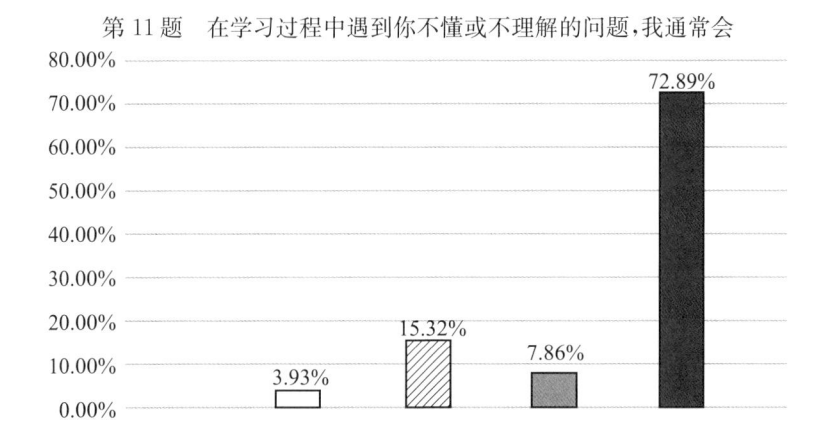

图表数据:
- A.放弃: 3.93%
- B.与同学讨论: 15.32%
- C.向老师请教: 7.86%
- D.自己先思考,后问同学或老师: 72.89%

图 6-10 初中学生健全人格调查数据

从图 6-11 和图 6-12 中,我们也看到,在遇到挫折时,有 23.97% 的高中学生不会主动寻求他人的帮助,其中 17.46% 的同学不会告诉任何人而闷闷不乐,求助老师和家长的学生也仅仅占 27.51%。这一数据表明,在学生遇到学习上或者心理上的问题的时候,引导或者指导学生能够主动与老师、家长沟通和解决是我们面临的主要问题。

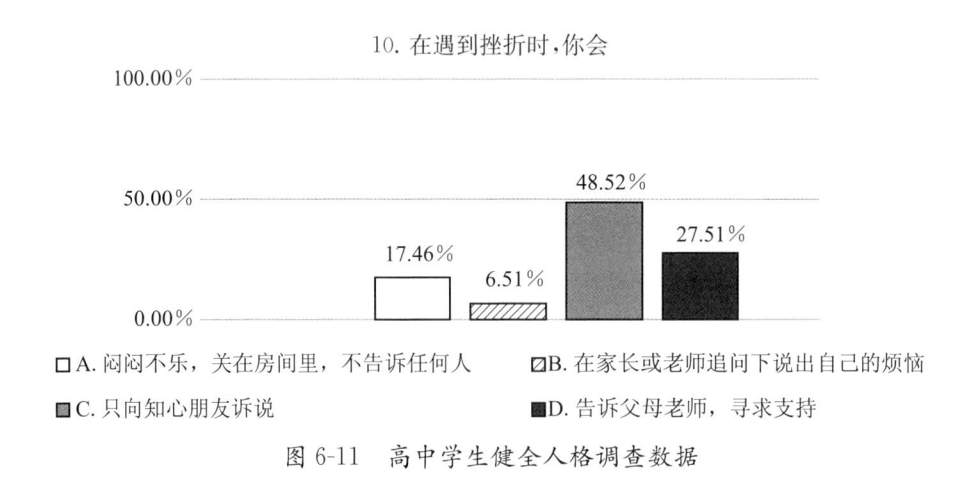

10. 在遇到挫折时,你会

图表数据:
- A. 闷闷不乐,关在房间里,不告诉任何人: 17.46%
- B. 在家长或老师追问下说出自己的烦恼: 6.51%
- C. 只向知心朋友诉说: 48.52%
- D. 告诉父母老师,寻求支持: 27.51%

图 6-11 高中学生健全人格调查数据

第10题 在遇到挫折时，你会

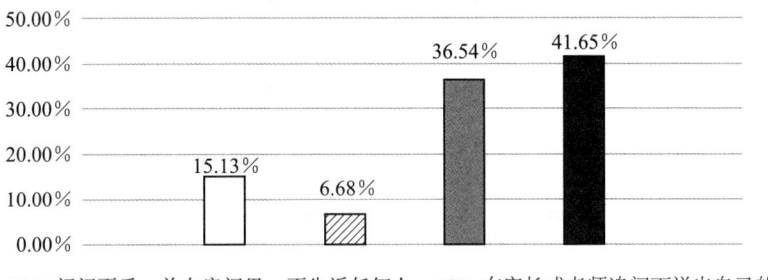

50.00%
40.00%   36.54% 41.65%
30.00%
20.00% 15.13%
10.00%   6.68%
0.00%

☐ A.闷闷不乐，关在房间里，不告诉任何人　☒ B.在家长或老师追问下说出自己的烦恼
■ C.只向知心朋友诉说　　　　　　　　　　■ D.告诉父母老师，寻求支持

图6-12 初中学生健全人格调查数据

初中学生遇到挫折不主动求助的比例为21.97%，其中闷闷不乐不会告诉任何人的学生占15.13%，求助老师和家长的学生占41.65%，这一数据明显高于高中学生。

4. 劳动教育

关于劳动教育的调查，我们主要从对劳动的意识和参与家庭或者班级值日等方面，设计了4个小问题。

从图6-13的数据我们看到，每天能做力所能及的家务、认真完成班级值日和大扫除工作、主动报名参加志愿者活动的高中学生的比例均在半数以上，特别是认为劳动最光荣的学生比例高达91.71%，认为劳动是一种基本素养并努力参加劳动实践的学生也占到六成。

从图6-14中，我们看到初中学生对劳动的认识和参与家务、学校值日活动等的情况与高中学生大体一致。

13. 在家里，你会主动承担力所能及的家务吗

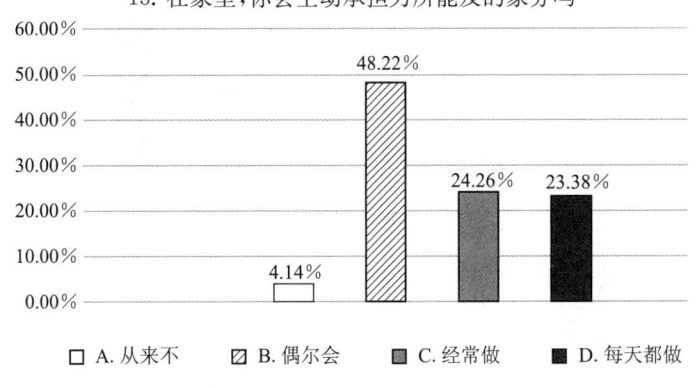

60.00%
50.00%   48.22%
40.00%
30.00%
20.00%   24.26% 23.38%
10.00% 4.14%
0.00%

☐ A.从来不　☒ B.偶尔会　■ C.经常做　■ D.每天都做

14. 在班级安排的值日生，大扫除工作中，你的表现是

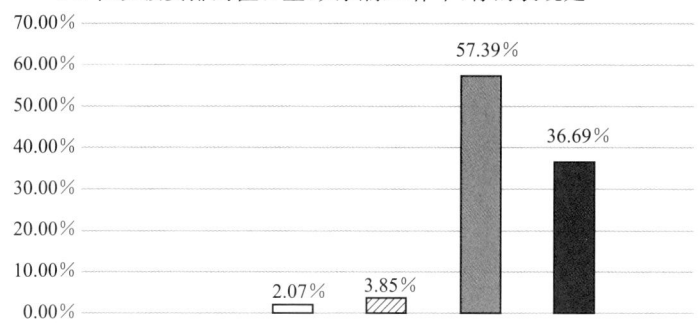

- A. 经常忘记，或者没有按照要求完成任务：2.07%
- B. 马马虎虎做值日：3.85%
- C. 能根据要求完成值日工作：57.39%
- D. 认真完成个人任务，还能主动帮助其他同学：36.69%

15. 学校组织学生双休日去社区进行公益劳动，你的表现是

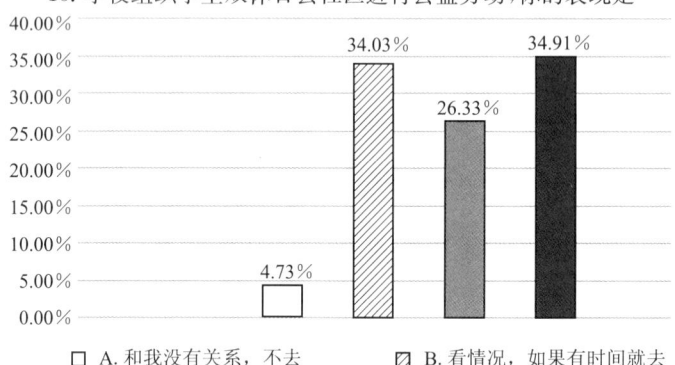

- A. 和我没有关系，不去：4.73%
- B. 看情况，如果有时间就去：34.03%
- C. 大家都去的话，也报名：26.33%
- D. 主动报名，参加活动：34.91%

16. 有人说"劳动最光荣"，作为中学生的你，从自身角度理解这句话

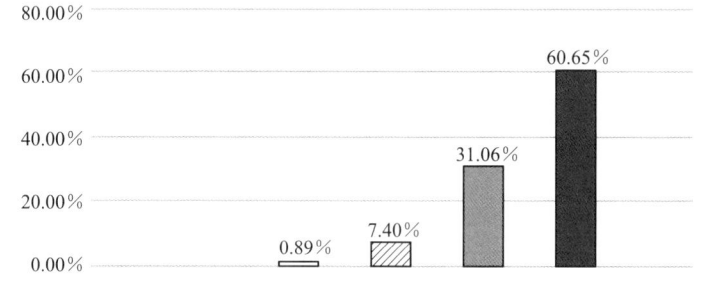

- A. 不觉得光荣：0.89%
- B. 只是喊喊的口号：7.40%
- C. 劳动确实光荣，但我还有差距：31.06%
- D. 劳动是我们必备的一种素养，我在努力践行，并以此为荣：60.65%

图 6-13　高中学生劳动意识调查数据

第 13 题　在家里,你会主动承担力所能及的家务吗

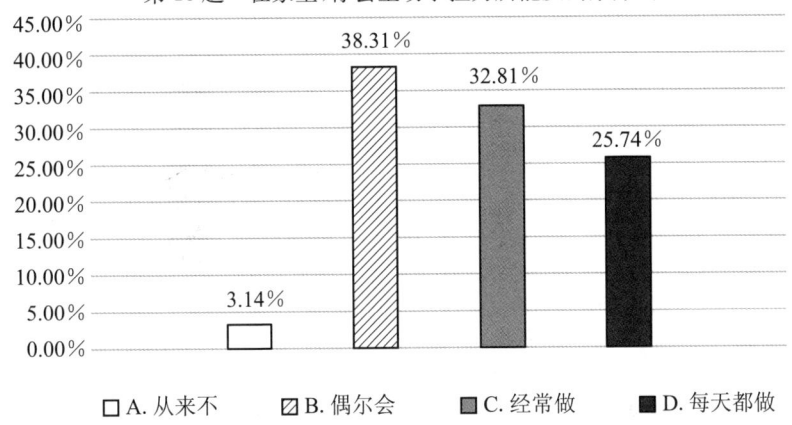

- A. 从来不：3.14%
- B. 偶尔会：38.31%
- C. 经常做：32.81%
- D. 每天都做：25.74%

第 14 题　在班级安排的值日生、大扫除工作中,你的表现是

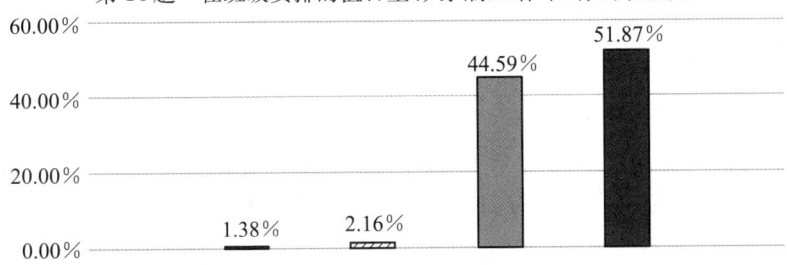

- A. 经常忘记,或者没有按照要求完成任务：1.38%
- B. 马马虎虎做值日：2.16%
- C. 能根据要求完成值日工作：44.59%
- D. 认真完成个人任务,还能主动帮助其他同学：51.87%

第 15 题　学校组织学生双休日去社区进行公益劳动,你的表现是

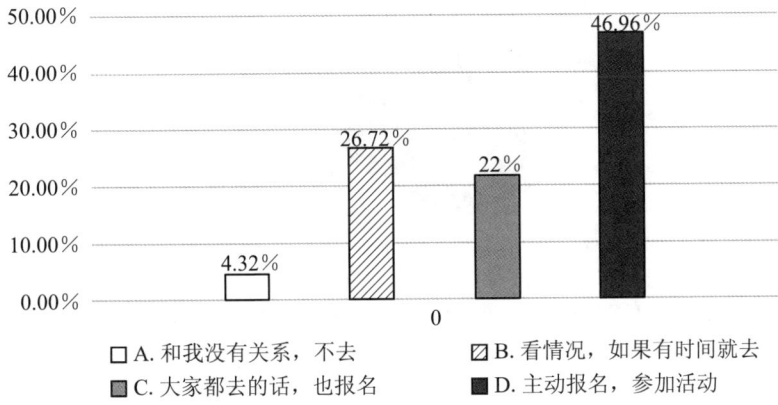

- A. 和我没有关系,不去：4.32%
- B. 看情况,如果有时间就去：26.72%
- C. 大家都去的话,也报名：22%
- D. 主动报名,参加活动：46.96%

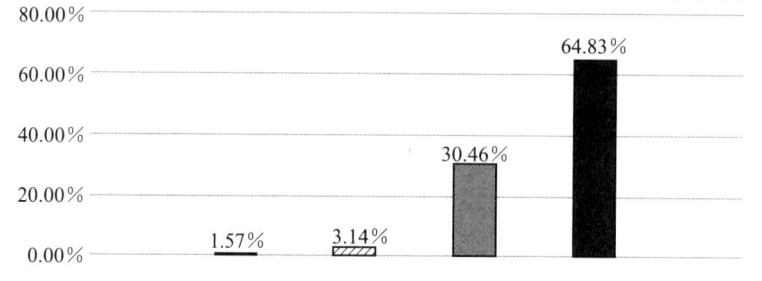

第 16 题　有人说"劳动最光荣",作为中学生的你,从自身角度理解这句话

- A. 不觉得光荣
- B. 只是喊喊的口号
- C. 劳动确实光荣,但我还有差距
- D. 劳动是我们必备的一种素养,我在努力践行,并以此为荣

图 6-14　初中学生劳动意识调查数据

5. 乐学善学

根据文献资料,核心素养中乐学善学的主要表现是:能正确认识和理解学习的价值,具有积极的学习态度和浓厚的学习兴趣;能养成良好的学习习惯,掌握适合自身的学习方法;能自主学习,具有终身学习的意识和能力等。

如图 6-15 是问卷的第 17 题的数据,我们可以看到,高中学生在遇到学习困难或

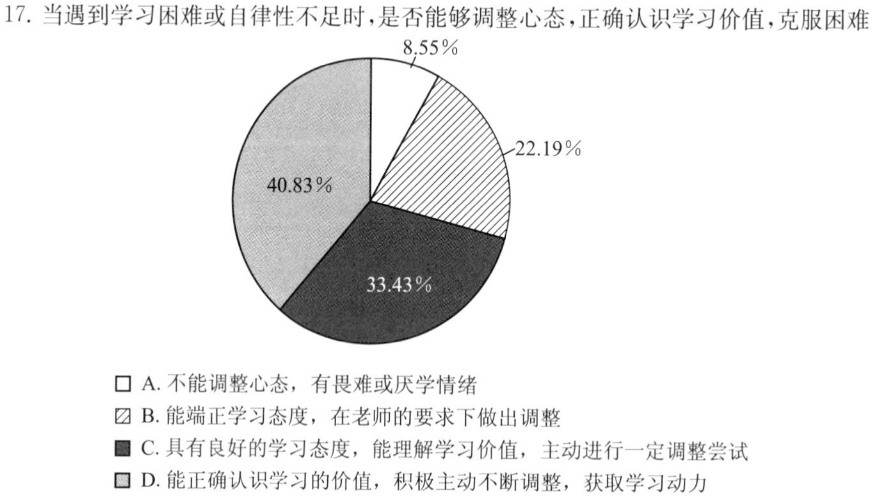

17. 当遇到学习困难或自律性不足时,是否能够调整心态,正确认识学习价值,克服困难

- A. 不能调整心态,有畏难或厌学情绪
- B. 能端正学习态度,在老师的要求下做出调整
- C. 具有良好的学习态度,能理解学习价值,主动进行一定调整尝试
- D. 能正确认识学习的价值,积极主动不断调整,获取学习动力

图 6-15　高中学生乐学善学调查数据

者自律性不足时,能够克服困难,及时调整心态,并认识到学习的价值,获得学习动力的学生占到40.83%,理解学习价值并主动进行一定的调整和尝试的占33.43%。应该说,这一比例在普通高中学生中算比较高的。这一结果,与健全人格指标测试的第10、11题的结果是一致的,具有高度相关性。

在图6-16中,反映初中学生在遇到学习困难或者自律性不足时,能够克服困难,及时调整心态,并认识到学习的价值,获得学习动力的学生占到47.15%,理解学习价值并主动进行一定的调整和尝试的占30.84%,总体高于高中学生的占比。

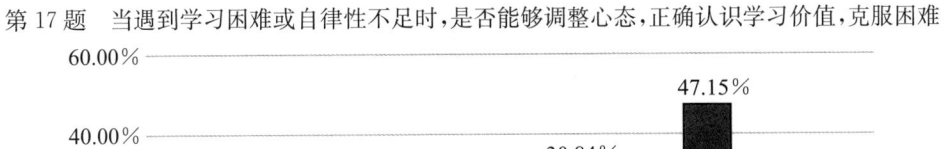

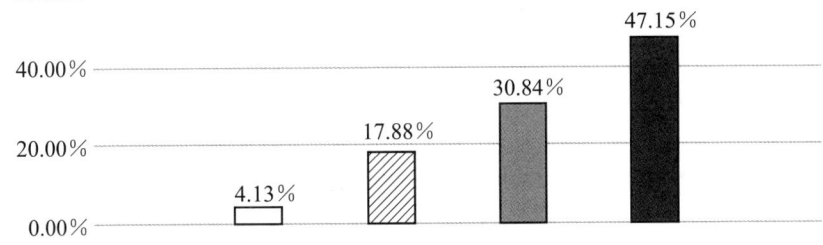

第17题　当遇到学习困难或自律性不足时,是否能够调整心态,正确认识学习价值,克服困难

- A. 不能调整心态,有畏难或厌学情绪 4.13%
- B. 能端正学习态度,在老师的要求下做出调整 17.88%
- C. 具有良好的学习态度,能理解学习价值,主动进行一定调整尝试 30.84%
- D. 能正确认识学习的价值,积极主动不断调整,获取学习动力 47.15%

图6-16　高中学生乐学善学调查数据

初高中的这一结果,与健全人格指标测试的第10、11题的结果是一致的,具有高度相关性。

我们认为,在多元化的、信息化的学习时代,乐学、善学还应该体现在能够积极主动地对自己感性兴趣的内容进行"线上""线下"的学习。调查中,从图6-17、图6-18中,我们发现高中学生积极主动,一直会利用网络等渠道进行拓展学习的人数在32.25%,而初中学生的占比高于高中学生,达到43.22%;针对薄弱内容或者感兴趣的问题有时会或者一直会的学生比例,初高中相差不大,均在84%左右。这也反映出信息化、多元化的学习时代,现代教育技术在教育教学中运用,指导学生正确、高效地使用多媒体技术辅助学习的重要意义。

20. 你是否会利用网络等多渠道拓展学习途径,通过线上线下资源整合,补充学习资源以辅助课堂学习,提高学习效率

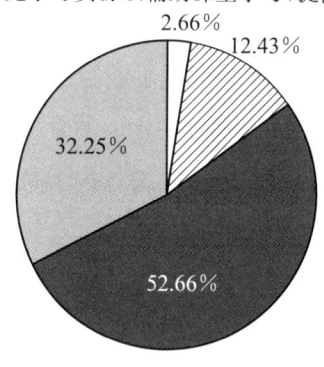

2.66%
12.43%
32.25%
52.66%

□A. 没必要,从来不
◩B. 在老师要求时会
■C. 针对感兴趣或基础薄弱的内容,有时会
▨D. 积极主动一直会利用网络等渠道进行拓展学习

图 6-17 高中学生乐学善学调查数据

第20题 你是否会利用网络等多渠道拓展学习途径,通过线上线下资源整合,补充学习资源以辅助课堂学习,提高学习效率

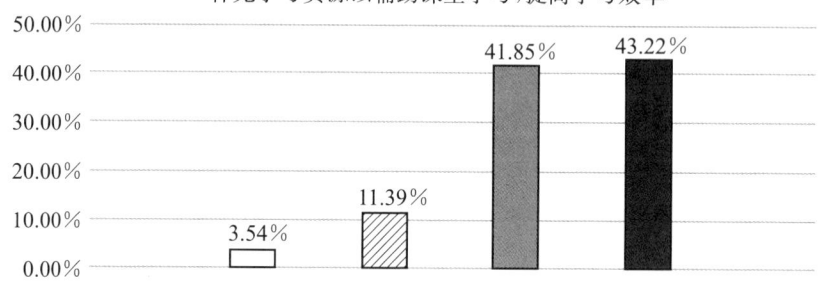

3.54%　11.39%　41.85%　43.22%

□A. 没必要,从来不　　　　　　　　◩B. 在老师要求时会
■C. 针对感兴趣或基础薄弱的内容,有时会　■D. 积极主动一直会利用网络等渠道进行拓展学习

图 6-18 初中学生乐学善学调查数据

调查中,我们也了解到,高中学生能够主动参加学校开展的自主拓展活动并获得成就感的学生有 70.6%,初中学生占比为 77.8%,明显高于高中学生 7.2%。高中学

生中能够通过自主整理笔记、查阅资料和多种方式积极主动高效完成作业的学生有68.34%。这项指标初中学生仍比高中学生高出5.33%。

6. 勤于反思

我们根据中国学生核心素养中勤于反思要素的特征表现,基于意识或习惯、善于总结经验、策略和方法等内容设计了4道题目。

从图6-19我们发现,在作业后总是能够想一想有所收获的高中学生仅占23.08%,初中学生占29.47%;偶尔或者在教师要求下才会做的学生占到63.98%,初中学生占到63.26%。说明学生自我反思的意识和习惯比较薄弱的学生比例很大。

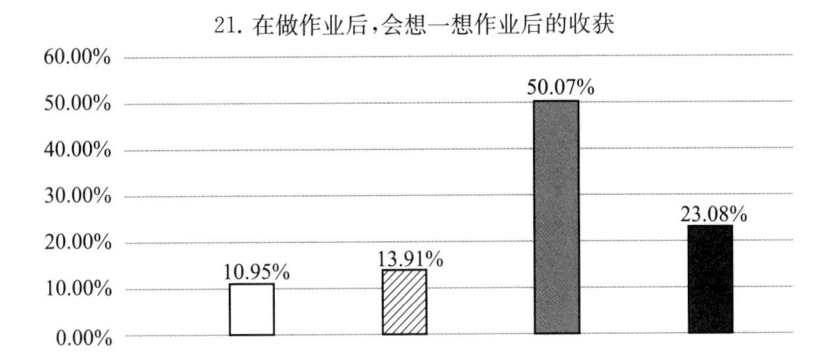

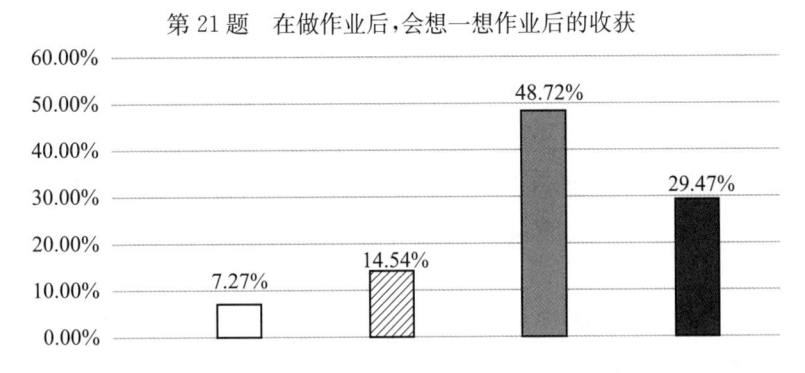

21. 在做作业后,会想一想作业后的收获

A.没必要,从来不 10.95%
B.在老师要求时会 13.91%
C.觉得题目难时,偶尔会 50.07%
D.总是这样 23.08%

第21题 在做作业后,会想一想作业后的收获

A.没必要,从来不 7.27%
B.在老师要求时会 14.54%
C.觉得题目难时,偶尔会 48.72%
D.总是这样 29.47%

图6-19 高、初中学生勤于反思调查数据

图 6-20 中,同样反映出学生在自我总结经验和反思方面学生的表现仍然比较被动,主动的高中学生占比为 34.02%,初中学生占比为 41.85%,明显好于高中学生的表现;但是被动的、没有形成自主习惯的学生都在五成左右。

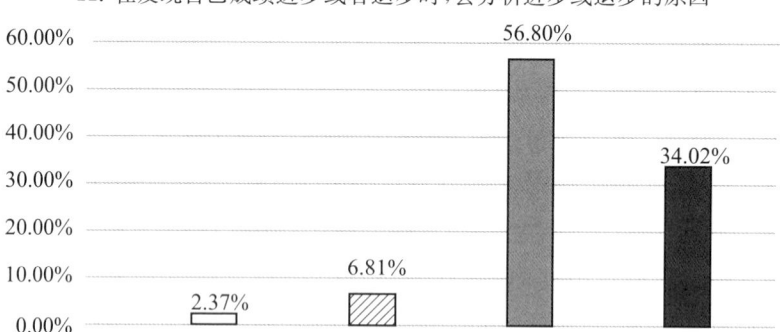

22. 在发现自己成绩进步或者退步时,会分析进步或退步的原因

□A.没必要,从来不　☒B.在老师要求时会　■C.觉得自己考得差时,偶尔会　■D.总是这样

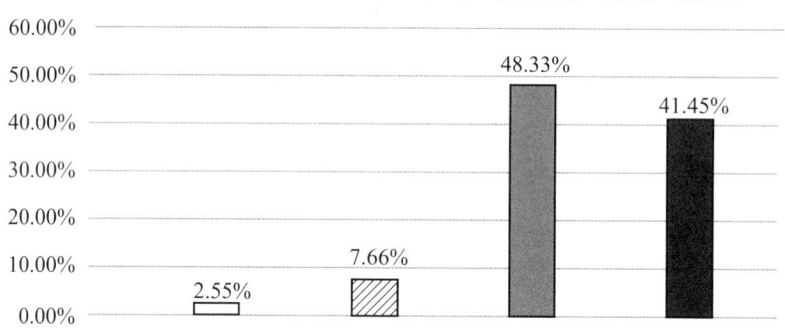

第 22 题　在发现自己成绩进步或者退步时,会分析进步或退步的原因

□A.没必要,从来不　☒B.在老师要求时会　■C.觉得自己考得差时,偶尔会　■D.总是这样

图 6-20　高、初中学生勤于反思调查数据

从图 6-21 和图 6-22 中,在反思的策略和方法上,当学习遇到困难时,对学习的知识和方法批判质疑、能够改变学习方式所占比例较高,初高中均占七成以上。

23. 对某些知识内容掌握不好时,会寻求改进的策略和方法

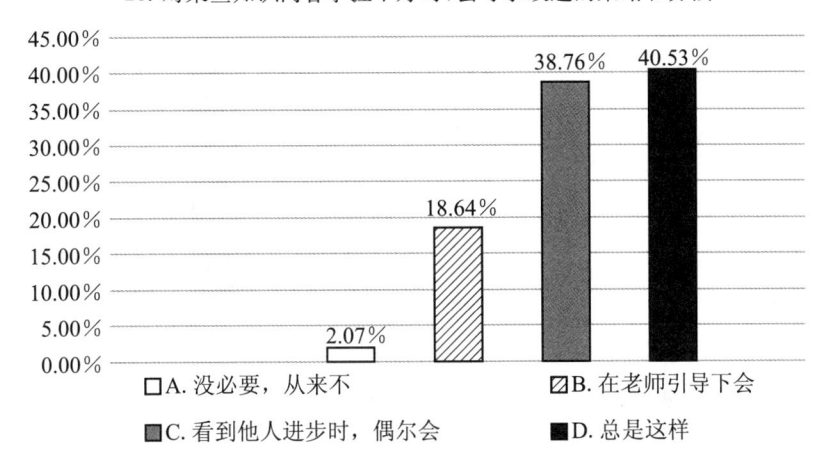

- A. 没必要,从来不: 2.07%
- B. 在老师引导下会: 18.64%
- C. 看到他人进步时,偶尔会: 38.76%
- D. 总是这样: 40.53%

24. 会对学习的知识与方法批判、质疑

- A. 没必要,从来不: 4.44%
- B. 在老师启发下会: 23.08%
- C. 别人批评、质疑时,偶尔会: 39.05%
- D. 总是这样: 33.43%

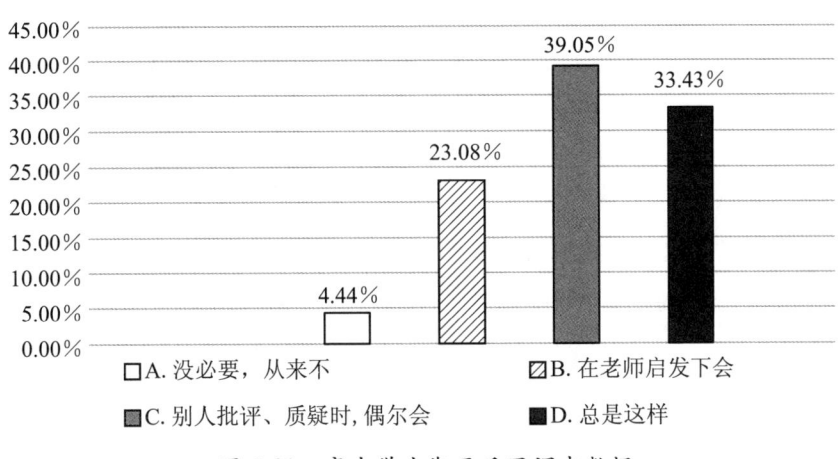

图 6-21　高中学生勤于反思调查数据

7. 勇于探究

第 31 题和第 32 题,都是在探究问题、解决问题的过程中,遇到问题、挫折和失败时学生的表现问题。从图 6-23 中,我们看到,高中学生中能够自主寻找原因、修正探究实施方案,继续探究的学生占比为 48.83%;能够再次反复探究,寻找差距,直至成功的学生比例高达 60.65%。初中学生中能够自主寻找原因、修正探究实施方案,继

第 23 题　对某些知识内容掌握不好时,会寻求改进的策略和方法

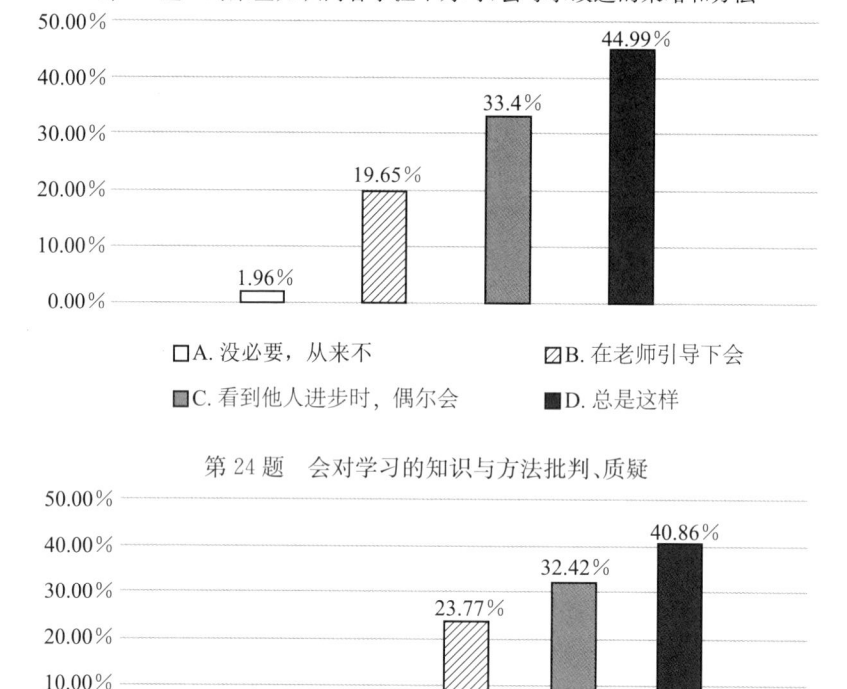

- A. 没必要,从来不 1.96%
- B. 在老师引导下会 19.65%
- C. 看到他人进步时,偶尔会 33.4%
- D. 总是这样 44.99%

第 24 题　会对学习的知识与方法批判、质疑

- A. 没必要,从来不 2.95%
- B. 在老师启发下会 23.77%
- C. 别人批评、质疑时,偶尔会 32.42%
- D. 总是这样 40.86%

图 6-22　初中学生勤于反思调查数据

31. 在探究问题、解决问题的过程中,遇到挫折、失败,使探究不能按计划实施时,你的做法是

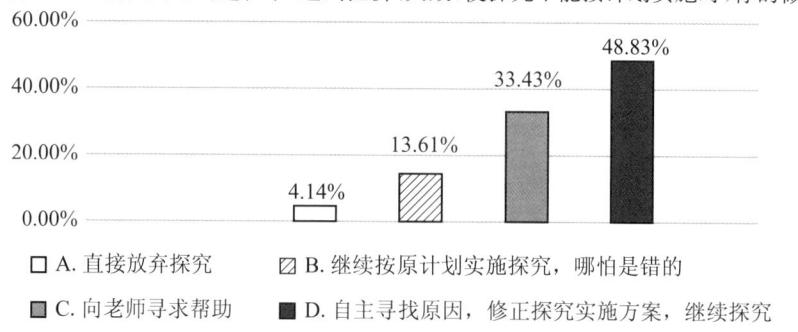

- A. 直接放弃探究 4.14%
- B. 继续按原计划实施探究,哪怕是错的 13.61%
- C. 向老师寻求帮助 33.43%
- D. 自主寻找原因,修正探究实施方案,继续探究 48.83%

32. 在探究问题、解决问题的过程中,当探究结果和老师或者其他同学不同时,你的做法是

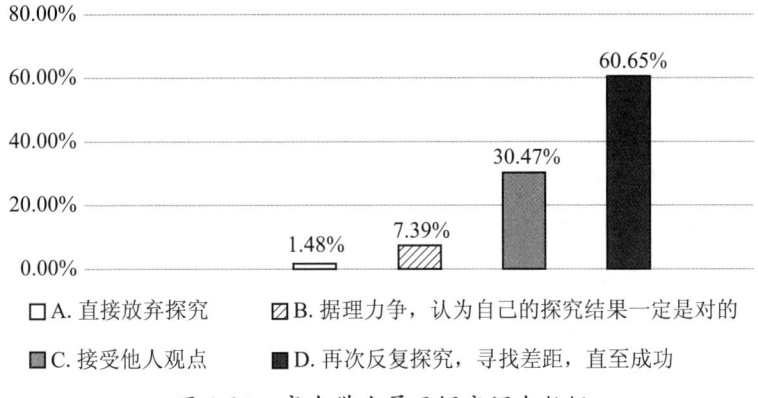

- A. 直接放弃探究 1.48%
- B. 据理力争,认为自己的探究结果一定是对的 7.39%
- C. 接受他人观点 30.47%
- D. 再次反复探究,寻找差距,直至成功 60.65%

图 6-23 高中学生勇于探究调查数据

第 31 题 在探究问题、解决问题的过程中,遇到挫折、失败,使探究不能按计划实施时,你的做法是

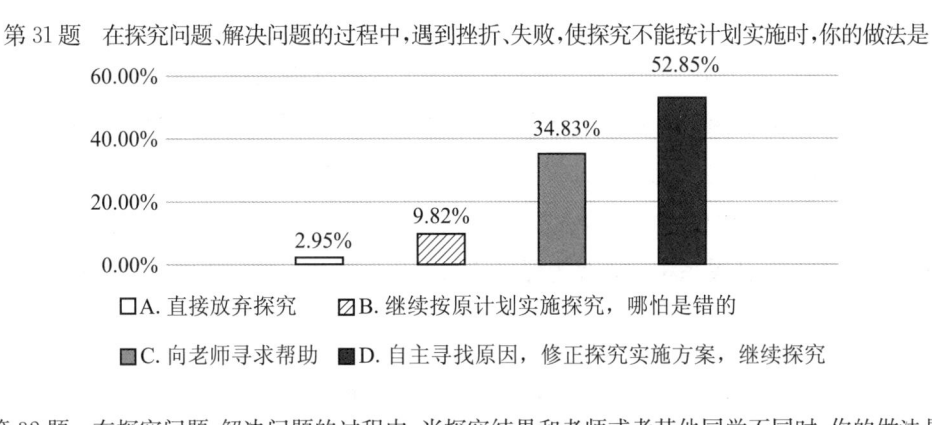

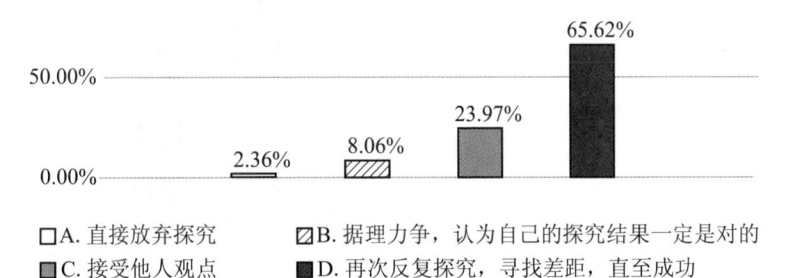

- A. 直接放弃探究 2.95%
- B. 继续按原计划实施探究,哪怕是错的 9.82%
- C. 向老师寻求帮助 34.83%
- D. 自主寻找原因,修正探究实施方案,继续探究 52.85%

第 32 题 在探究问题、解决问题的过程中,当探究结果和老师或者其他同学不同时,你的做法是

- A. 直接放弃探究 2.36%
- B. 据理力争,认为自己的探究结果一定是对的 8.06%
- C. 接受他人观点 23.97%
- D. 再次反复探究,寻找差距,直至成功 65.62%

图 6-24 初中学生勇于探究调查数据

续探究的学生比例为52.85%;能够再次反复探究,寻找差距,直至成功的学生比例高达65.62%。初中学生的这两个数据均高于高中学生5个百分点。考虑学生问卷答题时的心态等因素,作为普通完中的学生而言,已经非常不错了。特别是初中学生的比例要高于高中学生的这一情况,也要引起我们的重视。

实际上,在问到课堂学习状况时,能够在课堂上多体验、多思考、对新授知识有很强的好奇心的高中学生比例为41.72%,而初中学生的比例为48.33%;遇到问题能够和老师或者同学一起探究、亲自查阅资料或者实验探究来寻求答案的高、初中学生比例分别是78.40%和79.57%。我们分析,这一数据与第31、第32题的数据结果也是高度相关的。

8. 人文情怀

在图6-25和图6-26中,基于学生对人文情怀概念的认识不同和理解不同等,认为在自主学习过程中,师生充分尊重和维护了人的尊严及价值的高中学生占比为59.17%,初中学生占比为63.46%;坚信自主学习能够提升人的幸福感的高中学生占比为36.69%,初中学生占比为43.03%,初中均高于高中4个百分点左右;认为自主学习与人文情怀关系密切并互为促进的高中学生有36.98%,初中有48.13%,明显初中高出11.15%。

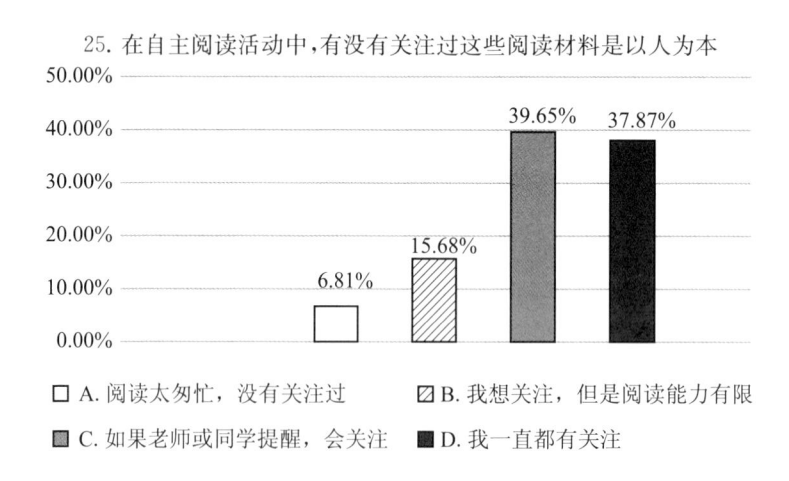

25. 在自主阅读活动中,有没有关注过这些阅读材料是以人为本

选项	比例
A. 阅读太匆忙,没有关注过	6.81%
B. 我想关注,但是阅读能力有限	15.68%
C. 如果老师或同学提醒,会关注	39.65%
D. 我一直都有关注	37.87%

26. 在你自主学习过程中，你认为师生是否充分尊重并维护了人的尊严及价值

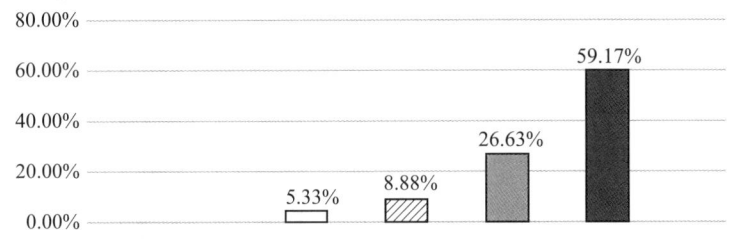

- 5.33% A. 没有这些储备，没有关注过
- 8.88% B. 这些对我来说太难了，不太理解
- 26.63% C. 老师有特别训练，我认为有
- 59.17% D. 我认为我在自主学习过程中一直有这些

27. 你认为通过自主学习能提升人的"幸福"感吗？

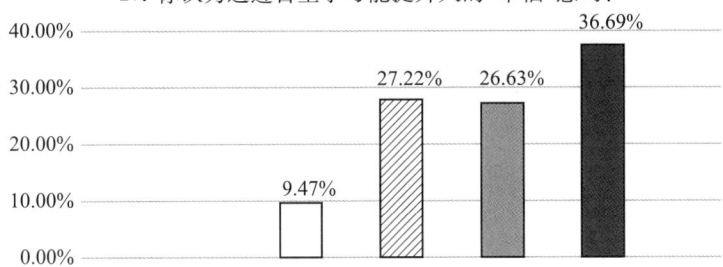

- 9.47% A. 我认为幸福感很难判断，没有
- 27.22% B. 自主学习中，如果有所收获，就会有幸福感
- 26.63% C. 我学习的幸福感来自老师同学及家长肯定，有时会有
- 36.69% D. 坚信学习能提升人的幸福感

28. 你认为自主学习与人文情怀的关系如何

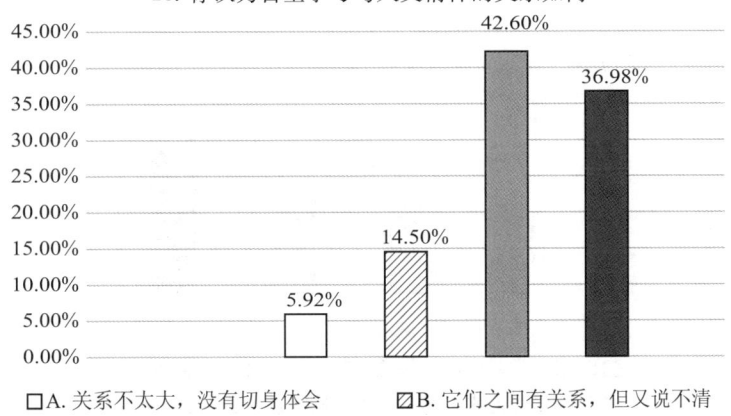

- 5.92% A. 关系不太大，没有切身体会
- 14.50% B. 它们之间有关系，但又说不清
- 42.60% C. 有一定的关系，能相互促进
- 36.98% D. 关系密切，互为促进

图 6-25　高中学生人文情怀调查数据

研究报告——基于核心素养培育背景下学生自主活动的实践研究

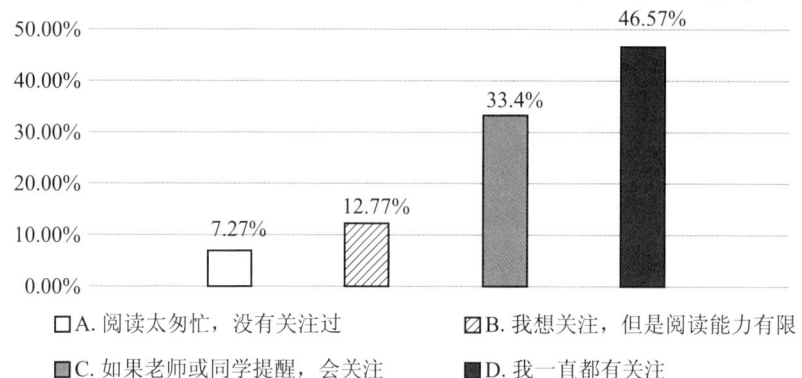

第 25 题　在自主阅读活动中,有没有关注过这些阅读材料是以人为本

- A. 阅读太匆忙,没有关注过 —— 7.27%
- B. 我想关注,但是阅读能力有限 —— 12.77%
- C. 如果老师或同学提醒,会关注 —— 33.4%
- D. 我一直都有关注 —— 46.57%

第 26 题　在你自主学习过程中,你认为师生是否充分尊重并维护了人的尊严及价值

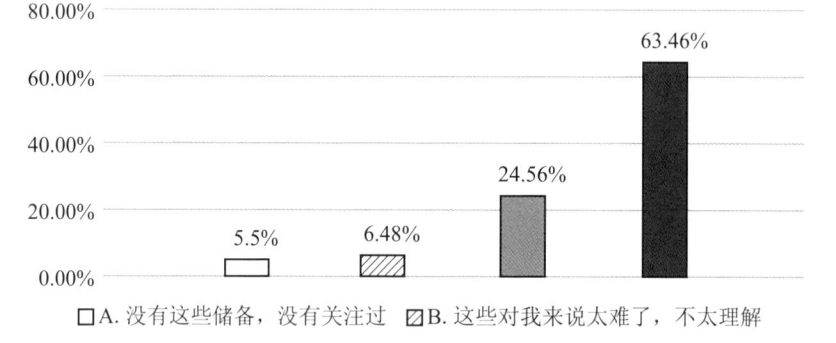

- A. 没有这些储备,没有关注过 —— 5.5%
- B. 这些对我来说太难了,不太理解 —— 6.48%
- C. 老师有特别训练,我认为有 —— 24.56%
- D. 我认为我在自主学习过程中一直有这些 —— 63.46%

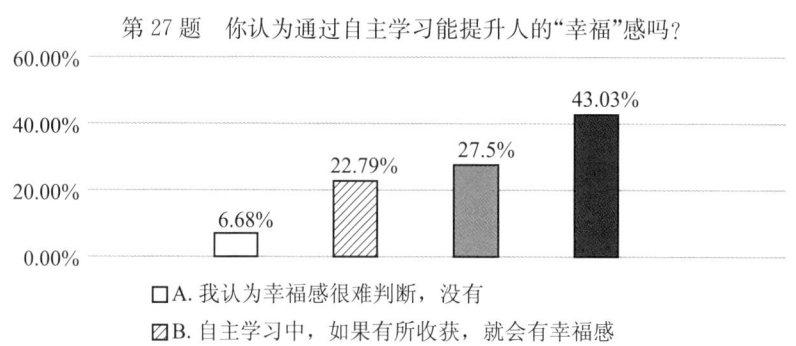

第 27 题　你认为通过自主学习能提升人的"幸福"感吗？

- A. 我认为幸福感很难判断,没有 —— 6.68%
- B. 自主学习中,如果有所收获,就会有幸福感 —— 22.79%
- C. 我学习的幸福感来自老师同学及家长肯定,有时会有 —— 27.5%
- D. 坚信学习能提升人的幸福感 —— 43.03%

第 28 题　你认为自主学习与人文情怀的关系如何

- A. 关系不太大，没有切身体会：6.68%
- B. 它们之间有关系，但又说不清：11%
- C. 有一定的关系，能相互促进：34.19%
- D. 关系密切，互为促进：48.13%

图 6-26　初中学生人文情怀调查数据

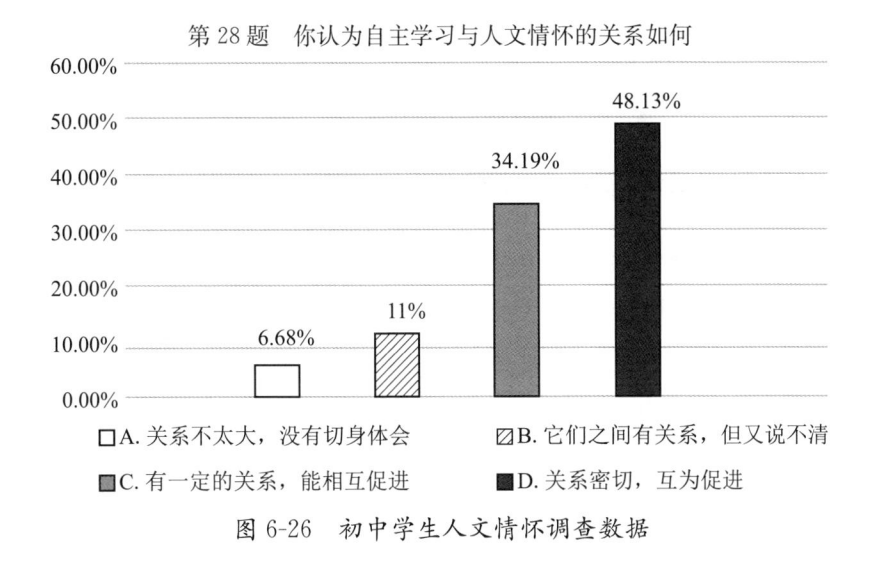

值得注意的是，认为学习的幸福感来自老师同学及家长的肯定，高中学生所占比例为 26.63%，初中学生为 27.5%。因此，我们在今后的教育教学中，教师的教育智慧和家长与孩子的沟通方式等显得尤为重要。

（二）初高中学生差异分析

我们考虑到学生的年龄结构和认知水平以及能力等情况，对初高中 8 个核心素养测试数据进行整合比较，期望能够从这些数据中，了解到他们的相同点和不同点，寻找核心素养培育和提升学生自主学习能力的不同方法和途径。

1. 自我管理

从图 6-27 中，我们可以看到，能够按计划安排好自己的学习和课外活动、有热情和能力参加学校的各项活动、能够妥善处理遇到的问题，以及在疫情期间能够很好地完成学习任务等，表示非常同意的学生中，初中学生的占比均高于高中学生。特别是在参加学校各项活动中，初中学生表现得更加积极和富有热情，数据高于高中 24.25%。但是，基本同意和非常同意的指标基本一致。

自我管理-1

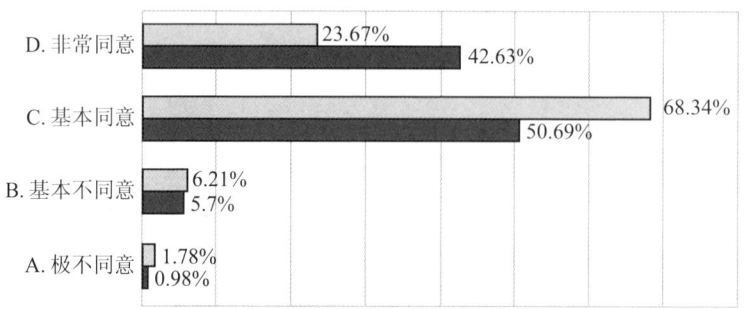

选项	高中	初中
D. 非常同意	23.67%	42.63%
C. 基本同意	68.34%	50.69%
B. 基本不同意	6.21%	5.7%
A. 极不同意	1.78%	0.98%

□ 第1题 我能按计划安排好自己的学习和课外活动（ ）高中
■ 第1题 我能按计划安排好自己的学习和课外活动（ ）初中

自我管理-2

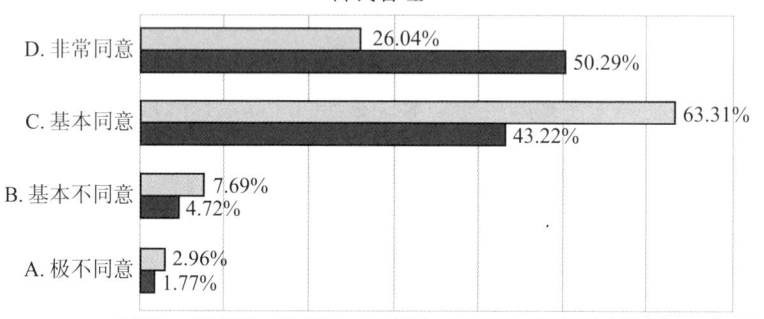

选项	高中	初中
D. 非常同意	26.04%	50.29%
C. 基本同意	63.31%	43.22%
B. 基本不同意	7.69%	4.72%
A. 极不同意	2.96%	1.77%

□ 第2题 我有热情和能力参加班级和学校组织的活动（ ）高中
■ 第2题 我有热情和能力参加班级和学校组织的活动（ ）初中

自我管理-3

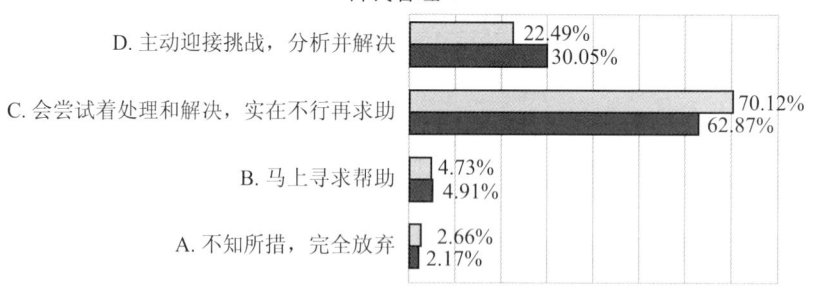

选项	高中	初中
D. 主动迎接挑战，分析并解决	22.49%	30.05%
C. 会尝试着处理和解决，实在不行再求助	70.12%	62.87%
B. 马上寻求帮助	4.73%	4.91%
A. 不知所措，完全放弃	2.66%	2.17%

□ 第3题 当事情变得比较糟糕时，我通常相信自己并有能力妥善地处理好（ ）高中
■ 第3题 当事情变得比较糟糕时，我通常相信自己并有能力妥善地处理好（ ）初中

自我管理-4

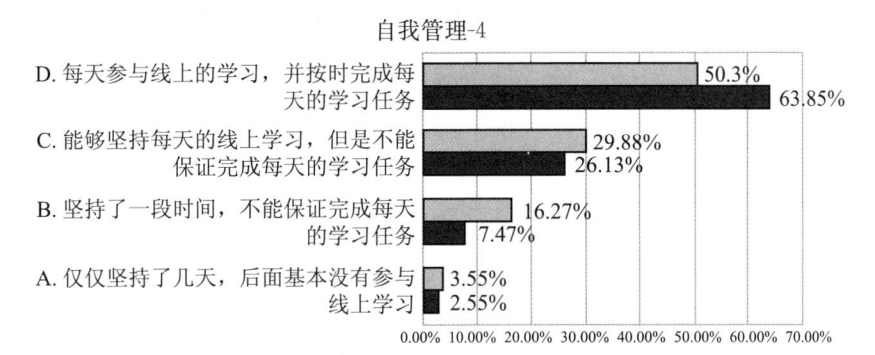

D. 每天参与线上的学习，并按时完成每天的学习任务 50.3% / 63.85%
C. 能够坚持每天的线上学习，但是不能保证完成每天的学习任务 29.88% / 26.13%
B. 坚持了一段时间，不能保证完成每天的学习任务 16.27% / 7.47%
A. 仅仅坚持了几天，后面基本没有参与线上学习 3.55% / 2.55%

▫ 第4题 疫情期间的线上学习期间，我能够按照学习要求完成各个科目的学习任务（ ）高中
▪ 第4题 疫情期间的线上学习期间，我能够按照学习要求完成各个科目的学习任务（ ）初中

图 6-27　初高中自我管理数据差异比较

2. 社会责任

在这项测试内容中，初中学生的表现仍然好于高中学生的，但是差别不大。其中，会主动劝阻不良行为时，初中学生高于高中 14.36%。

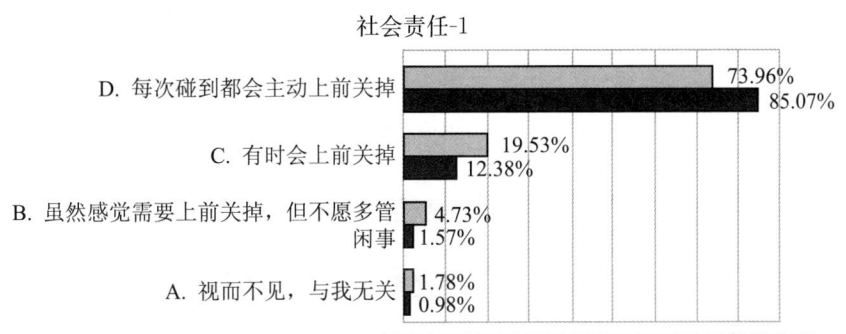

社会责任-1

D. 每次碰到都会主动上前关掉 73.96% / 85.07%
C. 有时会上前关掉 19.53% / 12.38%
B. 虽然感觉需要上前关掉，但不愿多管闲事 4.73% / 1.57%
A. 视而不见，与我无关 1.78% / 0.98%

▫ 第5题 吃好午餐，发现餐厅转角处的水龙头竟然没关，水哗哗地流着，你会（ ）高中
▪ 第5题 吃好午餐，发现餐厅转角处的水龙头竟然没关，水哗哗地流着，你会（ ）初中

研究报告——基于核心素养培育背景下学生自主活动的实践研究

社会责任-2

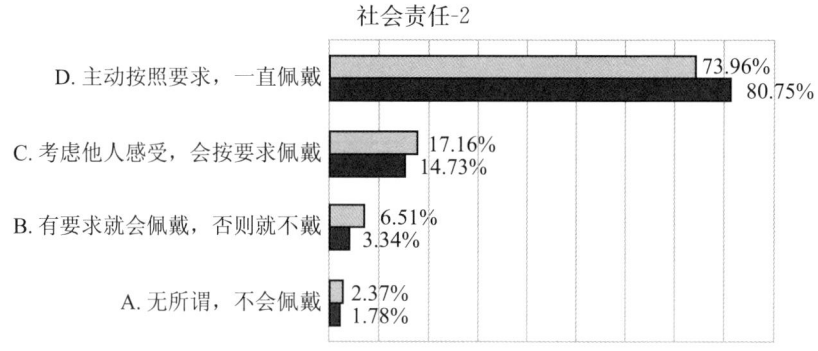

- D. 主动按照要求，一直佩戴　73.96% / 80.75%
- C. 考虑他人感受，会按要求佩戴　17.16% / 14.73%
- B. 有要求就会佩戴，否则就不戴　6.51% / 3.34%
- A. 无所谓，不会佩戴　2.37% / 1.78%

☐ 第6题 疫情期间，去商场购物，你是否佩戴口罩（　）高中
■ 第6题 疫情期间，去商场购物，你是否佩戴口罩（　）初中

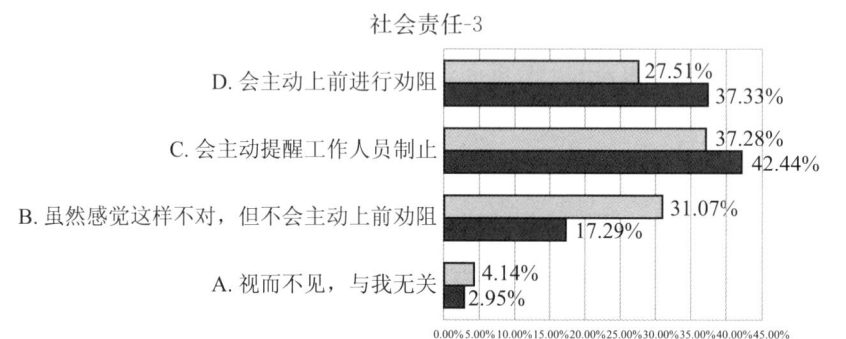

社会责任-3

- D. 会主动上前进行劝阻　27.51% / 37.33%
- C. 会主动提醒工作人员制止　37.28% / 42.44%
- B. 虽然感觉这样不对，但不会主动上前劝阻　31.07% / 17.29%
- A. 视而不见，与我无关　4.14% / 2.95%

☐ 第7题 当你在旅行时，看到有人在景物上刻画"到此一游"的字样时，你会（　）高中
■ 第7题 当你在旅行时，看到有人在景物上刻画"到此一游"的字样时，你会（　）初中

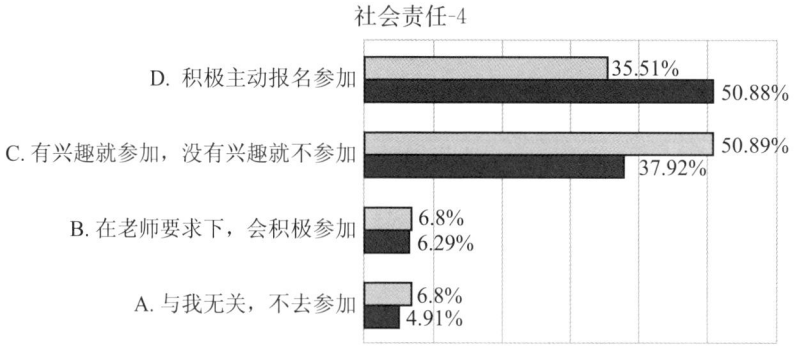

社会责任-4

- D. 积极主动报名参加　35.51% / 50.88%
- C. 有兴趣就参加，没有兴趣就不参加　50.89% / 37.92%
- B. 在老师要求下，会积极参加　6.8% / 6.29%
- A. 与我无关，不去参加　6.8% / 4.91%

☐ 第8题 上海图书馆东馆落成，需要招收大量的学生志愿者，你会（　）高中
■ 第8题 上海图书馆东馆落成，需要招收大量的学生志愿者，你会（　）初中

图 6-28　初高中社会责任数据差异比较

3. 健全人格

如图 6-29 所示。

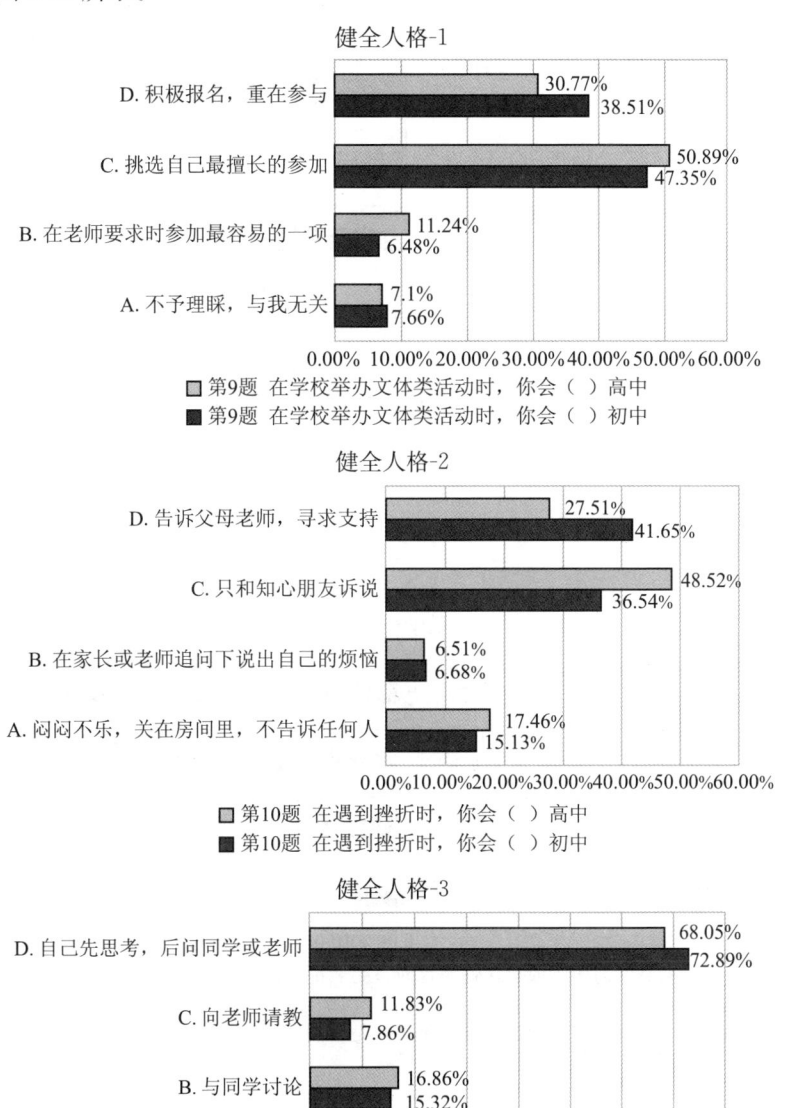

健全人格-1

- D. 积极报名，重在参与： 30.77% / 38.51%
- C. 挑选自己最擅长的参加： 50.89% / 47.35%
- B. 在老师要求时参加最容易的一项： 11.24% / 6.48%
- A. 不予理睬，与我无关： 7.1% / 7.66%

□ 第9题 在学校举办文体类活动时，你会（ ）高中
■ 第9题 在学校举办文体类活动时，你会（ ）初中

健全人格-2

- D. 告诉父母老师，寻求支持： 27.51% / 41.65%
- C. 只和知心朋友诉说： 48.52% / 36.54%
- B. 在家长或老师追问下说出自己的烦恼： 6.51% / 6.68%
- A. 闷闷不乐，关在房间里，不告诉任何人： 17.46% / 15.13%

□ 第10题 在遇到挫折时，你会（ ）高中
■ 第10题 在遇到挫折时，你会（ ）初中

健全人格-3

- D. 自己先思考，后问同学或老师： 68.05% / 72.89%
- C. 向老师请教： 11.83% / 7.86%
- B. 与同学讨论： 16.86% / 15.32%
- A. 放弃： 3.25% / 3.93%

□ 第11题 在学习过程中遇到你不懂或不理解的问题，我通常会（ ）高中
■ 第11题 在学习过程中遇到你不懂或不理解的问题，我通常会（ ）初中

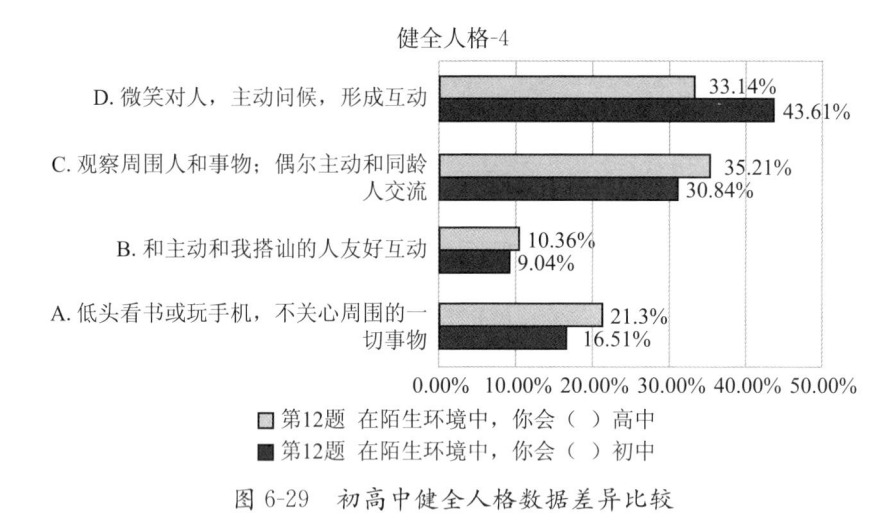

健全人格-4

- D. 微笑对人，主动问候，形成互动　33.14% / 43.61%
- C. 观察周围人和事物；偶尔主动和同龄人交流　35.21% / 30.84%
- B. 和主动和我搭讪的人友好互动　10.36% / 9.04%
- A. 低头看书或玩手机，不关心周围的一切事物　21.3% / 16.51%

0.00%　10.00%　20.00%　30.00%　40.00%　50.00%

☐ 第12题 在陌生环境中，你会（ ）高中
■ 第12题 在陌生环境中，你会（ ）初中

图 6-29　初高中健全人格数据差异比较

4. 乐学善学

如图 6-30 所示。

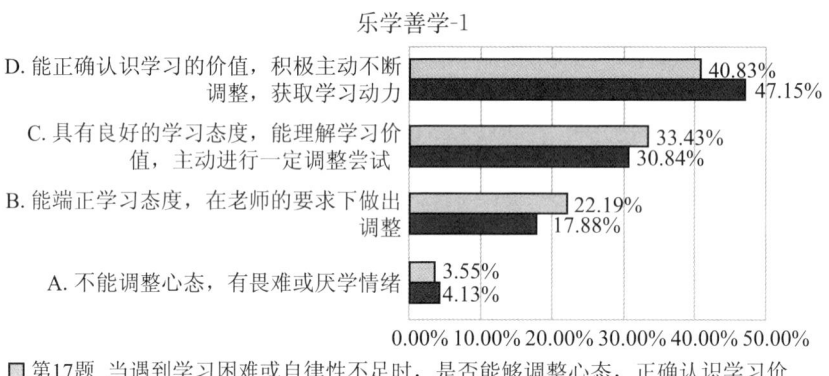

乐学善学-1

- D. 能正确认识学习的价值，积极主动不断调整，获取学习动力　40.83% / 47.15%
- C. 具有良好的学习态度，能理解学习价值，主动进行一定调整尝试　33.43% / 30.84%
- B. 能端正学习态度，在老师的要求下做出调整　22.19% / 17.88%
- A. 不能调整心态，有畏难或厌学情绪　3.55% / 4.13%

0.00%　10.00%　20.00%　30.00%　40.00%　50.00%

☐ 第17题 当遇到学习困难或自律性不足时，是否能够调整心态，正确认识学习价值，克服困难（ ）高中
■ 第17题 当遇到学习困难或自律性不足时，是否能够调整心态，正确认识学习价值，克服困难（ ）初中

乐学善学-2

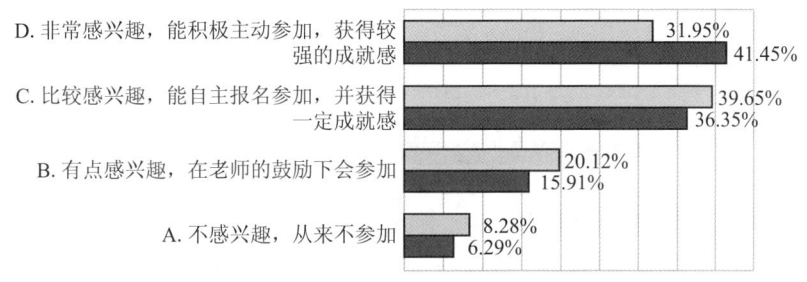

D. 非常感兴趣，能积极主动参加，获得较强的成就感　31.95% / 41.45%

C. 比较感兴趣，能自主报名参加，并获得一定成就感　39.65% / 36.35%

B. 有点感兴趣，在老师的鼓励下会参加　20.12% / 15.91%

A. 不感兴趣，从来不参加　8.28% / 6.29%

0.00% 5.00% 10.00% 15.00% 20.00% 25.00% 30.00% 35.00% 40.00% 45.00%

- 第18题 在学校开展的自主拓展活动中（如主题节、学科类活动比赛等），你是否愿意参与其中，并提高学习兴趣，获得成就感（　）高中
- 第18题 在学校开展的自主拓展活动中（如主题节、学科类活动比赛等），你是否愿意参与其中，并提高学习兴趣，获得成就感（　）初中

乐学善学-3

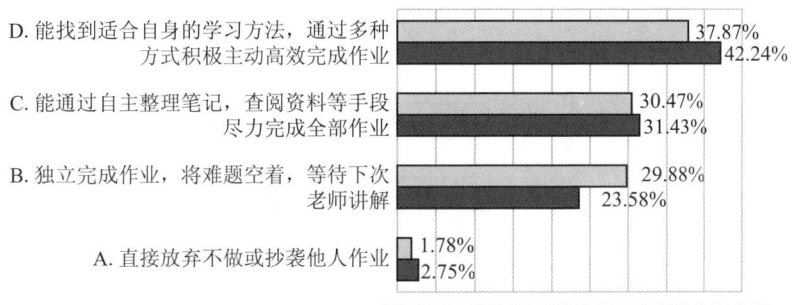

D. 能找到适合自身的学习方法，通过多种方式积极主动高效完成作业　37.87% / 42.24%

C. 能通过自主整理笔记，查阅资料等手段尽力完成全部作业　30.47% / 31.43%

B. 独立完成作业，将难题空着，等待下次老师讲解　29.88% / 23.58%

A. 直接放弃不做或抄袭他人作业　1.78% / 2.75%

0.00% 5.00% 10.00% 15.00% 20.00% 25.00% 30.00% 35.00% 40.00% 45.00%

- 第19题 你平时如何完成回家作业（　）高中
- 第19题 你平时如何完成回家作业（　）初中

乐学善学-4

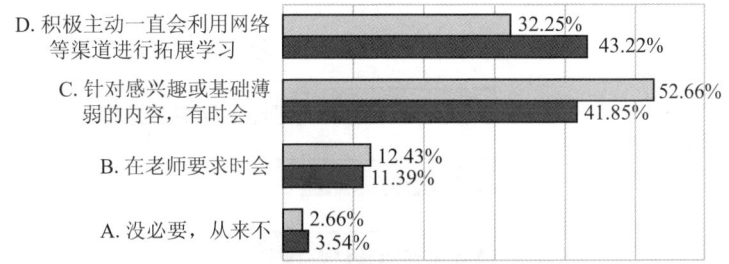

D. 积极主动一直会利用网络等渠道进行拓展学习　32.25% / 43.22%

C. 针对感兴趣或基础薄弱的内容，有时会　52.66% / 41.85%

B. 在老师要求时会　12.43% / 11.39%

A. 没必要，从来不　2.66% / 3.54%

0.00% 10.00% 20.00% 30.00% 40.00% 50.00% 60.00%

- 第20题 你是否会利用网络等多渠道拓展学习途径，通过线上线下资源整合，补充学习资源以辅助课堂学习，提高学习效率（　）高中
- 第20题 你是否会利用网络等多渠道拓展学习途径，通过线上线下资源整合，补充学习资源以辅助课堂学习，提高学习效率（　）初中

图 6-30　初高中乐学善学数据差异比较

5. 劳动教育

如图 6-31 所示。

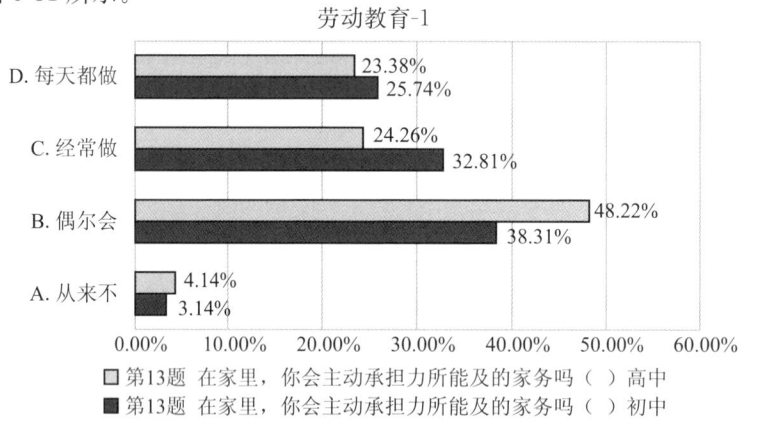

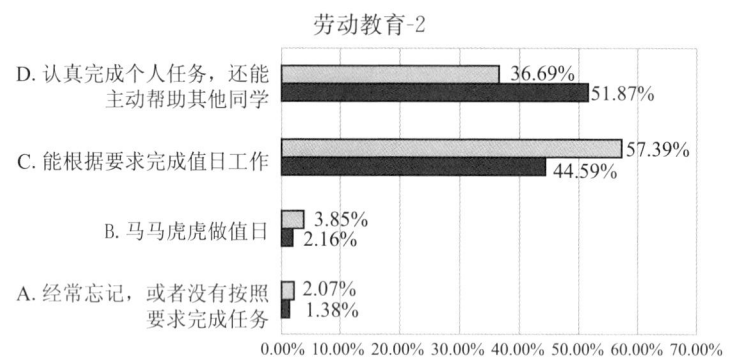

劳动教育-1

- D. 每天都做：23.38%（高中）/ 25.74%（初中）
- C. 经常做：24.26%（高中）/ 32.81%（初中）
- B. 偶尔会：48.22%（高中）/ 38.31%（初中）
- A. 从来不：4.14%（高中）/ 3.14%（初中）

第13题 在家里，你会主动承担力所能及的家务吗（ ）高中
第13题 在家里，你会主动承担力所能及的家务吗（ ）初中

劳动教育-2

- D. 认真完成个人任务，还能主动帮助其他同学：36.69%（高中）/ 51.87%（初中）
- C. 能根据要求完成值日工作：57.39%（高中）/ 44.59%（初中）
- B. 马马虎虎做值日：3.85%（高中）/ 2.16%（初中）
- A. 经常忘记，或者没有按照要求完成任务：2.07%（高中）/ 1.38%（初中）

第14题 在班级安排的值日生、大扫除工作中，你的表现是（ ）高中
第14题 在班级安排的值日生、大扫除工作中，你的表现是（ ）初中

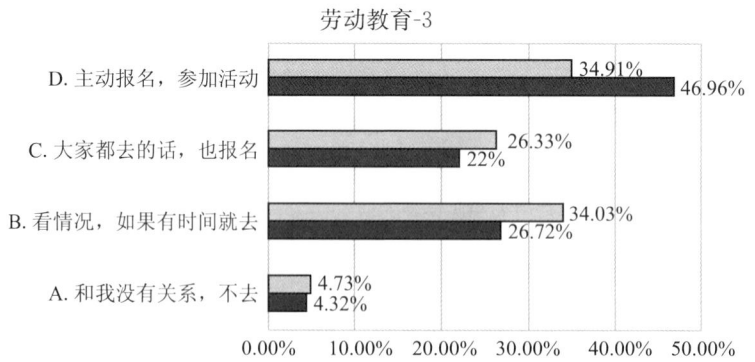

劳动教育-3

- D. 主动报名，参加活动：34.91%（高中）/ 46.96%（初中）
- C. 大家都去的话，也报名：26.33%（高中）/ 22%（初中）
- B. 看情况，如果有时间就去：34.03%（高中）/ 26.72%（初中）
- A. 和我没有关系，不去：4.73%（高中）/ 4.32%（初中）

第15题 学校组织学生双休日去社区进行公益劳动，你的表现是（ ）高中
第15题 学校组织学生双休日去社区进行公益劳动，你的表现是（ ）初中

劳动教育-4

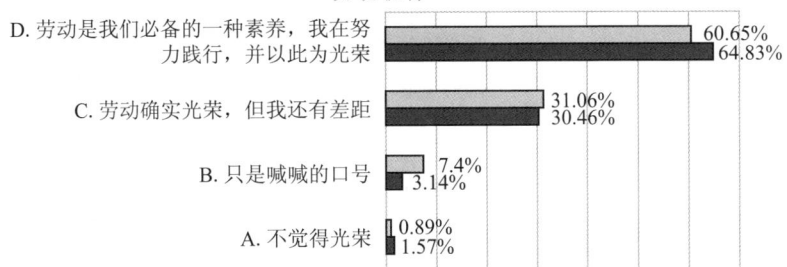

D. 劳动是我们必备的一种素养，我在努力践行，并以此为光荣　60.65% / 64.83%
C. 劳动确实光荣，但我还有差距　31.06% / 30.46%
B. 只是喊喊的口号　7.4% / 3.14%
A. 不觉得光荣　0.89% / 1.57%

0.00% 10.00% 20.00% 30.00% 40.00% 50.00% 60.00% 70.00%

■ 第16题 有人说"劳动最光荣"，作为中学生的你，从自身角度理解这句话（　）高中
■ 第16题 有人说"劳动最光荣"，作为中学生的你，从自身角度理解这句话（　）初中

图 6-31　初高中劳动教育数据差异比较

6. 勤于反思

如图 6-32 所示。

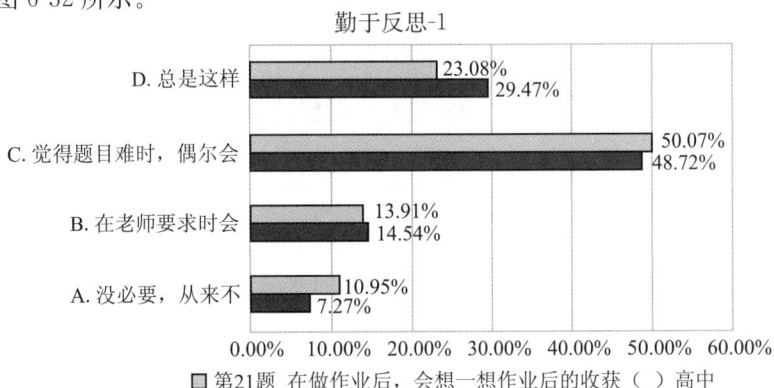

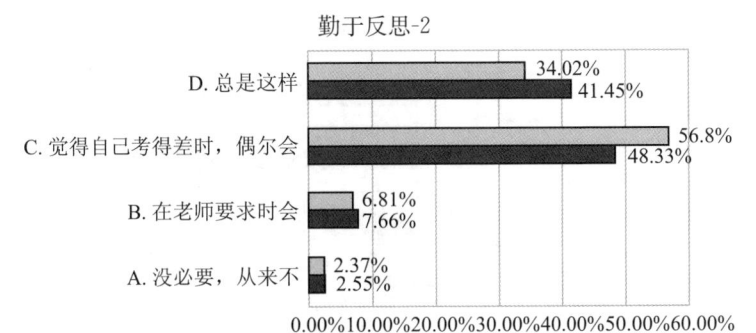

勤于反思-1

D. 总是这样　23.08% / 29.47%
C. 觉得题目难时，偶尔会　50.07% / 48.72%
B. 在老师要求时会　13.91% / 14.54%
A. 没必要，从来不　10.95% / 7.27%

0.00%　10.00%　20.00%　30.00%　40.00%　50.00%　60.00%

■ 第21题 在做作业后，会想一想作业后的收获（　）高中
■ 第21题 在做作业后，会想一想作业后的收获（　）初中

勤于反思-2

D. 总是这样　34.02% / 41.45%
C. 觉得自己考得差时，偶尔会　56.8% / 48.33%
B. 在老师要求时会　6.81% / 7.66%
A. 没必要，从来不　2.37% / 2.55%

0.00% 10.00% 20.00% 30.00% 40.00% 50.00% 60.00%

■ 第22题 在发现自己成绩进步或者退步时，会分析进步或退步的原因（　）高中
■ 第22题 在发现自己成绩进步或者退步时，会分析进步或退步的原因（　）初中

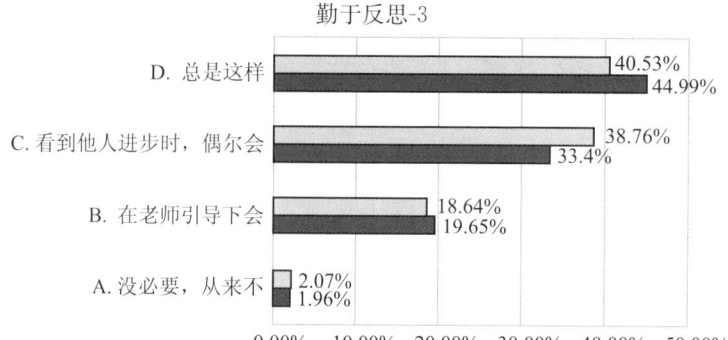

勤于反思-3

- D. 总是这样　40.53% / 44.99%
- C. 看到他人进步时，偶尔会　38.76% / 33.4%
- B. 在老师引导下会　18.64% / 19.65%
- A. 没必要，从来不　2.07% / 1.96%

0.00%　10.00%　20.00%　30.00%　40.00%　50.00%

☐ 第23题 对某些知识内容掌握不好时，会寻求改进的策略和方法（ ）高中
■ 第23题 对某些知识内容掌握不好时，会寻求改进的策略和方法（ ）初中

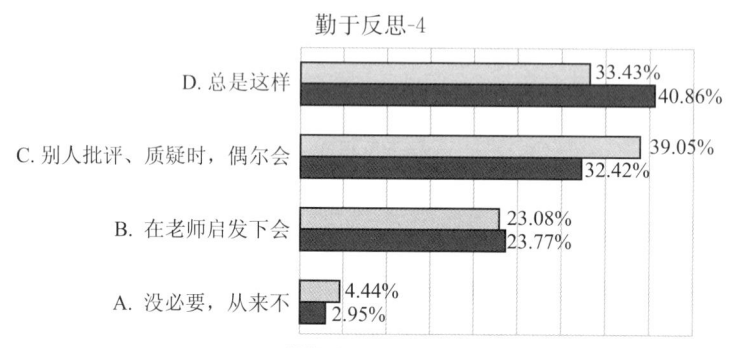

勤于反思-4

- D. 总是这样　33.43% / 40.86%
- C. 别人批评、质疑时，偶尔会　39.05% / 32.42%
- B. 在老师启发下会　23.08% / 23.77%
- A. 没必要，从来不　4.44% / 2.95%

0.00% 5.00% 10.00% 15.00% 20.00% 25.00% 30.00% 35.00% 40.00% 45.00%

☐ 第24题 会对学习的知识与方法批判、质疑（ ）高中
■ 第24题 会对学习的知识与方法批判、质疑（ ）初中

图 6-32　初高中勤于反思数据差异比较

7. 人文情怀

如图 6-33 所示。

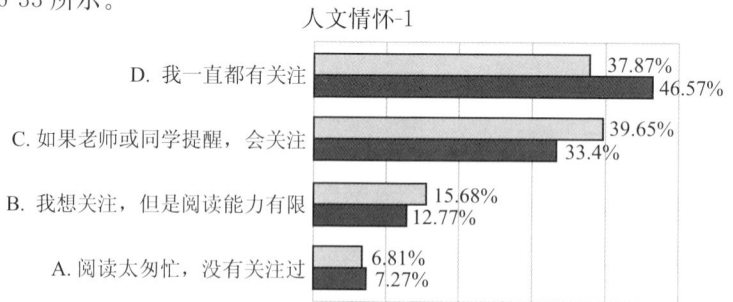

人文情怀-1

- D. 我一直都有关注　37.87% / 46.57%
- C. 如果老师或同学提醒，会关注　39.65% / 33.4%
- B. 我想关注，但是阅读能力有限　15.68% / 12.77%
- A. 阅读太匆忙，没有关注过　6.81% / 7.27%

0.00%　10.00%　20.00%　30.00%　40.00%　50.00%

☐ 第25题 在自主阅读活动中，有没有关注过这些阅读材料是以人为本（ ）高中
■ 第25题 在自主阅读活动中，有没有关注过这些阅读材料是以人为本（ ）初中

人文情怀-2

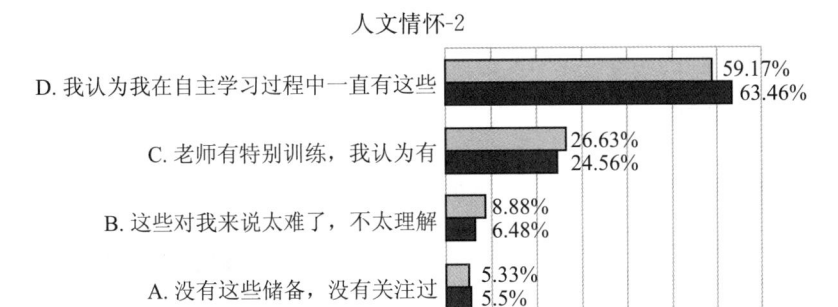

- D. 我认为我在自主学习过程中一直有这些: 59.17% / 63.46%
- C. 老师有特别训练，我认为有: 26.63% / 24.56%
- B. 这些对我来说太难了，不太理解: 8.88% / 6.48%
- A. 没有这些储备，没有关注过: 5.33% / 5.5%

■ 第26题 在你自主学习过程中，你认为师生是否充分尊重并维护了人的尊严及价值（ ）高中
■ 第26题 在你自主学习过程中，你认为师生是否充分尊重并维护了人的尊严及价值（ ）初中

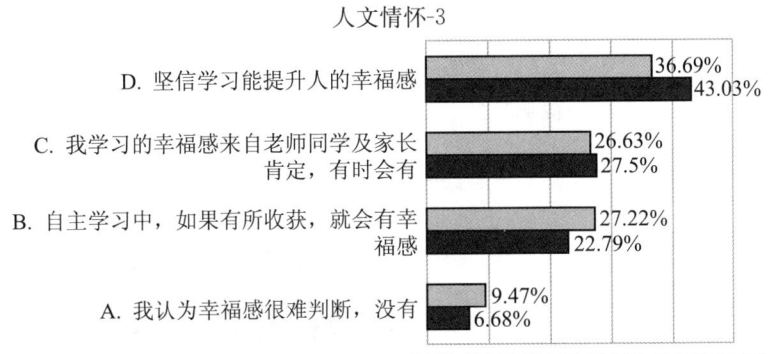

人文情怀-3

- D. 坚信学习能提升人的幸福感: 36.69% / 43.03%
- C. 我学习的幸福感来自老师同学及家长肯定，有时会有: 26.63% / 27.5%
- B. 自主学习中，如果有所收获，就会有幸福感: 27.22% / 22.79%
- A. 我认为幸福感很难判断，没有: 9.47% / 6.68%

■ 第27题 你认为通过自主学习能提升人的"幸福"感吗？（ ）高中
■ 第27题 你认为通过自主学习能提升人的"幸福"感吗？（ ）初中

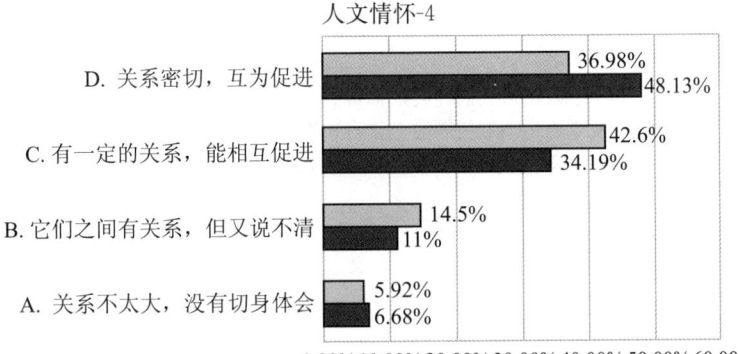

人文情怀-4

- D. 关系密切，互为促进: 36.98% / 48.13%
- C. 有一定的关系，能相互促进: 42.6% / 34.19%
- B. 它们之间有关系，但又说不清: 14.5% / 11%
- A. 关系不太大，没有切身体会: 5.92% / 6.68%

■ 第28题 你认为自主学习与人文情怀的关系如何（ ）高中
■ 第28题 你认为自主学习与人文情怀的关系如何（ ）初中

图 6-33 初高中人文情怀数据差异比较

研究报告——基于核心素养培育背景下学生自主活动的实践研究

8. 勇于探究

如图 6-34 所示。

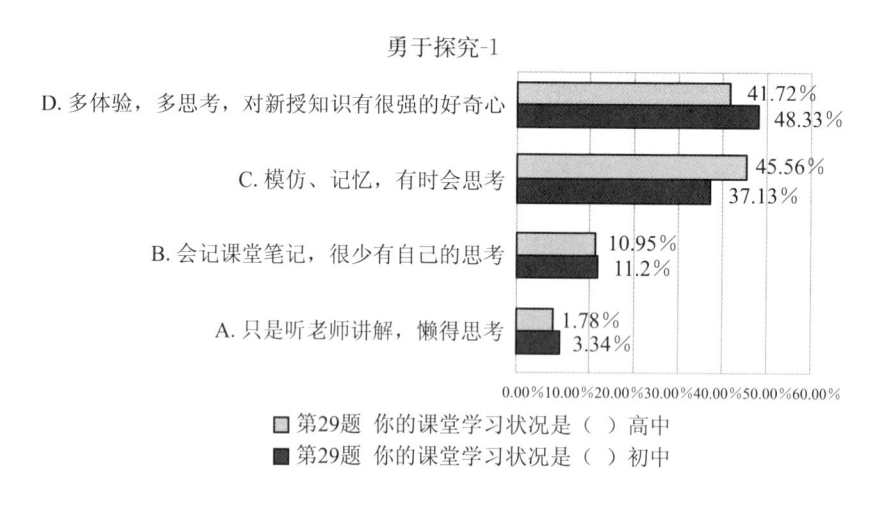

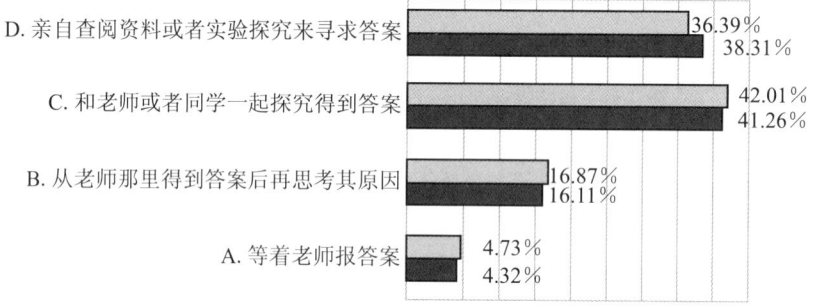

勇于探究-1

D. 多体验，多思考，对新授知识有很强的好奇心 41.72% / 48.33%
C. 模仿、记忆，有时会思考 45.56% / 37.13%
B. 会记课堂笔记，很少有自己的思考 10.95% / 11.2%
A. 只是听老师讲解，懒得思考 1.78% / 3.34%

■ 第29题 你的课堂学习状况是（ ）高中
■ 第29题 你的课堂学习状况是（ ）初中

勇于探究-2

D. 亲自查阅资料或者实验探究来寻求答案 36.39% / 38.31%
C. 和老师或者同学一起探究得到答案 42.01% / 41.26%
B. 从老师那里得到答案后再思考其原因 16.87% / 16.11%
A. 等着老师报答案 4.73% / 4.32%

■ 第30题 学习上遇到问题时，你得到答案的途径是（ ）高中
■ 第30题 学习上遇到问题时，你得到答案的途径是（ ）初中

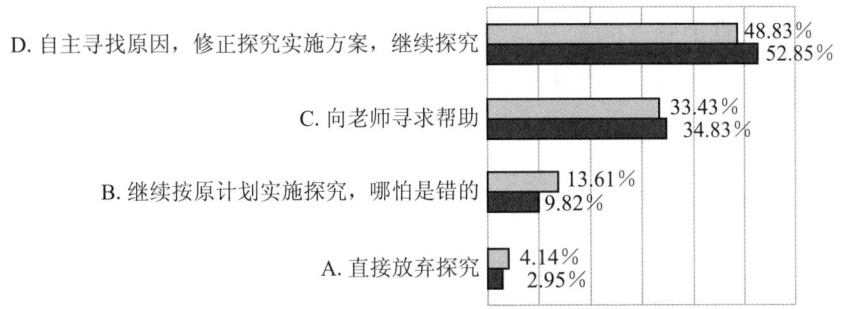

勇于探究-3

D.自主寻找原因，修正探究实施方案，继续探究　48.83% / 52.85%
C.向老师寻求帮助　33.43% / 34.83%
B.继续按原计划实施探究，哪怕是错的　13.61% / 9.82%
A.直接放弃探究　4.14% / 2.95%

0.00% 10.00% 20.00% 30.00% 40.00% 50.00% 60.00%

■ 第31题 在探究问题、解决问题的过程中，遇到挫折、失败，使探究不能按计划实施时，你的做法是（）高中
■ 第31题 在探究问题、解决问题的过程中，遇到挫折、失败，探究不能按计划实施时，你的做法是（）初中

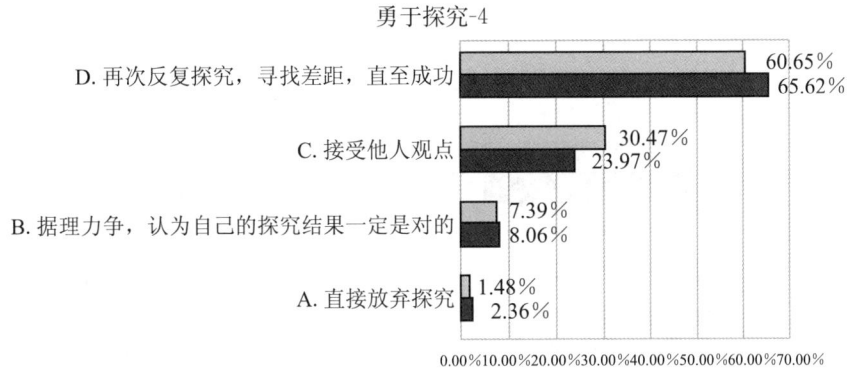

勇于探究-4

D.再次反复探究，寻找差距，直至成功　60.65% / 65.62%
C.接受他人观点　30.47% / 23.97%
B.据理力争，认为自己的探究结果一定是对的　7.39% / 8.06%
A.直接放弃探究　1.48% / 2.36%

0.00% 10.00% 20.00% 30.00% 40.00% 50.00% 60.00% 70.00%

■ 第32题 在探究问题、解决问题的过程中，当探究结果和老师或者其他同学不同时，你的做法是（）高中
■ 第32题 在探究问题、解决问题的过程中，当探究结果和老师或者其他同学不同时，你的做法是（）初中

图 6-34 初高中勇于探究数据差异比较

从图 6-29 至图 6-34 中，不难发现，在每项指标中，表现比较积极的、主动的学生中，初中学生的表现也均好于高中学生的表现。

（三）高中各年段差异比较（部分）

从图 6-35 中，我们看到，能够按计划安排好自己的学习和课外活动的高一学生比例明显好于高二和高三学生比例；在有热情和能力参加学校组织的活动中，高二学生的表现明显低于高一和高三的；遇到问题能够有能力自己妥善处理的随年级升高而增强，但是在疫情期间，能够按照学习要求完成任务的学生比例却随年级升高而降低。

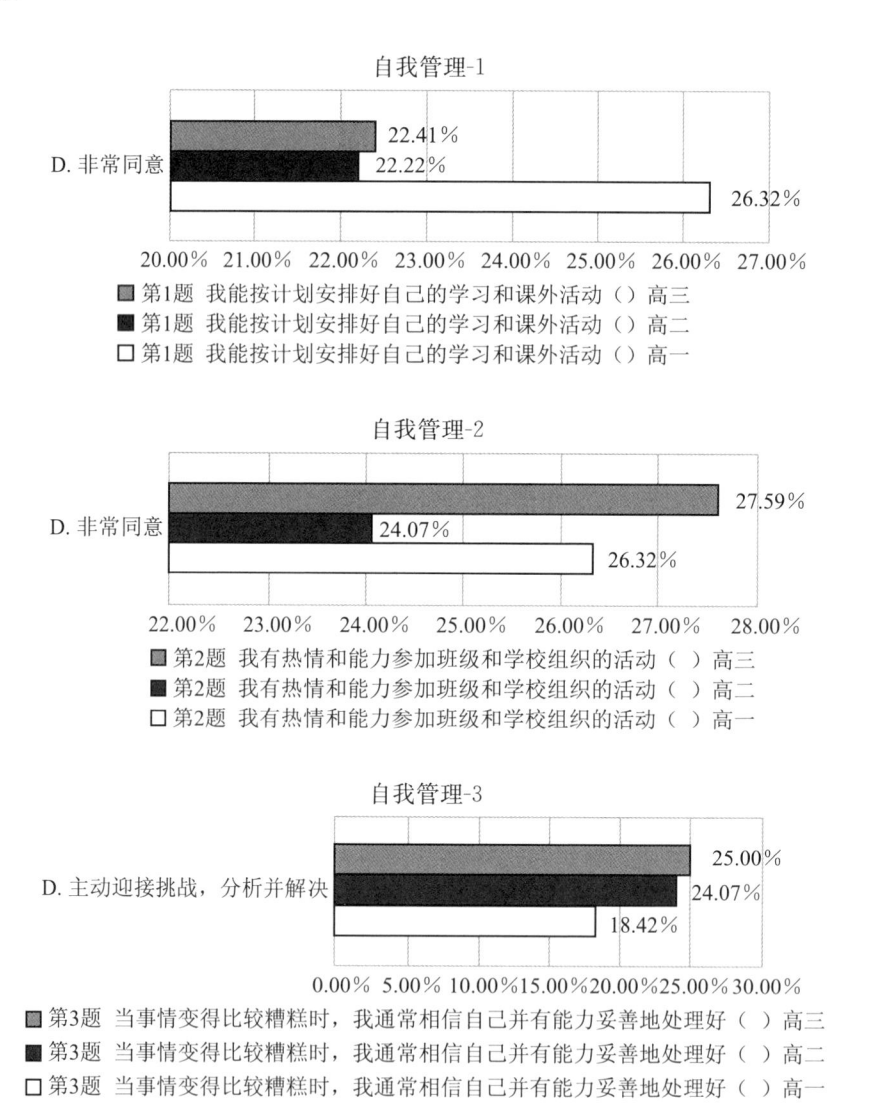

自我管理-1

D. 非常同意
- 高三：22.41%
- 高二：22.22%
- 高一：26.32%

第1题 我能按计划安排好自己的学习和课外活动（ ）高三
第1题 我能按计划安排好自己的学习和课外活动（ ）高二
第1题 我能按计划安排好自己的学习和课外活动（ ）高一

自我管理-2

D. 非常同意
- 高三：27.59%
- 高二：24.07%
- 高一：26.32%

第2题 我有热情和能力参加班级和学校组织的活动（ ）高三
第2题 我有热情和能力参加班级和学校组织的活动（ ）高二
第2题 我有热情和能力参加班级和学校组织的活动（ ）高一

自我管理-3

D. 主动迎接挑战，分析并解决
- 高三：25.00%
- 高二：24.07%
- 高一：18.42%

第3题 当事情变得比较糟糕时，我通常相信自己并有能力妥善地处理好（ ）高三
第3题 当事情变得比较糟糕时，我通常相信自己并有能力妥善地处理好（ ）高二
第3题 当事情变得比较糟糕时，我通常相信自己并有能力妥善地处理好（ ）高一

自我管理-4

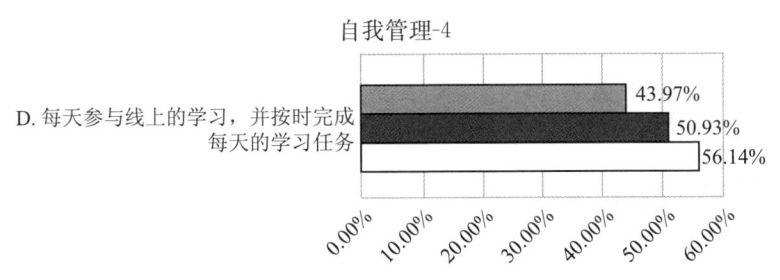

D.每天参与线上的学习，并按时完成每天的学习任务
43.97%
50.93%
56.14%

■ 第4题 疫情期间的线上学习期间，我能够按照学习要求完成各个科目的学习任务（ ）高三
■ 第4题 疫情期间的线上学习期间，我能够按照学习要求完成各个科目的学习任务（ ）高二
□ 第4题 疫情期间的线上学习期间，我能够按照学习要求完成各个科目的学习任务（ ）高一

图 6-35 高中各年段自我管理数据比较

图 6-36 中所反映的是学生在健全人格中的一些表现情况。其中，高二学生在遇到挫折时会主动告诉父母和老师且寻求支持的比例最高，高于其他年级接近 5 个百分点；另外，在陌生环境中，高二学生会主动问候微笑对人的学生比例也高于其他两个年级的。但是，在学习上遇到困难时自己先思考后再寻求学生和老师的学生中，高二学生所占的比例最低。

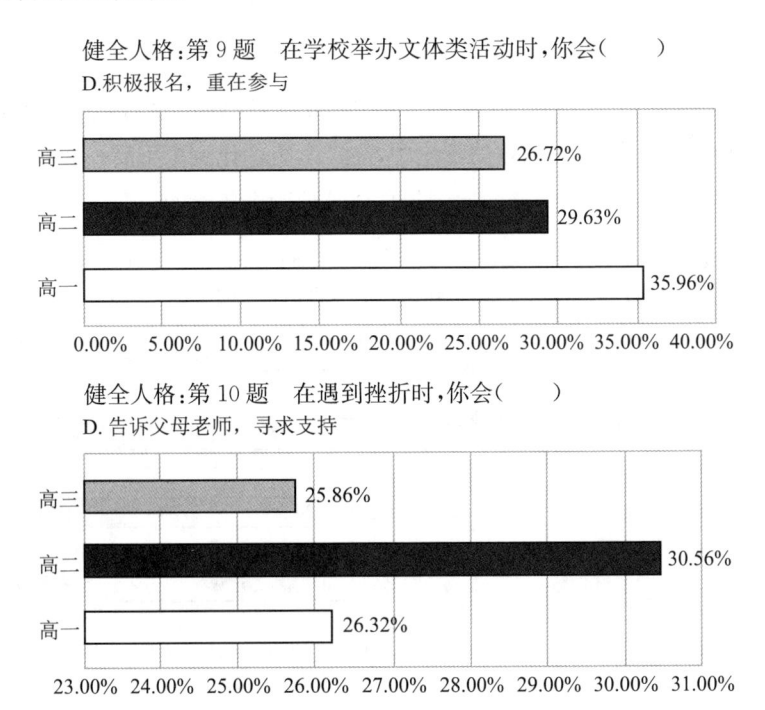

健全人格：第 9 题 在学校举办文体类活动时，你会（　　）
D.积极报名，重在参与

高三 26.72%
高二 29.63%
高一 35.96%

健全人格：第 10 题 在遇到挫折时，你会（　　）
D.告诉父母老师，寻求支持

高三 25.86%
高二 30.56%
高一 26.32%

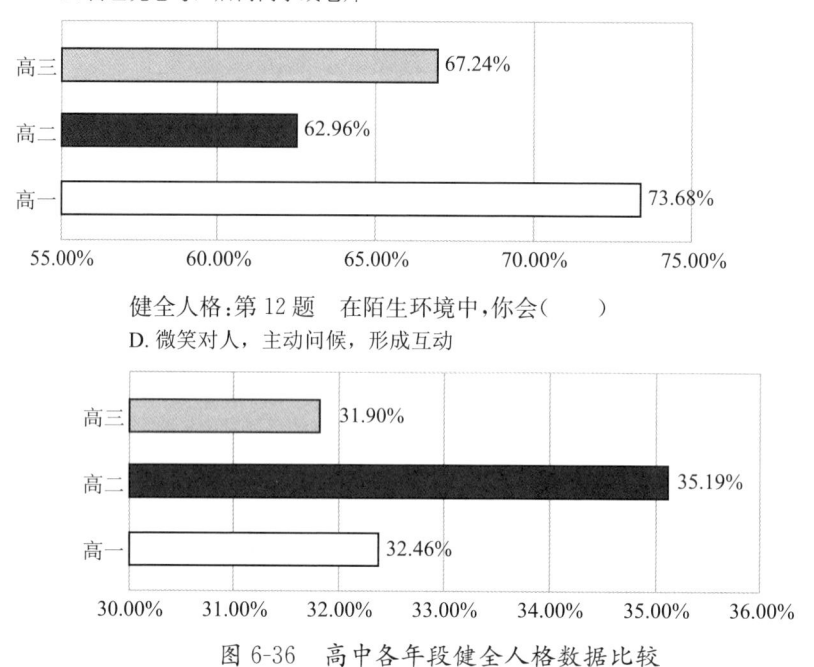

健全人格:第 11 题　在学习过程中遇到你不懂或不理解的问题,我通常会(　　)
D. 自己先思考,后问同学或老师

高三　67.24%
高二　62.96%
高一　73.68%

健全人格:第 12 题　在陌生环境中,你会(　　)
D. 微笑对人,主动问候,形成互动

高三　31.90%
高二　35.19%
高一　32.46%

图 6-36　高中各年段健全人格数据比较

在图 6-37 中的第 17 题中,当遇到学习困难或自律性不足时,是否能够调整心态,正确认识学习价值,克服困难的学生中,高二学生的比例少于高一和高三的,但不能调整心态,有畏难或厌学情绪的比例却高于其他两个年级的。

乐学善学:第 17 题　当遇到学习困难或自律性不足时,是否能够调整心态,正确认识学习价值,克服困难(　　)

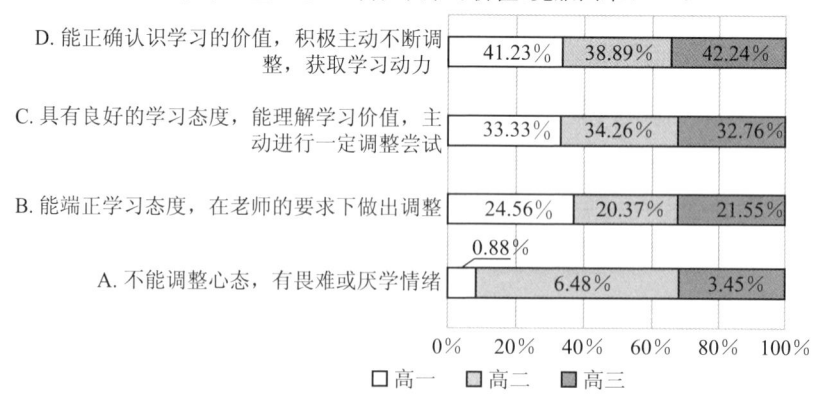

选项	高一	高二	高三
D. 能正确认识学习的价值,积极主动不断调整,获取学习动力	41.23%	38.89%	42.24%
C. 具有良好的学习态度,能理解学习价值,主动进行一定调整尝试	33.33%	34.26%	32.76%
B. 能端正学习态度,在老师的要求下做出调整	24.56%	20.37%	21.55%
A. 不能调整心态,有畏难或厌学情绪	0.88%	6.48%	3.45%

乐学善学：第18题 在学校开展的自主拓展活动中（如主题节、学科类活动比赛等），你是否愿意参与其中，并提高学习兴趣，获得成就感（　　）

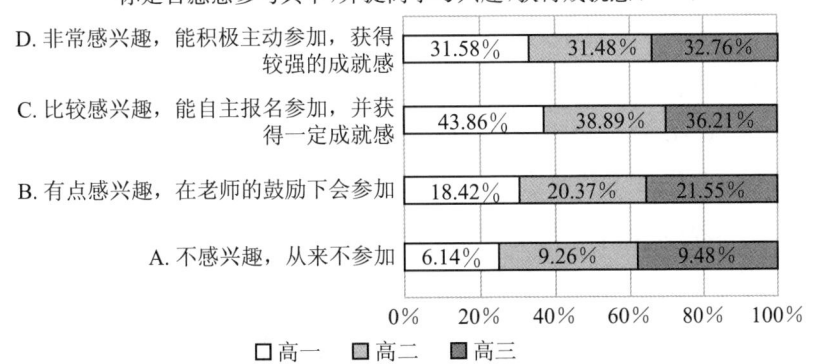

D. 非常感兴趣，能积极主动参加，获得较强的成就感　31.58%　31.48%　32.76%

C. 比较感兴趣，能自主报名参加，并获得一定成就感　43.86%　38.89%　36.21%

B. 有点感兴趣，在老师的鼓励下会参加　18.42%　20.37%　21.55%

A. 不感兴趣，从来不参加　6.14%　9.26%　9.48%

□高一　■高二　■高三

乐学善学：第19题 你平时如何完成回家作业

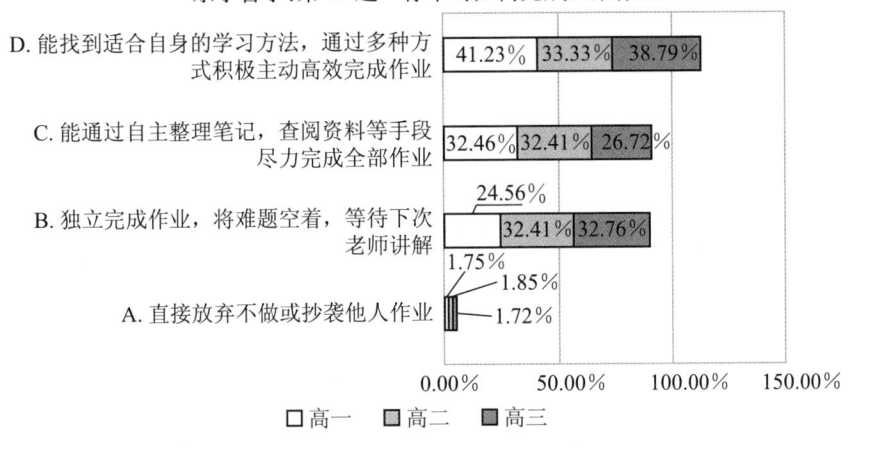

D. 能找到适合自身的学习方法，通过多种方式积极主动高效完成作业　41.23%　33.33%　38.79%

C. 能通过自主整理笔记，查阅资料等手段尽力完成全部作业　32.46%　32.41%　26.72%

B. 独立完成作业，将难题空着，等待下次老师讲解　24.56%　32.41%　32.76%

A. 直接放弃不做或抄袭他人作业　1.75%　1.85%　1.72%

□高一　■高二　■高三

乐学善学：第20题 你是否会利用网络等多渠道拓展学习途径，通过线上线下资源整合，补充学习资源以辅助课堂学习，提高学习效率

D. 积极主动一直会利用网络等渠道进行拓展学习　31.58%　36.11%　29.31%

C. 针对感兴趣或基础薄弱的内容，有时会　50.00%　53.70%　54.31%

B. 在老师要求时会　15.79%　9.26%　12.07%

A. 没必要，从来不　2.63%　0.93%　4.31%

□高一　■高二　■高三

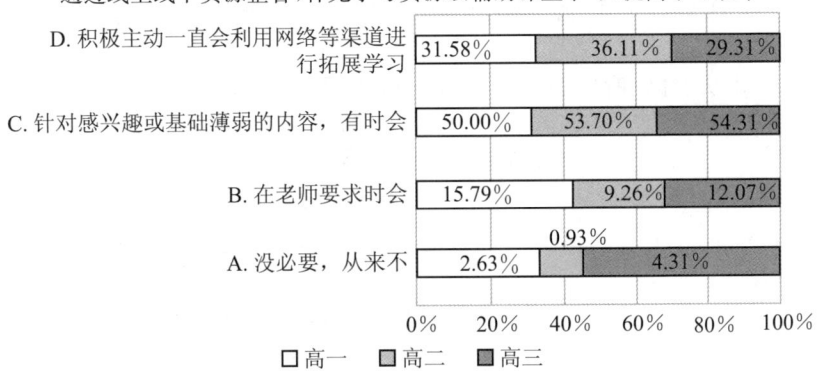

图 6-37　高中各年段乐学善学数据比较

在勇于探究，积极参与课堂学习、讨论和质疑等方面，我们从图6-38中的数据可以看出，高二学生的表现整体偏弱。比如，第29题问到"你的课堂学习状况"中，在多体验，多思考，对新授知识有很强的好奇心中，高二学生比例比高一的低近13%，比高三的低近3%。在第32题"在探究问题、解决问题的过程中，当探究结果和老师或者其他同学不同时"能"再次反复探究，寻找差距，直至成功"的学生中，高二学生低于高一学生12.91%，低于高三学生4.85%。

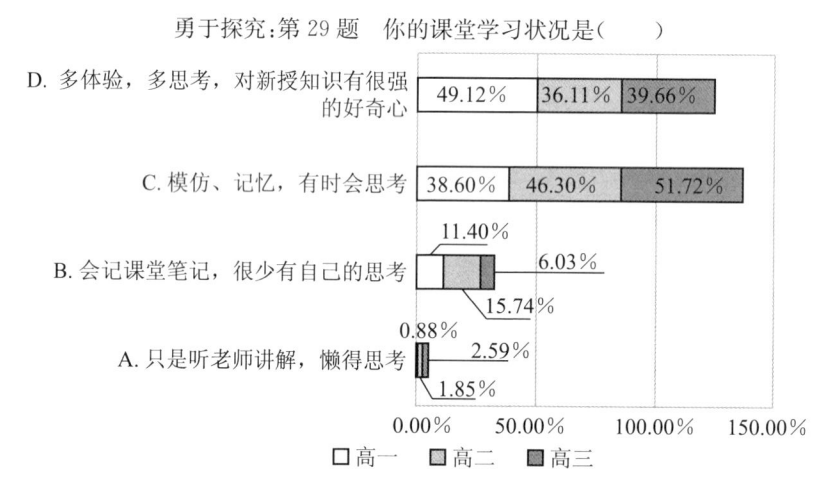

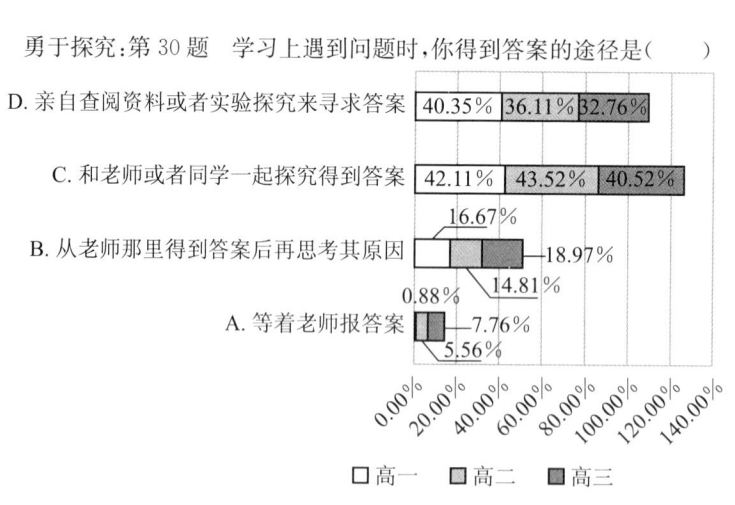

勇于探究：第29题　你的课堂学习状况是（　　）

D. 多体验，多思考，对新授知识有很强的好奇心　49.12%　36.11%　39.66%

C. 模仿、记忆，有时会思考　38.60%　46.30%　51.72%

B. 会记课堂笔记，很少有自己的思考　11.40%　6.03%　15.74%

A. 只是听老师讲解，懒得思考　0.88%　2.59%　1.85%

□高一　■高二　■高三

勇于探究：第30题　学习上遇到问题时，你得到答案的途径是（　　）

D. 亲自查阅资料或者实验探究来寻求答案　40.35%　36.11%　32.76%

C. 和老师或者同学一起探究得到答案　42.11%　43.52%　40.52%

B. 从老师那里得到答案后再思考其原因　16.67%　18.97%　14.81%

A. 等着老师报答案　0.88%　7.76%　5.56%

□高一　■高二　■高三

勇于探究:第 31 题　在探究问题、解决问题的过程中，
遇到挫折、失败，使探究不能按计划实施时，你的做法是(　　)

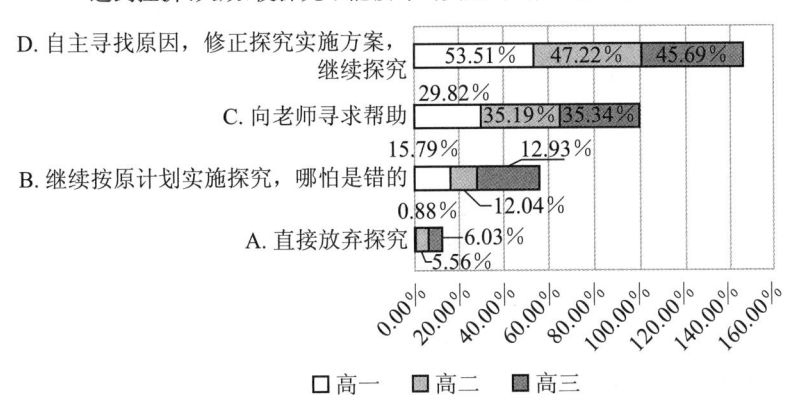

D. 自主寻找原因，修正探究实施方案，继续探究　53.51%　47.22%　45.69%
C. 向老师寻求帮助　29.82%　35.19%　35.34%
B. 继续按原计划实施探究，哪怕是错的　15.79%　12.93%　12.04%
A. 直接放弃探究　0.88%　6.03%　5.56%

□高一　■高二　■高三

勇于探究:第 32 题　在探究问题、解决问题的过程中，
当探究结果和老师或者其他同学的不同时，你的做法是(　　)

D. 再次反复探究，寻找差距，直至成功　67.54%　54.63%　59.48%
C. 接受他人观点　23.68%　31.90%　36.11%
B. 据理力争，认为自己的探究结果一定是对的　7.89%　6.03%　8.33%
A. 直接放弃探究　0.88%　2.59%　0.93%

□高一　■高二　■高三

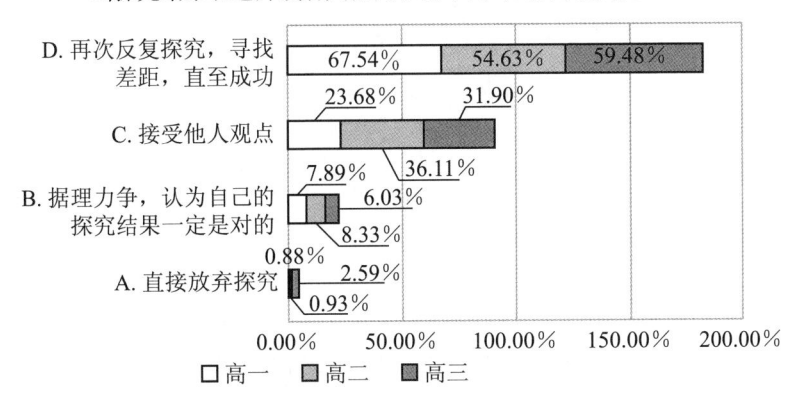

图 6-38　高中各年段勇于探究数据比较

这种情况在图 6-39 中的第 21 题同样出现高二学生在作业和反思中的表现要低于高一和高三年级。

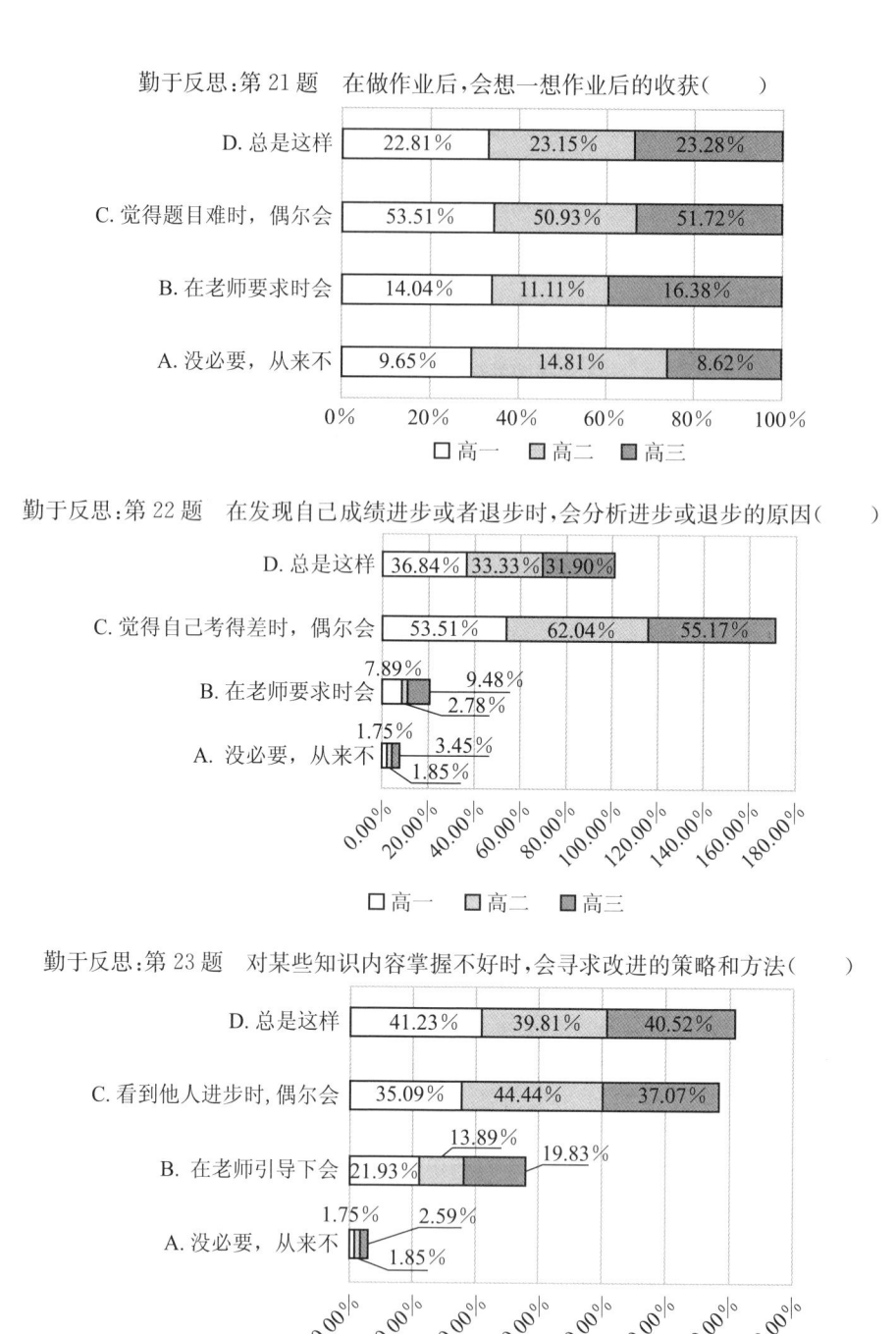

勤于反思:第21题　在做作业后,会想一想作业后的收获(　　)

选项	高一	高二	高三
D.总是这样	22.81%	23.15%	23.28%
C.觉得题目难时,偶尔会	53.51%	50.93%	51.72%
B.在老师要求时会	14.04%	11.11%	16.38%
A.没必要,从来不	9.65%	14.81%	8.62%

勤于反思:第22题　在发现自己成绩进步或者退步时,会分析进步或退步的原因(　　)

选项	高一	高二	高三
D.总是这样	36.84%	33.33%	31.90%
C.觉得自己考得差时,偶尔会	53.51%	62.04%	55.17%
B.在老师要求时会	7.89%	9.48%	2.78%
A.没必要,从来不	1.75%	3.45%	1.85%

勤于反思:第23题　对某些知识内容掌握不好时,会寻求改进的策略和方法(　　)

选项	高一	高二	高三
D.总是这样	41.23%	39.81%	40.52%
C.看到他人进步时,偶尔会	35.09%	44.44%	37.07%
B.在老师引导下会	21.93%	13.89%	19.83%
A.没必要,从来不	1.75%	2.59%	1.85%

勤于反思:第 24 题　会对学习的知识与方法批判、质疑(　　)

D. 总是这样　36.84%　34.26%　29.31%
C. 别人批评、质疑时,偶尔会　31.58%　36.11%　49.14%
B. 在老师启发下会　27.19%　25.00%　17.24%
A. 没必要,从来不　4.39%　4.31%　4.63%

□ 高一　■ 高二　■ 高三

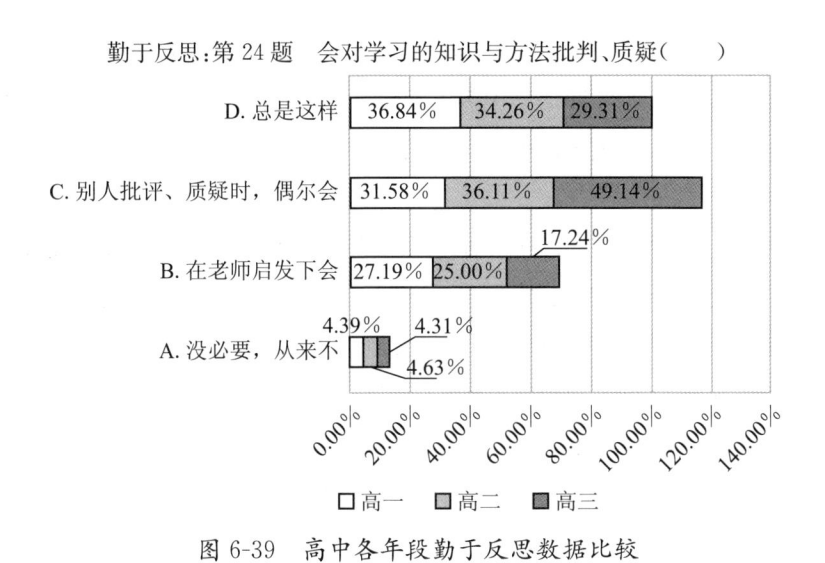

图 6-39　高中各年段勤于反思数据比较

五、调查结论

我们对调查数据从 3 个角度做了较为详细的分析:一是初、高中整体分析,二是初、高中对比分析,三是高中三个年级比较分析。通过上述数据的结果与分析,我们很欣喜地看到,课题实施 3 年来,学生的整体素质、学习上的表现等总体呈上升趋势,同时也反映出学段之间的差异。

(一) 健康生活

(1) 学校通过主题班会教育和成长反思等举措,引导学生自主讨论确定班规和轮流管理,温习校规校纪,明确人生目标,培养自我管理能力。调查数据显示,九成以上的学生自我管理意识较强;当遇到问题时,能够主动解决或者寻求帮助的学生也在九成以上。

(2) 以家庭教育、学校教育和社会教育为主要支柱,通过开办家长学校,加强家庭教育指导;学校邀请家庭教育方面的专家、心理学方面的专家给家长们开设讲座,提供咨询服务等,增强其健全人格培养意识。以系列亲子活动、"两代书"活动和"书香家庭"活动等,进行深层次的思想碰撞,帮助孩子健全人格的塑造。在学军、学农、学工、志愿者服务等社会实践活动中磨砺学生意志,铸就学生健全人格。调查数据显示,近八成的学生积极参加校内外的各项活动,在志愿者服务、社会公益活动等方面表现积极。

(3) 学校搭建的文化艺术、社团活动、科技体育、团队教育等平台,以社区公益劳动,敬老院、文化中心和医院的志愿服务为抓手,鼓励学生积极参与,培养中学生的社会责任感,坚定了学生战胜困难的决心,极大地增强了学生的社会责任意识和劳动意识。从数据来看,学生的表现也非常好。

(4) 调查数据显示,在健康生活中各项指标中,初中学生整体情况要好于高中学生;在高中学生中,高二学生相对于高一和高三学生来说,整体偏弱。

(二) 学会学习

(1) 我们在教学过程中实施的外部刺激——内部反应、目标驱动、学教反思等策略,在教学中采取的尝试—总结—改进、示范—模仿—迁移、情景—交流—升华等模式,引导和激发了学生主动学习的积极性,使得学生乐学、善学,增强了学生勤于反思的意识和能力。调查显示,能正确认识学习的价值,积极主动不断调整学习策略,获取学习动力的学生中,高中的占74.26%、初中的占77.99%;能找到适合自身的学习方法,通过多种方式积极主动高效完成作业的学生中,高中的占68.34%、初中的占73.67%。数据也显示,初中学生的表现要好于高中的;高中学生中,高二学生的表现略低于高一和高三学生的。

(2) 在指导学生学习活动的过程中,学校和教师更注重以人为本,在教学中以专题式、主题式、散点式、留白式等方法突出人文关怀。调查数据显示,学生们认为人文情怀与自主学习关系密切、互为促进,坚信学习能提升人的幸福感,初中学生达到70.53%,高中学生达到63.32%。

(3) 调查数据显示:在学习中遇到问题和挫折时,自主寻找原因,修正探究实施方案,继续探究的学生比例,初、高中均超过八成(初中为87.68%、高中为82.26%);而能够再次反复探究,寻找差距,直至成功的学生接近九成;若考虑主观因素等,这一比例也比较高。

这充分说明,我校学生的自主探究意识在不断加强,主动参与探究过程的欲望在不断增强。

(4)调查数据显示,在学会学习的四个重要因素中,初中学生的整体情况要好于高中学生的;相对于高一和高三学生而言,高二学生在学习动力、学习毅力和自主学习中相对偏弱。

第七章 基于核心素养培育背景下学生自主活动的基础保障与成效

一、核心素养背景下学生自主活动的基础保障

学校在完善思想保障、组织保障、制度保障、管理保障和资金保障的基础上，重点抓实德育活动保障和师资队伍保障两大保障基础。

（一）德育活动脚踏实地，促进学生"自主"

非智力因素问卷调查显示，我校学生在成就动机、学习毅力、好胜心、学习责任心、学习热情以及自我效能感等方面尚需提高。学习习惯和行为习惯的问卷调查显示，学生不良行为习惯和学习习惯亟待改善。我们认为，德育活动和德育教育一定要接地气，要融入学生的学习和生活，使德育活动落到实处，真正能够打动和触动学生的内心世界，让学生愿意并且能够愉快地成长。

1. 良好习惯，成就"自主"基础

习惯是一种储蓄，更是一种财富。教育家叶圣陶先生说过："教育就是培养习惯。"我们以起始年级的课前两分钟为抓手，开展"做好课前两分钟，养成学习好习惯"主题教育活动。

（1）大力宣传，明确意义。通过倡议书、广播台、电子大屏幕滚动宣传，让全体学生认识到课前两分钟对于学习的重要意义。

（2）制订方案，明确要求。方案既要针对学生们存在的一些实际问题，又要与各教研组的学科任务相适应；既要有可操作性，又要有实效。

（3）全员参与，有效推进。我们要求做到"一全员、二明确、三量化"，即全员参加，明确认识，明确要求，实行德育积分量化评价。

（4）一以贯之，养成习惯。做好监督，并如实填写"班级日记"。在班级德育积分中也增加相应的条例，从细小的规则入手，延伸到学科知识的提前学习，从而使两分钟预备铃时间的学习习惯渐渐培养起来。每学期结束时，班主任组织评选"课前准备模范"，树立榜样。同时，班主任组织学生撰写心得体会，对总结经验和下一学年的习惯深化有借鉴意义。

2. 缤纷活动，发掘"自主"动力

非智力因素主要包括学习动机、学习动力、行为习惯、情感、意志、兴趣、目标、信念、世界观等。培养学生的非智力因素，用说教的方法很难让学生接受，我们将非智力因素的培养融入活动之中，让学生在活动中体验、感悟和提高。同时，非智力因素的培养以及学生核心素养的培养贯穿中学阶段。

基于此，学校从新生入学开始，直至学生离开学校，通过主题班会、主题演讲、主题活动和主题节日等，培养其非智力因素和有为品质，发掘学生"愿为"的动力。

（1）主题班会，明确"自主"方向。主题班会的设计围绕从外在的行为规范到"有为"价值观引领，从常规管理到班级文化建设的深入开展，不断激发学生的主动参与意识，为学生"有为"发展领航，塑造学生"有为"品质。

例如，宋飞老师的"职业生涯规划"公开主题班会：了解高一学生对于未来想从事职业的认知和感受；通过引导职业选择，利用事例及职业测评报告帮助学生了解社会、职业及自身特点；通过对职业规划的了解，激发学生的内在学习动力。常进红老师的主题班会课"理想目标教育"帮助学生确立自己的理想目标，让学生明白目标对于成功的重要性，同时指导学生如何规划自己的人生，让学生能够制定出自己的人生目标、近期目标，明确实现目标的方法与措施。王美娜老师的公开主题班会课"直面高考"，使学生从自身出发，调整身心，以积极的心态面对高考，全身心地投入学习中，以正确的心态对待高三的学习。

又如，以校训"信心、毅力、自爱、责任"为核心的主题班会，季亚军老师的"责任与生命同行"，让学生明确责任贯穿人的一生，有责任感，是对家庭、对社会应有的素养。

沈利老师的主题班会课"建立自信,力争优秀",让学生写出自己在学习能力、交际能力、文娱才能、体育强项、性格方面、动手能力和其他方面存在哪些优点和长处,从而增强自信。孙婧老师通过主题班会课"毅力",在活动中使学生认识什么是毅力,向具有顽强毅力的人学习;让学生树立志向,在学习和生活中战胜惰性、磨炼自己的毅力,勇于克服学习和生活中的困难,做到持之以恒。蔡英老师的"树立自信,放飞梦想",更是将自信品质与理想教育结合起来,通过体悟自信对一个人的影响,让学生懂得自信、自立、自强的精神对于实现自己远大的梦想的重要意义。

在开展"自主学习"为主题的班会课时,各年级班主任老师精心设计主题班会,以教师宣讲、学生小品表演、资料分享、互动体验等形式组织班会活动,帮助学生理解自主学习的重要性以及相关的方法,为学生自主学习指引方向。田秋老师的"让我们成为自主学习的人"、吴丹青老师的"主动学习,实现理想"、唐晓雯老师的"自主管理自主学习"等主题班会课都引起了较大的反响。

(2) 主题演讲,展示"自主"信心。《吴迅的故事》一书是根据吴迅先生的自传及有关吴迅一生的资料编写而成的,是不可多得的教育资源。预备年级的学生们品读校本教材并进行演讲活动,已成为我校的特色德育课程。

每年的金秋,学生们认真品读吴迅老先生曲折而辉煌的一生后,满怀激情,着手演讲。以"信息、毅力、自爱、责任"严格要求自己,激励自己进步,"不要小看自己,成功全靠努力",只要奋斗不息,人生终将辉煌。

每学年,学校经过各年级的推荐和筛选,7个年级共选出了14位选手参加"做有为的吴迅学子"宣讲活动。学生们从不同的角度诠释着"有为"的定义,使学生们认识到,在吴迅中学学习的日子里,要不断进取,勇于开拓,不断成长,做有为的吴迅学子,成就美好未来。

(3) 系列活动,激发"自主"兴趣。几年来,我校德育处根据学生成长规律和认知特点,结合校情,已经形成较为固定的系列活动模式。

系列之一:入学校训

针对起始年级,班主任组织学生学习《新生入学手册》,了解校规、校纪,参加军训。在军训中,学会互相帮助、相互鼓励,体会团结协作的重要性,使学生从稚嫩走向成熟,从娇气变得坚强,从依赖到自立自强。

系列之二：义卖活动

针对各个年级，我们在活动中要求每个班设计流程和方案，要有创意，包括店长、财务、仓储、安保、宣传、营销人员。

义卖活动，可以帮助学生培养积小善成大爱和低碳环保理念、团队精神、文明礼仪组织能力，既锻炼了学生，又使物品再获使用价值并奉献了爱心。

系列之三：敬老活动

针对各个年级，我们每年组织学生参加敬老活动，把敬老爱幼的传统美德更好地传承下来。康桥镇敬老院是我校社会实践基地，每学期学生代表赴康桥镇敬老院送温暖。活动内容丰富多样：为老年人清洁家园，让他们有舒适的居住环境；和老年人聊天，让他们的单调生活鲜亮起来；为老年人送上精心准备的节目，让老年人感受节日的热闹气氛。学生们在与老年人的共处中，了解到了他们的需求，感受了他们的喜乐，领悟了敬老活动的深刻意义。

系列之四：成人仪式

通过成人仪式教育，关注学生生命成长的过程，扩展学生生命存在的丰富性，努力形成一个能让学生不断汲取正能量、释放正能量的精神场。仪式上有校长寄语、家长代表发言、学生代表感言、年级组长向学生分发《中华人民共和国宪法》，学生在庄严的宣誓与签名仪式中结束。通过成人仪式活动，使学生明确其社会责任和社会义务，从而增强个体进入负有使命的成人社会时须具备的道德感和责任心。

系列之五：毕业典礼

针对毕业生，毕业典礼是学校礼仪文化的重要组成部分，是传承校园文化和优良传统的重要载体。每年6月，由高三年级组精心策划和准备的"青春不散场，有梦继续追"在多功能厅举办，在校长寄语、教师代表发言、毕业视频、师生节目中回顾了3年的高中生活，学生们感恩老师、学校的关怀，师生情在活动中得到升华。通过毕业典礼，学生们也学会做人、学会感恩。

系列之六：愿者活动

针对高中学生，志愿服务不仅有利于中学生拓宽视野，有利于培养学生沟通交流、团队合作的能力，而且有助于中学生获得自信。志愿者服务还激发了学生的学习动力和创造力，为未来的职业生涯和人生方向开启了探索之门。在高中生涯中，学生要在17个月里,完成志愿服务内容。每届毕业生总服务时间达9 982小时(14 973学时),参与志愿者服务达2 641人次。同学们在志愿者服务过程中有深刻的感受,多位学生受到基地的表彰。志愿者服务培养了学生的自主管理和自我监督的能力。

(4) 主题节日,提供"自主"舞台。为落实"两纲"①教育,我们根据中学生的身心特点,以"文化节"的形式,熏陶和感召学生,锻炼学生心理品质,促进学生全面发展。学校每年举办艺术节、科技节、心理节、体育节等文化节日,让学生在更多的舞台上展示才能,张扬个性,培养学生积极进取、自信乐观、实践创新的精神。

① 艺术节,个性秀才艺。学校每年在11月开展艺术节活动,从年级到全校,共设7个专场和一个汇演。艺术节为学生提供了绚丽的舞台,为校园注入了青春活力。在艺术节中,广大师生以自己的才情,弘扬和创造了吴迅的艺术文化。

② 科技节,科学助梦想。近年来,吴迅中学学生在全国、上海市及浦东新区举办的各种科技竞赛中获奖无数。举办科技节,进一步推进了我校科技教育特色项目,展示了我校科技课程的新成果,培养了学生的科学素养,为学生的兴趣爱好和科技梦想提供展示平台。

2016年5月17日,我校成功举办"康桥吴迅杯"科技节。2016年康桥镇青少年机器人展示及竞赛暨康桥镇科技体育展示活动在吴迅中学隆重举行。在生动有趣而又有文化内涵的机器人模型展示及比赛中广泛深入地培养我校学生的科学素养,吸引了更多的吴迅学生踏上神奇的科技之路。

2016年7月2日,学校举办了暑期车模、船模大赛。学生们遥控驾驶各种有意思的船模:万吨油轮、嘉年华豪华游轮、气垫船、航空母舰、战列舰。

学生们收获了科技新知识,也培养了对于物理、技术、工艺的兴趣和技巧。这些都在他们心中埋下了工匠精神的种子。

③ 体育节,运动促成长。学校每年举办秋季田径运动会,培养了学生勇敢顽强的性格、超越自我的品质、迎接挑战的意志;通过运动会,学生的竞争意识、协作精神和公平观念得到进一步的培养。他们感受到体育运动带给自己的快乐以及在学习、

---

① "两纲"注释:《上海市学生民族精神教育指导纲要》和《上海市中小学生生命教育指导纲要》(简称"两纲")。

生活和心灵上的提升和充实,从而热爱运动并健康成长。

④ 心理节,健康护青春。每年举办的心理节,包括心理知识讲座、相关知识竞赛、心理游戏、心理团队辅导等各个环节,可以营造一种良好的心理文化氛围,让更多的学生认识到心理健康的重要性,从而促进学生良好的心理品质的形成和发展,促进心理健康教育的普及与推广。学生通过参加心理节活动,可以发展自我,完善自我,也可以更好地认识心理学、关注自身心理健康、解除心理困惑,营造阳光、健康的校园氛围,塑造积极、乐观的学习心态,以主动适应社会发展的要求。

3. 自主管理,提升"自主"空间

发挥学生会的作用,实施学生自主管理,让每个学生有实践的机会。让所有学生动起来,学生会能做的学校不干预,学生能做的老师不代办,学校、部门、老师只是起领导、协助和引导的作用。

我校自管会的成立,旨在让学生实现"自我管理、自我教育、自我服务、自我约束"。

目前,学生自主管理委员会下设宣传部、学习部、生活部、文体部。自管会成员主动参与到各项学校工作中来。自管会及时掌握学生的思想、学习动态,参与组织学校的各种大型活动,在参与学校管理中发挥作用,已然成为德育处、教务处老师的助手。自管会组织每天的值日和卫生检查、课间操和升旗仪式、每周"卫生流动红旗"评比等。自管会成立了学校值日周监督岗,并对各班实行严格的考评制度。

在学生的自主管理下,学生的行为规范已经取得了明显的效果。经过反复实践锻炼,良好的文明礼仪正内化成为学生自身的习惯和素养。

(二) 师资队伍求实创新,夯实"自主"基石

培养"有为"学生,首先需要有一支"有为"的师资队伍。"有为"的教师不仅需要刻苦钻研、勤奋笃学,还要不断地更新教育教学观念,积极探索教育教学规律,改进教学方法,从而把课堂真正还给学生,让他们能"有所作为"地学习、"有所作为"地发展;教师本身也能在研究的过程中促进自身发展,形成"有为"教师队伍。为此,我们通过

青年教师主题培训和校本研修两种途径,促进青年稳步成长和教师的专业发展,打造"有为教育"的师资队伍。

1."自主"主题研修,夯实教师学科专业技能

教研组整体发展了,全体组员才能得到良性发展。因此,我们以教研组全员发展为目标,以教研组全体成员参与的形式开展主题式研修活动。从全员参与教研组主题的确立、教研组计划的制订,到各项工作开展的细节,集团队之力、组员协作之心,共同促进教师专业能力的发展。

(1)定时定点定主题。学校确定每周五15点至16点30分,为教研组主题研修时间,并确定每次的研修主题。其中,每个教研组结合自身学科特点和教师基本情况,确定不同的研究主题,并将研究主题贯穿一个学期,根据实际情况做细微调整。

在研究过程中碰到疑难了,教研组主动邀请区内学科专家、教研员,寻求实地指导开拓思维。通过主题式研究的载体,基于实际问题的行动研究,逐步转变教师教育观念,更新教学行为,提高教学技能,从而改进课堂教学,践行"有为"之师的改革之路。

(2)研修途径多元化。

① 基于课堂教学的研修。教师们在立足课堂关注有效教学的同时,不断反思自己的成功和不足,在取经中自我磨炼。3年来,每学期组织教师开展课堂教学的诊断与分析研究,取得了较好的效果。(见学科教学部分)

② 基于网络平台的研修。学校现有的教学视频资源平台、Moodle网络研修平台、精品资源库平台、腾讯云即时通讯系统等,使教师们在网络平台中获得了更多的资源和信息。

③ 基于校际合作的研修。教师除了参加本区和本市的教学研究活动,以及区教研员的定时"把脉问诊",提升教师的专业技能以外,为了开阔视野,使校本研修更加注重实效,学校通过"中国长三角优质教育资源网"平台等信息化手段在"结对"学校之间广泛开展网络研修。在教研、互动评课、校本资源库开放共享等"线上""线下"交流活动,相互交流,共建、共享优质教育教学资源,相互促进,协同发展。

2."自主"专题研修,提升教师课堂教学能力

教师的教育理念需要不断更新,个人的业务素养、教学能力需要不断提高,为使教师队伍的建设更有发展空间,学校每年寒暑假组织开展"吴迅中学暑(寒)期校本研修活动",通过多形式、多内容、多层次的培训,依托专家、专业人士的优质资源,为教师们传经送宝,同时也有效提升了"自主"教学的研修氛围。

上海市教育委员会教学研究室副主任、特级教师赵才欣老师题为"如何指导学生开展自主学习"的讲座,让教师们从结合自己培养学生自主学习能力的比较中看到了现状和利弊,一些症结豁然开朗。特级教师于基泰老师题为"教育的功能是什么"的讲座,让教师们体会到,要成为一名成熟的教育者必须拥有教育艺术和智慧。陆茂荣老师为全体教师进行了教学案例的分析点评。他的悉心点评使教师们对如何撰写案例有了清晰的思路。

3."自主"教学展示,促使教师追求更高目标

为推进教学改革和发展,提高课堂教学效率,深化素质教育,学校每学年开展教学节活动,一届一个主题,至今已举办16届教学节。活动旨在提升教师的专业水平,促使其有更高的目标,同时能促进对学校校本课程的开发。

教学节包括区骨干教学展示、教学评比、青年教师汇报、"创新课堂"教学论坛等。目的是通过各层面的课堂教学研讨,推进教师在教学实践中有新的尝试、新的作为,研究提高课堂教学的有效性,促进学生自主学习。

随着课题研究的不断深入,在开展教学节的同时,学校举办了打造主动课堂的区级层面的展示活动。浦东教发院专家、教育署及镇政府有关领导,30多所兄弟学校近百名教师参加了活动。活动通过教学展示、教研组主题开放、教学论坛3个环节,展示广大教师在潜心思考、努力变革,在优化教法、学法、学生自主学习习惯培养等方面的实施成果。展示课共涉及8个学科,体现了各教研组的全员参与,而交互式白板技术,彰显了科技服务于教学的课堂变革。

4."自主"案例撰写,凸显教师实践探索精神

学校一直以"关爱、自信、主动、有为"为建设目标,在各领域开展研究工作。通过

邀请专家学者到校做专题讲座,更新教师理念,指点实践方略,教师对开展校本研修、进行教学实践研讨、寻求"有为"教育的突破口有了更多的思考和认识,并形成有关实施自主学习方式的教学探索、教学案例、班主任管理等论文和案例,提炼和总结研究成果。

自主课堂要素之一:问题要沉缄深邃,疑窦丛生

古人云:"学贵置疑,疑是思之端。"问题意识、质疑能力的强弱,是学生自主学习能力的重要标志之一。教师沉缄深邃、疑窦丛生的提问向学生提供了思维的空间,才具备了培养这种能力的可能性;相反,"是什么""在哪里"之类的低效或无效提问,对发展学生自主学习、自主探究能力基本没有作用。自然,这种提问与组织讨论的能力与教师实践智慧是紧密联系的。

【案例7-1】初中语文自主阅读中学生质疑性问题的提出策略——万玮

我们语文组教师在课堂实践的基础之上,针对提高语文自主阅读中提出问题的技巧,学生质疑的能力提高,做了一些探索。我们选择材料把握一个原则,从培养学生自主阅读的兴趣和意识出发,选择自己感兴趣的难度适宜的文本,这样有利于自主学习时不断质疑和追问,以达到深度阅读的层面。如何质疑文本,提出有深度的问题?我们在探索中发现,对于初中学生来说,应该把握好以下几点:首先必须在教师的指导下,学生模仿为先。所以,我们引导学生,一是关注教师从哪里入手,提出了什么样的问题。二是关注教师提问的角度,解决了什么样的问题。三是思考教师提出问题的具体步骤并习得方法。其次,在指导中,教师要注意培养学生的问题意识,读到一定地方要问为什么。从课堂和教材中获得提出问题的路径。关注前后文的关联,思考为什么。带着问题意识分析,体味理解作者的写作意图。再次,对别人已经发现的问题要善于深追并深度思考。思考别人提出的问题或者结论,并追问思考。最后,关注文本的类型,思考核心问题,培养自主阅读的系统性。我们还特别推荐小组合作质疑的自主阅读方式,讨论共同感兴趣的地方并思考为什么,和阅读同伴交流阅读心得,分析不一样的地方,并反复追问为什么。

自主课堂要素之二：引导要启而有法，开而弗达

课堂教学是以学科知识作为内容、由教师灌输学生被动接受，还是启发引导学生探索思考，主动感悟？这是教师教学理念正确与否的标志。我们提倡教师采用多种方法引导而不是牵着学生，有点强制而不抑制学生，开导启发弄清道理而不代替学生做出结论，让教师成为教学的指导者、启发者和促进者，而这也是培养学生自主学习意识与能力的重要渠道之一。

【案例7-2】探究学习在物理课堂教学中的应用——金向敏

物理规律的形成需要在学生的认知基础上，产生新的问题，在"设疑"之后，鼓励学生大胆猜测，提出可以解决问题的各种想法和假设，他们往往会形成独特的思路和独到的见解。这些做法，能不断启发学生用联系的眼光观察、思考。这不仅是一种方法，还是一种思想。学生独立地根据自己的猜测，确定验证的方法，是把传统的教师灌输知识，变为教师引导下学生主动寻找规律、设计过程。在物理教学中，我经常设计探究实验便于学生探寻规律，也可以以已有经验认知作为推断的前提，这种生成离不开原有的认知基础，因此在知识构建的过程中，通过知识的迁移帮助学生找准新知识的"生长点"是常用策略。这是探究的核心过程。在这一阶段，学生需通过动口、动手、动脑、全方位参与下，边动手、边思考、边讨论、边总结，深入探究。这是一个获取知识、培养能力的过程，最终促使学生学会学习、自主学习。通过探究，学生获得感知，再对这些信息进行比较、分析、概括、加工。教师辅之以适度的点拨、补充，总结结论，发现规律。在这一过程中，学生思维能力得到很好的锻炼。因为结论归纳和提炼是学生（而不是教师）在已有的认知基础上归纳结论，构建新知识，所以更真实，更有说服力。

自主课堂要素之三：过程要随机调控，形散神聚

我们发现，越是凸显学生自主性的课堂教学，学生各种思考和活动的离散性越强，这并不可怕，只要学生所有的思考和活动都是围绕着教学主旨和教学目标的，那么就是形散神聚的活泼灵动的课堂。教学过程要达到形散神聚的效果，自然需要教师对每一个教学步骤都实行有效的随机调控——给予适当的引导与点拨,学生的自主学习积极性才能得到最有效的锻炼与提高。

> 【案例7-3】以辩论活动训练学生思维——张爱华

高中语文教学中,议论文的写作是教学重点。它重视审题的准确、立意的新颖、思维的严密、语言的有力。传统的作文教学是比较枯燥的,费事而又无效的,机械地讲解和分析抹杀了学生思维的火花,最终硬生生地把最能反映高中学生思想、最能考察高中学生思辨能力的议论文写作变成八股文的教学。学生的自主性学习、主动性学习更是无从谈起。近年来,我尝试把辩论活动引进课堂,以辩论为抓手进行议论文的训练,无疑是摆脱议论文写作困境的良方,是培养学生自主性学习的正途。教师组织学生观摩辩论赛事,引导学生掌握辩论程序、研究辩论技巧,然后将所有的学习任务交给学生:通过小组讨论、大组评议,拟出辩论议题;组内辩论,选出辩手;自行抽签,组成正反双方和评审团;确定辩论程序,正式进行辩论。整个过程由学生自行完成,教师只在前期进行初步指导,后期就辩论过程进行理性的分析,具体指出学生在辩论过程中存在的问题并进行必要的指导。初期,学生难免感到生涩,有失误,思维和逻辑存在问题。经过一段时间的磨炼和指导,学生的水平渐长。于是不断训练,不断指导,学生的逻辑思维能力有了明显的提高。整个过程都在活动中展开,学生甚至没有感觉到教师在指导议论文教学,却又在无形中达到了教学效果。

前文中提到的自主课堂八大要素的提炼和总结,都是来源于一线教师在课堂教学中的实践和体会而形成的论文或案例。这些论文和案例凝结着广大教师的思考、认识、反思和智慧。

5. "自主"读书学习,培养"有为"青年教师队伍

青年教师队伍不断扩大,青年教师培养工作已成为学校工作的重心之一。我们制定了青年教师五年培训规划,我们的期望是:一年能入门,二年能达标,三年能出成绩,五年能成教育教学骨干。

培训主题包括职业领悟与师德修养、课堂经历与教学实践、班级工作与德育体验、教学研究与专业发展。

培训方式包括:一是学校区骨干教师通过开设微型讲座的方式增加"实战"经验,获得相应的感知、体验和感悟。二是聘请专家指导的方式更新教育理念、改进教学方法,帮助教师实现专业素养的提升。三是每学期共读一本书,撰写读书成长感悟。四是利用读书社团,搭建互动平台,助力青年教师快速成长。五是组织教学比赛和教学论坛。这些培训磨炼着教师的各项教育教学技能。他们对教学充满热情,有作为、敢担当。他们更在向智慧型教师努力靠拢。

【案例7-4】偷时读点,悦读悦行

2018年成立的"偷时读点"社团,吸纳中青年教师31人,跨越学校各个学科,涵盖老中青三代,其中高级教师9人,中层11人,显现了读书社强大的学术水准和政治保证。

社团活动的宗旨是:偷时读点,悦读悦行。即只要你愿意"偷","偷"得浮生一点,今天一点,明天一点,聚沙成塔,集腋成裘。

开社至今,线下线上活动多次,每次皆有主题。

例如,我们举办了共读叔本华《人生的智慧》的现场交流会。我们利用一个月时间,在领读者的带领下,在线上共读了叔本华的《人生的智慧》。领读者发布每周的阅读任务和思考题,读书社成员在群里纷纷发言,踊跃程度令人感动。第三次活动就以此书为主题,展开现场的交流会。大家感言,面对面地交流更能享受阅读分享的乐趣。

读书社活动从开社伊始,就受到学校工会的大力支持。每次活动,党、政、工干部全部到位,并作为普通社员参与阅读、学习和交流。随着活动的持续开展,形式和内容的日臻成熟,教师反响、阅读呼声的日益增高,学校把读书社活动纳入教师专业发展、纳入教师考核范围。读书社成员愈读愈勇,参与各界读书征文,获奖众多:

① 张爱华、万玮、于晓莉等老师曾多次在长三角"黄浦杯"征文中获奖,获得市二等奖、区一等奖等;

② 万玮、宋飞老师分别在浦东教育学会 2019 年优秀教育论文比赛中获区二等奖和优秀奖；

③ 在"我为学校点赞"征文活动中，我校选送 7 篇，有 5 篇获奖，最高奖为袁志敏老师的《吴迅中学赋》，获区一等奖……

除了各界征文屡获佳绩，在其他领域，读书社成员也遍地开花，捷报频传：王瑛老师的化学教学论文获市三等奖；唐晓雯、罗舒璃老师所授课程入选 2018 上海市中小学科德育精品课程……

【案例 7-5】共读一本书

学校每学期都会根据青年教师发展的特点和教育教学技能培养的需要，选择一本适合的书进行共读。我们以共读《改善学生课堂表现的 50 个方法》一书为例，组织青年教师进行阅读，鼓励大家结合教育教学实践，谈自己阅读的体会、感悟和反思，以此促进青年教师发展。

张婷老师以"做一个幸福满满的教师"为题，谈了她阅读《改善学生课堂表现的 50 个方法》一书的体会和感悟：

【案例 7-6】

拿到这本书，当我翻开时，扉页中的一句话深深吸引了我："如果你想成为一名优秀教师，想让学生表现更加优异，想使课堂活动更有效率、氛围更加活跃，想更好地激励学生，那么此书绝对值得一读！"回想自己 4 年来的教学工作，有成功的也有失败的，既然这本书能改变我现有的教学情况，何不拜读一下呢。带着这样一份好奇又渴求的心情，我开始阅读此书。

这本书归纳了 50 个改善学生课堂表现的方法。作者认为，教师是课堂的主导者。优秀的教师善于捕捉学生的闪光点，经常表扬学生，真真切切地关心学生，经常鼓励学生，使学生不断进步。优秀的教师懂得尊重学生，并且让自己的课堂变得轻松有趣,能激发学生学习的兴趣,从而提高课堂教学的效率。这本书的作者一直强调的就是表扬学生,结合自己的工作实际,我发现自己不是一个经常表扬学生的老师,也可以说不太擅长表扬。本书第41章中写道:"当着别人的面夸奖学生,指导我们如何夸赞学生。"我们可以当着家长的面,也可以当着其他老师的面去夸赞学生,这样在无形中就能与学生建立起积极的关系。第22章中也谈到了,教师要关注并表扬学生的良好表现。因为每一个普通人都希望别人能看到自己的优点,更何况是处在成长阶段的学生呢。他们是最渴望听到表扬的,因为这是他们变得越来越好的动力。

作为一名一线教师,我们常常会遇到许多烦恼,即来自学生、家长或者一些工作上的难题。这些不顺心的事情往往让我们情绪不佳,压抑不堪,有时还会情绪爆发,莫名生气发火。读了此书,我忽然明白了,教育中时时都有烦心之事,而且人人都有,因此,调整好心态,才能获得教育中的幸福感。优秀的教师是一个绝佳的情绪管理者。书中第46章提出,时刻保持最好的状态。这一章中提到了优秀教师要有职业素养,有几条让我觉得很受用:一是跟每一个你遇到的学生亲切地打招呼;二是用热忱的态度来教学;三是不要对任何一个人说负面话语;四是不要抱怨;五是要做问题的解决者,而不是问题的制造者。

书中第29章指出:"学生经常会戴着面具——用面具来掩盖自己的内心。"摘下学生的面具,让我阅读后有很大的感触。这句话让我想到了自己班上的一个女生。这个女生生活在一个单亲家庭中。母亲在她出生后不久就去世了,她和奶奶还有父亲生活在一起。起初,见到这个女生,她给我的印象是活泼、认真、健谈的一个人。但是随着时间的推移,接触久了之后,我发现这是一个戴着面具的学生。她的活泼、认真、健谈都是伪装出来的。她的内心其实很孤单、很缺爱,笑容也不是发自内心的。后来,我找了一个午休的时间和她聊了聊,发现她不仅孤单,而且内心极度不快乐,每天都活得很压抑。发现问题后,我就经常和她聊天,慢慢地她向我敞开心扉。她每天都会跟我诉说她的学习和生活状况,会跟我聊她喜欢的书籍、喜欢的明星,就这样我成了她的朋友、她的姐姐。她愿意与我分享她的喜怒哀乐,我也愿意倾听她的诉说。最终,她在我的面前揭下了自己的面具,因为我是她信赖的人。所以,当我们发现戴着面具的学生时,我们要像书中说的那样,试图走近学生,摘下学生的面具,读懂他们的内心,给他们关心和爱。

......

这本实用性的工具书带给我的收获很多,它是一本值得反复阅读的书籍。很幸运这个暑假我与这本好书相遇,相信在未来的教育教学工作中,它能给我很多帮助,帮助我成为一个立足课堂的优秀教师,促使我成为一个热爱教育工作的幸福教师!

阅读是一件最重要的小事,这件小事我会一直坚持下去。

朱莹莹以《小技巧　大改变》为题,阅读《改善学生课堂表现的50个方法》感受颇多:

【案例7-7】

最近阅读了《改善学生课堂表现的50个方法》这本书,正如本书封面上所写的"小技巧获得大改变",在这本书中作者基于自己的或观察到的他人的教学实践提炼出了50个改善学生课堂表现的小方法,而这些小方法有的只是一句简单的问候,却能带来难以想象的变化。这些小技巧、小方法,对于我们新教师来说,能够带来大大的改变。

......

这本书区别于其他书籍的特点在于,聚焦性强,集中于课堂上学生不良行为的改善,这正是我们青年教师最缺乏的方面。对于我们刚刚步入教育行业的年轻人,还缺乏与学生"斗智斗勇"的技巧。在我这短短一年的教学经历中,我已经深深体会了什么叫无能为力。我经常面临一些让人头疼的学生行为问题,对于课堂上学生不听课、说小话、乱接话茬等行为,我深恶痛绝却往往束手无策,但近期阅读的《改善学生课堂表现的50个方法》这本书却给了我很多的启迪。

......

一、师当以生为本

何为师?《礼记》中说"师者也,教之以事而喻诸德也",韩愈说"师者,传道授业解惑也"。那么,为师之人传道于谁,为谁解惑,为谁育德?答案毫无疑问是学生。

回首这一年的教学经历,有多少次面对学生课堂上的不良行为,我是真的因为其不学习不上进而恨铁不成钢,还是因为他打断了我的教学影响了我的情绪而怒不可遏呢?我反思了一下更多的是后者,可是我们传道授业的对象是学生,是每一个学生,但我们却总是忽略了这些表现不好的学生,甚至把我们最丑恶的嘴脸都给了他们。

在这本书中,我能够深刻地感受到作者对于学生的爱,他是真的把每一个学生放在了他的教学之本上。在面对学生的不良表现的时候,他首先想到的是去找原因,他首先做的是去问学生还好不好,他首先保证的就是绝对不会把坏的情绪、糟糕的脾气丢给这些学生。

……

读完这一本书以后,我想提醒自己,后续再面对课堂上的不良行为的时候,请先冷静下来,请给这些学生多一些关心、信任和尊重,真正做到以学生为本,以每一个学生为本。

二、师当以巧治学

虽然才工作一年,但是我不得不承认有一些学生真的是屡教不改,有一些学生真的是让人很有挫败感,有一些学生真的是让我气得牙痒痒的。但是,回过头来想一想,我脾气也发了,学生也说了,家长也找了,有用吗?是不是调皮的淘气的还是那几个?那么这是不是说明我们得换一个思路,找一个其他的办法了。

……

书中还介绍了很多改善学生课堂表现的巧方法。在一篇短短的读书笔记中是没有办法穷尽的,但是在作者的笔下,我感受到了作者的智慧与机警,他总是在想着用各种巧妙的方法化解学生的不良情绪和行为。而这也提醒着我们每一位一线教师,在面对学生的问题的时候多动脑、多思考,尝试运用一些小技巧、小方法来解决问题,而不是采用正面冲突的方式。

本书介绍了改善学生课堂表现的50个方法,虽然都是一些小技巧小方法,但是若运用得当也能带来令人惊喜的变化。要想将这些方法熟练运用于教学实践,并从中提炼出适合自己的教学技能,还是需要时日去践行和创新的。在接下来的教育教学生涯中,我会把这本书常放案头,多向它请教,期待它能带给我和学生更大的变化。

二、基于核心素养培育背景下学生自主活动的初步成效

(一) 来自学生的变化

1. 学生的精神面貌有所改变,阳光正气

通过主题班会、主题活动,师长潜移默化的教育,学生们端正了思想,提高了认识,改掉了缺点,精神面貌大为改观。

(1) 改善仪容仪表。在校穿着校服校裤,佩戴好校徽和红领巾,洋溢着青春朝气和满满的正能量,以往穿牛仔裤、穿耳钉的现象不复存在。

(2) 遵守作息制度。按时到校,努力做到不迟到。到校迟到率由原来的2.3%下降到0.7%。

(3) 争做文明学生。学生见到老师能主动问好,彬彬有礼,尊师重道深入人心。

(4) 增强卫生意识。校园变得更加整洁了,楼梯、走道上不见了纸屑的踪迹,学生将晨扫、放学扫、大扫除看成个人应尽的职责。

(5) 同学间和睦相处。在温馨教室的创建下,学生们懂得尊重他人、帮助他人,有集体荣誉感,同学间的矛盾减少了,和谐气氛浓烈了。

2. 学生的学习习惯有所改观,勤勉奋发

从《吴迅中学"学习习惯问卷调查"前测和后测比较分析报告》数据分析来看,学校人文环境、教师精神面貌和学生整体素质有很大变化,学生良好的学习习惯和行为习惯日渐形成,学生自主性学习的意识和能力日渐提升。

(1) 课前准备和课前两分钟的候课效率显著提高。

(2) 学生课堂注意力和持久力提高;课堂教学活动中生生、师生互动增强;学生主动交流、合作意识和行为增强,学生主动质疑的精神提升。

(3) 学生独立完成作业和主动订正作业的习惯大大改善,但还留有若干问题需要继续努力。

(4) 课后预习和复习的习惯养成趋势良好,主动复习和总结的意愿加强,但在方

法上还需要教师的具体指导。

（5）学生的学习行为习惯有很大改观，但还需要家庭与学校密切配合。

3. 学生的个性才艺得到发展，信心增强

学校开设的各类社团、举办丰富多彩的活动，为学生们在校园里舒展才艺、发展潜能提供了广阔的舞台。

学生们参加校级、区级、市级活动，在艺术、体育、科技、文艺等方面均取得了好成绩。就科技方面而言，2017—2020年共计298人次获全国、市级、区级的奖项。各个层面的获奖成绩斐然：学生分别获得全国中学生数理化学科能力展示活动三等奖、浦东新区儿童剧征文比赛一等奖、"浦东新区第四届红十字青少年自救互助知识与技能操作竞赛"一等奖、浦东新区创新阅读大赛一等奖……

学生们参加各类活动，付出了汗水与智慧。他们在取得成绩的同时，不仅增强了才艺，展示了自己，而且获得了自信，使学生成为个体精神生命发展的主人，成就了"有为"。

【案例7-8】我会像海鸥一样，那么勇敢、坚强

亲爱的妈妈：

你好！和你在一起的每一天，我都像一只雀跃在林间的小鹿，你就像那陪伴我穿梭林间的清风，树林里总充满我们追逐的欢笑声。每次放学，我总在你身旁跳前跳后，述说着一天校园里的快乐；周末清晨，你带着我倾听小鸟的歌声、分辨树叶的颜色；每个稍长的假期，你都会给我们安排各式各样的旅游。在旅游景点，你总会跟我讲起各种各样的故事。景点因为你的描述变得更加有趣。它们像明珠一样在我的记忆里熠熠闪光！

我像时有蒙尘的枝叶，你像温柔清凉的雨水，还我以洁净、明亮。我心焦气躁时，你告诉我："事勿忙，忙多错。"我畏缩不前、骄傲自满时，你叮嘱我："勿畏难、勿轻略。"我产生比较、虚荣心时，你指点我："衣贵洁、不贵华……唯德学、唯才艺，不如人、当自励！"

我像一颗翠绿的小树,你就像大地母亲,给予我丰富多汁的养料。你教我体会文学的美好,你陪我推开数学的殿堂,你领我走进英语的世界,你让我去咏春拳中体会狮子般的力量,你引我在拉丁舞中领略小鸟般的轻盈,你带我在模特课里体会音乐与身体的共鸣,你是我的挚爱阳光。在我受挫折时,你鼓舞我燃起斗志;在我迷茫时,你陪我找寻新的希望……

去年,我们举家迁回上海,进入了新的校园。校园很美,粉蓝的墙、朱红的瓦、古木围绕回廊,但我还是不适应。你和亲爱的老师帮助我、督促我。你带我一起细读吴迅老爷爷的经历,学习他的信念、坚韧与担当。今年春节,武汉暴发了一场危及全国的疫情,居家隔离的你带着我,每天关注事情的动态。一个个的人物、一桩桩的事让我心潮起伏——老而弥坚的钟南山爷爷,临危请战的白衣天使,缔造中国神话的火神山、雷神山,异军突起的韩红基金会,果敢决断的人民政府,团结一心的全球华人……

你让我更深地理解民族的大义,你让我更坚定地好好学习,你让我更清楚"有为"人生的意义。我会像你教我学唱的歌里的那小海鸥,向着光明展翅飞翔:"海鸥飞在蓝蓝海上,不怕狂风巨浪;挥着翅膀,看着前方,不会迷失方向。飞得越高,看得越远,它在找寻理想。我会像海鸥一样,那么勇敢坚强……"

祝

永远年轻、美丽、快乐!

爱你的暄儿

亲爱的暄儿:

你好!

从你在妈妈肚子里挥舞着拳头,宣告你的存在;从你呱呱落地,小脑袋亲热地拱着妈妈的身体;从你喝足了母乳,一边用小手紧紧地拽住妈妈的指头,一边嘴角不由自主地绽开心满意足如天使般微笑,到如今已经12个年头了。转眼间,牙牙学语的小宝宝就要长成亭亭玉立的大姑娘啦!

幼儿园小班的你,开启了人生的第一个逆反期。妈妈让你向前,你总找机会朝后。即便一小段路,也得来来回回,折腾好多趟。记得一个初春的午后,阳光非常明媚,我们已经在桑拿木铺就的观景回廊里,来来回回地把花池里的鱼数了好几十遍。身着小红大衣的你,大眼睛滴溜溜地四处转,就是不肯回家。我灵机一动,把你面朝后放下,说着走吧。你又故技重施,麻溜地一转身,跑开了。妈妈仍然在你身后又追又喊,只不过这次妈妈好像变慢了,每次都等要调整方向时,才能抓到你。就这样,我俩追追停停地回了家。这一路上都回响着你银铃般的笑声,宣示着你首次战胜妈妈的"抓捕";一路上也四处散落着我的笑意,笑你终究没逃出"如来佛的手掌心"。

妈妈第一次惊诧于你的思维力,是一年级升二年级的暑假。由于带你看了《黄飞鸿》,你扭着我报了个武功班。每日早上起来晨练,我呼吸新鲜空气,你反复踢腿。踢着踢着,你对妈妈说:"妈妈,踢腿要有冲的力量,才能踢得高。"妈妈当时不解地问你:"什么冲的力量?""就是要有冲劲! 就像跑步、打拳、火箭飞上天,它们都需要冲的力量。跑步有了冲的力量,跑得才快;打拳有了冲的力量,打得才狠;火箭有了冲的力量,才能飞上天!""是老师告诉你们的吗?"妈妈惊诧地问。你摇摇头,继续说:"不是的。老师昨天示范踢腿,他说慢慢踢的话,是踢不高的。我一直不明白为什么? 刚才我踢着踢着,使劲一冲,腿就踢高了……我突然感受到了冲的力量! 这和跑步、打拳、火箭飞上天都是一个道理吧?"妈妈惊喜地抱住你:"宝贝,这是你自己总结出来的吗?"你兴奋地点点头。妈妈欣喜地抱着你说:"孩子,你知道吗? 这表示你开始拥有了思维的能力,那是人类有别于其他动物的伟大能力! 你看,就像每个人都能看到苹果落地,但是只有牛顿,他会去思考苹果落地背后的道理……"那个夏天的清晨,你汗津津的小脸上闪烁着智慧的光芒。

再后来你爱上了写作,在语文课上续写《黑眼睛的大红鱼》,你居然把整群鱼变成了一条大金龙。那群团结一心的小红鱼为了跃龙门,它们在逆流中、魔鬼漩涡里做着各种艰苦卓绝的训练,还记得你给它们的结尾是:"现在,黑眼睛的大红鱼已经强大无比了! 它们再次来到了龙门面前,只见他轻轻一跃,顿时,金光无比强烈!'嗷',随着一声龙吟,一条金光闪闪的巨龙从一片金光中蹿了出来,飞上云端,遨游九天。它就是小黑和小红鱼们的化身……"妈妈爱极了你笔下的世界!

升入小学高年级的你,你在数学上也开始展露天赋。我清楚地记得是四年级的时候,老师给你们出了一道题:"已知6个0~9的数,从中取数组成2个新数,二数相乘为积。如何组数,积得最大? 如何组数,积为最小?"你推出了这类题的公式,且最大与最小的公式并不对称。妈妈和老师都很惊诧地发现,你的答案才是对的。数学是妈妈的骄傲,而你却不知不觉中,悄悄地闯进妈妈的地盘。我记得那天晚上你躺在床上,睁着的大眼睛,比天上的星星还亮。

去年,我们和爸爸一起回到了上海,你也进入了新的初中,你或多或少是不适应的。有幸的是,你在这里遇到的老师不仅知识渊博,还都和蔼可亲。更难能可贵的是,校风相当独特,是传承于一位白手起家、令人肃然起敬的长者——吴迅老先生。妈妈跟着你,有幸拜读了老先生的生平。老先生为人真诚、乐观而坚韧,一路打拼,绘制出一幅精彩而令人钦佩的人生画卷。他送给同学们的八个字"信心、毅力、自爱、责任",在妈妈看来,这正是开启无悔人生的金钥匙。"信心"是一切的基石,没有士气的军队打不了胜仗;"毅力"是成功的阶梯,不积跬步,无以至千里;"自爱"是对父母最大的敬意,《弟子规》有言"身有伤,贻亲忧;德有伤,贻亲羞";而只有当我们懂得"责任"了,才真正成为一个站立起的"人"。

在这次的疫情中,孩子你也耳闻目睹了什么叫作责任?国家有难时,多少人像《出征》中唱的那样——"怒发冲冠凭阑处,潇潇雨歇出征夜",他们就是中国的脊梁。我亲爱的暄儿啊,我希望有朝一日你也成为一个顶天立地的人,有担当、能担当。那么你就得从现在开始,像学校教你们的那样,努力做"有为"的学子,长大方能绘制"有为"的人生!

最后,妈妈想说,感谢上天把你赐给了我。我喜欢和你在一起的每一天,我们的每一天都是节日!

祝

  春华秋实 厚积薄发

爱你的妈妈

我会成为更出色的自己

亲爱的爸爸妈妈:

生活中的每一天,每一分钟,每一秒,我都能感受到来自你们的爱。即使是那么几句反复的甚至有点唠叨的叮咛,每一个字,每一个词,都无不渗透着这满满的爱。这份来自亲情的爱伴随着我成长,也化为我每天无尽的动力。

刚升入初一的我在班级中身兼数职,这让我明确地意识到,无论是在学校还是在班级,我需要更努力、更认真地对待大家的这份信任,需要承担起更多的责任。亲情,这份爱,给了我不畏不惧的勇气和决心。凭借着这份爱的充沛营养,多重角色也并未对我造成困惑和阻碍,反而做到了"势如破竹""迎刃而解"。

在老师眼里,我是一个努力、要强的孩子;在同学面前,我是他们的榜样与标杆;但是,在你们的眼里,我只是一个还需要长大的孩子。

妈妈,您无论是生活还是工作,每一种状态在我眼中永远是慈母的形象。您对待每一件事,哪怕是日常居家买菜,也很认真,不带一点马虎。您经常说,要早早地去菜场买菜,因为菜新鲜,有挑头。我一直认为这种细枝末节上的认真反映了你对生活的一种积极态度。于是,我真正明白了那句话:"真正优秀的人都会认真。"

您经常跟我说起,凡事要有计划,学习也是如此。于是,每个寒暑假我都会制订学习计划。条理分明才可以让我更清楚自己在某个时间段应该完成的进度,明确自己还需要得到什么?是否可以更加完善?这种方法有利于我对自己做一个有效的管理。

至于那些未完成的计划,您说:"完不成计划也是计划存在的意义之一,但只要上路就是最好的开始。"正因您并没有对我苛求,而是大度地允许我自由把握这个度,我谢谢您对我的这种理解的爱,让我感到我是一个受父母尊重的孩子,一个正在父母陪伴下快乐成长的孩子。

爸爸,您钟爱铁观音和白茶,饭后必饮上一杯。您是一位工程师,严肃与谨慎是您对工作惯常持有的态度。我们常说慈母严父,但您给我的爱却是细腻的。每日接送我上、下学成为您的生活中必不可少的一部分。有时学业繁忙时下课不定时,但您必定是接送人群中最坚持的那位,哪怕是站立校门口50分钟之久,同样会是用那笑眯眯的眼,热情而又高兴地迎着我走来。

您经常跟我提到,学而不思则罔,思而不学则殆。只有把学习和思考结合起来,才能学到切实有用的知识,否则就会收效甚微。您会在期末总复习之前,将我一学期近60张数学练习卷装订成册,和我一起对错题进行梳理,并且逐个进行讲解。这种探讨有时和风细雨,但有时会激烈,这往往在我对您的解题思路提出了异议之后。即使出现了我扳倒您的情形,您也不恼,反而是大大地赞扬我这种钻研精神。您说,这种父女间的讨论势必会在我脑中留下深刻的印象,有助于真正搞懂题目、真正掌握解题技巧。

这学期,语文老师张婷为了锻炼我们的口头语言表达能力,设定了课前5分钟的无主题演讲。我听取了你们给我的一些建议和意见。结合同学特性从生活热点切入,贴近学习生活,以引起大家的共鸣;演讲风格上我更是大胆地试用了"海派脱口秀",不拘小节,力求幽默、风趣。那天,课堂气氛活跃,演讲收到了极其不错的反响。可是没有人知道,这看似短短的5分4秒洒脱不俗的表现,正是你们数日晚上陪我反复试演的最终成果。很遗憾,现场视频录制时,因为比限定的5分钟上限多了4秒,无法正常发送视频,你们也没能目睹我的精彩表现。但事后,你们对我说,相信我是优秀的,以后必有机会在更好的、更大的舞台上亲眼一睹我的风采。

感谢你们对我的理解与支持,我除了坚持继续练习书法外,还坚持学习漫画和朗诵、学配音,并且学会了视频剪辑和后期合成。

你们是我向上的榜样。这榜样中是满满的爱、鼓励、鞭策和亲情。我懂得,亲情是无偿的,父母不会计较孩子的回报;亲情是无价的,世上没有人比父母更能牺牲自己;父母的亲情是无尽的,我一生无时无刻都会体会到它萦绕在我的周围。

爸爸妈妈,在学习和生活的道路上我会更努力地拼搏,我会成为更出色的自己。
祝
永远快乐

女儿煜乔

亲爱的女儿:

收到你的信,是昨天。但我们并没有在昨天直接给你回信,反而选择的是今天,是因为彼此间太过熟悉反而成了下笔的阻碍。坦白讲,我们昨天并没想好以什么样的文字来回信,今天又再一次读了信……

前几天,你已读完《史铁生散文选》,洋洋洒洒的900多字经过你电脑前的敲打,一篇《合欢树》的读后感——《能经受时间和距离变化的是母爱》,有深意,更有个解,引起我眼中升温的还有一段题记:"阳光是灿烂的,但比不上母亲对我的爱。"

这寒假也因为新冠肺炎疫情,书也成为你消遣时间的首选。前几天,你还看了实用文摘上《关于朱自清〈背影〉背后的父与子》。

"妈妈,你知道吗?朱自清父子之间此前关系并不融洽。"

"我不是很清楚,你可以告诉我吗?"

于是,通过你,我们也了解了他们这对父子间的点滴故事。《背影》是父子俩南京浦口一别八年之后的作品。想必你对散文背后的故事有了深入了解。你领会到朱自清从开始时对他父亲安排小事的嘲笑与不解,直到后来深知父亲的用心良苦而钦佩与自责,父亲的形象在他心中越来越高大,父亲的背影在他心中越来越清晰。8年的时间几乎可以占据了整个人生的1/10之久,但是换来的这种理解是深刻的。亲情这一刻的流淌,浸润了所有的时间和空间。这也正是朱鸿钧看到8年后儿子的这篇文章时老泪纵横、激动不已的原因。这份亲情的理解永远不会缺席。

对母爱的理解和对父爱的感悟,这些都是亲情的力量。亲情,这份爱,它既像空气,无声、无味、无形是它的特性,但又无处不在。我们也感谢你对这份爱做出的勇敢回应。因为爱是双方的,是互通的。

这次两代书活动,是我们参加的第二年,也是我们之间的第二封信。当我读到"演讲"那段时,这不禁让我思绪忆起。

演讲对于你来说,并不是难事,我们对你上台的稳妥性不存在任何质疑。但,那是一次对你而言是"特殊"的。新来了一位语文老师,而你是新上位的语文课代表。如何标新立异,脱颖而出,是需要你用自己的方法与形式呈现出来的,你的认真对待、全力以赴更是让我们看到了你的大胆、你的勇敢以及你对未知的领域探索的过程。

现代社会让人眼花缭乱,从某种意义上说每个人,都是孤陋寡闻的。你在你的行业里可能是行家里手,在其他领域内完全有可能是小白。这不是羞愧的事,坦率地,多流露出这种新奇吧!它能使我们的思想发生变化,接受新观点,抗拒腐烂的思想。

这又不得不让我想到——亲子视频活动。我们对于这种新传媒是陌生的,更谈不上运用了。但是,从你身上我们却恰恰发现,你可以,你行,你有能力完成。短短5分钟对视频混剪、后期配音、片花加花絮、字幕弹现,每一细节都处理完善,一气呵成。在我们眼里,那俨然是大片。

我们一直不反对你玩电脑数码用品,那是我们知道,学习在一定程度上是辛苦的,也是枯燥的。面对当下你们讲的"太难了",我们也是认同的。从7点开始学习到傍晚下课,回家短暂晚餐带休息后又是一轮的新开始。这种劳作强度绝不亚于我们朝九晚五的上班模式,多媒体在某种程度上可以缓解紧张状态,并对人们的学习生活起到一定的滋润作用。

你能正确理解我们的初衷,是你把数码用品仅仅作为"工具"而并非"玩具"。虽然，自我约束的良好控制力一直是你拥有的好品质，但我们也要对你大大赞赏。

我们听过你用多国语言进行的配音秀作品，看到你利用所学的漫画技巧成功地成为"绘浮生"的一员，也看了你多部漫剪后的作品，你的能力和现在涉及的领域，我们不得不承认，已远远超越我们。

初一的半自学的模式悄然而起，要想学得透彻，学得更扎实，必须对知识点进行有效的整合，这样才能保证你在两年后的中考中占有一席之地。这次英语期末考试恰恰说明了我们这个问题。语法题甚至出现了跨年级知识点，难度上更加明显。虽说，你这次是取得了不错的成绩，但查看全卷后也不难发现有两处是白送分，这又得归咎于你的粗心大意。

对这种"意外"，我们希望你明白"千里之堤，溃于蚁穴"的真正含义。要牢记：踏实，是学有所成的根本；马虎，是求知的大敌。这是我们的肺腑之言，相信你会有切实的体味和更深的感悟。

亲情是每个人成长的摇篮，在她的抚育下，你才能健康成长；亲情是力道的源泉，在她的浇灌下，你才能强健成长。

孩子，每个生命都自带光环，但没有谁能时时刻刻闪光；每个人都在向着光芒前进，但不是所有的努力都会有一个让人满意的结果；请相信，每一次努力的过程都会让你变得与众不同，因为拼尽全力的样子本来就很美。希望你在新的一年里，树立更高的目标，付出更切实的努力，表现更为出色，让我们看到每一年不同的你——成长的你。

祝

身体健康、学习进步！

爸爸妈妈

（二）来自课堂教学的改变

在积极创设自主课堂的过程中，随着教师教育理念的不断更新，教育教学行为也在向促进学生"有为"发展的方向不断转变：变苛求为包容，变指令为鼓励，变发问为对话，变句号为问号，变封闭为开放，变集权为民主，变对立为和谐，学校"有为"发展的生态环境日渐形成。

在开展课堂教学诊断与改进的行动研究中,教师从课堂的四大要素即师、生、教材内容、呈现方式等方面入手,挖掘和提炼课堂教学,是促进学生主动学习的方式方法。教师结合跟踪教师课堂教学,可收集课堂实例,基于学科课堂教学举隅,提炼主动课堂的核心要素。在此基础上,提炼了我校"打造主动课堂",助力学生"有为"的操作途径和方法。

1. 情景别开生面,引人入胜

别开生面的教学情境可以扩展课堂的时空,以感性的现象促进对理性的积极思考,是有效地激发学生研究热情的载体。所谓别开生面,可以是有趣的实验、微视频、影视动画、生活中喜闻乐见的现象、学生感兴趣的疑难问题、新闻故事、学生表演等。它们能引起学生的主动关注与兴趣,激发学生的求知欲望,唤起学生思维的能动性。引人入胜的学习情境能让学生在强烈的学习欲望中,保持良好的学习状态。

2. 问题沉缄深邃,疑窦丛生

古人云:"学贵置疑,疑是思之端。"问题意识、质疑能力的强弱,是学生主动学习能力的重要标志之一。教师有深度的提问向学生提供了思维的空间,才使其具备了培养这种能力的可能性;相反,"是什么""在哪里"之类的低效或无效提问,对发展学生主动学习自主探究能力基本没有作用。自然,这种提问与组织讨论的能力与教师实践智慧是紧密联系的。

3. 引导启而有法,开而弗达

课堂教学是以学科知识作为内容,由教师灌输学生被动接受?还是启发引导学生探索思考,主动感悟?这是教师教学理念正确与否的标志。我们提倡教师采用多种方法引导而不是牵着学生,有点强制而不抑制学生,开导启发弄清道理而不代替学生做出结论。由此,让教师成为教学的指导者、启发者、促进者,这也是培养学生自主学习意识与能力的重要渠道之一。

4. 过程随机调控，形散神聚

我们发现，越是凸显学生主动性的课堂教学，学生各种思考和活动的离散性越强。这并不可怕，只要学生所有的思考和活动都是围绕着教学主旨和教学目标的，那么就是形散神聚的活泼灵动的课堂。教学过程要达到形散神聚的效果，自然需要教师对每一个教学步骤都实行有效的随机调控——给予适当的引导与点拨，学生主动学习的积极性才能得到最有效的锻炼与提高。

5. 实验启发思维，推动创新

学生探究实验，是把传统的照方抓药式的实验，变为教师引导下学生主动寻找规律、设计过程。这样的过程，学生在动手动脑中开启学习动力，提高主动学习能力和创新能力。我们的经验是，教师需要通过启发、诱导向学生提供帮助，作为学生研究过程必须的"支架"，以降低思维坡度，如设计一系列有针对性的问题作为铺垫等。其次，也可通过学生间的相互讨论、集思广益，使学生体验探究的乐趣。

6. 学案搭建支架，有效导学

学案帮助学生理清知识脉络，改变学生以往毫无准备之下进课堂的学习方式，把学生的学习时间和学习任务前置。其效果是帮助学生养成主动预习的习惯，并为学生的自主学习搭建了"支架"，也就是"导学"的作用。其次，也便于教师把课堂的重心放在需要深层次理解的内容上，可以有更多时间增加课堂活动、讨论、探究、思考等，提高课堂思维容量，减少机械记忆的重复低效，为形成高效课堂建立基础。

7. 课堂互动交流，注重合作

和谐社会注重沟通交流，注重团队合作素养，在合作中能够承担个人责任。这是实现自主与合作的相辅相成。合作学习体验中，要有合作需求、要有角色分工、要实现成果共享等。我们的经验是，教师需要把握好学生合作探究内容的深度，解决途径和结论相对开放的问题。这样既能够调动学生积极展开合作学习，又能充分挖掘学生的学习潜能。

8. 技术有效变革,助力课堂

时代的变革信息技术的日新月异,对课堂教学的渗透和影响力是巨大的,打造能体现教师个性的智慧课堂并不遥远,挑战着教师的教育教学能力。

我校在大力推进交互式电子白板在课堂教学中的应用,实现信息技术与学科课程整合的突破,使这一技术真正融入日常课堂教学中,并逐渐将白板的功能与学科教学设计理念充分融合,将已有资源和自主设计的资源整合进课堂教学,很有挑战。

(三) 来自教师发展的改变

课题引领下的教师队伍发生着质的变化:观念改变了,信心增加了,对个人的要求高了,发展的眼光也不一样了。他们不仅是教学的实践者,更是研究者和创新者。3年多的时间里,教师们在各方面都有新的突破和惊喜的表现,我们看到了一支充满着战斗力的教师队伍。

1. 师资队伍逐渐优化

教师们先前对学历、荣誉称号等不是很看重,但在"有为"课题的逐步深入后,他们的观念开始出现了转变。这不是拘泥于称呼上的变化,而是觉得要让他们自己"有所作为",自身的素养和专业水平必须提高,只有自己成为更优秀的教师才能培养出更优秀的学生。从2016年和2019年两年的对比(见表7-1)中,我们可以看到教师队伍的变化,感受到他们对自身的目标追求。

表7-1 教师队伍概况

时 间	区级骨干教师/人	强校攻关教师/人	种子教师/人	研究生学历/人
2016年	6	0	0	5
2019年	6	3	2	8

同时,教师们对自身职称的提高也不懈怠。虽然学校的评级名额,特别是中级职称近年来一直没有名额,但教师们继续努力着。至2016年,高级职称教师有15人,中级职称教师有55人,两者共占教师总数的69.3%。

2. 精神面貌焕然一新

从原来的"扫好门前雪"到"希望被关注",从"限于本校"到"走出去",从"被学校认可"到"被区署认可",教师们的精神状态在不断改善,他们不再希望只在本校教师群里产生一定的知名度,或在本校学生群里有一定的认可度,而更希望通过参与更多区级和署级的活动,扩大辐射影响力,被更多的同行、更多的周边学校熟悉和认同。他们指导学生参加各级各类竞赛活动,学生各方面的优秀才能得到体现;他们热情投稿,让大家看到他们富有经验的教育教学观和教学案例;他们积极参加区级教研活动,更愿意承担公开课任务,教师风采得到展现。教师们的积极性是一种推动力,学校的发展也是良性发展,如表7-2、表7-3、表7-4所示。

表7-2　2017—2019年教师指导学生获奖汇总

时　间	国家级/人次	市级/人次	区级/人次	署级/人次
2017年	—	29	48	—
2018年	2	31	68	—
2019年	3	55	112	—

表7-3　2017—2019年教师文章撰写汇总

时　间	全国及各省市级/篇	市级/篇	区级/篇	署级/篇
2017年	1	1	3	—
2018年	3	3	5	—
2019年	1	1	5	—

表7-4　2017—2019年教师各类公开课汇总

时　间	市级/人次	区级/人次	署级/人次
2017年	—	2	—
2018年	2	3	—
2019年	3	12	—

3. 研修能力日益提升

教师们不断唤醒自身的内驱力,使"研"和"学"融合在一起,教育教学研究的良好环境正在形成,教师整体的发展与进步也有目共睹。专题式研究、活动式教研、探究式教研……不管什么形式,每一位教师都能以热情饱满的状态投入,个人的专业素养和研修能力日益提升。学校的"科研工作坊"是教师们交流经验和体会的工作及学习场所,大家非常愿意通过校园网分享自己的科研成果。

每年,学校还确保至少有一位教师参加"浦东新区青年教师科研骨干培训班"。他们认真好学,其科研成果都被收录到《科研蓓蕾》一书中。

区级重点课题"普通完中开展'有为'教育的实践研究"的研究成果《有为成就梦想》,2019年1月由华东师范大学出版社出版。该书包括研究报告7篇,教师的教育教学论文和案例39余篇,共30余万字。其中,有3篇论文获得浦东新区第八届教育科研成果评选三等奖,一篇调查报告获得2016年上海市中小幼调查报告征文评选二等奖。

在浦东新区第九届科研成果评选中,"普通完中开展'有为'教育的实践研究"成果获得一等奖,并获得第九届教育科研先进集体称号。

在一年一度的长三角"黄浦杯"征文活动中,自2017年至2020年四届征文活动中,学校共获得2项市二等奖、3项市三等奖、3项区一等奖、5项区二等奖、6项区三等奖,均列区各校之首。

在2020年首届华二集团论文评选活动中,学校有11人次获奖。其中,1项获一等奖,5项获二等奖,5项获三等奖。

本课题自开题实施研究以来,共收到初、高中两部的教师案例140余篇,每年对教师撰写的案例进行评选,择优发表在校刊《有为吴迅》上。此外,我们还在学生中开展"自主"活动征文,对收到的初、高中学生自主活动征文共计一百余篇,进行评选和奖励,优秀征文也被刊发在校刊《有为吴迅》上。

在自主课堂论坛上,初中语文"自主阅读中质疑性问题的提出"、高中英语"培养阅读主动性,养成自主学习习惯"、物理组"深化物理学案运用,引导学生自主学习"3个主题的开放研讨活动,不仅分享了一年多大家在实践过程中的感想体悟,更是一次经验交流。学科教研员、兄弟学校同行、中心组教师的参与,让大家对于"自主课堂"有了更深的思考和认识;在"自主课堂"教学论坛上,有3位教师分别从不同的角度阐述了教学中的实践。特级教师于基泰老师满怀激情的点评,开启了教师们对调整学生的生命状态、构建课堂新秩序的思考和憧憬,并深刻地感受到:"互动高效的课堂"在于教师理念和行为的转变,是师生融合提升的精神家园。中国《青年报》上《打造互动课堂,促进自主学习,推动内涵建设》的专题报道是对教师们"有为"教学的肯定。

4. 自主团队日渐形成

针对在学科教学实践中,如何寻找合适的抓手,帮助学生在原有的基础上有改善、有变化、有提高,助力学生的"有为"发展,我们学校采取的方法是,改变传统教学模式,通过"打造主动课堂","变革"教学,"研"而又"研"、"细"而又"细"、坚持实践、精益求精。由此,我们确立了"团队作战"的策略,以教研组和学科组"捆绑"的形式,全员参与了改进计划的制定,改进方案的实施,学科教改的实践。我们还在制定教研组考核内容时,把团队研究成果的提炼、教学展示任务承担、教研组开放活动、论坛研讨参与、改进案例的撰写等几项内容纳入其中,集团队之力,"重拳"出击。

我们发现:在学校向教研组组长布置研究任务之后,组长们都非常主动地召集学科教师进行研讨商议,诊断课诊断结果如何,教学中有什么问题,课堂改进以什么为切入口,主题如何提炼,学科改进方案是否恰当,组内常态课听课计划,评课活动组织安排,公开课教案打磨,成果提炼交流等问题,在一次次研讨交流中迎刃而解,教学改进的主题也越来越明晰;在一次次观课评课中,大家思维活跃了,对主动课堂的把握找到方向了;在经验文章案例的撰写交流中,大家查找资料,同伴互助,资源共享;在学科报告的提炼中,大家反复讨论,斟字酌句,发挥大家的智慧;在研究过程中碰到疑难了,教研组主动邀请区内学科专家、教研员,寻求实地指导开拓思维……而这些,就是我们校本研修的载体,就是我们基于实际问题的行动研究,教师们就是在这实实在在的研究中,逐步转变教育观念,更新教学行为,从而改进课堂教学,提高教学水平的。

我们正是怀揣着对教育梦想的追求,依靠团队的同心协力,依靠大家的精益求精,才使研究得以顺利推进。在团队中,教师们积极承担项目任务:没有执教过展示课的勇敢地挑起了重担,青涩的新教师积极投入教学研讨,从未有文章被刊用的教师作品被选入了项目专集——在互相启发、帮助、协作、共享中,依托团队的集体智慧,教师们获得了提高,获得了成长。我们努力依托锤炼自身,助力学生的成长。

同时,大家也清醒地认识到,未来的课堂教学,应该是开放的、互动的、多元的。信息技术背景下多媒体、显示终端的大量应用,微视频、翻转课堂、远程教学等新教学模式层出不穷,课堂不再是获得知识的唯一渠道,教师的专业权威将要受到的挑战,都将增添大家自主发展的动力。教师们依托团队的集体智慧,负重前行。

(四) 来自课程建设的变化

1. 丰富学习体验,成就学生"自主"发展需求

教育的本质是促进人的成长和发展,学校是学生成长的最肥沃的园地,回归教育本质,就应该使每一个学生在学校中都能生动活泼地主动发展。我校的学生的年龄段为 12—19 岁。这个年龄的学生正是思维品质得到锤炼、人格品行逐渐定型、个人素养不断提升的黄金时段。所以,我校在促进学生"有为"发展的过程中,一方面通过学习习惯的培养,增强学生主动学习的意识,发展学生学习能力。也找到了具体抓手。比如,学习计划制订、学习习惯自测、好习惯分享等。另一方面,我们觉得学生经历动手、思考、体验、感悟的过程,才是思维发展转化为智慧的过程,这比获得的知识本身更重要。人天生有探究知识的好奇,所以我们除了挖掘课堂上学生主动参与的机会,也提倡在学科教学之外,通过各类活动、各类拓展、研究性学习等为学生提供尽可能多的学习体验、感知经验、情感熏陶。不同的学习方式鼓励学生在实践活动中增强主体意识,积极发挥主观能动性,通过活动激活学生自我、自觉、自主,从而奠定"有为"发展。

我们努力丰富学校拓展型课程,鼓励团队合作打磨课程,打造优质课程(见表7-5)。2016 年共开设拓展课共 60 多门,涉及学科拓展、人文素养、科学素养、艺术修养等方面,极大地丰富了学生的选择机会和体验机会。已经形成"生活中的化学""机器人制作""中华文明礼仪""软笔书法"等校本课程。我们又根据随迁子女学生特点,尝试开发 3—5 课时的拓展型小课程。小课程科目灵活而有趣,深受学生的欢迎。还创建了学生社团。广播社、"心灵驿站"文学社、辩论赛、"追梦诵读社"、剪纸社、打击乐社、子衿心理剧社等社团活动,给学生以更多发展和展示的平台(见表7-6)。每学期的风采展示,深入课堂,抓住学生上课的精彩瞬间进行展示宣传,不仅为优秀课程搭建平台,而且展现了学生自主自信的良好风貌。

学生开展小课题研究,体验发现、提出问题、分析问题、解决问题,在研究中学生自主组建团队、人员分工、安排任务、收集信息、整理归纳、提炼总结、展示交流,摆脱了对教师的依赖,教师仅仅是旁观者指导者,学生才是实施者管理者。在这样的学习经历中,学生的观念、方法、能力都获得考验。

我们组织各类学科比赛活动,如课本剧表演、影视配音比赛、经典诵读比赛、古诗文比赛、作文竞赛等;组织各类德育活动,如温馨教室自主创建、科技节艺术节展示活动、"康桥吴迅杯"机器人竞赛、"吴迅中学好声音"、环保服装大赛、爱心义卖活动、18岁成人仪式、初高中学生结对子活动等各类竞技比赛或主题教育活动。由此,学生增强了自信,获得了情感体验。我们组织学生参加职业体验活动,如社会实践活动、志愿者服务活动等,促使学生更多了解社会,增强责任感,进行自主个人发展规划,在实践中体验,在体验中思考,在思考中发展。丰富的校园学习和生活体验,成就了学生的自主发展需求。

结合中学生的身心特点,学校积极搭建各类展示平台,以活动为载体,锻炼学生心理品质,促进学生全面发展,成就"有为"学生。学校策划主题节活动,张扬多层次个性潜能,培养学生积极进取,自信主动,实践创新精神。以"主题节"的形式,熏陶和感召学生。每年组织好七大"校园节":10月份"体育节"、11月份"艺术节"、12月份"读书节""科技节"、3月份"社团节"、5月份"心理节"、"6月份爱心节"。每年的主题节根据学生需求和时代发展,在原有的基础上增加学生的参与面,开拓新项目,提高获奖率。如:近两年的体育节增加了各班学生入场式,展现了各班精气神,并有社区、家长、学校进行打分评比。2019年的科技节,增加了"头脑OM"项目,鼓励和展示学生的"头脑风暴",让更多的学生在主题节中有展示、有获奖。

2017—2019年,全国类科技比赛获奖5人次,市级比赛获奖115人次,区级比赛获奖238人次。

学科竞赛也是精彩纷呈。语文学科有朗读经典活动、钢笔字比赛、作文竞赛。数学有学科知识竞赛、英语有科普小报制作、科普演讲比赛、英语作文竞赛、英文书写比赛等。语文作文竞赛和古诗文大赛在区级层面有学生分别荣获一、二、三等奖。

通过主题节活动和学科竞赛,弘扬学生的主体性,挖掘和引发学生的自觉性、积极性、独特性和创造性。在活动中,为学生提供发展个性、独立思考和实践活动的机会。不断强化道德认知、促进文化与学识的发展。

表7-5 上海市吴迅中学课程结构表

	语言与人文	科学与艺术	体育与健康	社会与生活	实践与创新
学习领域	语言建构与运用、文化传承与理解等	科学态度与思维、审美意识与鉴赏等	自我认识与管理，健全人格与身心等	学生发展的社会性，学生生活体验等	生活实践与劳动意识，问题解决与技术运用等
基础型课程	语文、英语、写字	数学、物理、化学、地理、科学、生命科学、音乐、美术、艺术	体育与健身、心理	道德法制、思想政治、历史、地理、社会	劳动技术、信息技术、实验
拓展型或探究型或研究型课程 选择课程	科普英语、悦读、辩论与演讲、英语演讲、编导、文学社	数学衔接教程、打击乐、舞蹈、合唱、腰鼓、彩绘、DIY制作、理化生小实验	灵动心理剧社、篮球、击剑、红十字救护	历史天地、时政小组、点亮未来	机器人、3D打印、船模、车模、植物科普、中国结、象棋、剪纸摄影、视频制作
拓展型或探究型或研究型课程 校内活动	吴迅的故事、阅读节、英语节、温馨教室评比	数学、物理、化学学科竞赛、艺术节五月歌会	心理月、阳光体育、体育节、心理和健康、午会广播	德育课程、爱心义卖、消防演练、志愿者服务	科技节、社团节、14岁生日、成人仪式、毕业典礼
拓展型或探究型或研究型课程 专题教育	安全与防范教育、法律与道德教育、民族与文化教育、环境与健康教育、综合与实践教育、生涯辅导系列、校训主题系列					
拓展型或探究型或研究型课程 校外实践	春秋游社会实践、暑期教育、文化行走、国防教育、学农、学工等小课题研究、社会调查与社会实践					

2. 基于"自主"三类课程建设逐步深入和成熟

近几年学校三类课程实施的变革,在持久的宣传和实践尝试中,有了令人欣喜的变化:

(1) 更多的教师追求高效课堂,通过变革教学形式来吸引学生课堂的关注度,通过分层教学激发学生的主动性和内驱力,从而使不同层次的学生得以提高。这种理念和行为的转变也表现在校本研修、课前准备、课后作业布置、新技术运用等各个环节,教师的课堂教育教学能力显著提升。在过去的两年中,学校成功举办了面向区级的教育教学展示活动、专题论坛等活动。这些活动在区域内都产生了良好的影响。教师在"有为"实践中教学的心得、经验、案例百花齐放,心血和智慧凝结在文字中,近30位教师的35篇文章结集为《有为吴迅》专刊。

(2) 在拓展型课程在实施过程中,许多教师打破传统的思想的桎梏,跨学科、跨年级地发挥自身特长,使课程越来越丰富,经典特色校本课程逐渐形成。虽然拓展型课程每个星期只有一次,但学生对这一次课程满怀期待。"打击乐""剪纸课""无人机"等课程的日趋成熟,不仅让学生在上课过程中的兴趣特长得以发挥,学校更是为学生提供了展现风采的平台。喜欢打击乐的学生在学校艺术节、文化中心的迎新音乐会上进行表演,甚至登上了东方艺术中心音乐厅的舞台。这样的登台机会无疑给了学生极大的信心,同时这些活动的开展也为学校赢得了良好的声誉。

(3) 研究性课程的扎实推进,注重学生每一个过程的体验和收获。这样的学习让学生收获了很多的经历,使得他们的合作能力、发现问题、探究问题的能力得以提高。2017、2018、2019届毕业生的研究性学习除了给学生提供研究课题的专业指导,还创设了展示平台。小课题的展示汇报、数字故事制作等,让学生对自我的认同有了极大的提升。

表7-6 上海市吴迅中学学生社团分类表

序号	社团类别	社团名称	社团宗旨
1	科技创新	"龙旋风"科技社	树科学之帆,领时代之巅
2		"蓝天梦"无人机社	指尖操控飞天梦想
3		"机甲梦"机器人社	让梦想展翅翱翔
4		植物小天地	树木拥有绿色,地球才有脉搏
5		乘风航海与船模社	培养动手能力,启发创新思维
6		酷炫遥控车社	小小遥控车 大大科学梦
7		Solar power超能社团	清洁太阳能,探索无止境
8		未来程序员社	玩游戏不如创造游戏

续 表

序号	社团类别	社团名称	社团宗旨
9	传统文化	新芽文学社	书写青春故事,表达成长心得
10		"追梦"诵读社	吟诗不辍,追梦不歇
11		纵横辩论社	展学生风采,扬个性风帆
12		英语趣配音社	给一个锻炼的舞台,成就不一样的精彩
13		江山如画历史社	趣味历史,江山如画
14		"经纬"地理社	感受地理之美,探索地理之奇
15		"子衿"心理社	青青子衿,我懂你心
16	艺术浸润	Fly high 舞蹈社	舞动青春,张扬个性;舞动奇迹,让梦想高飞
17		"彩云间"腰鼓社	为他人鼓励,为自己加油,鼓出气势,鼓出激情
18		"飞扬"打击乐社	纵情击打,让梦想飞扬
19		"百灵"合唱社	平和演唱技巧,弘扬合唱艺术
20	智造工坊	"小荷"剪纸社	快乐剪纸,创意无限
21		慧心编织社	编织小小中国结,传递浓浓中国情
22		巧手布艺社	美丽布艺,装饰青春梦想
23		神奇面塑社	让每个面团充满生命力
24		巧手棕编社	棕编手艺,文化传承
25	体育健身	吴迅"剑"客团	利剑出鞘,挥洒激情
26		精武社	振兴中华武学,强健自身体魄
27		"飞跃"花样跳绳社	飞跃起来,飞离地球表面
28		快乐手球队	我运动,我健康,我快乐

3. 构建并实施的生涯课程,日渐成熟

(1)编写校本指导手册。由于中学职业生涯教育是一个崭新的领域,缺乏现成的课程资源,为了保证有关教育活动规范有序地展开,在学校领导支持下,我们编撰了《架起生命的彩虹》初中生生涯教育读本。《架起生命的彩虹》生涯指导读本的内容有自我认识、社会理解、生涯规划3个方面。读本近9万字的内容共有4章、30课,分为上、下两册。每课由"知识与理解""体验与探索""我的收获"三部分组成。

(2)实施生涯教育指导课。根据初中生的心理年龄特点及读本的编写内容,学校制定了"吴迅中学初中生涯教育指导课程安排表",将上册的内容安排在六、七年级实施,下册的内容安排在八、九年级实施。从2019年9月至今,我们共开设了24堂课。每一堂课,教师们都有教案、有课件、有反思,学生们都有参与、有体验、有收获。

(3)精准培训生涯指导课教师。学校德育处对生涯教育指导课教师进行培训。执教者有心理教师、班主任和青年教师。我们邀请专家对首次集体备课进行指导,并由朱莹莹老师面对全体生涯指导课教师上了公开课。教师们明确了生涯指导课的要求、读本使用的原则、课堂需注重学生的认知与习得、互动与收获等。

(4)家长开设生涯讲座。挖掘家长资源,组建生涯教育家长讲师团。让一部分家长将自己的职业、日常的工作内容,需要具备的职业条件,通过讲座的形式介绍给学生。讲座注重社会职业的多样性体验,家长职业介绍涉及面广。2020年,我们家长讲师团开启了云上讲座,受到学生们的欢迎。

(5)挖掘社会资源,帮助学生获得职业体验。挖掘与利用优质社区资源,树立社会责任。我们借助"社会实践基地"和周边社区资源等,积极开创学生社会实践的途径和机会,帮助学生获得职业体验经历,认识和了解职业,适当地锻炼职业必备的各种综合素质。如我校预备班及初一的学生赴周浦消防中队参观,目睹了"10秒穿衣,30秒出警,铺接水带,消防花洒头"等一系列实战技能演练。学生们还尝试使用了灭火器材。另外,学校联合家委会代表、社区干部,带领学生进养老院、美林和双秀社区,进行清洁家园、垃圾分类等公益劳动。

富有特色的指导读本成功开启了学生生涯教育学习模式,多元的指导团队带给学生层次丰富的生涯认知,正确的自我认知唤醒了学生生涯探索意识,丰富的生涯教育资料库为后续生涯教育提供了借鉴。

2020年6月10日,由浦东教发院教师发展中心主办、吴迅中学承办的生涯教育现场观摩活动中,与会专家充分肯定了我校开展的生涯教育工作。

课程的原点是教育,教育的原点是学生。课程的建设始终将围绕学校的发展目标:为每一位学生的发展提供适合的教育。最好的课程必将是适合学生实际的课程,让每一位学生有进步、有发展、有所为,将始终是我们追寻的方向。为此,课程建设永远在路上!

第八章　基于核心素养培育背景下学生自主活动的主要结论与讨论

一、基于核心素养培育背景下学生自主活动的主要结论

（一）构建了核心素养背景下学生自主活动的目标体系

基于2017年教育部核心素养具体内容和三类课程标准，考虑我校学生的基础和实际发展需求，基于基础型课程、拓展型课程、探究性课程，以发展学生的自主学习和提升创造性思维为宗旨，我们构建了学生自主活动目标体系。

该目标体系以三类课程为基础，以乐学善学、勤于反思等八个核心素养要素为目标，在语言人文等四大学习领域，开展学生自主学习活动，丰富和发展学生的核心素养，提升自主学习的能力。

（二）丰富和完善了基于核心素养培育背景下学生自主活动的课程建设

以强校工程为契机，加强学校特色建设，丰富和完善了基于核心素养培育背景下学生自主学习活动的整体课程架构（见图8-1），结合以培育核心素养为背景的学生自主活动要求，使课程能满足学生全面和个性发展的需要，达成学会学习的目标，并确定了课程实施途径和方法（见图8-2）。

三类课程的构建和目标指向不同，基础型课程侧重培育自信和夯实基础，拓展型课程侧重培育自主和彰显个性，研究型课程侧重培育创新和注重体验。上海市吴迅中学课程结构表如表8-1所示。

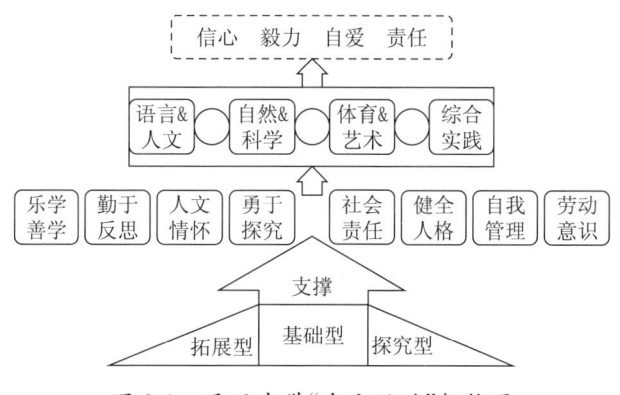

图 8-1 吴迅中学"自主活动"架构图

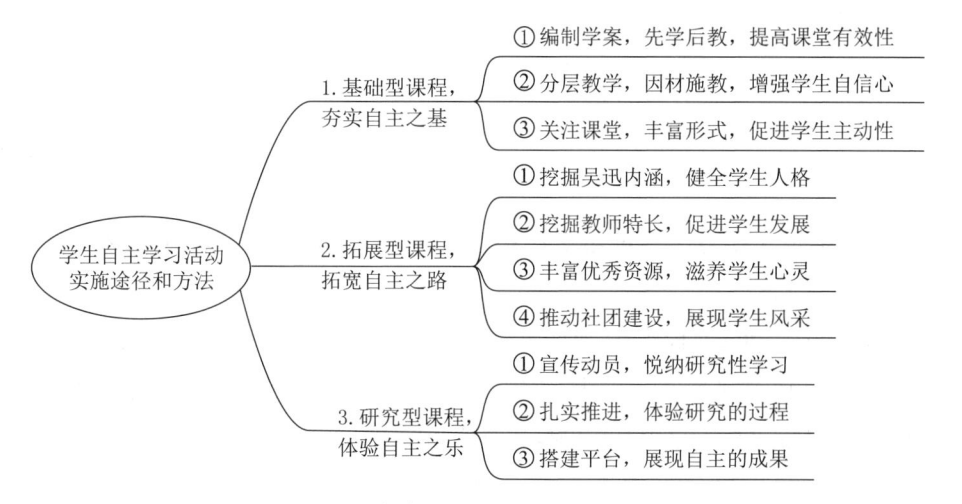

图 8-2 上海市吴迅中学学生自主学习活动课程实施途径和方法

表 8-1 上海市吴迅中学课程结构表

	语言与人文	科学与艺术	体育与健康	社会与生活	实践与创新
学习领域	语言建构与运用、文化传承与理解等	科学态度与思维,审美意识与鉴赏等	自我认识与管理,健全人格与身心等	学生发展的社会性,学生生活体验等	生活实践与劳动意识,问题解决与技术运用等
基础型课程	语文、英语、写字	数学、物理、化学、地理、科学、生命科学、音乐、美术、艺术	体育与健身、心理	道德法制、思想政治、历史、地理、社会	劳动技术、信息技术、实验

研究报告——基于核心素养培育背景下学生自主活动的实践研究 207

续 表

拓展型或探究型或研究型课程	选择课程	科普英语、悦读、辩论与演讲、英语演讲、编导、文学社	数学衔接教程、打击乐、舞蹈、合唱、腰鼓、彩绘、DIY制作、理化生小实验	"灵动"心理剧社、篮球、击剑、红十字救护	历史天地、时政小组、点亮未来	机器人、3D打印、船模、车模、植物科普、中国结、象棋、剪纸、摄影、视频制作
	校内活动	吴迅的故事、阅读节、英语节、"温馨教室"评比	数学、物理、化学学科竞赛、艺术节、五月歌会	心理月、阳光体育、体育节、心理和健康、午会广播	德育课程、爱心义卖、消防演习、志愿者服务	科技节、社团节、14岁生日、成人仪式、毕业典礼
	专题教育	安全与防范教育、法律与道德教育、民族与文化教育、环境与健康教育、综合与实践教育、生涯辅导系列、校训主题系列					
	校外实践	春秋游社会实践、暑期教育、文化行走、国防教育、学农、学工等小课题研究、社会调查与社会实践					

(三) 提炼了培养学生健康生活和学会学习品质的操作要点和具体方法

依据自主活动的目标体系、架构内容等,结合研究目标和研究内容,基于学会学习和健康生活两个方面,通过德育、教学、课程等教育教学实践和探索,提炼总结了培养学生健康生活和学会学习品质的操作方法和要点。

1. 学会学习

以"乐"激趣,主动参与,夯实自主之基,促进学生乐学善学意识;以"勤"促思,迁移改进,习得自主之法,提升学生勤于反思能力;以"文"修身,积淀情怀,涵养自主之心,丰富学生人文情怀素养;以"探"启智,建构发现,拓展自主之用,培养学生勇于探究精神。

2. 健康生活

发挥个性特长,提升自主管理能力;塑造悦纳自我的自主品质,健全学生人格;提升胸怀宽广的自主行为,以社会责任为己任;以劳动教育为抓手,开启走向独立的自主意识。

3. 自主课堂核心要素

从课堂的师、生、教材内容、呈现方式等方面入手,挖掘促进学生自主学习的方式方法,充分提供学生自主的机会,促使学生提高能力、发展素养。

(1) 情景要别开生面,引人入胜;
(2) 问题要沉缄深邃,疑窦丛生;
(3) 引导要启而有法,开而弗达;
(4) 过程要随机调控,形散神聚;
(5) 实验要启发思维,推动创新;
(6) 学案要搭建支架,有效导学;
(7) 课堂要互动交流,注重合作;
(8) 技术要有效变革,助力课堂。

(四) 制定了基于核心素养培育背景下学生自主活动评价方式和量表

本课题实施的过程中,基于我们选取的核心素养 8 个基本要素,我们从学科教学、研究性学习、德育活动、社团、拓展课、阅读节等方面开展丰富多彩的学生自主活动,对学生实行多元评价:形成性、诊断性、终结性、能力评价、自评、小组或综合评价等。我们制定了"核心素养背景下学生自主活动评价量表""学科教学'自主活动'评价量表""'有为'课堂'自主'学习效果评价量表""社团学生活动评价量表(初中)""阅读过程监控量表"等部分评价量表。

(五) 实证了学生自主活动的培育成效

3 年研究后的成效调查问卷帮助我们看清了成绩,聚焦了未来发展的方向。课题实施 3 年来,学生的整体素质、学习上的表现等呈现总体上升趋势,同时也反映出学段之间的差异。

在健康生活中各项指标中,初中学生整体情况要好于高中学生;在高中学生中,高二学生相对于高一和高三整体偏弱。其中,近八成的学生积极参加校内外的各项活动,在志愿者服务、社会公益活动等表现积极。

调查数据显示:在学习中遇到问题和挫折时,自主寻找原因,修正探究实施方案,继续探究的学生比例初高中均超过八成(初中为87.68%,高中为82.26%);能够再次反复探究,寻找差距,直至成功的学生接近九成,若考虑主观因素等,这一比例也比较高。

这充分说明,我校学生自主探究意识在不断加强,主动参与探究过程的欲望在不断增强。在学会学习的4个重要因素中,初中学生的整体情况要好于高中学生;相对于高一和高三学生而言,高二学生在学习动力、学习毅力和自主学习中相对偏弱。

二、基于核心素养培育背景下学生自主活动的相关讨论

(1) 如何基于学科核心素养细化和具体化培育学生自主学习还较薄弱。学生在基础型课程学习中不可避免会遇到基于学科的核心素养。例如"科学推理和证据意识",这些素养往往具有鲜明的理科属性。可能我们需要在课程体系建构中增加"学科素养"维度,探究学科归类,聚焦类型化的自主学习培育方式。

(2) "五育并举"已经成为当前的研究热点。我们发现学生自主活动中的劳动类活动,恰恰是"五育并举"或融合是最便捷的实践路径。在学科教学活动中,可以根据学科的性质和内容,统筹合理安排教学内容,从三维目标转向"五育"目标,融劳动教育于其中。如在政治、语文、历史等学科教学中,注重劳动观念和态度教育,以培养学生树立正确劳动观念和形成良好的劳动品格;在物理、化学、生物等学科教学中,注重劳动基础知识和基本技能教育,从而提升相关的职业技能,为从事未来的职业做准备等。在后续研究中,我们将继续深化自主活动中的劳动内涵,将学习视作脑力劳动,将劳动纳入未来社会人才发展的需求视角中,探究劳动的新型形态,帮助学生及早应对。

(3) 在研究方法中,我们注重了案例研究和调研,能够较完整体现了研究的实践和成效。但是从改进科学的角度看,我们只是呈现了研究的结果,至于如何发现问题如何优化如何反思在过程中的困惑和经验,还需要深化理解。在后续研究中,聚焦学生自主活动的改进培养,突出阶段性和个性化的特征。

主要参考资料

[1] 林崇德.21世纪学生发展核心素养研究[M].北京:北京师范大学出版社,2016.

[2] 顾明远.核心素养:课程改革的原动力[J].新课程,2016(04).

[3] 本刊编辑部,林崇德.核心素养的构建:回到原点的教育追问和反思——访北京师范大学林崇德教授[J].基础教育课程,2016(9).

[4] 姜宇,辛涛,刘霞,等.基于核心素养的教育改革实践途径与策略[J].中国教育学刊,2016(06):29—32,73.

[5] 辛涛,姜宇,林崇德,等.论学生发展核心素养的内涵特征及框架定位[A].中国教育期刊,2016(06):3—7.

主要附件目录

1.《上海市吴迅中学学生自主学习活动调查比较研究》
2.《上海市吴迅中学学生核心素养与自主学习活动调查研究》
3.《教为不教,学为自学——"完中自主性学习的实践探索"项目总结报告》
4.《基于自我管理培育背景下学生自主活动的实践研究总结》
5.《基于健全人格培育背景下学生自主活动的实践研究总结》
6.《基于社会责任培育背景下学生自主活动的实践研究总结》
7.《基于劳动教育培育背景下学生自主活动的实践研究总结》
8.《基于乐学善学培育背景下学生自主活动的实践研究总结》
9.《基于勤于反思培育背景下学生自主活动的实践研究总结》
10.《基于人文情怀培育背景下学生自主活动的实践研究总结》
11.《基于勇于探究培育背景下学生自主活动的实践研究总结》

教育教学
专业研究

校园心理剧在改善中学生同伴交往中的应用研究

彭程程

一、问题的提出

(一)概念界定

心理剧是由精神病学家莫雷诺于 20 世纪 20 年代所创的一种团体心理治疗方式,可以帮助当事人将心理事件通过一种即兴与自发性的演剧方式表达出来,让当事人在表演中体验感受真实的情绪,从而唤起当事人重新认识自己或者反省自己的机会。后几十年间,它在欧美地区广泛流行,并成为一种应用性很强的心理治疗方式。心理剧在 20 世纪 80 年代传入我国港台地区,于 90 年代开始传入内地(大陆),现在也逐渐被大众所认可。

校园心理剧是心理剧在实践和发展中的一个分支,是受心理剧理念的启发而在校园中应运而生的。校园心理剧是以学生为主体,通过扮演角色来呈现学习、生活中出现的困惑和问题,并在表演和互动的过程中,由学生自主地发展解决问题的能力,学会如何应对和正确处理实际问题。

(二)理论价值

随着校园心理剧的推广和流行,近年来它逐渐成为一些学校在开展心理健康教育时运用的一种方式。校园心理剧所要解决的心理困扰源于学生们的真实经历,所表达的心理冲突和心理困惑能够真实触动学生的内心,在排演和表演的过程中能引起参与者与观看者的共鸣。它突破了常规教育的说教讲授模式,是一种由学生自主组织的校园活动,以真情实感、贴近生活的故事来打动学生,覆盖面广,易于传播,是一种寓教于乐的心理健康教育手段。

(三) 实践意义

校园心理剧为学生提供了一个通过类似戏剧的形式来审视自己、解读生活、提升心理健康的平台。在校园心理剧的活动实践中,可以充分发挥学生的创作能力、自主能力与集体协作精神,通过引导学生自主参与校园心理剧的剧本创作、戏剧排演和正式演出,可以在行动中自发地促进学生思考,并重新认识同伴关系中常见的困惑和矛盾,在与同伴相处时树立正确的态度,提高与同伴相处的技能,改善学生在同伴交往中的表现,减少因为同伴相处中的不睦带来的心理烦恼。

(四) 相关研究

在2000年以前,国内相关文献较少,大多以"心理剧"的理论研究为主。2001到2005年间,一些关于"校园心理剧"的讨论出现了,如秦娟于2005年发表的《校园心理剧》。在这之后,在全国各地的高校中都逐渐兴起了校园心理剧热潮,网上可以看到,近十年各高校都陆续开办了大学生心理剧比赛。因此,从2006年到2010年,有关文献开始着重于实践方面的研究,如周国韬在2007年发表的《中小学校园心理剧探析》和2009年发表的《中小学校园心理剧活动再析》,林赞歌在2008年发表的《校园心理剧:心理健康教育的有效途径》,以及马全芝在2010年发表的《校园心理剧的实践探索》等。校园心理剧课包含的内容广泛,可涵盖青少年生活中的各方面困扰,到了2011年以后,有关文献在偏向实际应用的基础上,开始转向对问题的聚焦和细化的研究,如赵丹在2013年发表的《校园心理剧在改善中学生亲子关系中的运用》,朱恪川、李东在2012年发表的《校园心理剧在大学生人格完善中的作用》,梁秀丽在2014年发表的《校园心理剧在高中异性交往教育中的运用研究》等。

国内外学者研究表明,校园心理剧是一种有效的团体心理辅导方式,校园心理剧即在校园环境中,以特殊的戏剧化形式将学生在生活、学习、人际中所遇到的冲突、困惑与烦恼等情况,以角色扮演、角色互换、内心独白等方式编成剧本,进行表演,促进学生在表演中发现问题本质,明确症结所在,找到解决方法。校园心理剧的主要作用在于,能给学生提供人际互动的平台,通过让学生自编自导自演的形式,调动学生参与的热情,提升学生的综合能力。通过表演,促使参与者达到情感宣泄、反省自我、体验思考的作用。

二、课题的实施

(一) 前期基础

笔者连续5个学期在学校中开设"校园心理剧"拓展课,同时在校园中辅导心理剧学生社团,在校园心理剧实践方面累积了较丰富的经验。这3年中,在拓展课和社团中已经由学生自主创编了数个成熟的心理剧剧本,并有多次公开表演的经历。

校园心理剧与学生的校园生活是密切相关的,通过剧本可以反映学生在生活中所面临的问题和困惑。在所有参与心理剧拓展课的学生所上交的作业剧本和社团学生共同创作的剧本中,笔者共选出26个故事完整成型的剧本,其中,以亲子关系为主的有3个、以异性交往为主的有5个、以偶像崇拜为主的有1个、以学习压力为主的有1个,其余16个都以同伴交往为剧本呈现的主要矛盾(如图1所示)。其实,异性交往在某种程度上也属于同伴交往。可见,中学生比较在意和烦恼的问题中,与同伴的相处占了很大一部分,这也符合他们的年龄特点。在现有的16个学生创作的以同

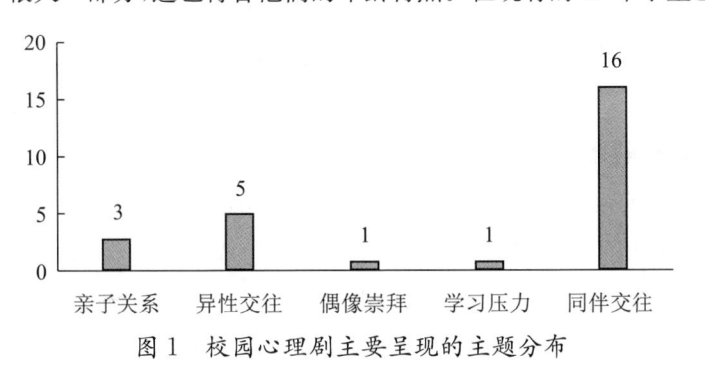

图1 校园心理剧主要呈现的主题分布

伴交往为主题的心理剧剧本中,高频出现的心理问题和困惑有羞怯、嫉妒、自我中心、孤独,从中也可大致窥见学生同伴交往中常见的困惑。在社团和拓展课的实践中,学生们通过自主创作剧本、排练和演出,在行动中可以自发地思考并重新认识同伴关系,改善在与同伴交往中的表现。

(二) 实践展开

1. 校园心理剧比赛

在校园中组织了校园心理剧的评比,从剧本创编、排练到正式表演、评比,都由预备年级各班的学生自主完成,在学生中获得了强烈的反响(见图2、图3)。

图2　校园心理剧表演　　　　图3　校园心理剧排演

2. 拓展课

开设"校园心理剧"拓展课,指导数十位初中和高中多个年级的学生,并在课程开展的过程中从学生作业中收集了较为丰富的故事素材和成型的剧本。

3. 校园心理剧社团

社团成立已有两年余,是由我校学生自主创办的以校园心理剧活动为核心的学生社团。成立社团的初衷就是想给学生们一个自由成长的平台。剧本由学生撰写,活动由学生主持,排演由学生组织,拍摄由学生进行,讨论由学生主导。学生们摆脱了课本,以源自真实生活的体验为学习素材,注重真实体验,强调自主思考。学生们在互动中带来成长的感悟,在活动中获得自发性的成长。具体的社团活动内容安排请看表1。

表1 "子衿"心理剧社团活动安排

序号	内容	任务	活动形式	预期成果
第1次	自我介绍	"破冰"	游戏、互动、讨论	成员间相互认识和初步了解
第2次	"故事接龙"游戏	"热身":找到自由讲故事的感觉	游戏、互动、讨论	以游戏的形式,让学生有机会参与互动
第3次	观摩优秀心理剧	学习和了解心理剧的一些知识	观看视频、讨论、互动	学习心理剧的一些基本知识
第4次	心理剧剧本创作	尝试心理剧剧本的创作	讨论、互动、创作剧本	有简单的故事框架和人物、主题
第5~6次	剧本初步排练和修改	确定角色,并熟读台词,确定故事主题脉络	排练、讨论	初步排练,对故事和人物进行调整并共同确认
第7~9次	正式排练	排练	排练、互动	排练至成熟
第10次	正式表演(录像)	正式表演	表演	一次有观众的表演,或者是录制成录像

(三) 具体案例

本学期心理剧社团的重点剧目是《同伴二三事》。成员们充分利用课余时间,经过一学期的反复排练,学生社团活动在4月成功进行了社团内展示,5月进行了小范围的校内表演,并在6月登上了区级艺术节舞台。

1. 剧本

校园心理剧演的是学生自己的故事,说学生想说的话,抒发学生的情感,因此剧本肯定是从学生中来的。剧本《同伴二三事》是由学生社团的社长自己撰写的。他以实际校园生活为灵感,活灵活现地呈现了4位学生的日常活动,他们分别是温和友善的学习委员、任性娇气的女生、懒散捣蛋的"学渣"和严格高傲的课代表。在构思剧本前,他曾与我讨论过关于班级同学矛盾的问题,说到了他观察到的一些同伴相处的冲突,并感慨班级同学相处不融洽让人不愉快。显然,真实的校园生活给了他创作剧本的灵感。在剧本中,以这4位同学为主角,以日常班级为舞台,展现了数段情景。在社团成员间分享完剧本后,成员们纷纷表示人物特别生动,这几位同学的形象在每个班级里都能找到相似的原型,这些故事也就像发生在自己身边,非常贴近真实的校园生活,而且故事里呈现的同伴人际问题,也是大家很感兴趣的部分。

2. 筹备

心理剧排演前的准备工作很考验团队的合作。首先是确定导演。"导演"是一部心理剧成功与否的核心要素之一。导演是引导者和组织者,通常会起到主导作用。因为成员们都很认可社长所写的剧本。在推选导演时,社长便当仁不让地成了本次的导演。其次是剧务人员。剧务人员是保证排练顺利进行的重要环节。从剧本的印制到道具的筹备,从排练教室的准备到具体场景的布置,无一不需要剧务人员的细心谋划。我们的剧务组是由两位资深的社团成员组成的,他们对后勤组织工作有自己的想法,也已经有一些实践经验,很快就顺利地开始运作。选角的事宜关系到整个心理剧的呈现,选出合适的演员就是导演要面对的第一项难题。在实践中,"试演"和"说戏"是很常见的方式,心理剧选角也是如此。经过演员自荐、剧本讨论、试戏等环节,通过反复甄选,在3月中旬,导演最后选定了4位主要演员。《同伴二三事》剧组正式成型。

3. 排练

排练是一个反复磋商、磨合、改进的过程,也可以是真实同伴交往状况的反映(见图4、图5)。一方面是导演与演员之间的互动。导演不但是心理剧的组织者,而且在本剧中导演还是剧本的创作者,那么导演对于角色和故事有着强烈的个人认识。在排练的过程中,导演如何把自己的想法准确地传达给演员,如何提出要求并让演员根据自己的意愿改变,或者在实际的排练中根据演员们的反馈改变自己的想法,都是在排练剧本的表面下无时无刻发生着的。演员们在排练中会对台词提出修改意见,也会对故事的发展有自己的思考。在导演和演员的反复讨论中，剧本会有多次修缮。另一方面是演员之间的配合。在多次的排练中，通过对角色的揣摩和感受，表演对手戏的演员们将会形成默契。虽然演员是来自不同年级不同班级的学生，但他们扮演的是同班同学，在反复的配合中他们的相处模式显得越来越融洽和自然。

在4月中旬，我们还围绕剧本排练进行了一次社团活动展示，校内外的许多教师都进行了观摩，并对社团成员们给予了高度的好评。

图4 剧本揣摩　　　　　　　　　　图5 剧本磨合

4. 表演

表演和分享是心理剧很重要的一个环节。社团在5月中旬进行了一次小范围的校内表演。后勤成员制作的宣传单吸引来了许多观众。但由于心理剧表演更适合在安全友好的小型场域内进行，因而不得不对观众人数做了限制。观众是心理剧的5个要素之一，也是故事的见证人。表演结束后，需要留出时间进行观众互动，收集现场观众的反馈，听听大家的想法和感受。讨论和分享环节可以帮助全体参与者们表达意见、抒发情感，并在互动中碰撞出新的火花。同时对演员们而言，倾听观众的意见也是很重要的学习过程，对于进一步感受故事有着很大的帮助。

另外，表演过程中的拍摄也很有必要，这有利于保存创作成果，也有利于后期的进一步推广和运用。

在6月初，心理剧社团的成员们历时数月排演的《同伴二三事》成功地登上了区级的艺术节舞台，为一学期的辛勤付出画下了一个完满的句号。更难得的是，参演的成员们也从最初的不太熟悉的关系,成了亲密的好友(见图6、图7)。

图6 心理剧社团成员①　　　　　　图7 心理剧社团成员②

三、分析与讨论

(一) 校园心理剧对学生人际表达的提升

校园心理剧中通过对某个日常场景有意地重复表演,能够让参与者对于人际表达有很深的感受。以表演中最基础的组成部分的台词为例,最初的台词都是由导演在创作剧本时写下的,体现了导演对角色人物的理解。演员们在拿到剧本后,第一次排练就是进行台词朗读。通过通读台词来初步熟悉人物、把握剧情。最初排练时,演员们都是完全按照拿到的台词来进行表演的,但在几次排练后,演员们会逐渐开始对自己的台词进行个性化的处理。有的是因为原台词写得不够顺口,但更多的是,演员们明确了自身角色的特点后,结合自己的理解,赋予了角色更多的生命力,所以台词中的人物形象会更鲜明、更个性化。一个口头禅、一句俏皮话,都让剧本中的角色更鲜活,更像我们身边真实存在的某位同学。除了台词,还有语气、表情、肢体动作和神态,多样化的表达让角色丰满起来。演员们在反复排练中,可以感受一个不一样的身份,体验区别于自己平时的表达方式,是一种新鲜而珍贵的体验。导演在指导中,调整自己的原有认识,通过与剧组成员们思维的碰撞,拓宽了原有的视野。对于演出时前来观看的观众来说,在一个平和包容的环境内进行观摩和讨论,也是一种积极的人际表达体验。

(二) 校园心理剧对学生人际理解的推进

通过参与校园心理剧,成员们探讨和把握角色,全方位丰富了对于角色的认识。下面我们以试戏时某个令人印象特别深刻的事件来举例。在分配角色的时候,几乎在场的女生都想要演苏贝贝,而不愿意演李茜。从原本剧本设置来看,苏贝贝任性刁蛮,在背后说同学坏话,几乎算是一个反面角色。李茜则是英语课代表,认真踏实地帮老师做事,怎么也算一个好学生。但现场女生们的认识却完全不同,大家觉得李茜骄傲、冷漠,并且对待同学不友善,这样的课代表是最讨厌的。更有甚者,有人评价李茜在老师面前一套,在同学面前又一套。女生们反而觉得苏贝贝虽然任性,但是简单、直爽,并不算讨厌。导演是一位男生,他本意也不想设置所谓的正面角色和反面角色。他就是按照平时在班级中的观察,描写了两个性格不同的女生形象。他在下笔时完全没有把李茜写成反面人物的想法,毕竟课代表面对不交作业的同学,根本不需要好言好语的。为了这个分歧,在试戏现场,成员们花了15分钟对李茜这个人物进行了讨论。在不喜欢李茜的各位学生表达完想法后,导演又听了其他持不同观点的学生的意见,充分地进行了讨论。最后导演将各方意见进行了整合,对剧本中的李茜做了分析:她的性格不太开朗,甚至有点儿冷漠,话不是很多,对他人会显得有些高傲;她对自己很严格,对待老师交付的工作也很认真。这样的课代表在班里的人际关系应该不会太好。经过大家的讨论,李茜的形象愈加清晰和鲜明,并且在观点的交互中,社团成员们逐渐理解到每个人都有各自需要面临的状况,每个人都有自己的缺点和不足。最后有人提出,剧本里除了已写明的问题学生"任性的苏贝贝"和"懒散的王海"在剧本后期需要转变,已是好学生的两位"高冷的李茜"和"软弱的唐文杰"其实也需要蜕变和成长。在观点的碰撞下,导演当时就有了灵感,写下了剧本后续发展的故事大纲,并稍稍改写了关于李茜的部分。这一次在选角时的讨论,可以说意义重大。

(三) 校园心理剧对学生人际策略的改进

校园心理剧通过重现校园生活中的情景,让成员有反复体验、多次试错的机会,以虚拟的体验获得真实的感受和成长。拿《同伴二三事》的剧情来说,剧本呈现了五幕,分别以"游戏的诱惑""男同学女同学""作弊风波""班干部换选""新同桌"为标题,导演取材于实际的校园生活,并且有意选择了一些对于当事人来说是有困惑、不能轻松应对的状况。导演说开始写这个剧本的初衷,就是想要知道别人在面对这些情景时是如何应对的,所以在剧本中他很巧妙地在每一幕的最后进行了留白处理,既点出了角色的矛盾,又不直接写明后续的发展,开放式的发展给人很大的思考空间。实际上,演员们在排练的过程中确实经常会自发地讨论故事的后续发展,并推测角色会如何应对困难,常常引发激烈的辩论,有时还会尝试续演一段。这样的剧本设计同样在正式表演时,也起到了很好的启发作用。表演结束了,观众们意犹未尽,这时观众们的分享发言往往也会集中在对故事的后续发展上。有时,观众是根据剧本中呈现出的人物个性,猜想出后续的发展。但更多时候,观众们在讲述时,采用一种代入性的自我表达,往往在无意中表现了自己在实际生活中的应对模式和策略。因此,观众们在观摩现场看似是对剧中人物的讨论,却能让在场的观众获得自身的感悟和成长。这种间接的情景观摩,是在场者获得人际经验的有效途径,在面对实际问题时也有启示作用。

(四) 校园心理剧对学生人际适应的促进

通过校园心理剧的排演,成员们获得了积极的人际交互体验,并且形成良好的人际氛围,在相互认可鼓励中共同努力,并充分展现自己的能力,在团队中找到属于自己的位置。以导演为例,他因为是剧本的撰写者而被推选为组织者。然而,他本身是一个性格随和、腼腆的男生,在初期并不能完全担当起主导职责。他的优势在于性格稳重。在多次的排练中,逐渐通过准确的指导和耐心的讲解,他慢慢确立了自己的导演地位,并因认真负责的态度赢得了成员们的一致认可。再以演王海的学生为例,他开始是作为剧务参与排练的,但是在实际相处中,大家发现他风趣幽默、爱说笑话,和剧本中的王海颇为相似,因此让他尝试了表演,效果意外地好。就连本来演王海的学生也主动提出把角色让给他。在成员们共同讨论后,他正式成了"王海"。另一方面,为了补偿这位大方让出角色的男生,导演额外为他写了一个乐观开朗的同学"张乐天"的角色,又极好地丰富和完善了故事的剧情发展。在校园心理剧排练中,这种良性的人际关系是非常宝贵的体验,对成员们有积极的引导作用,并且这种影响也许会超过表演本身。

四、总结和反思

校园心理剧提供了一个人际互动的平台。剧组成员们在排练和表演中体验了人际互动,收获了积极的同伴交往经验,并以此运用到实际生活交往中。观众通过观摩,对剧本呈现的同伴故事获得了间接体验,并且会有启发和领悟。无论是参与排演还是观摩,校园心理剧对于学生们都有着跟传统的书本学习完全不同的教育意义,不仅能够丰富学生们的业余生活,而且能够满足学生们的心理归属和人际交流的需要,对积极促进学生的同伴交往大有益处。

通过实践应用,我们反思了几点改进之处:第一,校园心理剧的专业性有待继续提高;第二,对演出后的反馈收集部分需要加强;第三,更着重观察参与者们前后的成长变化。

"一朵云"推动"另一朵云"

——以初中语文云课堂为例

于晓莉

2020年由于疫情的缘故,全国各地均开展了线上教学。我也成了十八线主播中的一员,自己每节课对着电脑讲得津津有味,口若悬河,深以为对面的学生们一定在专注地听讲。直到一日,我在课堂中间打开一个学生的麦克风,那边忽然传来"三个人怎么打啊?""某某,你没关麦!"的声音;再打开另外一个学生的麦克风,我这边千呼万唤,对面是声音全无,我立刻联想到了我看到的网上的一幅漫画:电脑前面只有一只猫咪在专注地对着屏幕上老师的头像在听课,小主人已然不知去向。而后的课堂笔记的内容更是不忍直视,很多学生只写了几个字,更有甚者一个字不写就传了上来。作业直接把上一位同学的作业下载下来当成自己的提交了。这样的课上、课后的学习状态让我焦躁不已。如何才能让学生认真地坐到电脑前,聆听老师的课,又如何让学生可以认认真真地完成作业呢?伟大的科学家爱因斯坦说过:"兴趣是最好的老师。"这就是说,一个人一旦对某事物有了浓厚的兴趣,就会主动去求知、去探索、去实践,并在求知、探索、实践中产生愉快的情绪和体验。由此可见,在课堂上,尤其是教师无法有效监督的线上教学中,唯有激发起学生的兴趣,让学生主动地来上课并完成作业,才能提高线上教学的有效性。

我认真反思后,感到线上教学除了无法有效监督学生的缺点之外,还是存在着许多优点的:第一,有时空上的自由性、直播的强交互性等,能够很好地激发学生的兴趣。第二,可获得知识"保持"的效果,"线上"教学以其独具的数据流互动优势、强大的数据处理能力和即时的互通交换能力,解决了传统教学中"学的逻辑"中存在的教材内容有限与学习内容、教学内容无限,以及教学时间有限与学习时间、实践时间无限的矛盾问题。第三,"线上"教学使学习实现了一对多、多对一、一对一等的信息互动互通,为优化语文教学提供了新的思路和策略。第四,借助网络平台的实时互动和即时共享等功能,语文教学可以获得更灵活的互动和更广阔的自由。既然现代化的网络平台有如此多的优点,教师为何不能创新自己的思维,恰当地利用好这些优点,让自己成为"一片云",借助这片"现代化信息的云"去推动"学生这片云"呢?

一、课堂转换,重视"学习起点",让预习成为学习的排头兵

阿尔弗雷德指出,教育本质上是有序地整理头脑中已有的那些活跃而纷乱的思想。奥苏贝尔指出,影响学习的唯一最重要的因素是学生已经知道了什么。从知识链的视角来看,学生课前已经知道的知识是课堂学习新的知识的基础,课堂所学知识也能在课堂上产生新的知识,学生在"新知"与"旧知"不断转化生成的过程中,获得更多的知识,实现从感性到理性、从具体到抽象、从易到难、从特殊到一般与从一般到特殊相结合、从模仿走向创造等转变。

"云课堂"中,教师在教学预备年级下学期的《古诗三首》时,其中的一首是李贺的《马诗》。通过诗歌本身,六年级的学生根本无法理解诗人所要表达的情感,教师除了布置线上查找作者李贺的有关资料之外,还通过线上平台发布了预习任务:查找"燕山"和"吴钩"这两个词在古诗中常常代表怎样的含义;搜集李贺写"马"字的其他诗句,并归纳这些写"马"的诗文有哪些相似点。不了解"燕山""吴钩",以及这些意象中所包含的传统文化是无法理解诗歌的情感的,所以在设计预习课的时候,教师会通过网络平台"晓黑板"推送对这些历史文化常识进行提示,让学生网上自己检索关于这些意象的内涵,以及有这些意象出现的其他古诗。同时再搜一搜其他类似的意象,学生们可自主地进行知识迁移,在预习过程中真正深入诗歌中去,深入诗人的生活经历中去。借此机会,我们鼓励学生多了解一些古代文化常识,包括古代称谓、立法、节气、地理、礼仪、古代音律、科举制度等。学生在课前预习的信息搜集与交流的过程中积累了一定的古代文化常识。

执教《心愿》的作文课之前,教师在"晓黑板"讨论区先布置了一项预习要求:写下你的愿望是什么,组长对自己组的组员的愿望进行归类,看看愿望可以分为哪几个方面,你准备选择什么材料才能更好地表达自己的心愿?组员之间在讨论区互相评论

哪些材料可以写,哪些材料写不出好的作文来。同时重点关注大家投票最多的提纲,进行观摩、研究、学习,最后在对比中选择出自己的材料,搭建好自己的作文框架,为课堂上较好地完成自己的作文打好基础。

教学《十六年前的回忆》一文时,教师运用线上教学工具"晓黑板"推送了一项预习要求——"请为李大钊制作一份个人简历表"。教师不做统一要求,由学生自己完成,完成之后在讨论区里分享交流。学生在预习过程中就完成了对主人公的人物形象的初步认识。

杜威提出,教学起点应直接从儿童经验出发,并通过扩展、丰富儿童直接经验的方式来学习人类文化知识,并最终走向对科学知识的系统掌握。预习因有了"线上"平台"这片云"的加入,大大提高了实效性,既可以前置任务,发现问题,又可以发散学生的思维,拓展视野,储备更丰富的文学文化知识,提升语文核心素养。而"教师这片云"也在这个逻辑过程中了解了学生的"学习起点",从学的逻辑着眼,符合学生思维认知的一般规律,从感知到理解,在理解的基础上巩固和应用等。只是需要教师从广泛的内容中加以取舍,使学生不至于在茫茫网海中漫无目地迷失。

二、平台整合,关注"学习状态",推动课堂成为学习的"伊甸园"

陈隆升教授认为,"学习状态"的关注点可以确立在学习需要的满足程度上。语文课堂上的学习需要满足,一般可以分为"满足驱动力的需要"和"满足目标策略的需求"两种。这也是学的逻辑中学生在"新知"与"旧知"之间不断转化生成的过程中获得更多的知识,更激发了教师探讨学习方式的逻辑性。学习方式的表层体现为对知识的认知方式,深层则蕴含着一种内在的规律性。学生学习的一般规律性如由感性到理性、从具体到抽象、从易到难、从特殊到一般与从一般到特殊相结合、练习的单项训练到综合训练、从模仿走向创造等,属于共性的规律,具体到"云端"语文课,则需根据具体的教学内容特点与学生学情加以灵活运用。

教师借助"云"平台,发布自己的核心问题。学生在讨论区里进行跟帖讨论,大大降低了学员提问的门槛,使师生的沟通更加顺畅。教师能够对每个学生的状态有整体的了解,并进行集中讲解,保障了每一个学生发言的权利。这种"听到+看到+讨论＋主动交流"的模式有利于知识的摄取并消化。

在整本书阅读的教学中,我们往往会指导学生把握人物的形象。这个时候,教师引导学生先交流基本信息类的:这本书的主人公是一个什么身份的人、所处年代、出生家庭、职业等。之后,教师引导学生分析其主要经历,这个人物的生平中有哪些重要事件;把这些事件进行排序,看看哪些材料对于把握人物形象更重要。让学生们把答案打在讨论区里,由同学对其他同学的讨论发言进行点评。同样,这种整本书阅读的方式也可以运用在综合性学习"话说千古英雄人物"中。学生在筛选英雄人物的资料时应怎么选择材料,如何安排材料的顺序,才更有利于突出人物形象。大家都把自己的理解打在讨论区里,通过讨论区实现了全员参与,解决了教学时间有限与学习时间、实践时间无限的矛盾问题,更做到了"留痕",留下了每个学生思考的痕迹,这种痕迹也实现了与同伴之间的分享,在分享中实现了思想碰撞。

教学《那个星期天》时,关于"文中的母亲是否是一个好母亲?"引起了激烈的讨论。有人说她是一个不守信用的母亲,有人说她是一个疼爱孩子的母亲。这时,教师在"线上"搜出了作者史铁生的人生经历以及他的散文《我与地坛》《合欢树》《秋天的怀念》。教师将这些资料放在讨论区让学生查阅,之后利用WORD在线编辑小程序完成自己的结论并说明理由。在线上阅读的过程中,学生发现每一个文本都同其他文本相互参照、彼此勾连,形成了一个潜力无限开放的动态网络。在这个文本系统中,母亲的形象经常出现在作者的笔下,在多人协作完成的过程中,大家边写自己的答案,边阅读别人的答案,进一步跳出了《那个星期天》中母亲的不守诚信,理解了母亲的勤劳以及对儿子的爱。

从学的逻辑着眼,教师在"云端"教学中更加关注学生的"学习状态",遵循学生学习认知规律中的从感性到理性、从具体到抽象、从易到难等原则进行教学,同时强化了学习兴趣对学习效果的影响。基于这样的逻辑分析,教师这一系列的关注"学习状态"的教学是科学的、有效的。教师立足核心文本,利用网络的即时性、信息的便捷性去整合资源,帮助学生理清文本之间的关联点,引发群文阅读。群文阅读是互联网时代线上教学多维度、跨文本阅读的具体方式。这种阅读的核心就在于比较、鉴别,从而加深理解,提高分析能力。以引发为目的的文本解读教学,通过比较阅读、互文阅读、类比阅读等更有利于对教材文本的深入分析与理解;实现了以现行统编语文教材的学习为宗旨,以提升学生的阅读素养为目的,以精读课文有效延伸或单元主题有效延伸为主要路径,从而增加了学生阅读的数量,提高了阅读的质量。

三、创新作业,推动网络成为学生的展示台

正如倪文锦先生所认为的,在语文教学过程中,学生理解、掌握新知识究竟达到了何种程度,可以通过一定形式的作业加以检验,作业具有检测作用。学生新学到的知识需要通过练习得到消化,通过运用才能熟练掌握和深化,在教学过程的逻辑发展阶段上才更有合理性[1]。在实际的教学中,以作业为特征的再实践,是课堂教学中培养学生语文能力的一个重要环节。这个环节"做什么"与"怎么评"的逻辑依据是"为什么做"与"学生怎么做"。从学的逻辑着眼,对"学习成果"的检测要"从封闭走向开放,单一化走向多样化,从整齐划一走向个性化,由纯粹的纸面作业走向实践化的综合性作业"[2]。云端教学中,借助网络平台的展示共享,语文学科的作业可以变呆板为生动、变枯燥为丰富。比如,明晰的笔记应该是网课期间学生认真听讲、仔细思考的最好的证明,如何引导学生会记笔记、记好笔记,让笔记使学习更有效呢?教师尝试引导学生通过 Word 和 Xmind 把记录下来的杂乱的内容用思维导图的形式进行梳理(见图8)。这个梳理的过程就是学生自己二次思考的过程:文章讲了什么?怎么讲的?为什么这样讲?教师又是如何带着学生解读文本的?一条条、一点点地进行归纳、整理、分类、排序,真正地明白解读一篇文章的路径,切实学会运用课堂所学去解读课本以外的文章。同时让学生特别关注空中课堂中教师的总结部分,因为那是对一堂课所讲内容的一个最后的归纳,有助于学生理清课堂思路,在教师教的体系中形成自己学的体系。学生在绘制思维导图的过程中,要让"字、词、句、篇、语、修、逻、文"等项归位。让课堂所学的内容得以清晰、直观地呈现,更让学生的自我归纳、自我学习能力得以实现,体现了从感性到理性、从具体到抽象的学的逻辑。

---

[1] 倪文锦.试论中学语文课堂教学结构[J].华东师范大学学报(教育科学版),1987(2).
[2] 陈隆升.语文课堂"学情视角"重构[M].上海:上海教育出版社,2012.

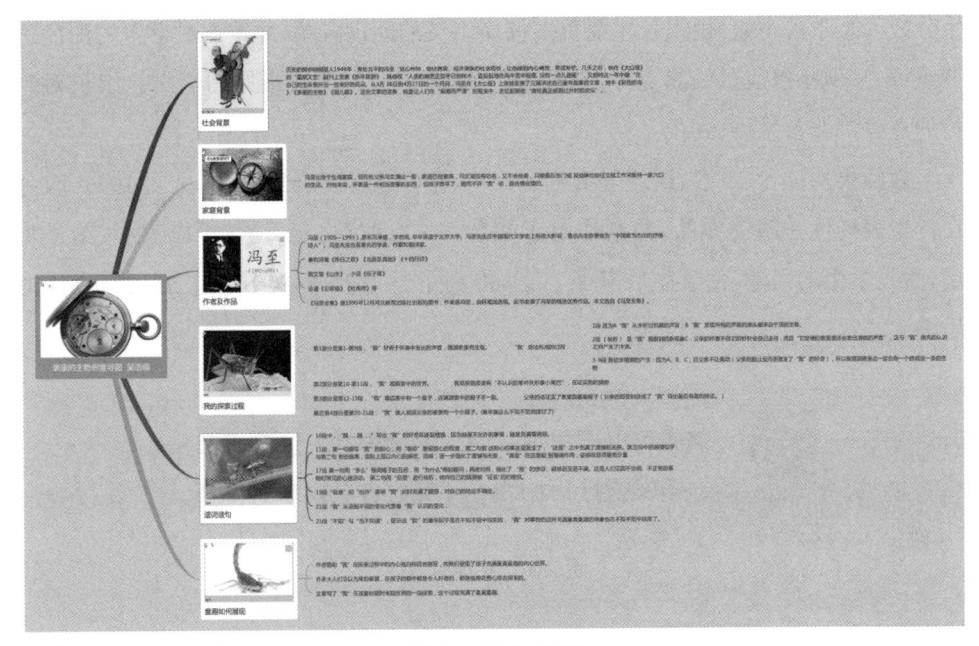

图 8　思维导图

为了延续学生在校朗读文本的好习惯,让学生保持"在读中品""在读中悟"的学习语文的良好方式。课堂上,我组织学生开展线上朗读活动。教师将每个班级的学

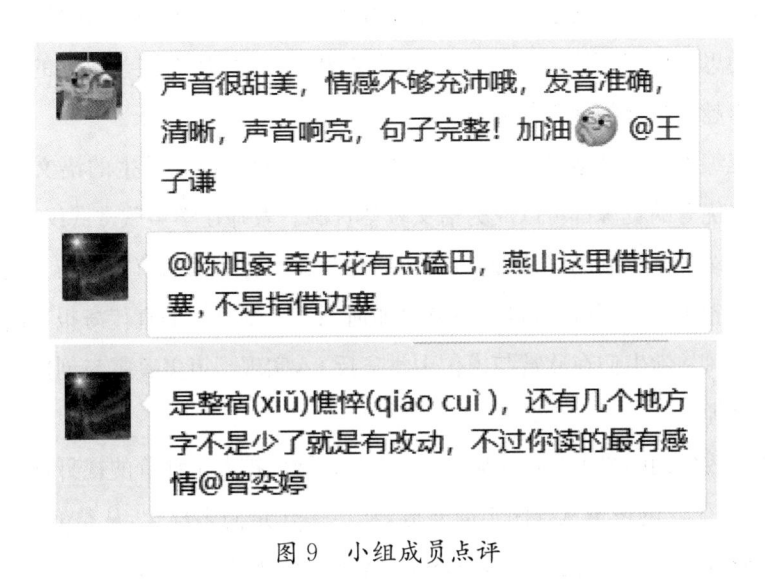

声音很甜美,情感不够充沛哦,发音准确,清晰,声音响亮,句子完整!加油 @王子谦

@陈旭豪 牵牛花有点磕巴,燕山这里借指边塞,不是指借边塞

是整宿(xiǔ)憔悴(qiáo cuì),还有几个地方字不是少了就是有改动,不过你读的最有感情@曾奕婷

图 9　小组成员点评

教育教学专业研究　231

生分成 6 个学习小组,由组长主要负责催交组员的朗读音频,并重点对学生的朗读进行点评,其他小组成员一起点评(见图 9)。每次评选出朗读最好的同学。组长对组员的点评都非常恳切、到位。

教师再从读音、节奏、语气等方面对一些同学的朗读给予反馈(见图 10)。教师在群里表扬优秀朗读作品,并制作电子奖状——"朗读之星"——予以表彰,给予肯定,激发学生的兴趣,使学生收获了自信,提高了学习效率,更收获了展示与点评的乐趣。

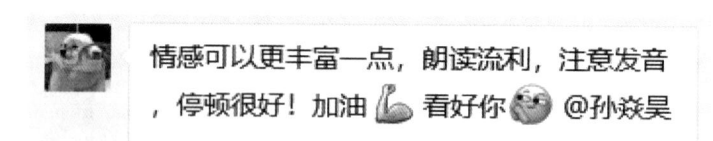

图 10 教师鼓励

教师通过"晓黑板"的讨论区对课堂笔记进行展示和点评,优秀的课堂笔记和存在问题的课堂笔记都一目了然、高下立见。每个同学在对比查看的过程中都能够有所甄别。在甄别的过程中更是与自己进行对照,向同伴学习,学会了如何记录笔记。教师定期再在直播课中展示优秀的笔记。榜样的力量是无穷的,一份份来自同伴的认真清晰的思维导图,激励了一个又一个学生开始反思,从而完善自己的思维导图,由此涌现出越来越多的优秀作业。

又如统编教材中都增设了"综合运用"部分,为的是提升学生的语文核心素养。"线上"很多优秀的资源都可以成为语文教学资源。教师让学生欣赏武汉市旅游局给各省市援鄂医疗队绘制的宣传海报,关注图片与文字背后的城市特色与文化渊源;思考还有哪些省市没有写进来,自己还可以如何创作一幅这样的宣传海报,或者宣传宣传自己的家风。学生们在欣赏与模仿中举三反一,实现了审美鉴赏与创造,进一步激发了学习兴趣。

作业批改借助网络平台成了师生"对话"的平台,扩大了评价的视野,增强了共振的频率,实现了学的逻辑从封闭走向开放,从单一化走向多样化,从整齐划一走向个性化,从纯粹的纸面作业走向实践化的综合性作业的转变。在这一转变的过程中,很多积极上进的学生又都幻化成了"一片云",把自己最优秀的一面呈现在集体的面前,呈现在网络这个跨越了时空的展示平台上,去推动更多的"学生云",让更多的"学生云"在更广阔的网络课堂中动起来。

苏霍姆林斯基认为,教师的使命不只是传递知识,还应激发求知欲望,点燃智慧火花。"云课堂"独有的数据流互动优势,为学生的"学"开辟了一条新的途径,与师生互动、生生互动的"线下"教学互为补充、互相促进。如果教师能够从利用"信息化这片云"入手,让"教师这片云"遵循学生的认知规律,重视学生的学习起点,关注学生的"学习过程",强化学生的"学习结果",那么在这个过程中,就能发挥出创新精神,推动学生的"这片云"积极参与、表达与交流,学会分享、合作等,从而使得一片片的"学生云"推动越来越多的"学生云",为优化教学、打造灵动课堂注入活力。让学生从对语文云课堂的"无兴趣"之中走出来,成为一片片流动的"云",在语文核心素养的培养之路上走得更稳、更快、更好。

找"自己"

——核心素养培育背景下学生自主活动"勇于探索"的实践研究

姜　毅

为了顺应新时代对人才需求的变化,落实"立德树人"的根本任务,教育部提出了发展学生核心素养的要求,新修订的《普通高中课程方案(2017版)》指出,中学物理课程作为中学自然科学领域的一门基础课程,学生通过学习提升学习物理学科的核心素养(物理观念、科学思维、科学探究、科学态度与责任),为学生的终身发展奠定基础,促进人类科学事业的传承与社会的发展①。结合我校区级重点课题"基于核心素养培育背景下学生自主活动的实践研究"中的二级指标"勇于探索"(勇于探究主要表现:具有好奇心和想象力;能不畏困难,有坚持不懈的探索精神;能大胆尝试,积极寻求有效的问题解决方法等),下面笔者以"平面镜成像"一课中为什么要选择平玻璃板作为实验器材和如何证明像与自己大小相等的两个小片段为例,谈谈在课堂教学中培养学生自主活动勇于探索的一点感受。

【课堂实录1】

师:平时大家都照过镜子,都会通过镜子里的"像"整理自己的仪表仪容,自然界中也只有少数几种生物知道镜子里的像就是自己。那么这个"自己"和你本人相比,有什么相同点和不同点呢?

学生通过讨论交流,得出了不少的猜测。例如:

(1) 镜中的"自己"和本人一样大;

(2) 镜中的"自己"和本人左右相反,但上下相同;

---

① 中华人民共和国教育部.普通高中物理课程标准(2017版)[S].北京:人民教育出版社,2018:1.

(3) 本人靠近镜子,镜中的"自己"也会靠近镜子;

(4) 本人越远离镜子,看到镜中的"自己"会越来越小;

……

师:(表扬)同学们都很棒,发现了这么多的特点,那么大家所提出的这些特点是否都是正确的,还是有些存在着一定的缺陷?就让我们用实验来验证吧。

师:现在老师有个问题,我们都在说镜中的"自己",可他/她到底在哪里呢?我们该如何才能找到他/她呢?注意哦,不是仅仅"看到"他/她,而是能"找到"他/她在哪里。

学生在没有提示的前提下,总是会第一反应选择平面镜作为这节课实验的主旋律。但在老师的提醒下,都会注意到用平面镜只能看到像,但由于平面镜是不透明的,怎么也看不到镜子后面的物体,也就无法确定像在哪里了。于是只能努力结合自己原有的经验,讨论在日常生活中既能看到像,又能看到镜后物体的东西了。经过讨论、探索后,发现用玻璃板可以满足上面的要求。

【感受】平面镜成像是生活中常见的现象,学生在平时观察过,这些是学生的前知识。找到像的位置(找"自己")可以说是这堂课中的一个难点,涉及实验器材的选择。为什么我们在探究平面镜成像的实验中要用玻璃板而不是平面镜,是培养学生在学习过程中对前知识产生的一个冲突点。学生学习物理的过程不是简单地把书本上和教师课堂讲授的内容装入自己脑子的过程,而是一个在一定的教学情境中发展自己前认知的过程,是认知结构和认知方式的变化过程[①]。科学探究是学生的学习目标。在物理学科教学中,要让学生经历与科学工作者相似的探究过程,从而领悟科学探究方法,发展科学探究能力,能够提出问题、形成假设,并通过科学方法检验求证、得出结论,体验科学探究的乐趣,养成勇于创新的科学精神。

【课堂实录2】

……

师:恭喜大家找到了合适的实验器材,我们终于既可以看到像,又能找到它的位

---

① 郭玉英.中学物理教学设计[M].北京:高等教育出版社,2016(5):7.

置了。刚才大家对镜子里的"自己"和本人一样大这个观点,没有人反对。既然我们都认同这点,那么我们就这样确定了,它和我们本身一样大!

生:好(稀落的声音)。

生:不好,没实验验证(更稀落的声音)。

师:非常感谢这些不同意。老师凭经验就轻易得出结论的错误做法。我们物理学史中就有许多著名的物理学家不轻信前人的结论和经验,而是在前人研究的基础上勇于探索,使自己的众多经验、规律得到纠正或完善,从而不断地促进科学和社会的发展。

师:现在就让我们用实验来验证一下,镜中的"自己"到底是否和我们本人大小一样?同学们一起讨论一下,该如何做呢?

同学们经过讨论,找到了一个与物体大小相同的另一个物体,看看后者是否与像重合。

师:同学们找到了方法,证明了像与物大小相等。恭喜大家,你们在探索中找到了一种著名的科学研究方法哦。这种科学研究方法叫作"等效替代法"。(介绍这种方法在这次实验中的运用)

生:哇哇!(兴奋)

【感受】这是本节课中的第二个难点,相信很多教师和学生在经过讨论和尝试后会找到一个同样大小的物体与像重合,从而证明像与物体大小相等。其实这是利用了一种科学研究方法——等效替代法,且原理过程应该是先找到一个物体与像的大小相等,再将这个物体与原来的物体相比较,从而得到像与物体大小相等。虽然学生在探索的过程中与原理顺序有些相左,但能够在原来较空白的区域经过探索找到一个类似的、著名的科学研究方法,又何尝不是对学生勇于探索的一种肯定呢!学生是活动的主体,教师是引导、参与、支持者。学生是通过完成系列目标任务的过程来获得主体发展的;学生的体验和感悟是课堂活动的内涵,是学生获得发展的主渠道[①]。

---

① 余文森.核心素养导向的课堂教学[M].上海:上海教育出版社,2018(2):223—225.

对于科学探究,只有促使学生进行深层次的认知加工,只有学会了探究的方法,提高了探究的能力,学生才会在探究过程中尝试到成功的滋味,从而增强对科学的好奇心,并能在今后的探究中应用、开发适合自身发展的探究方法。

科学探究的实质在于过程,这个过程是"知"与"行"的统一;作为学习方式,科学探究不仅仅应该让学生学会科学家研究未知事物的过程,获取已知的科学知识,更应该让学生了解知识的形成过程,以及培养变量的识别与控制,演绎、归纳、推理到最佳的解释(溯因)、类比以及基于模型推理等科学思维[1]。所以,对于"勇于",并不是盲目地培养学生对前人的结论和规律产生批判性思考,而是应当首先必须使学生明确自己的前知识,认识到其中的正确与错误的成分,或者存在的不完整、不深入的部分,产生需要解决问题的源动力,并愿意通过科学的手段和实验研究对前知识进行有序的探究,做到"有勇有谋";"探究"是求索知识或信息,特别是"去伪"的活动;是搜索、研究、调查、检验的活动;是提问和质疑的活动。古人云:"授人以鱼,只供一饭之需;授人以渔,则终身受益。"当今科技迅猛发展,知识不断更新,仅仅将知识作为"鱼"传授给学生,已经远远不能满足其终身发展的时代要求。纵观众多优秀的教学案例和教育研究成果,不难看出教师要从学生的原有认知入手,循序渐进地引导学生深化对核心概念的理解,发展学生的科学探究能力和科学态度。教学中通过实验探究这一真实的过程,从猜想到制订探究方案,从实验器材的选择到科学探究方法的获得,应努力创造一个让学生能够体验探究的乐趣、感悟探究的方法的氛围,培养学生的探究精神和实践能力,所以我们在探究过程中不仅要关注探究"正确的实验结果",更要关注学生在经历获得探究结果的"过程",使学生在这样的过程中发挥主动性,自主探究或在教师的指导下进行探究活动,受到科学方法的训练,形成科学的情感、态度价值观。

总之,教师要激发学生"我要学""我要发展"的内在需要,激发他们的学习动机,使其主动参与到探究过程中,寻求解决问题的方法,潜移默化地使学生领悟"自主",确立了探究过程中的"自我",找到"渔"的能力,真正在探究的过程中逐步达到"愿为""敢为""能为"和"有为"。

---

[1] 钟启泉,崔允漷.核心素养与教学改革[M].上海:华东师范大学出版社,2017:156—157.

自主活动语境中整本书阅读的实践研究

——以五四学制六年级《呼兰河传》导读的设计与实施为例

万 玮

一、研究的背景与现状

从2017年秋季开始,全国统一使用统编教材。这套教材在整本书阅读方面想了许多办法。初中阶段设置了"名著导读"栏目,每次引导学生重点学习一种读书方法,如浏览、快读、读整本书、读不同文体等。从2018年秋季起,上海市五四学制六年级也开始使用统编教材。六年级上册的第四单元设置了名著导读,注重培养学生良好的阅读习惯,并给予一定的读书方法的指导。

按照当下语文课改的理念与要求,整本书阅读势在必行。整本书阅读是课堂阅读教学的延伸与深化。课堂阅读旨在学会方法,并把方法使用到整本书阅读的自主阅读中去,通过"教"达到"不教"的目的。预备班对于整本书的阅读目前来看多停留在非专业阶段,大多是轻轻滑过,没有方法也不成系统,阅读养料的吸收并不明显。

目前整本书阅读大致有3种阅读方式:导读式、解析式和评论式。

鉴于学段的原因,本文认为,六年级的整本书阅读,最首要的是在激发兴趣的境况下进行有方法、有层级的阅读,包括教师给予一定的具体问题或者活动,引导学生有兴趣地阅读下去。也就是始于兴趣,终于兴趣,通过导读问题的设计,最大限度地激发愿意读书的热情,倡导有成效的自主阅读活动。

二、问题的设计

(一) 文本特点

《呼兰河传》整体风格偏向于散文化,很多篇章基本上没有明显的故事情节。所以说,如果还是从小说的三要素"人物、情节和环境"来导读的话,就有牵强之意。

《呼兰河传》与其说是萧红本人的自传体小说,倒不如说是一部关乎呼兰河的风情人事录。作者不断回望故乡,不断回味呼兰河的味道、呼兰河的风俗、呼兰河的人,甚至是一草一木。这些极有可能是六年级学生所感兴趣的方面。针对本书的特质和预设的阅读兴趣点,教师需要设计一定的情景活动,来实现对整本书的把握。

(二) 设计原则

1. 问题设计体现学科要求

整本书阅读是关乎语文教育的阅读,势必要体现语文这一学科的要求。按照课程标准的要求,教师应有针对性地设计问题,带动学生对整本书的理解,帮助学生提高语文核心素养。这也是本次研究的目的之一。

2. 问题设计体现难易的梯度

预备年级的整本书阅读不是一次性阅读,而是在高质量问题的带动下,不断阅读,达到持续性阅读的状态,以此形成持续不断的阅读期待与实在的收获。因此,在问题的设计上,教师应考量问题的难易和梯度的呈现。有些问题的设计关系到文本基本内容的把握,或者是基本信息的提取,再或者是对人物的理解与评价等。这些均体现了问题的梯度,也体现了自然的阅读状态下,应该呈现的阅读能力要求。

3. 问题设计体现活动化、情景化与兴趣点

鉴于本次整本书阅读是在预备年级推行的,预备年级的学生在认知发展方面,尚处在比较低的层次,如果把上述问题以"问题"的形式布置下去,收效其实也不是太好。如果把问题置于一些活动之中,在有意思的活动中设计一些情景,比如把当下流行的媒体、电影、美食,甚至是职业身份恰到好处地镶嵌进去,学生自主阅读的兴趣与解决问题的热情势必与单纯地批注阅读、写感受等方式要来得痛快得多。

4. 体现自主阅读的需要

整本书阅读需要自主阅读是整本书阅读的题中应有之义。课堂 40 分钟时间解决不了整本书阅读活动的要求,这就要求学生在课下、在自主阅读时间里,完成整本书自主阅读活动的要求。

(三) 问题设计与活动要求

依据上述原则,笔者编制了一系列有梯度、有学科要求、有情景,能体现兴趣特点的问题。

(1) 请给《呼兰河传》七章分别拟定一个恰当的小标题。

(2) 细读第一章。假如你是当时呼兰河小城里面的一位小警察,为了管理方便,请你绘制一幅呼兰河小城的地图,重点标注清楚主要街道名称、学校、庙宇、店铺等。

(3) 读第二章。如果你是一家旅行社的导游,你们社景点菜单里面有民俗一项。请你设计一个表格,给远方的游客推荐呼兰河小城的民俗。要求写清楚:民俗名称、主要看点、民俗文化的意义、举办的时间、举办的地点。

(4) 细读第三章和第四章。摘抄直抵人心的句子不少于10处批注并背诵。组织本班同学在一节课上配乐朗读。

(5) 请穿越回到1943年的香港一家出版社,你是这家出版社的美术编辑。假如出版社打算出版《呼兰河传》,请你选择第三章和第四章最能打动你的两处,作两幅插图。

要求:把最能体现插图意思的原句工整地写在插图合适的位置,并写上×××作画,时间为1943年10月。

(6) 如果你是呼兰河城里的一位美食家。请依据小说文本,给《舌尖上的中国》推荐两道本地美食。要求写出食材的名字、烹饪方法,尽量用小说里的文字介绍色香味等,并给自己推荐的美食取一个有意思的名字。

(7) 阅读第五、六、七章。如果你是萧红,你听闻小团圆媳妇又被婆婆打了,于是萧红在朋友圈发布这一事实。下面有这些人物点赞或者公开评论。试想萧红、祖父、二伯、小团圆婆婆、医生、小团圆叔叔伯伯、冯歪嘴子、王大姐等会怎样评价?他们如果都有微信,微信签名又可能是什么?请依据小说中人物的性格和品质,一一写出来。具体要求:每人的微信头像签名及对此事公开的评论。

(8) 请依据尾声部分,按照教师给你的关键词写一首现代诗。关键词:呼兰河、祖父、清晨的露珠、忘却。

(9) 有一位导演要改编《呼兰河传》,要设计一款概念型海报。你应导演要求,依据你对小说的理解,要写3个词语(6个字),概括你们这部电影的要传达的声音。你会写什么?

要求:设计一款电影海报,写出3个词语。

三、阅读时间安排及阅读能力的要求

本次读整本书的时间拟定一学期,即18周左右,分三阶段来完成:第一阶段是读整本书,整体感知内容。第二阶段是分章解读,以文本特点为依据,解决不同的问题,实现不同的语文能力的提高。第三阶段是再读整本书,读出主旨,读出《呼兰河传》整本书要讲的核心。

四、阅读活动的实施

(一) 通读全书,整体把握

本阶段本着从自然的阅读状态出发,通过对全书7章拟定小标题的形式来实现对本书内容的把握与概括。这是阅读的出发点,也是其他活动展开的基础。

按照《上海市初中语文学科教学基本要求》,现代文的阅读有"把握文章的内容"一项。其中有一点是要"归纳文章的主要内容"和概括"段落的大意"。那么,整本书的阅读导读也就要相应体现这些要求。《呼兰河传》的7章,层次分明,且没有小标题。设计小标题的活动意在训练学生的概括能力和对文本的整体把握能力。

从阅读实践上来看,学生在这一部分基本上都能把握每个章节的主要内容,但部分同学在为标题甄选词语时稍有偏颇,再有就是标题太烦琐了,唯恐说不到点子上。这是过于急躁所致,也是概括能力不足所致。这都为之后的交流找到了较好的切入点。

总的来看,在此阶段,整本书的大概内容基本读懂了,基本的阅读目标也达到了。

(二) 分章阅读,侧重要点

这个阶段侧重于从各个章节入手,依托不同章节不同的文本内容的特质,有目标、侧重点地引导学生在阅读时应该具备的某些阅读能力,诸如信息的提取与整合、语言的理解与鉴赏、人物的理解与主旨的把握、语言的运用与写作等等。

1. 侧重信息的提取与整合

信息的提取,尤其是有效信息的提取,是阅读的基本能力之一。小说的第一章重点介绍了呼兰河小城的地理位置和城区布局,所以我们设计了一个绘制呼兰河小城的地图。

这个问题旨在通过阅读提取有效的信息。通过绘制地图,使呼兰河小城的布局更加直观地呈现在眼前。同时,通过创设情境和角色的代入,使任务更加符合角色,并能调动学生的积极性和兴趣。

从实践上来看,大部分学生都能结合小说提供的信息,通过各种颜色绘制出不同的道路、居民区、小团圆家、李永春药店、金银首饰店、烧饼铺等。但是个别学生忘了绘制呼兰河。大部分学生绘制的地图上还有方位指向、设计者姓名,甚至还有比例尺。个别学生开始绘的是黑白地图,后来看到其他同学回家绘制了彩色地图,又开始绘制二稿。

这都说明,对于六年级的学生来讲,提取有效信息并理解这些信息,在自主阅读的语境中完全能够做到。

需要特别强调的是,由于这幅地图的要求是按照第一章的阅读信息来绘制的,所以很多孩子没有画出呼兰河。在后续的阅读中,我们又对地图不断地进行补充与完善。这也体现了整本书阅读的整体性要求与优势。

我们不但要会提取信息,还应该对这些信息归类和梳理。鉴于此,我们利用对第二章的阅读,设计一个有关呼兰河民俗旅游的项目,即对第二章中有关风俗文化进行整理和整合。

这个问题也是情境创设,利于激发学生的兴趣和热情。对于民俗的归纳和理解,有助于我们对小说中人物悲剧命运的理解。在创设问题的引导下,大部分学生都能正确归纳信息,并且设计了信息整理的表格,并给予一定的评价。但在鉴定民俗文化意义这方面,缺少应有的文化视野与文化判断。当然,这也是这个年龄阶段的孩子缺少的东西。

2. 侧重培养语言的敏感性,理解语言的表现力

这部小说是散文化小说,也是诗化小说。语言有着萧红独特的风格,好词好句不胜枚举。为了培养学生的语感和对语言的感知能力,我们设计了这样一个摘抄好句并诵读的活动。

好词好句的诵记和配乐展示,通过活动的方式积累词句,做好分享和交流。学生们通过批注加深了对句子的理解,也对语言的表现力有了更专业和更深刻的认识。

倘若诵读和批注是直接对语言语感的培养和对语言理解的话,那么我们设计为选择的文字做插图,则是间接地推动对文字理解的一种方式。

诗中有画,画中有诗。《呼兰河传》美的语言不胜枚举,美的画面也无处不在。如果能在理解文字的基础上用插图的形式体现出来,则是另一种对语言文字的深刻理解。这样的活动以语言文字的理解为基础,既调动了学生多方面的能力,提高了学生的综合素养,又激发了学生内在的积极性。

实际上,很多学生选择了"我"跟祖父在后花园里玩耍的部分。这一部分文字有着率真的表达,情感来讲,童趣横生,的确能吸引学生的目光,而且画面感也很强,易于绘画和插图。

需要强调的是,沪教版六年级语文上《祖父和我》和本班所用的人民文学出版社《呼兰河传》版本的书封上也节选了这部分文字。这种不谋而合表明,学生在品读文字的时候,对文字的感悟和理解已经有了一定的基础。

3. 侧重运用语言

《呼兰河传》小说里有着独特的北方饮食文化。这对于一个漂泊在外的游子格外怀念。萧红在这部小说里,一遍遍不厌其烦地介绍呼兰河的美食和小时候的味道。但我们发现这些美食都是一些简单的家常饭菜,但萧红在生命的最后时间里,却一遍

遍在小说里回味,这真的值得我们深思。在此语境中,本文设计了给小说里涉及的菜取菜名,简述制作过程的语文活动。

在取菜名的环节,好多学生还是认真阅读了文字,带着对小说的理解取了富有情趣的名字。譬如烤乳猪,美其名曰祖父牌"金里藏金";本来是小葱拌豆腐,活生生变成了"白玉生瑕"。还有一些学生不但附上了制作过程,还有食材的选择,进行了手工绘图,甚至还有菜品广告词"三件蘑菇粉,必得花钱狠"。

从活动实践来看,很多学生基本上都能用文本里的文字来描述,也能加上自己对小说的理解,通过对菜肴名字的创新,给《舌尖上的中国》推荐特色菜,达到了运用语言的目标。

4. 侧重理解人物,学习对人物和事件的评价,尝试发表自己的观点

《呼兰河传》是散文化小说,然而在第五、第六和第七章,却又有较强的故事性,人物形象的塑造也较丰满。如何理解作者笔下的人物成了这三章阅读的重点。为此,本文设计了一个语文活动,即是让萧红在朋友圈发布一条信息,把小团圆媳妇又被打了的事情,让朋友圈里的人来评价。这个活动借助微信朋友圈,让不同的人出场,让不同的人说不同的话。

从实践来看,好多学生都能理解不同的人物有不同的身份、不同的身份有不同的观点。这些观点又是从文本人物的分析中得出的。

比如,小团圆媳妇的婆婆在评论区说"切,她活该!都是小团圆媳妇了还不知羞耻",俨然一副小团圆被打是她自己罪有应得的嘴脸;祖父则评论:"可怜的孩子!"体现了祖父的善良与同情之心;二伯回复祖父说"唉,对啊,真可怜!"等,也体现了二伯这个人物对此事的看法;医生则可能从自己的职业身份出发说,"这孩子心理承受不了,不能再受打击了"。冯歪嘴子和王大姐都有符合自己身份的评论。这都表明,学生对小说里人物形象的判断基本上都是准确的。

另外,还有些学生,在萧红的朋友圈给萧红设计了网名"萧忆红年"、个性签名、朋友圈封面图片。还有人替萧红在个性签名里售书:"萧红新书《呼兰河传》已经出版上市!"虽然实际生活中,萧红去世之前并没有看到这本书的出版,但是这些信息表明了学生对于这样的语文活动的喜爱,也融进了自己的理解和思考。

5. 学会把握整本书的主旨

读懂小说就是要读懂小说要表达什么。电影海报是对整部作品所有认识的高度提炼和总结。3个词语非常难以甄选,这个活动其实是对整本书理解的检验。

人生如戏,《呼兰河传》作为萧红的自传体小说,其实更想跟大家说,每个人都是一部电影,有大幕拉开的时候,也有落幕的时候。通读全文,制作电影海报,其实就是要读懂整本书的核心和主旨。这项活动将小说的寓意和对整本书阅读的总结合二为一,仍然是以活动促进阅读,以活动促进自主。

从实践上来看,有很大部分学生对电影主题的关键词的寻找还是到位的。譬如"回忆、风情、悲苦",再如"回忆、幸福、寂寞"等,都很能抓住整本书的核心与要害。还有部分同学能翻阅书的简介部分,在出版社和编者的导读里寻找出有意思的关键词。

(三) 再读全书,写作运用

尝试写作,学会表达,也是整本书阅读的内在要求。本阶段主要通过对尾声部分的理解和教师提供的关键词,以诗歌的形式来理解小说的核心。同时,本阶段也训练了学生的写作能力和对语言的把控能力。

这部小说有意思的地方在于有尾声。尾声从文笔来讲更像一首散文诗。它是对全书的总结,但更像是寄托了更多的人生期许抑或是不舍。我们提供关键词,试图通过限制写作,让学生对整本书有更多的理解和把握,更希望通过这样的方式锤炼语言,凝结成诗。

大部分学生能够运用教师给定的词语赋诗一首。尽管这些语言尚需推敲,但满满的诗意还是有的。譬如,有人写道,"我的祖父那群人/渐渐被遗忘/爱和恨/也会被遗忘/只剩白天"。这首诗里,学生已经从祖父和祖父那群人上升到很多人,已经意识到祖父他们这代人身上具有的普遍性。还有人写道,"呼兰河有过一片后花园/一个美丽而又寂寞的小镇"。这样的语言,其实已经达到了诗语言的要求,同时也训练了学生的写作思维。

五、收获与反思

通过对整本书《呼兰河传》的阅读,学生在教师设计的导读问题的引导下,通过参与各样语文活动,读懂了内容。

打开呼兰河,也就打开了呼兰河的生活,开启了和一群人的别样人生。同时,我们也更加具体清晰地了解了这位被称为"30年的文学缪斯"的作家萧红。

学生在积极参与活动的同时,语文素养也有所提高。无论是概括能力的提高还是对信息的提取、理解与整合,无论是对语言的理解还是运用,更不用说对人物的理解和对主旨的把握等,通过作业的展示和反馈,均有收获。

与此同时,学生在教师的引导下,通过对活动设计的理解和参与,也收获了不少的自主阅读整本书的方法和方式(见图11至图14)。

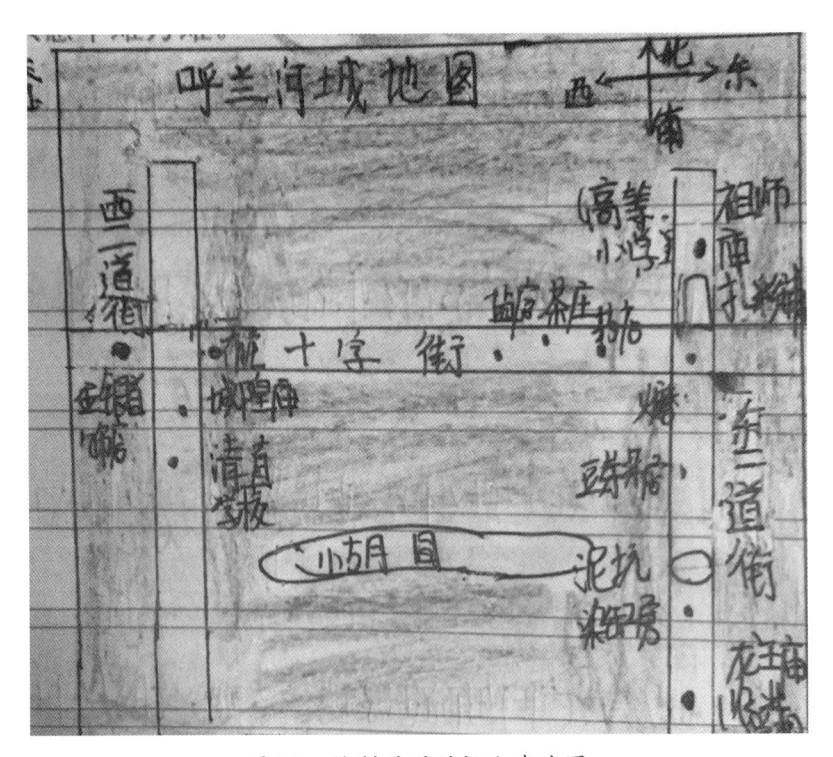

图11 绘制的呼兰河小城地图

图 12　对部分文字的插图

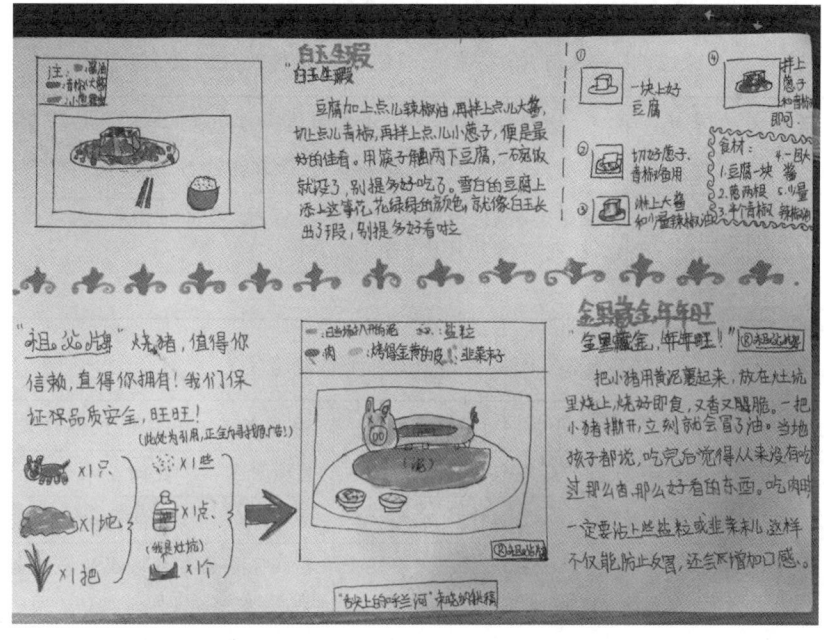

图 13　《舌尖上的美食之呼兰河》

教育教学专业研究　　247

图 14　海报设计

目前,国内整本书阅读最欠缺的在于对阅读过程的监控和考核。鉴于这是自主活动下的整本书阅读,我们设计了简单的阅读过程监控量表,以便学生能够达到有效的阅读,但具体到量化的标准可能还有可讨论和研究的空间(见表2至表5)。

表2　《呼兰河传》整本书阅读时间安排及能力要求

周　　次	章节	语文阅读能力要求
1—2周	全书	会概括:通读全书,感知全文,概括每章节内容
3—16周	各章节	能信息提取、对语言的品味与理解、文化的拓展、人物性格把握、对人物的评价、写作能力等
17—18周	全书	能把握主旨

表3　民俗整理表(学生整理为主)

民俗名称	举办时间	举办地点	主要看点	民俗意义
"跳大神"	大半是夏天天黑	多半在家里	送神归山	民间巫术
盂兰会	七月十五	呼兰河边	放河灯	民间聚会形式与文化
野台子戏	秋天	呼兰河边	看戏、接姑娘、唤女婿	乡野戏曲与百姓娱乐方式

续　表

民俗名称	举办时间	举办地点	主要看点	民俗意义
娘娘庙大会	四月十八	北大街的娘娘庙和老爷庙	热闹逛庙会	对于绵延子嗣的渴求和对神的崇拜
跳秧歌	正月十五	不详	跳秧歌等	民间聚会与民间文化
狮子龙灯会旱船	不详	不详	舞狮子等	民间聚会与民间文化

表4　阅读过程监控量表

周　次		章节	语文阅读能力要求	阅读时长	阅读笔记	交流记录
1—2周		全书	概括	___小时	微信群定期分享	交流要点与修改记录
3—16周	3—4周	第一章	信息提取	___小时	微信群分享	同上
	5—6周	第二章	信息的提取、归纳与整合	___小时	微信群分享	同上
	7—8周	第三章	对语言的理解与语言表现力的把握	___小时	课堂分享微信群分享	同上
	9—10周	第四章				
	11—12周	第五章	对人物性格的把握和对人物的评价	___小时	微信群分享	同上
	13—14周	第六章	对语言的运用与训练写作能力			
	15—16周	第七章				
17—18周		全书	主旨的把握	___小时	课堂分享	同上

表5　阅读评价维度量表

周　次	章节	语文阅读能力要求	教师评价	同学评价	自　评	理由
1—2周	全书	概括：通读全书，感知全文，概括每章节内容	好　中　差	好　中　差	好　中　差	
3—16周	各章节	信息提取、对语言的品味与理解、文化的拓展、人物性格把握、对人物的评价、写作能力等	好　中　差	好　中　差	好　中　差	
17—18周	全书	主旨的把握	好　中　差	好　中　差	好　中　差	

字间响惊雷　碎语定乾坤

——以《鸿门宴》为例浅谈学生自主阅读方法

李道军

"史家之绝唱，无韵之离骚"，鲁迅对《史记》的评价道出了《史记》的精彩，也道出了司马迁的伟大。《报任安书》中"究天人之际，通古今之变，成一家之言"的呐喊振聋发聩，《太史公自序》中的"绍明世，正《易传》，继《春秋》"的壮志荡气回肠。

如马克·吐温所言："所谓经典，就是大家都认为应该读而没有读的东西。"

高中语文教材三年级上册第六单元《鸿门宴》，随之而来的问题便是如何促使学生走近文本？如何激发学生主动沉浸于文本之中？如何引导学生超越文本？这是一名语文教师的一项重要的阅读指导功课。此文旨在分享《鸿门宴》教学活动中关于学生自读方法指导的一些实践经验及思考。

一、投石问路　走近文本

（一）近人——伟大始于平凡

伟大始于平凡，伟人的背后是凡人。中华五千年文明群星璀璨，如司马迁这般的文化名人，学生们定然能够对其如数家珍：或能咏出屈原"路漫漫其修远兮，吾将上下而求索"的执着，文天祥"人生自古谁无死，留取丹心照汗青"的慷慨，司马迁"人固有一死，或重于泰山，或轻于鸿毛"的深沉；或能讲出庄周"晓梦迷蝴蝶"的智慧，陶渊明"不为五斗米折腰"的气节，苏东坡"铜琵琶，铁绰板，唱《大江东去》"的豪迈。然而，名言与事迹集合而成的"伟人面"尚不足以吸引学生真正地接近他、认识他、理解他。若想拉近距离，更应当以"凡人面"示人，探其"万能"背后的"无奈"，望其"超人"背后的"庸常"，懂其"壮举"背后的"落魄"。

鼓励学生带着这样的阅读动机和方法,通过查阅和梳理资料,刻画出司马迁的"凡人面",学生们意外地看见伟人作为史学家、文学家背后的一曲悲欣交集的"凡人歌"。

1. 事业上:子承父业

学生查阅资料,可知司马迁成为史学家与其父司马谈有直接原因。

司马家世典周史。①

司马家世代为史官,司马谈是汉武帝时期的太史令,弥留之际握着儿子司马迁的手,希望他能够子承父业。

汝复为太史,则续吾祖矣。

司马迁生于史官家庭,从小受家庭熏陶,耳濡目染,对他的人生规划有决定性影响。38岁时,司马迁任太史令,子承父业,走上"太史公"道路,并不意外。

2. 兴趣上:青年出游

司马迁20岁的时候便开始出游,南游江、淮,一路到达九嶷山,东经庐山,往会稽山探寻大禹治水的"禹穴",再北上淮阴、泗水,过曲阜,拜孔子,整整两年。

这次出游扩大了司马迁的视野,涤荡了司马迁的心胸,完成了"读万卷书,行万里路"的知识储备。这也是现代青年人普遍热爱的生命体验,他们和青年司马迁可以建立精神联系,可以成为"朋友"。

3. 交友上:抱憾任安

司马迁有两个朋友:一个朋友是李陵(也许他们并无私交),一个是任安。李陵与

---

① 司马迁.史记:2版[M].北京:中华书局,2019.

匈奴血战，不幸被俘。司马迁在汉武帝面前替他求情，足见其为人之性情，也因此身遭横祸。至于任安，由二人往来书信可见司马迁曾遭受朋友误会，原因便在于任安认为司马迁见利忘义，不够朋友。

曩者辱赐书，教以慎于接物，推贤进士为务，意气勤勤恳恳。

任安责备司马迁只管自己"飞黄腾达"，却没有尽到朋友之间的"推贤进士"的义务。司马迁回信解释，这种朋友之间的嫌隙，不难理解，甚至很接"地气"。

4. 际遇上：人微资薄

司马迁人生遭遇中，给学生最大的震撼莫过于身遭宫刑。学生对于遭受宫刑的原因是知道的。然而，学生对宫刑与《史记》的关系的理解是奇怪的，常常会产生"因为遭遇宫刑，而著成《史记》"的荒谬逻辑。所以，在查阅资料的过程中，我们进行"勘误"，宫刑不是司马迁的选择，而是司马迁的别无选择。

家贫，货赂不足以自赎，交友莫救，左右亲近不为一言。

司马迁因"诬上"而遭断狱，之所以沦落至宫刑，客观原因是他没有足够的钱和爵位。他和我们普通人一样，在大灾大难面前往往也是无可奈何、无力回天的，亲睹世态炎凉，饱尝人情冷暖，这是最大的"凡人面"。

学生通过对司马迁生平的梳理，找到他在工作、爱好、交友以及命运上与常人相同的"凡人面"，自然拉近了学生与司马迁之间的精神距离，还原出一个"有血有肉""有爱有恨"的真人，有助于进一步走近他的内心世界。

（二）近文——兴趣大于一切

爱因斯坦认为，喜爱是最好的老师，它远远超过责任感。我们都清楚兴趣是最好的老师，老师恰恰更愿意试图用责任感激发学生的学习动力。这样做更直接，也更徒劳。

《鸿门宴》的兴趣点在哪里？教师不可臆测，应当让它在学生的自主阅读中自然地发生。教师的功课是从这些兴趣点中发现规律，发展出"教学点"。

《鸿门宴》中学生学习的兴趣点排在第一位的是"故事"，第二位的是"人物"，第三位的是"楚汉相争的历史事件"……

由此可见，学生对文本中的小说要素最感兴趣，这是规律。学生对写作手法不感兴趣，这是可发展的"教学点"。我的工作是把握住学生的兴趣点，落实好"教学点"。《鸿门宴》是司马迁"成一家之言"的伟大作品，对其写法的分析本身就是对读法的探究。

二、点石成金　沉浸文本

高中语文教材二年级上册中的《无韵之离骚——太史公笔法小议》，作者评"太史公"笔法之"奇气"，认为其"不仅以其简洁、凝练的文字囊括了纵横万里、上下千年的时间和空间领域，也不仅在于生动地刻画了数以百计的文臣、武将、帝王、游侠、骚人、处士，各个栩栩如生，跃然纸上。尤其以克制、含蓄的笔法，表达了深沉的感情和强烈的爱憎"。有以弦外之音暗示对李氏祖孙的同情和不平，笔法克制、含蓄；有以独特的省略来表达他对汉武帝的怨怼，无声胜有声；有以"不以成败论英雄"为项羽列本纪，凸显"成一家之言"的史观。

学生在这篇文章中，对司马迁的笔法之"奇"有所掌握，再结合对《鸿门宴》文字的咀嚼，从"留白"与"闲笔"两个角度读出了楚汉相争中鸿门盛宴的独到精彩。

（一）留白——字间响惊雷

如资中筠所道太史公笔法中"独特的省略"，《鸿门宴》中也有令人拍案叫绝的"留白"。

1."绝处逢生"的座位安排

"鸿门宴"上的座位安排引发学生们的关注。

项王、项伯东向坐;亚父南向坐——亚父者,范增也;沛公北向坐,张良西向侍。

项羽和项伯坐西朝东,项羽的谋士范增坐北朝南,刘邦坐南朝北,刘邦的谋士张良坐东朝西(陪坐)(见图15)。这个座位安排有什么问题?这就要联系古代礼仪了。

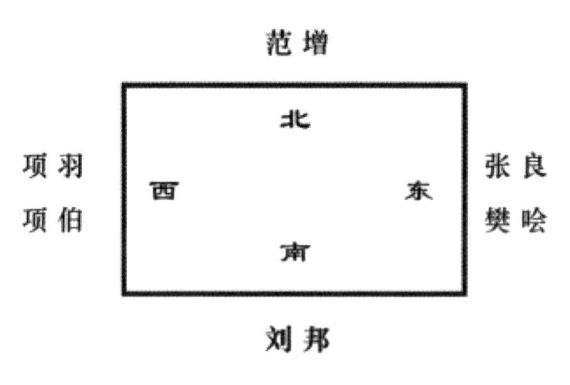

```
              范 增
         ┌─────────────┐
         │      北      │
  项羽   │              │   张良
  项伯   │ 西        东 │   樊哙
         │              │
         │      南      │
         └─────────────┘
              刘 邦
```

图15　鸿门宴座位图

古人的座次安排体现了尊卑等级,一般通过座位方向来体现。王伟英在《社会科学千万个为什么·文化卷》中对此进行过分析:"古代贵族活动的场所一般都是堂室结构对的建筑。它坐北朝南,前为堂后为室……堂大于室,不住人,是贵族们议事、行礼、交际的地方。室的形状是长方形,东西长南北窄。室是住人的,也称寝室。"[①]

在堂上,以坐北朝南为尊。在室中,以坐西朝东为尊,其次是坐北朝南,再次是坐南朝北,最下是坐东朝西的座位。所以,张良和樊哙居末位是可以理解的。但是刘邦屈于范增之下,于礼不合。那么,究竟是谁动的手脚呢?他为什么要如此"委屈"刘邦呢?在《鸿门宴》中找不到字面的答案,这便是一处重要的"留白",这处"留白"也体现出司马迁笔力之惊人。

学生带着这样的"迷思"沉浸文本,体验到深度阅读的"智趣",也终于得到了满意的答案。这个人最有可能是项伯。项羽贵为"将军",不会操心座位安排这种小事;范增对刘邦集团恨之入骨,欲屠之而后快,顾不得"细谨";刘邦和张良是客,对主人家座

---

① 王伟英.社会科学千万个为什么[M].北京:少年儿童出版社,1998.

位安排无法指手画脚;唯一的可能便是项伯了!分析下来,项伯既有行动动机,也有行动能力。动机之一是报张良昔日救命之恩,动机之二是救"亲家"刘邦的命,行动能力自不必说。座位安排怎么救命?刘邦先入关中,引起范增杀心,遭项羽介怀,缓解危机的办法自然是卑躬屈膝表达歉意与忠心。刘邦一到鸿门,言行上已经极力"表演"卑微与歉意了,连座位安排也不放过,以此座次之卑再表忠心,可谓用心至极。当然,项伯是一个"木偶",提线的还是张良与刘邦。

也许座位的安排不足以扭转项羽的心意和范增的杀心,但是它一定也在项羽错失良机的棋盘上,是刘邦的妙棋之一,作用不容小觑。司马迁的妙便妙在将这一手棋藏在了字里行间,由读者慢慢参悟,于无声处响惊雷,有趣。

2."巧嘴"樊哙的撰稿人

"鸿门宴"中的一个高潮是樊哙的出场。"交戟之卫士欲止不内,樊哙侧其盾以撞,卫士仆地。"着意渲染此人勇武有力。"瞋目视项王,头发上指,目眦尽裂。"尽显此人凶悍。

"项王按剑而跽。"以项羽的反应,侧面烘托此人威力。这些文字都是铺垫,后面一番表现,才道出司马迁的用意。

樊哙曰:"臣死且不避,卮酒安足辞!夫秦王有虎狼之心,杀人如不能举,刑人如恐不胜,天下皆叛之。怀王与诸将约曰:'先破秦入咸阳者王之。'今沛公先破秦入咸阳,毫毛不敢有所近,封闭宫室,还军霸上,以待大王来。故遣将守关者,备他盗出入与非常也。劳苦而功高如此,未有封侯之赏,而听细说,欲诛有功之人。此亡秦之续耳,窃为大王不取也!"

与前文中刘邦对项伯说的一番话进行比较。

吾入关,秋毫不敢有所近,籍吏民,封府库,而待将军。所以遣将守关者,备他盗之出入与非常也。日夜望将军至,岂敢反乎!愿伯具言臣之不敢倍德也。

再与项伯对项羽说的话进行比较。

沛公不先破关中,公岂敢入乎?今人有大功而击之,不义也。不如因善遇之。

"台词"的内容与风格如出一辙。在项伯连夜回营到刘邦旦日赴宴鸿门这之间发生了什么,可以想象。樊哙闯帐护主,必然也是早有安排。安排如此细致精微,刘邦集团的谋略令人"毛骨悚然"。樊哙向项羽提供了一份"串通"好的"口供",进一步卸下了项羽的戒备之心,掩盖刘邦意欲称王关中的野心,美化刘邦"距关不内"的行为,再有樊哙勇武表现俘获项羽好感在先,樊哙的一番话在项羽面前显得极为可信。

《鸿门宴》,或延伸至《史记》,独特的省略形成绝妙的"留白",给读者以想象的空间,无声胜有声,别有一番探索的妙趣。曲笔著史,想必定有隐情。不过,从司马迁作为太史令的职业身份和史学家的角度而言,我们也可以理解为他这样写是尊重史实又重视自我的一种表现,"我"不能写,"你"可以猜。

(二) 闲笔——碎语定乾坤

《鸿门宴》除了字里行间的"无声处响惊雷",还散落着许多"闲言碎语",易被读者轻视或忽略,细究之下,竟大有"乾坤"。

1. 为之奈何?

学生们在阅读《鸿门宴》的过程中,被文中的主人公深深吸引,英雄、谋士、武将,好不过瘾。唯独对刘邦有些"瞧不起",嘴里总是唠叨着:"为之奈何?"文中不下三次。

良乃入,具告沛公。沛公大惊,曰:"为之奈何?"
沛公默然,曰:"固不如也。且为之奈何?"
沛公曰:"今者出,未辞也,为之奈何?"

看似唯唯诺诺、没有主见的一个人，怎能与大汉开国皇帝汉高祖联系在一起呢？细读之下，这"为之奈何"四个字是多么的有智慧呀。每一次发出"为之奈何"的疑问（或感叹），必有谋臣策士纷纷为其献计解忧；反观项羽，倒是不曾这么"无能"，不仅从不问一句"为之奈何"，还不听亚父范增谋划，刚愎自用加之优柔寡断，终失一统天下的良机，气走贤臣良将，最终成为"孤家寡人"，自刎于乌江。

"为之奈何"，看似刘邦的"碎碎念"，纵观《项羽本纪》，这便是刘邦能广纳贤良的"法宝"，岂可轻视？！

2. 鲰生与曹无伤

《鸿门宴》里提到过两个人，一个是鲰生，一个是曹无伤，实际上均未出场，都是一笔带过，实则耐人寻味。引导学生关注"闲笔"，这便是关注的要点。

> 张良曰："谁为大王为此计者？"
> 曰："鲰生说我曰：'距关，毋内诸侯，秦地可尽王也。'故听之。"

刘邦先入关中，有人进言刘邦距关称王。如今，项羽破关，军至新丰鸿门，刘邦危矣。张良问刘邦谁献的计，刘邦说是"鲰生"。鲰生，何许人也？教材中注释为"浅陋无知的小人"，无名、无姓、无身份——"三无"之人。显然，即便是张良询问，刘邦也不愿供出此人，即便这个人所献之计愚陋至极。可见，刘邦对献计者的宽容与保护，这样做的结果便是获得美名与贤才。从《史记》中不难发现，反秦斗争在某种程度上看也是楚汉双雄的竞赛，而在双雄竞赛的过程中，项羽和刘邦立了两种截然不同的人设——霸王与长者。

反秦最热情的是项羽，势力最大的也是项羽。楚怀王身边的老臣出主意，他们说项羽这个人属于"剽悍猾贼"，这是一个很负面的评价。不过这个评价是有根据的。项羽此前打襄城，士兵、百姓全部被坑杀（做派像秦王）；此后招降秦军，又连夜坑杀秦兵20万人，手段极为凶残，是一个令人闻风丧胆的"霸王"。老臣们推荐刘邦，理由是"不善杀"，评价是"大人长者"。比之项羽，刘邦以"解放"人民的名义尽量采用"和平"的方式"攻城略地"。

刘邦善于"笼络"人心,经营"长者"人设。能为刘邦献计之人,绝非"鲰生",刘邦在张良面前以"鲰生"称之,既是对"鲰生"的保护,也是对张良的拉拢,于是张良虽然对"鲰生"不悦,也没再追问,而是献上妙计,这是刘邦的手段高。

反观刘氏集团叛徒曹无伤的死,又可见刘邦与项羽的高下。"……今者有小人之言,令将军与臣有郤。""此沛公左司马曹无伤言之。""沛公至军,立诛杀曹无伤。"

刘邦向项羽解释有小人进谗言,才使两人生嫌隙。项羽立刻供出曹无伤,文末刘邦回到军中,其他不表,留下一处"闲笔",立刻处死曹无伤。结合刚刚对刘邦对待人才的做法,足见项羽不会用人,即便占满了天时、地利、人和,也会因为他不能知人善任而一再错失、一败涂地。

通过对两处闲笔的挖掘,学生不仅可以对比出刘、项二人才智高下,还明白了"得道多助,失道寡助"的道理。

3. 从"亚父"到"哑父",从"君王"到"竖子"

范增在《鸿门宴》里的亮相,十分耀眼。

范增说项羽曰:"沛公居山东时,贪于财货,好美姬。今入关,财物无所取,妇女无所幸,此其志不在小。吾令人望其气,皆为龙虎,成五采,此天子气也。急击勿失!"

学生不由感慨,项羽有这样一位老谋深算、运筹帷幄又明判果决的谋士,怎么会失败呢?

由前文可见,项羽不能知人善任,即便他尊范增为"亚父",也不能改变他关键时间一意孤行的性格及由此带来的悲剧结局。还记得司马迁介绍座位的文字吗?其间插入一句"闲笔":"亚父南向坐——亚父者,范增也。"

首段中范增明明已经有了"出场",这个地方再次隆重介绍,目的只为强调范增"亚父"的身份,司马迁笔法高妙正在于此,"先捧后摔",先扬范增在项羽心中如何举足轻重,再抑范增宴中所为在项羽的眼里如何无足轻重。

"范增数目项王,举所佩玉玦以示之者三,项王默然不应。"默然不应,"亚父"沦为"哑父"。老臣谋国,不离不弃,感人肺腑,又痛彻心扉。范增靡计不施,最终被刘邦成功脱逃,放虎归山,又遭张良献礼侮辱,又一"闲笔"。

项王则受璧,置之坐上。亚父受玉斗,置之地,拔剑撞而破之,曰:"唉!竖子不足与谋。"

这一"坐"一"地"的对比,这"竖子"与"君王"称呼的转变,道破了"鸿门宴"楚汉双方局势的转变以及项羽悲剧的结局。从"亚父"到"哑父",从"君王"到"竖子",司马迁于碎语中定乾坤,揭开了刘邦夺天下、项羽败乌江的历史序幕。

三、石破天惊,超越文本

学生在"近人"与"近文"中走近文本,借"留白"与"闲笔"沉浸于文本,再向上走,就是如何通过自读超越文本,在《鸿门宴》之外看《鸿门宴》,在《史记》之外看《史记》,"密码"还在司马迁身上。所以,指导学生超越文本的自读方法便是找出作者创作的初衷,这是开启作品大门的"金钥匙"。

另外,超越文本的意义在于,让学生透过作者的创造观,窥其灵魂深处、思想深处、时代深处,结合个人的生命经验,产生个人的人生体悟,完善独立人格。也就是说,这关乎学生个人阅读能力的提升、个人心灵的成长、个人人格的完善。

所以说,教师在此过程中一个重要的功课是,陪伴学生对司马迁的创造初衷进行解读,至于它与学生个人的阅读和人生如何黏合,如何相互作用,那将完全交给学生自己,这是整个阅读行为的必然归宿。

这把金钥匙藏在《报任安书》中,司马迁透露了写作历史最重要的精神。

"究天人之际,通古今之变,成一家之言。""究天人之际"是要将"天"与"人"的部分进行区分,什么是历史中"天"的部分,什么是历史中"人"的部分,不能将"天命"与"人为"混为一谈,只有区分开来,人事的判断才不会受到困扰。

古今之变,"古今"是时空,"变"是朝代更替,是兴衰、生死、战争与和平,一一记录下来,是历史吗?司马迁认为仅是如此记录,不是他要写的历史。"通"是通则,"我们要超越表面的变化,探究历史背后的通则——什么样的人,碰到什么样的状况,依照什么样的信念,会有什么样的行为,因而产生了什么样的变化——这才叫'通古今之变'"①。

如果历史按公共标准来记录,那么它将是单一而刻板的,历史缺乏了写作者的动机与判断,还需要"我"来写吗?"成一家之言",正是司马迁出于这样的思考。司马迁的个人理念、精神世界和价值观被合成了一部"我的历史",独一无二的"史记"。《史记》不仅是留给世界的礼物,更是司马迁留给自己的礼物。

没有经典不可阅读。我指导学生自主阅读经典的初心与原则,便是先打破阅读者与经典之间那道"无形"的屏障,平等而后接近,投石问路,别有洞天。经典是你直面它的"宏大"时,它充满你整个世界;你洞见它的精微时,它满足你的"窥斑见豹"。它的每一细末都是散落的珍珠、钻石,需借助沉浸式阅读,点石成金。经典是将你引向更高、更远灵魂境界的金手指。它化入你心灵的一部分,伴随你的生命一同成长。

---

① 杨照.史记的读法[M].桂林:广西师范大学出版社,2019.

思想政治课中有效培养学生核心素养的实践与探索

——以"高一金融知识教学为例"

赵 刚

一、思想政治课在核心素养培养中的作用及主要内容

《中国学生发展核心素养总体框架》指出：学生发展核心素养，主要指学生应具备的、能够适应终身发展和社会发展需要的必备品格和关键能力。[①]核心素养是关于学生知识、技能、情感、态度、价值观等多方面要求的综合表现；是每一名学生获得成功生活、适应个人终身发展和社会发展都需要的、不可或缺的共同素养；其发展是一个持续终身的过程，可教可学，最初在家庭和学校中培养，随后在其一生中不断完善。国家提出核心素养，是为了深化课程改革，贯彻"立德树人"、社会主义核心价值观和党的教育方针，深入回答"培养什么人，怎么培养人"的问题。高中阶段是学生核心素养形成的关键时期，思想政治课作为前沿阵地，在培养学生核心素养、多维度育人等方面无疑存在巨大优势。高中思想政治课的教材分为经济学、哲学、政治学三大板块，选取的内容从西方经济学理论到马克思主义哲学体系到社会主义政治学，蕴藏着大量具有思辨性、现实性、可操作性的教学资源。在每一部分课程的三维目标设计与师生互动中，教师可以很好地渗透文化基础、自主发展、社会参与的核心底蕴。经过为期两三年的政治课培养，结合宏观教育理念、培养目标与具体教育教学实践，从政治学科角度塑造一批具有政治立场、自我意识、坚毅品质和社会能力的优秀学生。

在具体课堂教学中，我们可以突出关注以下几个方面：

[①] 《中国学生发展核心素养总体框架》，2016，9.

（一）学生文化基础素养的培养

文化是人存在的根和魂。文化基础，重在强调能习得人文、科学等各领域的知识和技能，掌握和运用人类优秀智慧成果，涵养内在精神，追求真善美的统一，发展成为有宽厚文化基础、有更高精神追求的人。它包含人文底蕴与科学精神两块内容。比如：经济学中"科学发展观"对以人为本的肯定、"社会生产要素"中对劳动者地位和能力的肯定、"消费者维权"对消费者权益的保护、"劳动者维权"对劳动者自我与社会追求的平衡，无不透露出对人这一主体的人文情怀；政治学中"人民民主专政""人大代表代表人民""公民民主政治参与"等都是为了培养学生具有更好的政治精神追求；哲学中"人民群众是实践的主体""传统文化"等知识也是对人与文化的尊重与肯定。对于高中政治教学，无论是经济学的日常热点案例，还是政治学对社会民生的解析批判，抑或是对哲学思辨性问题的反思，每堂课与学生的交锋互动，都在培养学生的科学精神。"为什么GDP增速可以低于7%""我们如何更好监督政府并反映我们的意愿""人类能否两次踏入同一条河流"，都在培养学生从盲目到理性，从囫囵吞枣到自我反思，从满足课本内容到自我不断深入探索的科学素养。

（二）学生自主发展素养的培养

自主性是人作为主体的根本属性。自主发展重在强调学生能有效管理自己的学习和生活，认识和发现自我价值，发掘自身潜力，有效应对复杂多变的环境，成就精彩人生，发展为有明确人生方向、有生活品质的人。它包含学会学习和健康生活两块内容。《经济学》教材中的"合理消费与消费心理""艰苦朴素精神"要求学生对自我有充分认识与把握，自我评估，有积极进取的心理品质；《哲学》教材中的"价值论"，让学生从哲学思辨高度理解人生价值。从经济图表分析到积累时政素材，从分析社会热点到理解政策背后的逻辑关系，从课堂教师布置小调查、小展示到学生制作课件、图表、网站，都在培养学生对政治学科的学习兴趣与学习能力，经年累月，培养良好的思维习惯和学习习惯。抽象的理论知识需要学生具备多方面的学习手段来应对，并借助互联网的力量,拥有新世纪人才的学习能力。

(三) 学生社会参与素养的培养

社会性是人的本质属性。社会参与重在强调能处理好自我与社会的关系,养成现代公民所必须遵守和履行的道德准则与行为规范,增强社会责任感,提升创新精神和实践能力,促进个人价值实现,推动社会发展进步,发展成为有理想信念、敢于担当的人。它包含责任担当和实践创新两块内容。经济学中"公民依法纳税""市场经济是法制道德经济",政治学中"公民政治参与""国防意识""公民正确处理与少数民族同胞的关系""一国两制",哲学中"社会主义核心价值观""民族文化"等,都在培养学生的社会责任意识,能够自律尽责,守法爱国。政治学中的"政党知识""我国的外交政策""政府建设目标"等,都从国情、历史出发弘扬了党与国家的优秀传统并获得学生认同。经济学中的"全球化与对外开放"、政治学中的"国际社会"、哲学中的"外因的作用"等,都为了培养学生开明睿智地关注全球差异和挑战的国际理解力。为增进课堂有效性,我们带学生外出实践,在课堂上引入新颖教学工具与手段,不断鼓励学生辩论,表达自身看法等,都从实践劳动、问题解决与技术层面培养了学生实践创新的能力。

二、资产负债表与金融教学——一个培养学生核心素养的课堂实践案例

在本学期"资产负债表在金融中的应用"这一课,本人将培养学生核心素养作为重要的教学目标,结合教学内容设计了系列教学活动,进行了一次有效的课堂教学探索。

(一) 整合教材,精心预设

经济学课程与学生实际生活息息相关,如消费者维权、今后的就业问题、某款新

科技产品的上市等,都是学生关心的话题。近年来,无论是2015年股市牛熊带来的余波,还是愈演愈热的房地产价格上涨,都让学生明显地对货币金融、投资理财类课程兴趣大增。在经济学第五课即将收尾阶段,我想通过整合教材内容让学生对整个课程有个综合的整体认识。

课前调研阶段,我与学生们沟通了他们最喜爱的金融投资途径及原因,学生们讨论热烈。

学生1:当然是买房子啦。买了房子一定涨,永远不会亏。哪怕房价跌了还可以租出去或者自己住,甚至开个农家乐或者租给来迪士尼玩的游客。

学生2:存银行最好,银行存款稳定、省心,而且可以运用复利的力量利滚利,像滚雪球。

学生3:余额宝与微信上都有理财产品,方便灵活,每天看着投资收益心里很开心。

学生4:风险与收益呈正比,我一定选择最高收益的股票,我年轻,不害怕失败,大不了从头再来;万一我发达了呢,也是很有可能,哈哈。

……

学生们的回答从容愉悦,表达了对这些知识的理解与把握,透露出对热点问题的关注。从学生们喜爱、感兴趣的点切入是最恰当的教育契机,这也更增加了我对这堂课的信心。

高一《经济学》教材中有多处设计蕴含金融思维,贯穿始终。第三课"居民消费"中,有关个人可支配收入的两个恒等式,也有关合理消费结构的思考与讨论;第四课"财政税收"也与金融有关;第五课"金融货币与投资理财",全面地呈现出高中阶段接触的金融产品如银行存款、理财产品、股票、债券、保险等,以及金融投资的一系列原则,还有对投资理财效益风险的分析与居民生活理财的规划。

如何在原有的基础上挖掘新意,如何让学生们更好地整合目前所学的知识,比起照本宣科的传统复习课,教师更需要一种全新的思维和方法工具来培育学生的综合能力。针对金融课程的学习,我想到了一个工具——资产负债表。

资产负债表也被称作财务状况表,表示企业在一定时期内的财务状况。资产负债表利用会计平衡原则将企业的资产负债、股东权益等科目,通过分类调整计算,浓缩成一张报表,有助于了解企业内部的经营方向、财务现金流状况。如果将其稍做变化,变成学生或者学生家庭的资产负债表,以此为工具,让学生们宏观地把所学的金融知识结合起来,将其整合到一个系统高度。这种新颖有趣的学习工具,对学生来说一定具有吸引力,教师可以利用它进行课程的设计。

课前多与学生沟通,了解学生日常关注的方方面面,挖掘学生的"痛点"与"好奇心"。在与学生们的日常沟通中,教师发现他们时而展露出忧愁与压力,利用课余时间邀请学生们做交流。

学生1:业余时间少,觉得很忙碌、很累。想做回那个爱做梦、爱幻想的自己。
学生2:感觉整天在上课,缺少了自己思考的时间,觉得自己脱离了社会。
学生3:房价高,物价贵,觉得自己未来买不起房子。
学生4:感觉梦想与现实差距比较大,抓不住自己的生活和梦想,被日子推着走。
……

学生们普遍反映,感觉自己抓不住梦想与生活,有时候觉得迷茫。这也给了教师启发。把关于金融的教学与学生生活的现状联系起来,振奋学生们的精神,指导学生们明确生活、学习的方向。

(二) 三维目标,由浅入深

教育的本质是培育人的问题,核心素养是学生与课堂的实际追求。学习培育金融思维是起点,最终的目标是学生终身的成长与幸福。故而我设计了全新的三维目标:

知识与技能目标:认识从金融资产角度进行人生规划的重要性,学会分析自己的资产现状与未来;能应用最基础的资产负债表来进行合理的人生财务规划。

过程与方法目标：通过交流自己的梦想及认识社会现状，明确自己的定位；在案例讨论、问答、思考中理解资产负债表要素分类并反思自我现状。

情感态度与价值观目标：认同实现人生梦想目标需要自我管理；体会自身目标瓶颈及资产负债表对个人规划的实用性；将个人财务观念内化于心，终身利用金融知识进行自我投资。

知识准备阶段，首先呈现给学生们一份关于各类投资项目效能的问卷。根据投资理财三要素原则，通过比较银行存款、银行理财产品、微信理财产品、余额宝、股票短线投资、长线投资、五年期国债、十年期国债、买房、艺术品投资、黄金投资、石油投资等不同的项目，鼓励学生在课前分析以上产品的风险性、收益性、流动性，并归类这些产品适合哪些情境。学生们顺利完成知识的梳理与储备，为后续填入资产负债表做了铺垫。

为引入资产负债表这一会计学概念，教师以一个家庭某月份账单为案例，案例中包含该家庭的账单名目(父母工资、余额宝获利、存款获利、房租收入、房产价值、古玩字画、股票收益、信用卡账单、房屋贷款、感冒看病费用、车贷、课外辅导费等)，鼓励学生区分哪些项目是短期收入，哪些项目是长期收入，哪一些可以带来长期的收益，哪一些会带来长期的损失？

学生1：工资、余额宝、存款、房租都是稳定赚钱的。

学生2：信用卡账单、房贷、看病、车贷、学业辅导费都是花钱的，带来了损失。

学生3：工资、余额宝、房租每个月都能赚钱。

学生4：看病是偶尔的，是短期的损失。

学生5：车贷、房贷是长期的过程，要很长时间。

学生6：工资、余额宝等是可以带来每月的短期收益的，这些归为一类；信用卡还款、看病、生活日常支出消费等带来每月短期支出的可以归为一类；房产、古玩字画等可以长期增值的归为长期收入一类；慢性疾病、房贷、车贷等长期支出的项目归为一类。

……

教师的工作是激发孩子对生活的无限好奇心。基于上述案例的诸多要素,鼓励学生讨论提取出日常生活中的素材并归类,建立一种感性认识。这不但增加了整个课程的丰富度,又在原有基础上拓展了学生的思维和兴趣,本身难易程度也比较适中。随后教师给出定义:带来短期收入的我们称为流动资产;带来短期支出的我们称为流动负债;长期的则称为非流动资产和非流动负债。这样学生就从现有的知识体系过渡到资产负债表的体系中,完成了知识的迁移和认知。

此时,一张资产负债表的雏形已经跃然纸上。根据表格要素的属性,教师邀请学生们给这张表起上名字"某月某家庭资产负债表"。资产负债表清晰地将一个个人、一个家庭,一个月、半年甚至一年的消费支出和收入情况等数据加以分类,清晰地呈现在学生面前。在此表基础上,每增加或者减少一个事件,都可以被有效地反映出来。资产负债表不单是梳理家庭现金流状况的工具,更是分析并规划未来生活的工具。如果流动资产大于流动负债,就说明短期内现金流为正;如果流动资产与非流动资产之和大于流动负债与非流动负债之和,说明家庭资产为正,都是健康的表现。

全新的工具,跳脱于书本,又融入了第五课的概念知识。学生们大胆猜测、大胆推论。问题不在于告诉他们一个真理,而在于引导他们怎样去发现真理。教师鼓励其学习新知识,把既有储备予以整合。学生会感受政治学科是一门实际有用的学科。鼓励学生运用此类工具,规划好自己的人生。

(三) 设计案例,思维碰撞

每个学生都面临着一个永恒的话题——成长,这无法逃避,需要共同面对。时代要求学生在单纯掌握理论知识之外,要塑造自己为终身的学习者。这堂课旨在帮助学生解决迫切需要解决的问题,反思现状,直面生活的压力。

习得理论知识的目的在于应用。当学生们初步掌握资产负债表的实质与运用后,教师应当创造一个情境,将其带入这种氛围之中,有效激发学生的好奇心与斗志,运用现有知识储备探索未知世界。这样的设计在原有教材的基础上,增添了灵活性。我们开始进行真实情境分析,为增加趣味性,教师以班级中的三位学生(化名)为例,推出了一则案例。

曹君、乐天、志洋同为我校高一学生，既是同班同学，又是好友。大学毕业后，他们进入同一家公司工作。曹君为客服岗位，乐天为销售岗位，志洋为技术岗位。曹君缺乏安全感，乐于存钱，看到财富安全积累，觉得很安心。曹君物欲不强，不追逐潮流，只用现金消费。乐天热衷于冒险，喜欢投资股票，喜欢刷卡，热爱新鲜事物，喜欢飙车、熬夜打游戏，一毕业就贷款买车。志洋心态平和，业余喜欢看书、健身，喜欢参加各类讲座，逛图书馆，交很多朋友。在大家26岁的时候，曹君依然热衷于存钱，每个月的工资自动转存至余额宝。乐天依然喜欢追求刺激感，消费大手大脚。而志洋的主要心思还是在学习上。此时三位同学的个人资产负债表是怎么样的。

根据给出的素材和项目，请提炼内容，填入3张资产负债表中。

学生们根据课前分组，进行讨论。每组都分发了空白的资产负债表框架，方便学生即时填入。教师在学生中间走动，即时用平板电脑拍下学生的成果，投影在电子白板上。然后邀请各组学生评价主人公们的实际情况。

学生1：曹君比较保守，但是很稳定，一定心里很踏实。客服岗位工资可能不高，但他心态平和。

学生2：乐天是销售收入高，风险偏好也高，比较激进，人生过得很精彩。

学生3：志洋比较安静，能够不断学习。

学生4：不同主人公有不同的生活方式，活出精彩没什么不好。

……

材料中隐含的信息可以让学生对3位主人公的现金流状况、收入情况、个人喜好与风险偏好有一个初步认识。学生也可以大致计算出3位主人公的现金流状况。后续，教师推进剧情：

曹君、志洋都有稳定的女友，准备结婚。曹君选择买房结婚，房贷30年，用光了所有的钱作为首付；志洋选择租房结婚，房租每年为年薪的三分之一。由于经济原因，股市低迷，乐天的股票账面亏损80%，公司面临经济周期，开始不景气。由于长期熬夜,乐天患上了腰椎间盘突出症,医生建议静养半年。曹君由于房贷压力,经常觉得自己很忧郁,整日郁郁寡欢,在姑姑的怂恿下拿了很多钱出来购买了某号称年收益率为17％的短期P2P产品。志洋利用自己的资金,报考了上海纽约大学的MBA课程。此时他们的资产负债情况又如何,将如何影响他们的生活,如果此时举办同学聚会,同学们该如何评价他们的状况?

同学们重新在资产负债表中增加、删除了项目,绘制出更为详细的新表格。在此基础上,大家开始了热烈的讨论,孰优孰劣,如何变化。教师继续用平板电脑投影在电子白板上,供学生回答展示使用。

学生1:曹君为房贷所迫,实属不幸,却又幸运。自由与不自由真是博弈呀。
学生2:乐天的工资收入、股票收入都有了大幅度缩水,短期财务状况不乐观。
学生3:志洋的房租将成为他的长期负债,但坚持学习的态度让人敬佩。
学生4:老师说过,P2P理财具有很大的风险性,他没有理性投资。
学生5:乐天没有照顾好自己的身体,慢性疾病在未来会造成长期负债。
....

同学们发现每个人的经济财务状况都可以在资产负债表上流动呈现,清晰而便于分析。主人公们的10年人生跃然纸上,他们的财务状况、生活状态都给学生们带来了冲击与思考。学生们也潜移默化地想到了自己的人生与自己的金融规划。

经济学的乐趣在于假设与变化,永远不变的还是变化。教师加入了更多全新的变量,给教学带来全新的高度。请同学们抽签,抽到一个或者多个变量,鼓励学生们讨论3位主人公的资产状况是否可以承受:

结婚需要一大笔开销:钻戒、酒席、蜜月旅行。
父母年龄增长,慢性疾病显现,需要支付医疗费用。
子女出生,教育培养问题开支巨大。

改善住房条件,为购买更大的房子做准备。

老婆要求每年安排一次国外旅行。

房价突然暴涨或者暴跌。

股市遇到了大熊市或者大牛市。

央行不断调整利率。

经济不景气,失业浪潮,公司裁员。

想创业,为自己真正活一次。

……

学生间简直炸开了锅,大家热情高涨。面对电子白板上原本的3张资产负债表,学生们上台添加了变量,踊跃参与发言。

学生1:结婚生子、子女教育都会带来长期和短期的负债,如果没有事先和事后的规划,很容易陷入困局。

学生2:房屋置换对资产配置的要求就更高了,而且受到房价和政策的影响很大。

学生3:股市是把双刃剑。乐天又该欢喜又该忧愁啦。

学生4:根据货币政策,利率调整会对市场产生很大的影响,3位主人公要小心了。

学生5:遇到裁员可就糟糕了,幸好志洋从未放弃学习。

……

伴随学生们的讨论,教师紧接着抛出几个问题来切中要害。

为什么乐天的生活过得不如意?为什么同学们都认为面对各种不确定的未来,志洋同学最具备竞争力?学生们会不会也遇到案例中主人公们遇到的问题?学生们的理想是什么?如何实现?如何规避不成熟、无计划的生活?

学生们几乎异口同声回答,更认可志洋的做法,因为他始终都在学习,武装自己,应对未知的风险。

学生1:未雨绸缪,以不变应万变。曹君稳定,但受到很大束缚;乐天的波动很大,要特别注意风险;志洋最与时俱进。

学生2:如何生活是个人的选择,但是我们一定要让自己不断变强,要有规划,要理性。

学生3:尽量不要出现带来长期负债的东西,比如慢性疾病。要多拥有带来长期收入的东西。

学生4:老师,我们一定要学会投资自己,自己是最重要也是最灵活的。

学生5:生活不止眼前的苟且,还有诗和远方的田野。

……

通过对资产负债表的运用分析,学生们发现:每个人应有合理的人生规划与财务金融规划,这与今后的人生息息相关。除了物质需求之外,人更应追求精神的境界。每个人除了资产与负债之外,还拥有隐形的资产与负债,即他们的智慧、健康、能力、家人、朋友、爱心等。所以,最好的投资是投资自己。

教师课后邀请学生绘制自己当下、大学毕业后,乃至整个一生的假想资产负债表,结合个人梦想与发展,为学生们梳理人生规划。资产负债表不仅是金融工具,还是人生导师。在现实与理想的巨大鸿沟中,鼓励学生们找出一条切实可行的财务自由之路,运用金融工具帮助自身完成自我实现,不但与高一《经济学》教材理念相匹配,也是教书育人中很好的德育实践。

(四) 核心素养,多维培养

高中生之所以喜欢政治课程,有许多因素。比如,课程知识与社会紧密相关,许多案例都来自学生们最贴近生活的部分,有真切的代入感。又如,经济、政治、哲学等学科的许多专有名词,让学生觉得这门学科既深奥又抽象,容易引起兴趣。再如,学生们可以通过对社会现状的调查与思考,透过现象发现问题的本质,从中获取无与伦比的快乐。思考过程中积累的知识与逻辑可以很有效地指导生活。相比于物理、化学等课程中一个案例可以用许多年,政治课程的案例往往新颖独特。之所以选择金融作为突破口,也是顺应了时代的发展,紧贴了学生的需求。学生们都关心房价、股市、GDP、CPI的变化走向。资产负债表不仅作为一种会计工具,在教学案例中,教师把它作为学生可视化、可操作的平台,既往知识显示在此平台上。学生喜爱,紧跟实际,丰富多变,易于操作。

在培养学生核心素养的过程中,本课的设计紧跟学生培养发展目标的几个维度。核心素养中以人为本,关心人的生存与发展,恰与政治课程的育人目标不谋而合。关心每一位学生未来的学习成长乃至终身的学习是十分必要的。对于学生个体正在或即将面对的诸多成长问题,如何运用理性思维,在尊重事实、实事求是的态度上,具体问题具体分析,也是学生需具备的思维能力。资产负债表作为一个工具,将学生、金融、人生规划等做了一个串联。

在核心素养的培育中,我们还鼓励学生勇于拼搏、批判质疑。什么样的人生才是完满的人生?学生应该如何追求属于自己的个人幸福?这些都需要抽丝剥茧、层层递进。教师通过多个案例,多角度、多元素地设计,让学生辩证地去思考分析这些问题,同时鼓励学生勇于探究,用自己的好奇心与想象力大胆分析主人公们未来可能发生的情况。在看似未知混沌的变化中,求真务实,探索学生发展的规律。

核心素养的培养也要求学生乐学、善学,培养良好的习惯与方法。我始终认为,政治教师应当培养学生热爱思考、热爱学习和终身学习的能力。无论是对于外在的社会热点、时政知识,还是内在的自我修养、自我反思,学生都应该具备一定的逻辑思维能力。思维是最强大的武器,是学生应对社会的手段。本课的设计基于资产负债表,能够更清晰地表达出学生的现金流状况。本课教学中,我还设置了许多让学生反思的片段:为什么案例中,有的主人公能够在人生路上顺风顺水,而有的主人公的人生道路却逐步狭隘?现状的成因是什么?对他们的未来学生们有怎样的预判,对学生自身的成长有什么提醒和启发?通过对不同情境的分析,学生结合自身实际进行反思讨论,在主人公们的喜怒哀乐中,审视自己的学习生活状态,找到适合自己的道路。

我们已经进入互联网＋时代,学生们擅长并乐于接受现代化的教学方式。评估、鉴别使用信息的能力,也是我们提倡学生培养的。之所以在本课程中运用电子白板的方式,是教师希望学生能够与时俱进,在新颖的教学模式下进行学习,激发学习兴趣。在一般的课件 PPT 或者黑板模式下,教师很难拖动各类素材,反复擦写,占用了大量课堂时间。教师运用电子白板的优势在于,可以把每一个要素灵活地在电视屏幕上进行拖动。把资产负债表作为一个白板呈现的底面进行锁定,任何其他元素都可以在上面自由拖动、删除、新增,教师与学生可以即时修正。这不但节约了时间,还便于在授课时展示各要素变化拖动的轨迹。学生上台展示,不但能为全班展示自己的思维过程,而且不受传统黑板篇幅的限制,还可以即时保存所有的信息与上课过程,便于课后反思。通过平板电脑与屏幕的连接,在小组讨论或学生练习环节,可迅速拍摄并将学生的作品投影在大屏幕上,只需几秒钟就可以完成。现代化的技术教学手段吸引了学生的眼球,以往花大量时间所做的课堂工作,在瞬间就由新技术完成了,把宝贵的课堂时间还给了学生。他们更加喜爱这样的教学模式,也对新技术产生了好奇心与探索的欲望,在他们内心埋下了创新科技的种子。

高中生处在天真烂漫的年纪,正是花季的少男少女。如今在社会、家庭、学业的压力下,原本无邪的孩子们,似乎多了许多忧愁。这也让政治教师们感到揪心与焦虑。核心素养要求青少年能够自我评估、培养健全的人格,这也给我的备课工作带来了思考与启发。在课程设置中,我特别注重培养学生自爱乐观的情绪,拥有控制情绪的自制力。分析3位主人公人生的遭遇,就是要鼓励孩子们明白挫折在所难免,人生起起伏伏,但任何问题都有原因及解决的办法。在不同主人公的不同细节中,学生们能看到自己的影子,经过正确的自我认识与评估,根据自身个性找到自己需要的发展方向。

金融的特点在于趣味性和灵活性。教师在设置问题及后续的拓展中,加入了非常多的变量,旨在培养学生们问题解决的能力。能否及时发现问题并提出问题?能否在复杂的环境中,拥有解决问题的能力?能否制订合理的方案?能否保持专注与热情?在3位主人公的故事中,学生们具体问题具体分析,在不断变换的要素和条件之间控制变量并进行思考。

三、对思想政治课有效培养学生核心素养的几点思考

著名教育家苏霍姆林斯基先生曾说过:"要记住,你不仅是教课的教师,也是学生的教育者、生活的导师和道德的引路人。"[①]诚然,政治教师不单是学科教育工作者,还是高中生成长发展、终身学习、培育核心素养的重要领路人。每位政治教师应该以此为己任,做个有心人,为学生的综合提升努力奋斗。

(一) 将核心素养的培养融入教学目标的设计

二期课改注重"知识与技能""过程与方法""情感、态度与价值观"三维目标的制定和设计。在以往的教学中,教师更多注重教授学生知识与技能,紧跟课程纲要,把培育学生对知识的掌握程度作为衡量和评价学生的标准。在培育核心素养的背景下,政治课堂的教学设计迎来全面改革。对高中生来说,掌握书本上的知识点并不困难。教学设计要整合资源,创设某种情境,鼓励学生通过思考、体验的方式对课程知识点背后的现实社会意义有一定体悟与深层思考。只有过程参与中带来的实际感受,才能真正内化于心,成为学生的个人素养。比如:讲中国共产党的性质,不是单纯地说教,而是带学生去一次烈士陵园,看一段抗日资料;讲哲学的概论,不是直接给学生定义什么是哲学,而是请学生朗诵苏格拉底、柏拉图、亚里士多德的著作片段,并课后推荐学生阅读哲学综合启蒙书《苏菲的世界》;讲民族关系,就利用学校和西藏江孜、新疆伊犁结对关系,组织学生与对方通信、赠书。"知识与技能""过程与方法""情感、态度与价值观"是不能割裂的,从感性认识到理性认识有一个复杂的过程,教师们应该尊重客观规律,让学生慢下来,静心去体悟。不但巩固知识点,还让学生有实践、有创新、能感同身受抽象的原理,而且人文底蕴、科学精神、责任担当等素质也一定会更蕴含其中。

---

① 《国家中长期教育改革和发展规划纲要(2010—2020 年)》,2010,7.

（二）将核心素养的培养融入教学素材的选择

高中政治教师应当与时俱进，勤于学习，接收社会信息；在尊重教材、以人为本的前提下，重新组织教材，通过精心选择社会案例与热点素材来培育学生的各类核心素养。教师要善于抓住学生关心的问题，抓住教育契机。我运用小组合作的方式，让学生分组关注社会热点，对美国大选感兴趣的小组就负责收集特朗普和希拉里阵营的资料，哪怕是特朗普发的某个推文，都可以在课堂上与大家分享。如遇到了生活难题和感兴趣的话题，学生也可以进行收集整合，在课堂上把问题或成果抛出，给大家进行讨论。有学生就精心计算过小区里的老人的数量，在课堂上提出老龄化社会现象越发严重带来的问题与商机。学生们都乐于参与这些活动，教师要做好整合、联结、筛选与管理工作。每个月我都会抽出一节政治课，让学生们谈谈自己关心的话题。用最大限度的人文关怀去探索研究，孩子们热爱这门学科，因为政治课不是3年机械的课程，而是学生们接触这个世界的窗口、看待世界的法则。

（三）将核心素养的培养融入课堂生成

苏联教育家苏霍姆林斯基说过："世界上没有才能的人是没有的。问题在于教育者要去发现每一位学生的禀赋、兴趣、爱好和特长，为他们的表现和发展提供充分的条件和正确引导。"[1]学生在课堂上即时生成的观点，与教师、同学间碰撞的火花最能够反映其认知水准，教师一定要善于抓住教育时机。当谈到日益上涨的房价与大学毕业生就业问题时，有学生回答："老师，我家最近拆迁了，分了8套房子，我不愁房价和找工作了。"部分教师会淡化处理类似回答，换其他学生获取更多正能量的回答来契合自己的教学主题。我并不当场否定该学生的观点，而是停下原有的教学节奏，让学生讨论"拆迁后就真的致富吗？"在学生七嘴八舌的讨论中，我深感他们对此话题兴趣颇大，我又伺机引入了CPI、通货膨胀、货币现值、宏观调控政策对房价的影响、人

---

[1] 《中国学生发展核心素养总体框架》,2016,9.

生价值、马斯洛心理需求等概念和问题,把原本一个课堂小插曲灵活变成了一次课堂的小高潮。末尾,学生们纷纷表示生活掌握在自己手中,而非房子。该学生也表示:"不能被这些束缚了自己梦想和奋斗的心。"课堂上多引导学生互动,鼓励人人参与,不轻易评判学生观点的优劣,鼓励学生用讨论、小组合作的方式去思考,长期坚持,思辨性的素养便埋下了种子。我鼓励学生挑战老师、挑战同学,对于课堂上的任何观点,学生都可以举手发问并质疑,教师引导大家讨论,帮助学生解决问题。这样民主的方式,让课堂生成了许多精彩的片段,成为美好的回忆。

(四)将核心素养的培养融入课堂之外

长期从事学校团委、德育、社团、班主任工作的经验,让我深刻地认识到,课堂之外是培育学生核心素养的重要阵地。升旗仪式、校园广播台、团校课程、校运动会、学生社团、科技艺术节、志愿者服务等活动,不但能为学生搭起一个实践能力的舞台,在实际工作中发挥主动精神,也最能发现自身不足,取得进步。一名高中政治教师应将学生活动与核心素养培养有机结合,为学生们创造更多发展的平台。鼓励高一学生进行研究性学习,利用业余时间针对感兴趣的经济、政治、哲学问题进行小课题研究。比如,研究"中学生消费观念""我身边的人大代表""学校周边商业环境"等,培养学生理性思维的科学精神;学校辩论赛、学生论坛就"国际局势分析""社会问题你我谈"等展开辩论,培养学生立足学科,理解国际局势,明确责任担当。主题团日活动"十三五规划主题研究""迎接十九大"培养学生的社会认同、国家认同与社会责任。学生党校、团校开展"雷锋精神新时代的意义""社会主义核心价值观如何在高中生中践行"等活动,培养学生一份社会责任感、使命感。

在信息技术的支持下从浅层学习走向深度学习

——以上海高中英语课堂为例

王丽曼

一、研究背景

《教育信息化 2.0 行动计划》指出,持续推动信息技术与教育深度融合,大力推进智能技术在教育教学中的应用,通过技术创新推动教育创新,促进教育信息化和智能化发展,培养面向世界、面向未来、面向现代化的人才。

在教育信息化政策的大力支持下,信息技术对教育的革命性影响日趋明显,晓黑板、钉钉、腾讯课堂等网课学习 App 和网站层出不穷,微信、QQ 升级换代,电子白板等现代多媒体教学设备走进课堂,信息化教学已具备一定的现实基础。各种信息工具以无可替代的便利性、先进性和科学性,为现代课堂注入新的活力,为教育信息化提供强大的技术支持和发展可能。

信息技术作为学习工具,主要有六大种类:效能工具、信息工具、情境工具、交流工具、认知工具和评价工具[①]。效能工具(在线帮助、翻译工具、电子数据表等)帮助学生快速解决学习问题,管理学习过程,提高学习效能;信息工具为学生提供海量资源,是巨大的知识宝库;情境工具创设学习情境,让学生体验知识形成过程;交流工具方便师生、生生实现即时沟通,让学习随时随地发生;认知工具帮助学生提高认知,锻炼思维能力;评价工具展示自评和他评,促进学生反思学习。

以上 6 种工具在学习的各个环节都发挥着重要作用,有利于学生对知识点的理解、构建、内化、迁移和应用,可以更有效地促进深度学习的发生。

---

① 黄荣怀.信息技术与教育[M].北京:北京师范大学出版社,2003.

二、浅层学习和深度学习的概念以及特征

浅层学习是众多的所谓教育过程的产物。它把信息作为孤立的、不相关的事实来机械接受和记忆,而这种记忆也是表面的、短时的①。它停留在知识表层,学习者可以此为基础,合理利用学习策略,实现向深度学习的转变。1976年,瑞典学者费伦斯·马顿(Ference Marton)和罗杰·萨尔乔(Roger Saljo)首次提出"深度学习"这一名词。深度学习是在理解的基础上,学生能够批判性地学习新的思想和事实,并将它们融入原有的认知结构中,能够在众多思想间进行联系,并能够将已有的知识迁移到新的情境中,做出决策和解决问题的学习②。为了更好地理解浅层学习和深度学习,表6对两者进行了比较。

表6 浅层学习和深度学习比较表③

浅层学习	深度学习
机械记忆	强调理解基础上的记忆和认识
关注当前知识点	注重新、旧知识点之间的关联
关注解决问题的公式和外在线索	关注解决问题的核心论点和概念
学习过程中缺少反思自己的目的和策略	在反思中加深理解
在活动和任务中收获较少	在活动和任务中有逻辑地思考、慎重地讨论、批判地思考
可以在给定情境中实现例行解题	在实践中灵活运用
单纯接受学习	接受型学习和研究型学习结合
评价仅为了鉴别	评价促进发展
对学习感到压力和烦恼	对学习的内容充满兴趣和积极性

---

① 叶晓芸,秦鉴.论浅层学习和深度学习[J].研究探索·教学研讨,2006(1):19-21.
② 何玲,黎加厚.促进学生深度学习[J].计算机教与学,2005(5):29-30.
③ 喻衍红.利用信息技术促进大学生深度学习的研究[D].南昌:江西师范大学,2009.

结合以上论述,笔者认为深度学习的特征可以概括为以下几点:

(1)深度学习的基础是理解,强调自我思考,要求看到知识背后的逻辑关系。只有以理解的方式学习知识,才能实现认知加工的第一步。

(2)深度学习强调新旧知识的相互联系,两者有机结合,从整体上认识事物,认知结构不断更新变化。

(3)深度学习的最终目的是知识的迁移和应用,实现举一反三,解决实际问题,指导人们更好地生活。

可见,深度学习有着浅层学习无可比拟的优点,是实现学习最终目的的关键方法,契合学科核心素养的要求。然而,学生中存在大量浅层学习的现象,面对新知识、新内容,学生被动听讲,机械记忆,可以实现例行解题,但无法实现知识的联结和内化,更无法在实践中灵活应用。因此,教师推动学生从浅层学习走向深度学习,实现知识的内部转化是十分必要的,信息技术的使用则在深度学习中起着重要的促进作用。

三、信息技术在深度学习过程中的作用

信息技术学习工具多样,其应用可覆盖课前、课中和课后的学习阶段,贯穿深度学习过程,有助于培养高阶思维(分析、评价、创造)和学习兴趣,让学生学会主动学习、享受学习,从而形成深度学习的良性循环。

(一)在信息技术的支持下进行课前预习,加深理解

传统的课前预习主要围绕课本进行,教师通常会布置词典查阅生词、划分课文结构、完成课前习题等任务。如今,信息技术为学生提供了更丰富的学习资源,为教师了解学情,设计课程提供了更便捷、省时的方法。

通过网络,学生可快速查阅生词的声、形、义,以及与课文相关的背景知识等;观看视频,以视觉化的方式了解某个历史事件或人物故事。教师可对预习任务进行分割,让学生以"线上"小组合作的方式,共同完成预习任务。师生还可以通过微信群、QQ群、"晓黑板"等学习平台共享预习成果,并对成果进行反馈。教师还可发起网络

调查,公布教学目标、教学重难点、教学计划等,倾听学生的理解和想法,让他们参与到教学设计中来。

通过课前"线上"交流与反馈,教师可以及时、准确地对学生的学习情况进行预评估,基于视觉学生、听觉学生、触觉学生等不同的学习风格来设计课程标准,调整重点难点,安排课堂活动,优化教学步骤,创造出有意义的教学单元。

在信息工具的帮助下,学生可快速得到丰富、全面的信息资源,有助于了解学习内容,加深知识理解。信息技术帮助学生克服了时空限制,实现即时交流和沟通,提高学习效率和合作能力。这也为接下来的课堂教学做好铺垫,为知识内化节省时间。

(二) 在信息技术的支持下开展课堂活动,协助知识内化

课堂是深度学习发生的重要场所,交互式的智能平板是深度学习的有力工具,它集合了投影仪、电子白板、幕布、音响、电脑、电视机等设备,具有可手写、可触摸、可视频会议、可三维展示等多种功能。交互式电子白板现已在中小学得到广泛应用,便利教师教学,是引导学生走向深度学习的有效工具。

1. 巧妙引入,建立新旧知识联系

《深度学习的 7 种有力策略》(Eric Jensen 和 LeAnn Nickelsen 合著)提出了深度学习的路线即 7 个步骤,分别是设计标准与课程、预评估、营造积极的学习文化、预备与激活先期知识、获取新知识、深度加工知识、评价学生的学习。前两个步骤在预习阶段已经实现,第三个步骤可在课堂引入环节得到应用。这要求教师要基于学生已知的知识或常识,设计活动,刺激学生回忆已知,逐渐过渡到新知识,为学生形成整体性认识做好铺垫。例如,在牛津上海版高一英语第四单元"the mystery of hibernation"一文的引入中,教师先展示一幅动物冬眠的图片(见图16),提出几个问题,引出话题。

老师:What are these animals doing?
学生:sleeping!
学生:冬眠。

老师:What is the season?

学生:Winter!

老师:So, these are animals that sleep in winter. We call it "hibernation". But how, where and why do they hibernate? What is physically going on when they are hibernating?（见图 17）

图 16　动物冬眠

n. hibernation /ˌhaɪbəˈneɪʃn/ 冬眠

1. Where do they hibernate?

2. Why do they hibernate?

3. What is the mystery of hibernation?

图 17　引出话题

彩色图片刺激学生视觉,吸引学生注意力。教师从简单的图片描述出发,引导学生联想"冬眠"这一主题,3个问题的提出又让学生回忆和思考动物们都在哪里冬眠、为什么会冬眠、冬眠到底有什么秘密。层层深入,学生的学习状态也在教师的引导下渐入佳境。预备和激活先期知识也意味着学生就某一主题的神经元网络被激活,为接下来获取和加工新的相关信息做好准备。教师可根据具体的学习内容,利用多媒体技术,采用多种方法,实现好的课堂引入。

2. 多法并用,获取和加工新知识

每一个大脑都以不同的方式接收信息,在新知识教授和加工阶段,教师必须考虑学生获取信息途径的多样性,使用不同的方法介绍新信息,方便学生快速获取新知识。《深度学习的7种有力策略》一书指出,知识的深度加工分为4个领域:①觉知,觉察到正在发生什么,认识和感兴趣;②分析和综合,整体到部分和部分到整体,为了了解来自整体的部分,分离或合并知识和想法,然后将部分整合起来形成新的整体;③应用、实践、实行或运用所学东西;④同化,内容加工的核心,以个人的方式吸收信息[①]。例如,教师可以利用情境工具,创设推理情境(分为归纳推理、演绎推理和类比推理)和协作情境(竞争式、协同式、伙伴式和角色扮演式),丰富学习方式,激发学习兴趣;构建思维导图,清晰展示知识点之间的联系,加深学生的逻辑性理解,从整体上把握知识单元,推进知识内化。

以高一英语第六单元语法宾语从句的学习为例,教师可利用电子白板或幻灯片创设归纳推理情境,展示几组句子(见图18、图19),让学生通过对比观察来归纳和体会宾语从句的内涵。

图18展示的是一组很典型的宾语从句,为方便学生归纳,需要特别关注的部分作了红色标注(书中为黑白稿无法显示)。这样一来,学生很容易得出宾语从句的基本形式,即主语+谓语动词+that引导的从句。另一方面,学生也很直观地理解了"充当宾语的句子叫作宾语从句"这一概念。使用类似的方法,教师还可以引导学生归纳宾语从句的其他构成方式。图19同样使用了归纳推理的方法,学生会发现前

---

① Jensen E, Nickelsen L.深度学习的7种有力策略[M].温暖,译.上海:华东师范大学出版社,2009.

> 1. One estimate says that a typical Asian child sees more than 10,000 minutes of TV commercials a year.
>
> 2. Some educators believe that the more TV commercials children watch, the more materialistic they become.
>
> 3. I disagree that commercials are bad for children.

图 18　学习宾语从句

> Can you find the differences?
>
> 1. I disagree that commercials are bad for children.
>
> 2. He doesn't know where his keys are.
>
> 3. This is an old computer that works much slower.
>
> 4. The boy opened the box where a cat was sleeping.

图 19　学习定语从句

两句是宾语从句，结构为主语＋谓语动词＋引导词；后两句则为定语从句，结构为主语＋谓语动词＋名词＋引导词。通过归纳对比，宾语从句和定语从句的基本区别变得显而易见，学生对两种从句的区别就有了初步认识，有关各种从句的知识架构也就更加健全，更具逻辑性，这对后续的内化过程起到了一定的催化作用。

再比如，在高一英语第一单元"the phantom of the opera"一文的学习中，为增强学生对文本的理解，沉浸式体验西方歌剧文化，教师可安排影片配音任务，创设角色扮演式情境。学生对影片进行剪辑、编辑、反复练习，最后在课堂活动中展示作业成果。从任务准备到成果展示，学生会查阅资料，反复熟悉剧本、电影人物和台词，直到可以熟练驾驭配音片段。每一次学习都会增进学生对主题和角色的认识，最终通过语音、语调、台词甚至歌声表达出来，收获一定意义上的文化体验，更新认知结构。

除创设学习情境外,白板中自带的思维导图也是一种常用的教学工具。它是一种网状结构,围绕中心主题进行思维发散,建立与之相关的一级主题。一级主题下又发展出几个二级主题,以此类推。随着教师不断触点,零散的知识点慢慢展开,学生也随之一起回忆和思考,开展学习内容自查。若有遗漏,则及时补缺;若发现疑问,则可当堂解决。总之,思维导图帮助学生巩固和联结知识,从整体上掌握知识,完善知识单元。

现代多媒体技术提供了多样的教学和学习工具,它们使教学内容可视化、形象化、便捷化、交互化,学生有了更多参与课堂、体验知识形成的机会,这些都有利于学生理解知识,加工和内化知识,实现深度学习。

(三) 在信息技术的支持下进行学习评价,以反馈促认知

评价与反馈是深度学习的重要步骤,包含3个方向,即教师评价学生、学生自评和互评、教师对日常课程的评价。它帮助纠正学习误区,指导前进方向,促成理想的学习效果,培养抽象的复杂认知技能。

在课后的评价活动中,信息技术依然可以发挥它的作用。例如,教师通过"晓黑板"等学习平台发布操练任务。学生提交作业后,教师组织开展师生、生生互评。学生也可以利用信息技术工具,结合所学知识推出自己的作品。例如,在学完高一第三单元"places of interests"一文后,教师布置制作电子海报的任务,要求学生结合文章内容,选取两个最喜欢的景点,通过网上搜索、查阅书籍等方式,将挑选的内容制成英文电子海报,在班级或年级平台进行展示。除此之外,学生还可以制作短视频、动画、微信推送等作品,发布在公众平台上,供师生欣赏和评价。学生在获得成就感的同时,也激发了英语学习热情。

这样,学生通过各种作业方式表达了对知识的理解、对相关话题的看法,教师可了解知识的掌握情况,检查教学效果,调整教学策略。此外,师生的反馈又会指导学生改进作业,反思学习过程中出现的问题和不足,进而补充和完善知识结构。另外,这种互评和反馈的过程有助于培养学生的批判精神,形成独立观点,拥有高阶思维。

四、信息技术的使用误区以及应对策略

信息技术方便了知识的呈现,丰富了教学方式,但要注意的是使用过程中的几个常见误区。

(一)课件素材选取缺乏严谨性,损害知识结构的构建

图片、视频等是深化理解、增强教学效果的得力工具,但在日常教学中,若教师过度关注课堂气氛,没有合理安排重难点,则容易出现素材选取不当。比如,随意插入搞笑图片,视频长度过长,幻灯片中课文背景信息过多过密等,都是不合适的。面对冗长、关联度较低的学习素材,学生的注意力很容易分散,理解知识的难度加大,完整、清晰的知识建构过程延长,甚至无法实现知识联结,降低学习效率。

课堂是严肃的,每个信息工具的使用都要有理有据。课本知识是有机结合在一起的,存在由易到难、由浅入深的逻辑关系,课本图片、字体加粗等都有一定意义,因此教师在使用信息工具时也应该具有逻辑性、严谨性,而不是随意加入图片、视频或某段文字,生硬地将知识集合在一起。内容的选取要具有启发性、代表性和目的性,便于向深度学习靠拢。

(二)过度叠加技术特效,剥夺学生反思时间

现代信息技术的迅猛发展极大地丰富了课堂活动,但是,一堂充满新奇特效的课真的一定是好课吗?利用新颖和先进的创作技巧,打造活力课堂固然可以吸引人的眼球,学生或参加小组计时竞答,或上台拖动图标,给单词归类,或利用平板,上传习题答案。信息技术辅助工具和特效的使用填满了学生的学习过程,看上去忙碌而充实,但却缺少了思考和创造的时间,不利于知识的加工内化,阻碍最终应用。

课堂不是炫技的竞技场,教师的课件制作应该基于教学目标、教学内容和学生基本情况,控制好特效和辅助工具的使用频率,为学生留出足够的思考时间,理解和消

化知识点,内化所学,引导走向深度学习。

(三) 忽略板书,知识建构缺乏系统性

现代信息技术走进课堂,大大解放了教师的双手,语文诗词、数学习题、英语例句等被直接搬上多媒体,方便了知识呈现,加快了教学进度。在快节奏的教学条件下,教师容易对多媒体产生过度依赖,而忽略板书的作用。

笔者认为,多媒体技术中的文字、图片、视频、圈画、拖拽等功能可补充文本背景信息、分析写作细节、展示写作特点,还可以用于论证公式、演示科学实验等,使知识点丰满化、细节化和形象化。因此,多媒体的任务是展示知识点的形成过程,加大思维的发展深度,在教学中发挥一定的辅助作用。

板书则承载了一节课的成果,具有即时性、概括性和系统性的特点。它应该与多媒体演示同时进行,起到知识点睛的作用。一个好的板书,应该紧随知识讲解的脚步,每完成一个主题便将相应的要点添加在知识框架中,或开辟框架之外的区域,对学习内容进行点评和补充,对课堂学习的意外问题进行记录等。这样,完整的上课过程便被记录了下来,学生不仅能够借助多媒体理解知识细节和来龙去脉,还能在板书的帮助下快速浏览和理解课堂内容,区分重难点,促进知识联结,提高知识体系构建的能力,增加学生的获得感和成就感,树立学习信心。

另外,笔者认为,板书不是一个与传统黑板绑定的固定意义,而是对所学内容进行提炼、概括和记录的一系列动作,因此,教师应该充分利用好双屏电子板,一个用于知识讲解,一个用于知识框架和评价的呈现,而不要闲置和空白。

并不是所有的学生都有自主构建知识体系的能力,忽略板书等于放弃了帮助学生理解和整体把握知识结构的机会,双屏或双板(电子板和黑板)的呈现让构建过程具象化,引导学生学会思考,走向深度学习。

五、总结

培养学生深度学习的能力,信息技术有着不可比拟的优势。它为深度学习提供

海量资源和背景信息,帮助学生理解新知;提供多样的学习和评价工具,通过视觉、听觉、触觉等刺激,即时、多面地反馈学情,加深和巩固新旧知识联结,更新认知结构,完成知识的深化加工。信息技术的使用契合深度学习策略,可更有效地促进深度学习的发生,是深度学习的有效工具。教师应在实践中反思、在问题中摸索,不断改进信息技术使用策略,以更科学合理的方式,促进深度学习真实发生。

教育教学
典型案例

课堂因活动而精彩

——劳动技术课堂中"学生自主活动的实践与探索"案例

金向敏

一、案例背景

传统的劳动技术课堂是秉承了杜威"做中学"的理念，学生在教师的指导下制作作品，教师再评价打分。现高中《劳动技术》教材是上海科技教育出版社的版本，使用年限已久，选用的实例技术，有些还是20世纪80年代的素材。在教学中我也发现，理论课枯燥，实践课辛苦，要想上好劳动技术课不易，缺乏学生主动参与的课堂，形同鸡肋。

如何改进劳动技术课堂的教学模式，提升学科教学有效性，在劳动技术课程中真正落实培育学生的创新思维、核心素养？杜威的理论和STEAM的理念拓宽了我的思路。我在课堂中做了一些尝试，研究"如何在劳动技术课堂中设置学生自主活动"，以此为载体升级改进我的劳动技术课堂教学，试图尽我所能最大限度地实现劳动技术学科的育人目标，拓宽学生的知识面，提升学生劳动技艺品质。

二、案例描述

本案例选取主题是上海科技教育出版社《劳动技术》版本的第一章第二节"设计的一般过程"。教材通过实例描述，解读了设计的一般过程。由于教材选用例子不太能吸引学生的兴趣，恰逢"港珠澳大桥"开通在即，所以我选择以港珠澳大桥为例，对教材内容进行解构和新的构建，指导学生自主设计一座自己的桥，同时拓展信息，和学生一起了解中国的路桥行业发展，了解前沿技术，培养学生行业兴趣，培育专业情感。

【环节一】背景介绍

教师介绍港珠澳大桥的基本情况,以此为契机宣传中国的路桥发展的成就,提升大国的自豪感。港珠澳大桥是当今世界上最长的跨海大桥,拥有世界上最长的沉管海底隧道,是中国建设史上里程最长、投资最多、施工难度最大的跨海桥梁,创造了很多专利技术。驾车从香港到珠海、澳门仅需45分钟,实现了大湾区一小时工作圈。

港珠澳大桥工程项目总投资额1 269亿元,是连接香港、珠海、澳门的超大型跨海通道,它集桥、岛、隧于一体。全长55千米,主体工程由6.7千米的海底沉管隧道和22.9千米的桥梁工程组成,隧道两端建有东、西两个人工岛。2009年12月,港珠澳大桥工程启动;2017年7月7日,海底隧道大桥主体全线贯通。2018年10月24日上午9点,港珠澳大桥正式通车。

【环节二】学生自主活动

引起学生的参与热情后,教师顺势引入本课的项目主题,设计一座"纸桥",要求任选设计标准,实现或最长或最宽或最能承重或方便拆卸等。教师提供废报纸10张、一次性塑料杯4个,以及胶带、胶水、剪刀、订书机等材料,学生分小组按有关流程完成项目任务(见图20)。分解流程为:学生思考—确定主题—讨论方案—动手实施—自我检验—交换检验。

图 20　学生按小组完成任务

【环节三】小组交流点评

小组项目负责人介绍小组作品情况,说明优势和存在问题,请其他小组交换说明检验情况,对其评价打分。

教师点评:首先,从设计的一般过程解读,选择方案合理性、桥梁架设准确性、检验方法有效度、小组合作情况、交流环节表现等进行点评。评价中注重点评学生对物理、数学等学科知识的有效运用。其次,根据实际存在的问题,渗透路桥建设中的一些技术、要求和方法,培养学生对工程的严谨态度。

【环节四】拓展交流

为同学上网查阅资料预留时间。在此环节请同学交流古今中外有名的桥,了解桥梁的分类等常规基础知识。交流有名的路,有最险峻的、最长的,还有新概念路,如电动车光伏充电路等。教师在拓宽学生知识面的同时,促进了学生对路桥行业的了解,培养了学生的职业意识。

设计反思:桥是日常生活中一种常见的建筑,学生很熟悉,通过介绍港珠澳大桥,让学生了解设计的一般过程与设计方案制订的方法。把课堂上的大部分时间留给学生动手搭"纸桥",是希望学生通过自己动手搭建"桥"的过程,在活动中"动手""动脑",理解设计来源于"需求",在发现问题、解决问题的过程中活学活用。劳动技术课不仅要培养学生的劳动技术,更重要的是培养学生的思维方法,因此需要接触更多代表科技前端的实例,来拓展学生的思维,需要教师在课程目标体系的框架之内对已有的教材内容进行新的构建。

三、实践体会

在劳动技术课堂中实施学生"自主活动"的实践,我认为有其学科得天独厚的优势。首先,劳动技术教育是以操作性、实践性为主导的学习方式,所以教师必须设计多样的"学生活动"来布局教学内容,以帮助学生培养正确的劳动操作方法、技能训练,增强学生的劳动意识和实践能力。"纸上得来终觉浅,绝知此事要躬行",就是这个道理。其次,劳动技术课程是高度跨学科的一门课程,涉及与工程相关的各门学科,涉及数学、物理、化学等多门基础课程,需要知识的高度融合、融会贯通,需要培养学生跨学科学习的能力,而"项目活动"形式,有利于知识体系的构建和融合。最后,劳动技术课程教学具有更多的自由度,可以提供充足的时间,设置学生自主活动和学习任务，有足够的留白空间让学生探究和思考，充分发挥学生的自主作用。

由此，我认为在劳动技术课堂中突出学生"自主活动"，是改变学生学习方式、促进学生思维发展行之有效的方法。这是我们劳动技术教育的升级，也完全符合新课标的学科素养要求。

我的实践体会是，劳动技术课堂设置"自主活动"环节需要关注以下几个方面。

（一）营造良好的课堂氛围，激发学生的主动参与

因为劳动技术课作为小学科是常常被学生忽略的课，有些学生来上课是抱着调节身心的态度，如果教师不能激起学生的学习兴趣，那么这门课就没有任何意义。因此教师要为学生营造一个轻松愉悦的学习环境，在身心愉悦的状态下，学生才能主动地融入课堂学习中。这样的学习氛围才能激发学生的创新思维，自主活动才能迸发无数精彩。

（二）选材需要源于生活，实施生活化教育

劳动技术学习是为了应用到生活中。陶行知先生认为，生活是一本教科书，"行是知之始，知是行之成"。杜威说，"活动要从孩子熟悉的和自然的活动开始"，这样才能使学生在原有的经验值上获得提升。我们在课堂实施"自主活动"项目时，应该有意识地将生活中的相关资料引入课堂中，将丰富的生活资源转化为教学资源，这样有助于学生知识的架构，在实践中累积更多学习体验，激起学生参与的欲望。

（三）突出学生的主体地位，注意教师的角色定位

我们一直强调"学生为主体"，由于劳动技术学科没有多大压力，所以教师可以在提供必要的指导后完全放手让学生"自主活动"，让学生根据自己的想法去创造，体现参与的主体作用。教师的角色，是一个咨询者、一个引导者、一个帮助者，也可以是一个合作者。当活动小组遇到困难和障碍时，教师及时指导并给予帮助；当设计方案跑

偏时适当点拨给予引导；当学生需要时，也可以成为团队的一员。我们需要改变"根深蒂固"的"为人师"的角色设定。

（四）多元的评价理念，促进学生综合发展

劳动技术课程的评价，以往我们一般关注课堂表现，关注动手操作成果。我在实施"自主活动"中，注意运用开放性评价、激励性评价、学生自评小组互评等方式。开放性的体现，不在于学生的活动成果是否完善、创作作品是否完美，关键看他怎样投入活动过程，观察学生探究学习的习惯和方法，观察学生动手、动脑、动口的参与过程。关注学生在学习过程中的情感、态度、兴趣以及特长等方面的发展变化，及时给予学生肯定，旨在起到激励作用，增强学生自信，激起学生的学习兴趣。

四、案例反思

应该说，单节课堂的"自主活动"设计还是有局限性的，因为为了服务于本课堂的教学内容，项目的设置需要考虑"成本"，故而对主题的选择有很多限制。下阶段我的打算体现在：一是精选课堂设计自主活动的项目主题；二是优化活动环节的设计；三是考虑把综合性项目尝试分阶段实施或作为部分任务的前置。

现代技术发展的日新月异，对未来课堂的影响不可估量，作为教师需要不断学习和了解，并尝试不同的教学方法和教学手段。能给学生带来学习极大追求的，能带给学生学习动力和兴奋点的，就是有价值的尝试。劳动技术教育是科学技术、基础知识与生产力的"活化剂"，把基础知识的概念形态转化为物化形态，使无形的知识和技能转化为有形的物质产品。所以，今天的劳动技术教育就是明天的生产力，劳动技术课应发挥它对"创新"的巨大作用，实践它"育人"的根本宗旨。

爱在心中，口好开

——《校荣我荣，爱我吴迅》初一(1)班班会课自主教学案例

王 萍

一、案例背景

人生中最幸福的时代是中学时代，人生中最艰苦的时代也是中学时代。作为吴迅中学学生，最宝贵、最有意义、最有挑战性的时代便是"吴迅时代"。

学校不仅给了我们渊博的知识，还教授我们做人的原则和生活的常识，把我们培养成德、智、体、美、劳全面发展的人，为我们的未来打通了一条阳光大道，因此，我们应该爱我们的学校，爱她的一草一木，爱她的一砖一瓦，爱身边的老师、同学。

古语云："皮之不存，毛将焉附。"学校的荣誉就是我们的荣誉，学校的屈辱就是我们的屈辱。因此，我们更应时刻谨记维护学校的荣誉和尊严，不但不说有损学校荣誉的话，更不允许他人诋毁学校。同时，我们还要以学校为荣，以作为学校的一员为荣，积极地向人们介绍学校的变化和成就，让更多的人认识学校、了解学校、走进校园。学校的壮大，就是我们无限的光荣。

1988—2018年，韶光流转，盛世如约。30载滋兰树蕙，30载桃李芬芳，而立吴迅，芳华绽放！正值我校30周年校庆之际，我准备了这节"校荣我荣，爱我吴迅"的班会课。

初一的学生在学校已有了将近两年的学习生活，对于学校和老师以及同学都有了一定的了解，但是谈到"爱"，就好像一句歌词"爱在心头，口难开"！我想只有"亲身经历"了，才有发言权，才能意识到，才敢"说出来"！

在这个"亲身经历"上，老师想到了：由学生自己去安排、去体验，就是老师"放手"、学生"自主"！

二、方案设计

（一）制定流程：写周记，想方法

一次班会不仅要有主题，还要有一个可操作的方案。同学们一起思考、交流、探讨，并在周记里提出了很好的建议，我们也采纳了一些。班委会把班会的流程分为"知校、爱校、荣校"。了解学校的历史和成就，在了解的基础上，让同学来感受学校值得我们去爱，并用实际行动来回报学校，在某一天让学校为自己感到光荣。教师的主导地位不可动摇，在"知校、爱校、荣校"的基础上，定下了大方向"忆历史、论精神、诉衷情、联自身、定理想"。

（二）充实内容：开组会，定方向

流程确定之后，就需要充实内容。"知校"环节很重要，"知"就是"知道，了解"。了解什么是关键的。

此时，班级的四大组长挑起了重任，开组会，讨论"知校"的具体内容。每组规定了发言者、记录员，由组长总协调。第一组推出了"知校"必须知道学校的建校历史。随之内容就扩展到了可以讲述吴迅先生的故事、吴迅中学的校训、吴迅先生的箴言。第二组推出了"知校"就必须展现学校的风貌，从学校的外环境到内环境都需要加强建设。第三组推出了"知校"可以说说近年来学校举行的各项活动，有"文"有"武"，从文化艺术节到校际运动会，这也是学校的风貌的一部分。第四组推出了"知校"还可以让同学们了解学校取得的荣誉，了解全校师生共同努力取得的成绩。

"忆历史、论精神"部分得到了进一步的落实。

（三）付诸行动：做采访，集资料

这一部分是最烦琐，同时也是最能锻炼学生能力的。时间从周一开始到周五结束,小组成员在双休日制作 PPT。

第一组负责"忆历史",组长小火同学带领同学们游览学校的陈列室,采访我校年长的教师了解建校时的情景,细读我校出版的《吴迅的故事》,制作 PPT,确定主讲人。

第二组负责"展风貌",拍摄和收集表现学校优美环境的照片,照片的内容有"景",也有"人"。

第三组负责整理近年来学校举行的各项活动的资料。他们纷纷向学校教务处的钱老师、德育处的邱老师、科技创新处的沈老师,以及校长室求助,收集了不少资料。

第四组和第三组通力合作,向学校的各个部门同时了解到学校获奖情况,拍下了不少珍贵的照片。

至此,"知校"部分如火如荼地展开了,一时间学校的校长室、教务处、德育处都能见到初一(1)班学生可爱的笑脸。

(四) 初步汇总:出新招,补缺漏

等所有的资料收集之后,由各组组长做成 PPT,并附上演示汇报稿。教师看了资料之后,问学生是否还有补充时,学习委员小张提出:"这些资料都来自学校内部。我们吴迅中学历史已经很久了,我的爷爷、我的妈妈都是从这所学校毕业的,我可以请他们谈谈对学校的印象。我们还可以从采访家长和校友角度出发,让同学们进一步加深对学校的了解。"

班中的文艺积极分子小龙同学反应很快,"我可以联系小沐哥哥"(我校 2009 届初中毕业生,现正在曼彻斯特大学攻读博士学位)。

插班生小马同学说:"到时候,能让我说几句吗?"(小马是预备年级下半学期来到我们学校的,是一名鼻咽癌患者。)

没想到,同学们的积极性是这么的高!我想,这样一来"荣校"部分的推进,就水到渠成了。我只要准备出示几个曾经为学校争得荣誉的同学给大家认识,通过了解他们为校争得荣誉时的感想,以及他们是如何通过自己的努力争得荣誉的,"诉衷情、联自身、定理想"环节,就可以非常顺畅了。

三、班会课教学过程

（一）知校部分

我把班级同学分成几个小组去收集学校的资料,最后做成PPT。我把它总结为讲历史、展风貌、列活动。

主讲人:小火讲历史;小李展风貌;小胡列活动。

（二）荣校部分

准备请同学们展示我校获得的荣誉,请几位曾经为学校争得荣誉的同学给大家认识,通过了解他们为校争得荣誉时的感想及他们是如何通过自己的努力争得荣誉的。环节包括展荣誉、诉衷情。

主讲人:小管展荣誉;小龙诉衷情。

亮点1:小龙同学的PPT内容特别丰富,她不但从我的微信中摘取了小沐同学为预备年级的同学上课时的照片,还摘录了我编辑的教师节的一段话:

2016年9月9日。今年的教师节非常特殊,不仅收到了来自各界的毕业生的礼物,有2009届的、2013届的、2016届的,还有新接的预备年级的"小不点"!更让我觉得有巨大成就感的是,即将赴英留学攻读硕士学位的爱徒——小沐,把在国内待的最后几天留给了我的"小不点们"。他精心准备了一堂科学课,把他对老师全部的爱,把他对母校全部的热情,浓缩在一堂精彩而生动的科学课里。现在的"小不点们"用最饱满的精神状态、最积极的课堂互动,向我展示了什么是太阳底下最光辉的职业,什么是吴迅精神的传承!此刻的我非常骄傲——我是一名教师!

小姑娘请小沐同学录了一段视频。在这段视频中,小沐哥哥不但表达了对学校的热爱,又鼓励学弟学妹们努力学习,为实现自己的理想而奋斗!

这一环节掀起了一轮高潮,同学们都非常兴奋！他们的表情是那么专注,笑容是那么自信！

(三) 爱校部分

"爱校"人人会说,但究竟什么是爱校行为,具体表现在哪几个方面呢？在"知校、荣校"的基础上激发同学的热情,请同学都说一说什么是爱校行为。

亮点2:班长小管从我的校内外日志上"偷"了一则日志,那是我们班患了白血病在家休息的小陆同学给我写来的一封信。他在信中表达了对学校生活的向往,对老师同学的思念,还有对同学们衷心的祝福。小管同时表达了小陆同学的经历和他现在的感想,都无疑在告诉我们,要热爱学校,热爱生活,热爱学习,更应学会珍惜！

同学们此时都默不作声,两眼紧紧盯着图片,此时此刻,他们都在反思……

亮点3:小马此时举起了手,我想起来他之前说过要说几句话,于是就有了以下的场景:"我马上就要离开这里,本来我上周就要走的,但是因为要召开这节'爱校'的班会课,所以我推迟了行期,我要向大家说说我的心里话。首先我要感谢学校,我来到吴迅中学是学校特批的,我是来治病的。这所学校、这个班级,让我感受到了家庭般的温暖;我要感谢老师,老师非常照顾我,经常找我谈心,了解我的病情,还教会我自信,让我有勇气面对生活,使我的各科成绩都有了不同程度的进步;我要感谢同学们,请大家原谅我,我的脾气有时不好,对你们的态度有时会很差,但你们总是包容我,把我当普通人一样对待,教会了我宽容与友好。所以……现在……"说话顿时哽咽起来！

此时此刻,全班响起热烈的掌声,同学中不断地发出"加油,小马""你是最棒的""我们会想你的"……声音此起彼伏。我被深深地感动了,这就是"爱"——"爱学校""爱班级""爱同学""爱老师"。

(四) 教师现身说法

谈谈自己的爱校感想。

在爱校的基础上，学生们懂得了"校荣我荣，爱我吴迅"的真正含义，让学生定理想、定目标，用实际行动来表达爱校的精神。

在激昂的校歌歌声中结束了主题班会，老师制作了学生从预备年级开始到初一的 MV。

1. 教师放手，充分信任

教师要给予学生信任，尊重个体差异，使每一个学生都感受到教师对自己的尊重、信任，从而调动自主学习的积极性。上台发言的学生并不都是成绩优良的学生，甚至连休息在家的同学也积极参与到了这节"爱校"的课中，让"爱"渗透于思想、付之于行动、领会于心中。

2. 自由选择，民主和谐

在平时的课堂中，"谁想到了什么"，"想说就说吧"，"我也不太清楚，咱们一起来研究"，这些看似平常而又不平常的话语，激活了整个课堂。学生们可以不举手直接站起来发言，可以与前后左右的同学讨论，也可以离开自己的座位找合适的伙伴合作。让学生自由选择合作对象，选择不同的学习方法，选择学习内容。它可以使得课堂变得更加灵活、更加开放、更加民主，学生有了更多的思维空间，个性得到更好的发展。

3. 浓厚的学习兴趣，是自主学习的动力

兴趣是人们活动的导向，兴趣是最好的老师。有了兴趣，学生就会产生强烈的"我要学"的愿望和要求，就能真正主动参与学习活动，成为学习的主体。在教学中，教师要做学生学习和发展的促进者、引导者、组织者和合作者。"爱校"的主题，本来就容易把握，因为我们都是学校的一分子，"校荣我荣"，每位学生都与吴迅中学息息相关，所以了解学校是能引起他们的兴趣的。在这个环节中，教师的"导"已在小组讨论中完成，只是学生感觉不到这是教师在教他们，由此就增强了学生的自信，让他们看到了自己的能力，实现了真正意义的自主学习，体验到成功的喜悦，同时为培养学生的创新精神打下了基础。

四、充足时间,自主保障

教师要创造和谐的学习环境,实施民主化教学,让学生在充足的学习时间里愉悦地学习。我们尽量赋予学生几种权利:学习内容的选择权、学习方法的自主权、学习结果的评价权。

当前,能投身于这样一个具有挑战性的教育改革大潮中,可以说是一种机遇、一种幸运、更是一种挑战。在新课程的实施中,我们应该摆正自己的位置,密切联系学生的生活世界,帮助学生确立能够达到的目标,激励学生完成富有挑战性的任务,帮助学生发现知识的个人意义,引导学生创设融洽和谐的学习氛围,切实地落实自主学习、合作学习、探究学习,把"为了每一个学生的发展"逐步变为现实。教师应与学生一起在实践中学习,在反思中提高,与新课程一起成长。

回到这节班会课的主题"校荣我荣,爱我吴迅","付出行动,爱在心头,口就好开",行动起来吧!

缘何"昙花一现"

——一次"自主学习活动"的"成"与败

吴庆春

一、案例背景

学校 2017 年浦东新区区级重点课题"基于核心素养培育背景下学生自主活动的实践研究",在德育活动和教育教学中,已进入实施攻坚阶段。学生自主活动的实施与研究,其目标是使学生逐步形成适应个人终身发展和社会发展需要的必备品德和关键能力。

学生的自主学习活动的明显特征包括自我驱动性和形式多样性。自我驱动性,不受外界压力影响,不是被动的接受型学习,而是彰显学生主体性,发挥学生主观意识的学习过程。形式多样性包括学生与教材、学生与学生、学生与教师、学生与环境等。只要是能够体现学生主体性的学习活动形式,都可作为自主学习活动的有效载体。

信息化教育技术的普及以及互联网教育带来的学习方式的转变,使得教师的教育教学的观念不断更新,教育教学的方式正在寻求改变。

在高二数学教学的过程中,教师也多次尝试把学习的主动权还给学生,在课堂上留有更多的空间和时间让学生去思考,把更多碎片化的学习时间让学生自主掌控而用于学习。

但迫于教学进度和学生实际情况,抑或是方法不够得当等多种因素,结果并不令人满意。

二、案例描述

一次偶然的机会,我在网上看到"乐乐课堂"的知识点小视频,每个小视频介绍高中数学的一个或者两个知识点,时长一般是两三分钟。其中包括知识点的介绍,典型例题的分析、讲解和总结,配合动画演示和有意思的语言描述,我觉得非常有趣!

在高二《解析几何》圆锥曲线的学习中,在概念讲解环节,我尝试播放相关的小视频。学生们对视频中的动画和解说觉得很新鲜,所以听得很认真,很开心。最为重要的一点是,学生在课上或者课下,都能反复观看小视频,进行记忆和理解。

接下来的一段时间内,在课堂教学活动中,有意穿插了相关的"乐乐课堂"小视频,并开始尝试把这些视频放到班级多媒体库中,让学生下载,在需要的时候,随时随地可以自主观看,以加深对数学概念和知识的理解与运用。

同样的事情,重复多次,没了新鲜感也就没了兴趣。我在想,如何让学生掌控和利用碎片化的时间,自主地进行数学学习活动,提高数学学习的效率?

在乐乐课堂的官方网站上,我注册了教师账号,建立了班级群和微信群,微信群的名字为"乐学"。在我介绍了乐乐课堂的相关信息和内容之后,11位学生先后自愿加入了班级群。开始时,我仅仅想让学生利用碎片化的时间浏览和学习网站上的知识点小视频,进行必要的复习和预习。慢慢地随着对网站内容的了解,学生们根据自己的需要,尝试做了一些基础题目和能力题目,以巩固对公式和概念的理解与运用。学生们浏览和学习时间以及完成题目的数量和正确率,可以通过网站的学情观测数据得到反映。有几个学生还发现了可以下载"乐乐课堂天天练"App软件,在手机上进行刷题、闯关和争星、看解析,并加深对概念的理解,等等。

我很欣慰,并把部分学生的学习情况向班级学生做了介绍,鼓励其他同学也参与进来,但还是以自愿的形式,并要求须取得家长的支持。

此后的一段时间里,因为教学任务繁忙和学校的其他事务性工作较多,我没有将更多的精力放在上面,完全交给学生们了。

期末的家长会前夕,我想把这个事情向家长进行通报,登录"乐乐课堂"网站看学情报告的时候,我心凉了!只有4个学生浏览学习的时数和刷题的数量较多,浏览章节最多的也只有4个部分,能够坚持最多的学生也只有7天!

美好的愿望总是与现实有很大的反差,原本希望有更多的学生加入进来,并能够自主地坚持并运用好这个平台,尝试运用信息技术手段和碎片化时间进行学生自主学习活动,在这样短短的时间里就自生自灭了。

三、案例反思

"乐乐课堂"提供的平台应该是适合学生进行自主学习活动的。其中,基础学习部分提供了每个知识点的学习小视频,时间为两三分钟;还包括重要知识点的小专题视频,学生可以在课下看视频、补充笔记、看例题并提出问题,可以起到预习、复习和巩固概念定理的作用。"天天练"部分也提供了不同难度的章节基础练习和能力型题目,以"闯关""争三星"游戏的形式吸引学生。另外,每一题还有详细的解析和过程。学生出现错误,可以读解析,加深理解。教师可以利用学情报告,发现每个学生知识点掌握的情况,便于后续的教学。

这么好的平台,缘何没有进行下去并得到好好利用?仔细回想整个过程,是我做得不够好,过于相信学生的态度和能力,缺乏必要的指导和监控。

在学生自主学习活动中,教师的"引""扶""放""控"作用十分重要。

(一)"引"

教师要做必要的引领,包括学习态度、动机和学习的兴趣等。我在课堂中引入的"乐乐课堂"小视频,能够激发学生学习兴趣,引导学生加深对数学概念的理解和运用,应该说比较成功。但是,当把学生引入乐乐课堂网站进行学习的时候,我对学生的学习意志力、学习态度的引导、学习动机的激发等,特别是课件的使用方法缺乏引导。

(二)"扶"

由于学生的学习能力差异较大,特别是部分学生自主学习的能力较弱。因此,在学习的过程中,教师要给予必要的扶持和帮助。在网站上观看"乐乐课堂"的视频和练习的过程中,我完全放手让学生去做,对于学生学习过程中出现的问题不了解,更谈不上进行必要的帮扶和指导。11人中仅有4人积极参与,其他学生浅尝辄止,背后肯定有各种各样的原因。

(三)"放"

在学生自主学习活动中,教师的"放"是有前提的,当学生能够主动地参与,有较强的自主学习意识和能力,有自我监控和意志力的时候,我们可以放手让学生去做。否则,就需要教师给予及时的引导和帮助,还需要教师不间断地督促和检查等。全班32人,最终进入"乐学群"的学生仅仅有11人,积极参与的学生只有4人。这里,教师的"放"付出了较大的代价!

(四)"控"

这里的"控",一方面是指教师对学生自主学习活动情况的掌控,另一方面是指学生的自主监控。在学生自主学习活动中,这两个方面缺一不可。"乐乐课堂"学习活动昙花一现,没有达到预期的效果,是因为教师的掌控和学生的自我监控都是严重缺失的。如果教师能及时掌控学生的活动情况,在必要的时候给予扶持和帮助,我相信会有更多的学生参与进来,并进行实实在在的学习。

因此,在自主学习活动中,教师应该关注以下几点:

一是激发学生的学习动机。教师需要在活动过程中采取适当的策略和选取合适的时机,对学生进行潜移默化的正面的教育影响,激发学生的学习动机,让自主学习活动变成学生内在的学习需求。

二是提升学生的意志控制力。在自主学习活动中,学生的学习意志与克服困难是密切联系着的。这些困难包括内部困难和外部困难,如疲劳、懒惰、分心、理解力、情绪等,都将会影响自主学习的效率和学习习惯的形成。因此,对于培养学生自主学习的能力来说,意志显然扮演着非常重要的角色。

三是加强非智力因素的培养。非智力因素是指智力之外又同智力密切相关的一切心理因素,包括情感、性格、个性意识倾向性因素(理想、动机和兴趣)等。非智力因素对学生的学习效果和影响呈逐年加大的趋势,并且一直起着举足轻重的作用。因此,自主学习,不仅需要智力品质的支持,更需要非智力因素的辅助。

四是注重教学策略。教师作为学生思想、行为的教育者和引导者,在培养学生自主学习能力方面,肩负着重要职责。我们在课堂上开展自主学习活动,前期要注意传授给学生一般性的学习策略,如针对课堂学习任务如何准备学习材料、制定学习步骤、反思学习心得、检查学习成果等。这些对自主学习活动都起到事半功倍的作用。

从单词"good"谈起,激发学生写作思维

——"How to improve your writing"教学案例

宋 飞

一、案例背景

英语写作是四项基础技能之一。它要求学生能够使用正确的语法、恰当的词汇、合理的语言结构、清晰连贯的表达。高中英语写作是高考中重要的一环,占分高达25分,重要性不言而喻。但实际英语教学中,课堂较沉闷,学生被动接受知识,教师的批改习作往往是费时、费力,学生在写作中依然错误百出,有语法错误、中式英语、表达大意、结构松散等,并未看到效率的提高。部分学生只在意最后的一个分数,而能力并未得到有效提高。新课标明确提出,要改变教与学的方式,以培养学生的核心素养。因此,如何通过改变课堂现状,变学生的被动学习为主动学习,提高学生参与度,培养学生的思维品质,显得尤为重要。针对英语写作教学中出现的问题,我进行了一堂"How to improve your writing"的课堂实践。

二、案例描述

在词汇环节,我先抛出一个极为平常的单词"good",让学生说出它的同义词,由浅入深,由简到难,循序渐进,激发学生回答问题的欲望。

师:Can you find some similar words to replace "good"?
生1:Great.
生2:Wonderful.
生3:Excellent.

两三个词过后,学生有些词穷,good 的替换词已经想得尤为艰辛时,我利用美国前总统特朗普的一段视频引导,让学生从视频中学习更多可替换 good 的词语,并进行复述。由于特朗普说话的习惯方式是用夸张的形容词,重复率较高,特别适合形容词学习。观看视频其间,笑声频出,学生们也记下了重复率很高的替换词。接下来我进行发问:

师:So, How many words does Trump say in the video? Can you list them?
生 1:Fan ... fantastic.
生 2:Fabu ... lous.
生 3:Terrific.

学生积极踊跃地尝试复述,虽然有些词语较为难念,但由于视频出现的频率高,学生也基本上能记住。我再顺势带读,这样就记住了 good 的许多同义词。接下来我继续引导学生发散思维:

师:Apart from what we've talked about, Can you find more specific words to replace "good"? For example: a kind teacher. Any new idea?
生 1:Knowledgeable.
生 2:Patient.

经过启发,学生能够拓展找到具体的形容词来替换抽象词语 good,无形中领会到词语变化方式的多样性。此时学生们似乎有些自信了,于是我抛出另一个小词"important"。

师:Can you find some similar words to replace "important"?
生 1:Necessary.
生 2:Essential.
生 3:Significant.

从学生的回答中可以看到,他们积极地在脑海中搜索词语,词语也比 good 的第一次替换答案更加高级复杂一些,只是他们对复杂词汇只会拼、不会读。我又进行了带读,接下来继续提示:

师:Important＝of＋?
学生齐声回答:"Importance"。

进而举一反三,significant＝of＋significance,再拓展到 of great significance 将知识点进行迁移拓展。

在同义词替换、词性变化之后,我让学生进行从词到词组的替换,并利用同伴合作进行完成。首先,我示范举例 like＝be fond of,并追问出所学过的 be keen on、be crazy about 等同义词组。接下来分组活动,通过同伴互助、交流,找出"help、join、because、cause、solve"等词进行替换。通过组内讨论交流写出的答案,能够加深印象,比起我直接出示答案,学生被动接受要有效得多,也降低了后期的记忆背诵难度。

从词到词组,接下来到句子替换。我利用与现实生活密切相关的话题"婚姻"进行中译英翻译练习,以点带面。

师:请翻译"我绝不会嫁给你"。
生 1:I will never marry you.
生 2:I will definitely not marry you.

从学生的回答可以看出,他们已经掌握了同义词替换,但思路仍然有所局限。我进而继续抛出问题:请利用所复习的句型进行变换。

生 3:Never will I marry you.

我又继续提示学生利用倒装、虚拟进行变换。但看到学生仍然较为难,我改变了思路,出示了以下 4 组句子。

Under no circumstances will I marry you.

You are the last man I am willing to marry you.

If you were the last man in the world, I would definitely remain single.

If the sun rose in the west, I would marry you.

通过反向让学生将英文译为中文，再次复习重点语法点，为接下来的习作修改做准备。

在病句修改环节，我节选了学生平日习作中的典型例子，学生看到的句子出于自己之手，积极主动地动笔修改。我先让学生进行自我纠错，留给学生一定时间；接着我采用两两结伴的方式，让学生进行相互补充修改。同学们经过合作，更好地发现自己在写作过程中出现的语法、单词、句式等问题。这充分调动了学生相互点评的积极性，可以有效提升他们的英语写作能力。最后学生们总结出了平日容易出错的几个语法点：中式英语、双动词、搭配不当、拼写错误等。学生自主订正并反思总结，锻炼了逻辑性思维和批判性思维。

在语篇改写环节，我节选了学生作业中的话题，让学生充满熟悉感，并安排5人一小组，进行小组合作评改。由于课堂时间有限，每小组负责一个段落的修改。步骤是组内成员先找出语篇的语法错误，再进行词汇语句衔接等润色修改讨论，定型成稿。小组合作评改弥补了自主批改的不足。学生带着自主批改无法解决的问题进行同伴互助。学生之间互教、互学，在讨论的过程中进行自我纠正，反复强化记忆。同时，我也观察收集到小组讨论中无法解决的问题，为下一阶段做准备。其中一段如下：

The picture shows that there is a student sit in front of the computer. He look at the computer and copy the winter homework. He smiled happily. It is common, many students play the whole holiday. So they do the homework on last day.

生1：找到了双动词is、sit，去掉there is，或者sit加ing。

生2：还有时态，looks、smiled问题，不过除了语法，还可以怎么改？

生3：倒装能用吗？

生 4：可以变成 in front of the computer sits a student。

生 5：It is common that？强调？

在小组内的合作评改后，学生们进行集体互动评讲环节。我利用希沃白板将典型的几组作文进行投影展示集体评阅。通过多媒体显示在屏幕上，教师引导，组外学生评价补充修改建议，鼓励学生各抒己见，从而倾听不同声音，发散思维。且教师适时引导点拨。

师：Any more ideas?

生 6：应该是 on the last day。

生 7：He smiled happily 和前面句子合并起来，直接变成：copy the homework happily。

师：Very smart. Another one：pay attention to "play the whole holiday" how does a student play，what does he do? be specific.

生 8：Go travelling.

生 9：Go shopping.

通过集体评讲，学生又一次不断修正自己的想法，拓展思维，锻炼批判性、创新性思维；在生生互动、师生互动中，让学生逐渐从被动走向主动。最后在教师点评环节，我对学生常犯且难以自纠的错误进行点评，侧重于知识点的分析、归纳、对比、总结。

三、案例反思

此次写作课，从单词"good"着手，问题由浅入深，字、词、句、篇，不断过渡，为学生架阶梯，激发学生的表达欲望；循序渐进，锻炼学生的思维能力。此外，借助多媒体，保持学生注意力。视频图片或投影更加形象、直观，趣味性强，易发挥学生的主观能动性，使学生学得主动、学有所得。通过视频图片进行联想和想象，进而总结归纳，是提高学习兴趣的有效方法。在操练环节，教学材料贴近现实，作文素材来源于学生作业,从而降低了学生畏难的情绪;最后进行小组合作,由集体评改,注重写作过程,关注学生的发展,能有效促进学生自主学习、合作学习,从交流到解释、到质疑,再到探究,培养了思维能力。学生们通过多次修改重写,看到了自己的成果,畏难情绪大大降低。他们发现,写作不是那么无从下手了,信心倍增。而批改润色过程又将学生所学的语法词汇知识点进行融会贯通,不断巩固复习,从而熟能生巧。

  写作是一种实践能力。实践能力需要在实践活动中训练提升。丰富有效的写作活动,才能使学生保持主动积极的写作状态。在今后的教学中,我们会增加作文批改的多样性,通过同伴互助批改,让学生间进行合作学习、相互交流,当学生意识到作文不只是老师审阅批改时,会更加自觉地写得认真、工整。互助批改更容易发挥"旁观者清"的优势,所以自己的习作让他人批阅,更容易发现问题。我将继续关注,发现问题,解决问题,带领学生主动学习,在诱导思路上下功夫,让学生保持学习的兴趣,从被动接受到主动探索。

一分钟故事

——英语分层拓展课案例

瞿 婧

一、案例背景

为了使处于不同学习层次的学生都能跳一跳"摘到桃子",获得成功的喜悦,从而改善教师与学生的关系,提高师生合作、交流的效率,本年级的学生每周进行三堂课的语、数、英分层学习。我所任教的班级是英语 A 班。该班学生普遍有较好的英语学习基础,语法知识掌握得较牢固,因而我针对英语学科中难度较高的听力、阅读和写作部分,帮助学生进行进一步拓展。本堂课课时较长,有一个小时的时间,学生的注意力持续较久,所以后半堂课的效率较低。起初,我总是让孩子们在半小时后休息 5 分钟、喝喝水、动一动,但效果不佳,注意力问题并没有得到明显的改善。偶尔一次休息时,我跟他们聊天,用英语讲了一个小故事,没想到孩子们原本黯淡的眼神霎时亮了起来。得此启发,每堂课我都邀请一位同学提前准备一个小故事,时间限定在 1 分钟,讲完故事还要问 3 个小问题,请其他同学来回答。就这样,"1 分钟故事"的课堂自主小活动就无意间在我的英语分层拓展课上萌芽了!

二、案例描述

(一) 牛刀小试

管同学是第一位主持此次活动的学生。她是初二(1)班班长,成绩上一直处于年级第一。此刻踏上讲台的她如往常一样意气风发。"Good afternoon, everyone. Today, I'll tell you a story."话毕,她拿出一张纸,开始"讲"起了故事。这是一个好故事,管同学讲得也特别流畅,但同学们满心期待的表情在 5 秒钟之后就烟消云散了,随之而来的是一脸的不解。故事讲完,甚至有同学冒出一个字"啥?"。我笑了笑,表扬了管同学找了一个很有趣的故事以及英语发音地道,并提醒她把故事再慢慢讲一遍。这次她放慢了语速。读完故事,她开始提问题了,前两个问题有个别同学勉强地回答了出来,但第三个问题实在没有人知道答案,课堂陷入寂静。聪明的她朝我眨了眨眼,我心领神会举起了手,她很高兴地点我名,"这个问题请 Jessie 同学来回答"。我很配合地回答了问题,化解了尴尬。同学们都笑了。此后,我请其他人给管同学打分。在共同商议下,大家打出 86 分的成绩。大家提出了管同学讲故事的优点和不足。其优点:故事流畅,发音好听。在讲台上的台风很棒、很自信,且声音响亮。其缺点:没有"讲"故事,而是在"读"故事;故事生词太多,不容易理解。

(二) 磨刀霍霍

第二堂课上台的是郑同学。她吸取了管同学的教训,没有拿着纸读故事。但她似乎有些惴惴不安,全程低着头。讲了几秒钟,台下的同学喊着"Louder please!"示意她要大声一点。她渐渐加大了声音。故事讲完,还没有等我问需不需要再讲一遍,郑同学便自己问了起来。得到肯定答案之后,她又把故事讲了一遍,并继续问了同学们相关的问题。这一次,依然还是磕磕绊绊,好在 3 个问题都有人能回答,但同学们回答问题的参与度并不高。同学们给她打出了 90 分的成绩,个别同学进行了点评。其优点:能够完全脱稿;声音虽然一开始比较轻,但后续还是很响亮的。其缺点:故事生词太多,比较难理解。郑同学听完如释重负,像是完成了一项仪式。对于一向内向、胆小的郑同学而言,能够站在讲台上顺利组织好这个小活动就已经是成功了。我微笑地看着她,给了一个肯定的眼神。

第三堂课轮到张同学讲故事。作为英语课代表,他一向做事认真,这次也不例外。还没到讲故事的日子他就来找我,拿出了两篇故事,"老师,我觉得这两个故事都很棒,我不确定同学们会喜欢哪个,你能帮我挑一个吗?"我回答:"老师觉得前两个同学的故事也很棒呀,可是打分的是同学们哦!"他听懂了我的话,"对哦,那我找同学们商量!"商量的结果很棒。这一次,张同学的故事吸引住了同学们,同学们时而皱着眉,时而笑笑,都在努力地听他的故事。故事结束了,同学们对3个问题的反响也很热烈。分数打到了95分,同学们美其名曰:"留给他进步的空间!"

(三)刀光剑影

即使我什么也没说,但几次之后,通过对他人的评价,同学们都掌握了"高分"的秘籍。渐渐地,我发现同学们都对这个"1分钟故事"的小活动充满期待。讲故事的同学也为了得高分而想了很多办法。比如,在征求了大家的同意后,把讲故事改成了播报新闻,有的改成唱一首英文歌……"1分钟故事"的活动渐渐变得丰富多彩起来!

三、案例反思

该活动最初的目的只是想让孩子们能够有时间放松一下,没想到无心插柳,这样一个小小的课堂的自主活动取得了意料之外的效果。对于听故事的同学而言,锻炼了听力能力、理解能力、总结能力。对于讲故事的同学而言,收获就更大了。虽然讲故事只花1分钟,但选择一篇合适的故事、新闻或是歌曲却需要花费大量的精力。在这个过程中,他们拓展了阅读;还咨询同学们更喜欢哪个故事,由此增强了与大家的沟通能力;甚至有同学在其他人打完分后还为自己拉票,再额外赠送一首歌,期待多拿分,同学们也愿意慷慨送分。他们在这个过程中收获了最宝贵的快乐!

苏联著名教育家巴班斯基的"教学最优化理论"提到,教学过程的最优化是,选择一种能使教师和学生在花费最少的必要时间和精力的情况下,获得最好的教学效果和教学方案,并加以实施。我觉得学生自主活动就符合这一理论。教师省下了准备听力材料的精力,只需要稍做提示,给出获取材料的途径即可。但对于学生,尤其是A班同学而言,他们需要的并不是填鸭式的教育方式。一味地做题只会消磨他们对于英语学习的热情。自主活动的学习方式避免了在课堂上"一做到底""一听到底"的被动学习方式,使他们主动地去阅读、去挑选合适的故事,无意形中就增加了阅读量。课间与同学们的沟通带动了整个班的学习英语的积极性。这样一个自主活动使这堂课真正起到了"拓展"的目的:将课内有限的学习时间拓展到了课外的自主研究与交流学习。

语文教学：不是缺少美，而是缺少发现

——《再别康桥》教学案例分析

陈春华

一、案例题旨

《再别康桥》是 20 世纪中国最出色的一首离别诗。它犹如一首轻柔、优美的小夜曲。诗人的自由的天性、潇洒、飘逸的风格与康桥宁静优美的自然风景融会成了别具一格的诗境之美，一直吸引着无数的读者，令人感慨，引人沉思。本案例研究的主要问题有：

（1）教学条件下的诗歌教学应该让学生得到什么？如何得到？

（2）教师在学生学习体悟过程中起什么作用？运用教学策略的基本途径有哪些？教学策略对于学生自主学习具有何意义？

（3）如何让学生有效地学习知识？

二、案例背景

本单元的学习重点是运用诗歌的意象和象征这一鉴赏诗歌的入门方法，研究、探讨现代诗歌，体会诗歌的意境之美。本课学习目标则定为：①感知《再别康桥》的诗意美、音乐美、建筑美、绘画美。②学会新诗的鉴赏方法。一是通过教师的指导朗读，学会欣赏诗歌的音乐美。二是通过教师的指导赏析，学会从诗歌的意象入手赏析诗歌。

优秀文学作品是人类精神生活的宝贵结晶。文学欣赏活动是欣赏主客体相互呼唤、适应、契合的结果，一方面欣赏主体有某种精神需求，另一方面欣赏客体对主体具有吸引力。教学条件下的文学欣赏活动有其特殊性，首先是要认识学习者已有的学习基础和知识背景。高二学生已具备相当的鉴赏能力。读解文本的"语表层"已无困难。但正是由于对内容的"粗知",而容易使他们产生满足感,失去进一步鉴赏的兴趣与动力。因此,教学设计首先要考虑的是如何强化并保持学生对鉴赏活动的需求。教学策略之一是使教学内容"陌生化",即拉开学生与文本的距离,让学生产生少知感甚至未知感,生疑、生惑,从而让距离去调动学生,让学生在鉴赏过程中不断探究并发现文本的魅力。

据此,本案例设计以学生的自我鉴赏为起点,由浅入深、从易到难地组织教学内容。以诵读为主,以课件贯穿始终,融音乐、画面、相片、朗诵等视听手段为一体,充分感受诗歌的优美境界。让学生自主探索理解文本的意义、构建知识,最终实现提高鉴赏力并获得整体发展的目的。

课时目标、内容为:1课时。以诵读引领,课件贯穿始终,教师运用多种视听手段,让学生充分感受诗歌的优美境界。教会学生诗歌鉴赏方法,通过对意象、意境的具体分析来帮助学生解读作品。

三、案例实录

导入新课后,师生一起欣赏配乐朗读《再别康桥》,并在此基础上提问:《再别康桥》在你的心里留下了什么样的印象？它美在哪里？学生展开讨论,教师引导学生鉴赏诗歌的情感美、意境美、语言美。

[片段一]

师:古人云,黯然销魂者唯别而已矣！所以在古人的作品中,既有"西出阳关无故人"的无奈,又有"天下谁人不识君"的豪迈,还有"相见时难别亦难"的苦涩,那么现代人是如何理解离别的呢？

生:徐志摩笔下的离别像暮春里牧童的笛声,既让人欣喜,又让人伤感。

师:能结合诗歌具体谈谈吗？

生:诗歌的感情从惆怅到热烈,在第五节达到高潮,在第六节陡然低落,沉浸于寂然,只能带着无限的怅惘离去。这种感情的变化正是基于对康桥的不可遏制的爱,这种爱让人欢喜让人忧。

[片段二]

师：这种感情是直接表达出来的吗？
生1：不是。
生2：感情是蕴含在景物描写之中的。
师：对。这些景物就是意象，是融入了诗人主观情意的客观物象。
生3：这些意象都是柔美而抒情的事物，浸透了作者对康河的永久的恋情。他甚至想永远留在这里——"在康河的柔波里，我甘心做一条水草"。全诗通过这些意象构筑了梦幻般的氛围，如一首小夜曲，让人如痴如醉。
师：意象的组合就是意境，请大家用散文诗般的语言描述诗歌的意境，体会诗歌情感。课堂气氛非常活跃，想象力异常丰富，大家沉浸在创造的欢乐和对意境的描述所产生的愉悦中。这节课结束了，但学生们似乎还沉浸在诗歌优美的意境之中，诗歌像抛向湖面的石子，在每个学生的心中激起了圈圈涟漪。那纯美而又忧伤的旋律与情感感染了每一个人。

四、案例后记

《再别康桥》是说不尽的，尽管在短短的一节课中，学生领略了这一艺术精品的风采，但认识的只是冰山一角。案例的操作必须紧扣教学目标，突出教学主线，努力"删繁就简，避熟就新"，带着教材走向学生，使学生学得乐、学得深。要激发、调动学生思考，关键是要将一定的学习目标转化为问题，通过创设合理的"问题情境"将主体鉴赏活动始终置于"最近发展区"，以最终实现有所发现的预期结果。在动态的多变的教学过程中，教师还要重视对学生思维行为的引导、点拨，进行有效的课堂调控，使鉴赏活动始终围绕一定的目标展开。通过"追问"实现"有效学习"是十分关键的。案例的有效实施，需要教师具有全新的理念、得当的方法和机敏的应变能力。

五、案例分析

本案例力图体现"重在自主,重在发现,重在探究"的教学理念。

首先,学生的鉴赏活动贯穿教学的始终,无论是对文本意义的解读,还是对意境的感悟,都不是(或很少是)由教师传递、告知的,而是由主体通过探究而发现的。在课堂上,鉴赏主体拥有比较充分的鉴赏权、思考权和发言权,这就为主体"发现"提供了保证。学生不再是名义上的、形式上的主体,而是实质性主体——成为学习过程中的真正主人。

其次,在教学过程中的鉴赏活动,教师的作用主要是策动并促成主体鉴赏。案例中教师始终做到:既不将知识和盘托出、全盘授予,也没有简单地设置学习目标或用指令性任务去驱动学生鉴赏,而是努力将一定的教学内容问题化,用问题驱动学生进行鉴赏实践。通过对问题的探究——展开问题或解决问题为途径,实现了一定的教学目标。在主体活动过程中,教者以调整难度、提供支持、激励疏导等方式给活动以切实的帮助。这种帮助正如不断地向燃煤鼓风输氧,使煤得以充分燃烧。这样的教学过程使主体情知互补、心智并进,思维、语言、情意、品质得到同步协调发展,为主体的全面发展奠定了基础。

本案例中"意象与意境"这一文学知识,教师不是用定论的方式传授,而是引导学生通过分析感悟自己去发现知识。这样,学生获得的不仅是某一知识结论,同时经历了知识的生成过程,切合了"要让学生感受、理解知识产生和发展的过程"这一时代要求。与单向且被动参与教学过程相比,这种知识获取过程具有明显的优势:它使学习者形成对知识的深刻理解,它决不是一知半解的,更无须死记硬背,因而是一种"优质"的知识。学习者亲历知识的发生、创造过程,由此形成并拥有的知识具有极高的迁移价值,因而是一种"活化"的知识。另外,学习者在获取"意象与意境"这一知识的过程中,经历了类似于科学发现的某些思考、分析、概括的过程。这些方式是解决各种问题以及将来从事探究工作所必需的,因而还是一种极具可持续发展意义的"长效"的知识。

在用自己的语言描述诗歌的意境这一环节时,学生的参与意识积极而强烈,思维活动敏捷而深刻,优美而丰富的语言更是令人赞叹。这一切昭示着这样一个事实:学生有思考的欲望并且善于思考。他们的头脑不是一个等待灌装的容器,而是一个等待点燃的火把。从案例中,我们似乎还可以看到"燃烧"的实现。这是教师运用开放式的问题、开放式的点拨,以至开放式的评价的结果。开放,使学生拥有一个选择的空间,因而才有一分主动、一分生动。

雕塑大师罗丹说:生活中不是缺少美,而是缺少发现美的眼睛。语文教学亦是如此。

设计自主复习方案　提高复习有效性

——《现代文阅读——句段的作用》的自主复习方案设计

钱小燕

越是到初三复习的最后的日子,我们越会感觉学生由于长期处于枯燥、乏味的反复训练而导致的疲累中,上课提不起劲,学生成绩不尽如人意,虽有试卷的问题,但还是能暴露出学生知识的短板、答题的薄弱之处。反复说过的考点和答题技巧学生依然没有掌握,重要考点和知识点无数遍地讲解,学生却依然没有消化,无法举一反三,如何破解?

回顾复习阶段,自己总认为教师反复解说,学生操练多了,教师讲解多了,学生定能掌握,但一经考试立马让低效复习呈现出来。我教了很多年初三,感觉经验很丰富,自己研究考题已经挺到位,但最关键的是忽略了学生对知识点的掌握和吸收,导致每次考试后总能令我百思不得其解。最后一个月的提升空间在哪里?进入考试的密集期,必须改变"考试—讲解—讲解—考试"这样沉闷的教学形式,教师一厢情愿地输入只能让学生变成被动接受的机器。让学生动起来是硬道理!教师对知识点的梳理为学生包办了许多,何不让学生自己发现、自己梳理、自己分类、自己总结呢?在《现代文阅读——句段的作用》的专项复习中,我尝试转变教学策略,获得了一点意外的惊喜,原来设想中难以推行的任务,学生却乐在其中,效果比预想的高很多。

一、自主复习的内容由学生共同商定确定

考试分数不理想,学生自己也很着急,但光着急不能解决问题,只能增加焦虑。复习阶段需要解决的是没搞懂的问题。请学生拿出考过的试卷,看看在现代文阅读中哪些题型对于自己是难点。学生们在整理的过程中发现了做题时失分较多、答题时比较迷茫的题型,比如文章内容的概括、复杂结构的梳理、词句段的含义和作用、文

章主旨的把握等。重难点在大家的研究和讨论中一一浮现,接下来的复习围绕学生共同商定的问题一一展开。

本环节的目的在于,了解学生的需求是什么。需求来自学生的认定,而不是教师按照原定复习计划一一落实。既然是学生自己提出的问题,就意味着他们有解决问题的主观需要,那么后续的复习就有针对性,而且学生有主动解决的强烈愿望。因此,"句段的专题复习"的内容就是在学生自我反思、共同商定的基础上确定的。

二、采用开放合作式的自主复习的形式

以前初三后阶段的复习,教师总是显得比较焦虑,恨不得每天把内容都讲一遍,恨不得把手头的试卷都做个够,实际上讲得再多、做得再多,不如学生自己思考。如果学生不思考、不内化,学生每次做题都在一个层面上,难以提高,何不放慢节奏,对重点重锤敲打?我让学生自由组合,对于重点、难点的题型、命题形式做归类整理。同时,我也和学生一起进行归类整理。在整理的过程中,我们重点研究讲解过的答案,看看命题者是从哪些角度来确定答案的。这些答案的规律是什么,提炼出共性的问题,然后请同学们合作形成这类题目的解题思路。

本环节的过程采用了两人小组的形式,改变了研究试题的枯燥乏味感。同时,两位学生互相补充、共同发现,使得发现的过程更轻松,也有了趣味性。当讨论交流后,我发现学生对于这类题目的命题特点和解题思路的归纳非常到位,基本上和教师原先整理的知识点出入不大。

三、自主复习中进行拓展,提供学生挑战的机会

由教师根据学生整理的命题规律、解题思路等寻找阅读材料,请同学们针对这些阅读材料尝试自己命题,并确定标准答案,然后小组之间可以采用你问我答的方式,看看谁的命题摸到了门脉,谁的标准答案制定得更完整。学生对这个环节的兴趣比较高,对于他们来说有新奇感,具有一定的挑战性。因为他们从被动的角色变为一个主动的角色,从答题的角色转换到命题的角色。学生阅读文本更沉静、更深入,也能

站在命题者和阅卷者的角度去感受文章了。命题者考虑问题更细致了,回答者更趋于规范周全。

自主复习活动方案带来的变化体现在以下几个方面:

(一) 学生学习状态的变化

由被动到主动的改变,从你说我听、可听可不听到你给方向我主动搜寻知识的学习习惯。学生的学习过程更快乐,课堂气氛更活跃,思想的碰撞更激烈,对考点的理解更到位。

(二) 教师身份角色的变化

从课堂复习的主导者变为引导者、旁观者,从给学生角度到让学生自我寻找。教师说得少,但轻松了,课堂上的节奏也可以变慢一点,给予学生充分思考和讨论的空间。教师从"灌"到"扶""帮""放"。教师的行为充分考虑学生的需要,比如当学生讨论好复习内容、发现句段的作用及其解题思路后,我帮学生寻找他们所需要的拓展材料,引导学生深入研读,发现问题,解决问题。

(三) 复习效果的变化

教师把复习内容的把握权下放给学生,结果呈现的主动权交给学生,过程的发言权留给学生,充分尊重学生的学习体验和经历,复习的效率显而易见。

反思:最高境界的学习是自主学习,自主学习的本质是让学生能动起来,并且能产生学习的愉悦感。初三最后阶段的复习对于教师和学生来说始终显得比较乏味、单调。如果教师和学生之间少有互动交流,教室里沉闷的空气往往会让双方都觉得痛苦。自主复习方案的设计给了我一个启发,改变了固有的立场,设计了活动方案,让学生从"学会"到"会学",进而"乐学",让学生更主动地去发现问题、思考问题,进而解决问题,这样的学习一定是高效轻松的。

音乐,有你而精彩

——《青春舞曲》教学案例

张　燕

一、案例背景

兴趣是最好的老师。一堂生动的音乐课不仅能调动学生的兴趣,使教师从学生反馈中获取经验,还能激发起教师的教学热情。记得在六年级的一节音乐课中,根据课程进度,学到二单元的"校园箐箐"。因为这一单元的《青春舞曲》既是必唱曲,又是维吾尔族民歌,想到学生会对它的异域风情很感兴趣,这使我对它的教授充满信心,但在课堂中发生的一幕小情节,到现在我还记忆犹新。

二、案例描述

那天是预备(3)班的一节课。这个班级的纪律差,它一直令我头疼。随着一声铃响,同学们来到了音乐室,我信心满满地站在讲台上。为了能更好地展现这节课的内容,我在课前精心准备了课件。

课上,我播放着新疆维吾尔族的风俗人情画面,同学们认真地看着、听着。为了更好地让同学们了解祖国的大好河山、民族文化的多彩多姿,我让同学们把维吾尔族歌舞音乐和藏族、蒙古族舞蹈音乐做对比,讨论它们的共同特点。最后我总结:不管是音乐还是舞蹈,它们的起源都离不开劳动,它们都是劳动人民创造的共同财富。

同学们认真地听着,从他们的眼神里,我感受到学生对学习这首歌的兴趣,接下来我就播放了这首《青春舞曲》,想让同学们在欣赏这首歌曲的同时感受歌曲旋律的特点。为了更好达到熟悉旋律的目的,我让同学们跟着音乐小声哼唱,这也是为后面识谱练习而做准备。

　　同学们和着音乐,有的打拍子,有的闭着眼睛欣赏,有的摇头晃脑地感受节奏的律动。当我正被这一场景沾沾自喜的时候,突然有声口哨声尖锐地响起。随之,教室里面一阵哄笑。我一听就知道是班里的捣蛋鬼陆××。他经常在走廊上装神弄鬼地叫喊,并以此为傲。他的家庭条件比较好,成绩一般,行为习惯不是很好,很喜欢做些违反常规的事情引起大家的注意。

　　此时看到同学们哄堂大笑的样子,以及陆××玩世不恭的样子,我真想大声呵斥,并且给陆××一点颜色看看。最终理智还是战胜了冲动。如果像以前一样,对于违反了课堂常规的同学进行严厉批评,那么原本轻松的课堂气氛就会变得很不愉快了,并且后面的授课也会受到影响。

　　想到这里,我说:"老师也曾试过吹口哨,但从没吹响过,吹口哨还真不容易。你们想,口技是杂技项目之一,说明口哨确实是一种技巧。艺术的表现形式是多种多样的,口哨也可以是音乐的一种表现形式。如果技巧高超,并能恰当、完美地融入各种音乐要素,发挥出色的话,又何尝不是一种雅俗共赏的艺术?所以,等唱好歌词后,请会吹口哨的同学来吹音高,给唱的同学伴奏。同时,老师希望同学们喜欢音乐、热爱音乐,有想法有点子的可以说出来。"

　　话音落下,陆××和大家一块热烈响应:"好!"接下来的歌曲学唱中,兴趣被调动起来,同学们争先恐后地举手并积极参与表演,可谓丰富多彩。这些都充分展示了同学们多彩的个性和丰富的创造力。同学们沉浸在轻松愉快的气氛中,我看着他们自信和喜悦的脸庞,看着他们体验成功与快乐,我知道他们创造思维的大门正在被悄悄打开!

三、案例反思

　　音乐是一门创造性、综合性很强的学科,不仅是对学生视、听、唱、动等技能的培养,还是思维性、创造性、德育性等能力的培养。新教育要求教师善于发掘、善于鼓励、学会欣赏学生。课堂教学的重点不是学了多少理论知识,而是学生在课堂上获得了什么启发、收获了什么道理、创造了什么价值、展示了多少自信。本课调皮捣蛋的学生给了我启发,通过控制自己的情绪,抓住课堂切入点,把不好的局面通过思维的转换而改变。但很多时候当课堂上遇到类似的情景时,我们往往会因为控制不了情绪,容易使课堂失控。因此,音乐教师必须成为音乐课堂中的"有心人",擦亮眼睛,在教学中寻找和捕捉有利于培养学生创新精神的有利时机。

(一) 巧用善用鼓励语言,创造轻松的环境

音乐是一门表现力很强的学科,如果课堂拘谨,学生容易产生厌学的情绪,那么怎样营造和谐、轻松、有序的课堂气氛呢?教师在课堂上应时刻关注学生学习的情绪变化,用亲切、幽默、诙谐、委婉的言语或技巧营造课堂气氛,使学生在积极的情绪下,最大限度地获取知识。教师应多用鼓励的语言,增加学生的自信,这样才能更好地提高学生的学习兴趣。

(二) 鼓励学生的创造性思维

教师不能怕调皮捣蛋的学生,不能因为他们的语言或情绪而影响课堂教学。从他们的角度出发去观察,其实他们是想得到关注和表现的机会,何不利用他们的心理特点辅助课堂教学,多鼓励他们,给他们展示和创新的机会,从而提高他们学习的兴趣,转移他们的不良的情绪。

(三) 开放教学过程,实施生成教学

课堂教学永远都不是一成不变的,每位教师在课前都不可能完全预测课堂上将要发生的一些突发事件。这就需要教师们有迅速捕捉学生输出的各种信息,随时反思、随机应变的能力。传统教学强调教学过程的"程序化"。课改倡导"开放教学",倡导实施"生成教学"。本案例把定位转变为"以生成为本位",不只是忠实地实施课前所制订的计划,而是根据实际需要,随时对教学目标、教学内容和教学策略进行调整,使教学过程有明显的变化,有所提高。

课堂教学是千变万化的,同样的备课、同样的教学设计,针对不同学生、不同班级,所产生的学习效果大不相同。一名合格的音乐教师,要善用眼睛去发现,善用耳朵去倾听,善用大脑去思考,发现和鼓励学生创造性思维,善于调动学生学习的兴趣,改进自己的教学手段和方法,及时抓住教学契机,把音乐课堂教学推向一个新的阶段。

浅谈初中数学教学有效性的实施策略及案例

李雪绫

数学作为非常基础的一门学科,其教学效果直接影响着学校乃至整体教育质量水平。因此,在新课标要求下,应将初中数学教学的重点放在提高学生的学习主动性上,使学生能够进行自主探究学习,把学习当成一种乐趣,让数学成为生活中的一部分,同时培养学生的思维能力,教导学生掌握有效学习的方法。如何实现有效教学?有效的教学是指教师遵循教学活动的客观规律,以尽可能少的时间、精力和物力投入,取得尽可能多的教学效果,从而实践特定的教学目标,满足社会和个人的教育价值需求。本文针对初中数学教学中存在的问题提出有效措施,以有效提升教学质量。

一、初中数学教学中存在的问题

(一)应试教育的影响

长期以来,学校为了追求升学率,将教学放在了对数学知识的认知和解题技能的训练上,在使用"题海战术"的大环境下,忽视了对数学学科的工具性、人文性以及实用性的认识。因此,并没有对学生的数学思维进行发散性的启迪和训练,而是把大部分的时间花在应付考试的标准化习题上,中学生被动地接受知识,大大降低了学习效率。

(二)教师教学目标不明确

教学的目的不仅是让学生获取结论,更重要的是,让他们在获得结论时,情操得到了陶冶,智力得到了开发,潜能得到了发掘,能力得到了培养,素质得到了提高。学生在这一认识过程的作用是教师无法替代的。引导学生积极主动探索知识的形成过程,不仅可以激发学生探究的兴趣,而且使学生学得主动,同时加深对知识的理解,有利于培养学生思维的灵活性和创造性。但是,就目前而言,大多数教师仍侧重于基础知识、基本技能的目标完成,将其作为数学学习目标的主要内容,从而导致了课程目标的失衡,使数学的教学过程简单化、程序化。不仅如此,在教学过程中,教师过于重视训练,缺乏对必要技能的培养,降低了学生在实践中应用知识的能力,导致学生数学成绩的下降,降低了学习效率。

(三) 学生参与度低

现在数学教学课堂中仍存在着以教师讲解为主、学生参与度较低的现象。教师在课堂上滔滔不绝地讲,学生在下面听或者记笔记。讲解作为教学中不可缺少的重要部分,有助于学生更好地掌握知识和技能,但是综合效果不是很好。新课标要求在课堂上学生是学习的主体,教师辅助教学,教师应充分尊重学生在课堂上的主体作用。课堂上以学生为主体进行教学才能达到课堂的有效性。在教学过程中,教师只要进行适当的点拨,正确引领和启发,学生就能明白知识的运用方法,并非教师讲得越多,学生就更容易理解。教师应该引导学生得到解题的方法,而不是解题的结果。教会学生学习的方式方法,学生才能够解决类似的问题。但大多数时候,教师一味地重复讲解,不仅引起学生的反感,甚至还会使学生只能被动地跟着教师的步伐走,而不是积极主动地思考问题,使学生丧失了主动思考的能力,不利于学生思维的发展。

二、提高初中数学教学有效性的策略及案例

深入研究教材,选择适当教学方法,是提高初中数学教学有效性的有效策略之一。

(一) 利用思维导图,建立知识体系,提高教学的有效性

思维导图是一种将思维形象化的方法。我们知道,放射性思考是人类大脑的自然思考方式,每一种进入大脑的资料,不论是感觉、记忆或是想法,包括文字、数字、符码、香气、食物、线条、颜色、意象、节奏、音符等,都可以成为一个思考中心,并由此中心向外发散出成千上万的关节点。每一个关节点代表与中心主题的一个联结,每一个联结又可以成为另一个中心主题,再向外发散出成千上万的关节点,呈现出放射性立体结构。

这些关节的联结可以被视为记忆,就如同大脑中的神经元一样互相连接,也就形成了个人数据库。因此,在教学中,我们可以利用思维导图帮助学生建立自己的题库,例如可以是一章节的内容,也可以是相关知识,或者是一个系统的知识。

以"平行四边形的性质"这节课为例(见图21),教会学生将这一节课的主要内容利用思维导图呈现,以平行四边形为中心,从它的定义出发,结合它的组成元素(边、角、对角线)进行发散研究。通过研究它们的性质,就可以描绘出来一个知识的体系;通过一张思维导图,学生相对容易地记住了本节课的主要内容。

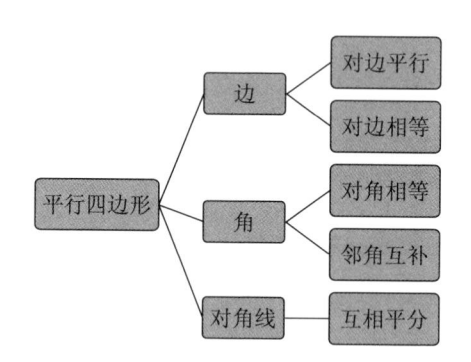

图 21 "平行四边形的性质"思维导图

学生在学习平行四边形的判定的时候,也可以利用思维导图整理该节的主要内容,并与平行四边形的性质的思维导图相联系和比较,对与其性质和判定相关的内容进行回溯和深化理解,可以更深入和持久地掌握有关知识。

学生在后面学习的菱形、矩形和正方形都可以采用同样的方式。通过教师的引导和重复的练习,学生可以很好地学会使用思维导图总结和记忆章节内容。有的学生做了一个章节的思维导图,例如四边形做得很好,也很完整;有的同学做了一个系统知识的思维导图,例如与代数方程相关的内容是很零散的,六、七、八三个年级都涉及了方程,学生将零散的知识利用思维导图整理在一起,整理出完整的代数方程体系。

当学生利用思维导图将所有的知识串联成网络的时候,就是将知识"一网打尽"、系统掌握。也可以把这种方法用在其他学科的学习上,利用思维导图建立知识体系是一种很好的学习方法。

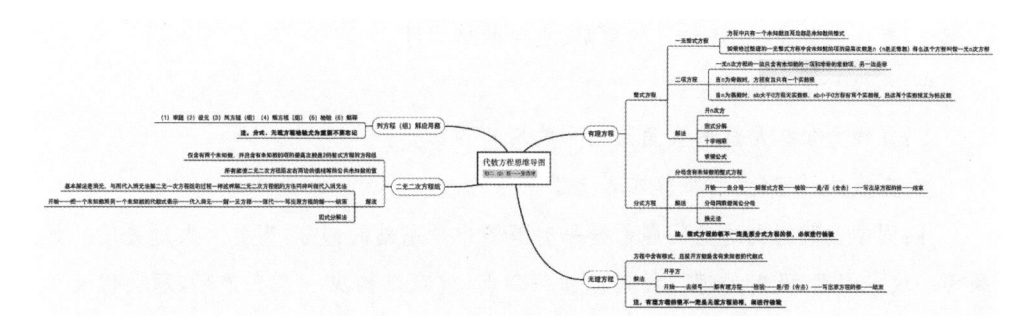

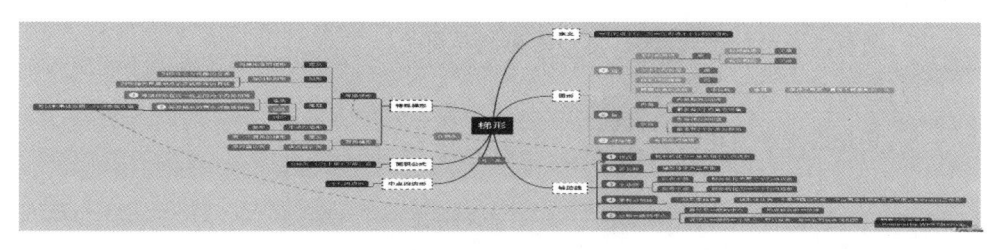

图 22　利用思维导图建立知识体系

(二) 精选例题,构建知识体系,提高学生的思维能力

教师要充分考虑学生的学习水平和能力,潜心研究、认真思考,运用行之有效的教学手段和方法,使学生能够掌握数学基础知识,提高学生的学习能力。在例题的设

计方面要有针对性和目的性。在八年级学生学完一次函数和四边形的内容之后,进行了阶段性的复习,我定的主题是"两点的联想",题目非常简单。

例题:如图,在平面直角坐标系中已知点 $A(1,4)$、$B(2,2)$,点 O 为坐标原点.

师:根据图形,你可以联想到什么?

生:两个点的距离。

师:如何求?

生:距离公式。

师:还能联想到什么问题?

生:两个点所在直线的解析式。

生:直线的截距、直线经过的象限、直线的增减性。

生:直线与坐标轴的交点。

生:直线与坐标形成的直角三角形的周长和面积。

生:直线的平移(左右平移或者上下平移)。

师:同学们联想到这些问题都是平时解题中最基础的部分,需要人人过关的。如果哪一块有问题,及时处理。如果再加一个点,就可以构成一个三角形,那么你又可以联想到什么问题?

生:判断三角形的形状,求三角形的面积和周长。

师:三角形面积如何求?

生:直接求或者间接求。

师:间接求怎样求?

生:割补法。

师:割或者补的目的是构造可以直接计算面积的三角形或者梯形或者矩形,添加的线最好是水平的或者竖直的。具体操作就是过某个点向 x 轴或者 y 轴作垂线。添加辅助线以后会出现一些共高的三角形,这些三角形的面积之比就等于底边之比。

问题的延伸(共高或者共底的三角形问题):加入一个点就会有新的问题产生,利用共底的三角形的面积相等,求三角形第三个点的坐标。

例如：(1) 点 Q 在平面直角坐标系中，且满足 $S_{\triangle ABQ}=S_{\triangle ABO}$，求点 Q 的轨迹。

(2) 若点 Q 在坐标轴上，且满足 $S_{\triangle ABQ}=S_{\triangle ABO}$，求点 Q 的坐标。

(3) 若点 Q 在直线 $y=x-2$ 上，且满足 $S_{\triangle ABQ}=S_{\triangle ABO}$，求点 Q 的坐标。

这是一节课的内容，但是问题还可以延续，通过补充条件就会出现新的相关的知识，就会将重要的知识点和典型的题型展示给学生。由此不仅知道了图形如何组成，也利于学生分解图形，将难的问题分解开来逐个解决。后面又进行了联想：比如出现了新的直线 $y=x-2$ 又可以出现什么问题？

(1) 直线 $y=x-2$ 与直线 AB 的交点。

(2) 两条直线与 x 轴或者 y 轴以及坐标轴围成图形的周长和面积。

(3) 已知直线 AB 与直线 $y=x-2$ 分别与 y 轴相交于 D、E 两点，在直线 $y=x-2$ 上找一点 G，使 $\triangle DEG$ 为直角三角形。

(4) 在 x 轴上找一点 P，使 $\triangle DEP$ 为等腰三角形。

……

这些是和三角形相关的题目，还可以构造和四边形相关的知识。

(1) 直线 AB 与 x 轴相交于点 C，在平面直角系中求作点 N，使点 O、B、C、N 四点构成平行四边形。

(2) 在 y 轴上是否存在一点 T，使得四边形 $OBAT$ 为梯形？如存在，求出 T 的坐标；如不存在，说明理由。

(3) 在 y 轴上是否存在一点 T，使得四边形 $OBAT$ 为等腰梯形？如存在，求出 T 的坐标；如不存在，说明理由。

这样的联想式设计，会让学生明白自己在学习什么知识，知识是如何运用的，容易观察题目的意图，对于学生的学习是非常有效的，同时也激活了学生的主动思维能力，知道如何去研究问题，思考的方向也比较明确，同时掌握了一类题的思考模式。

(三) 关注课堂中的生成资源，提高教学的有效性

数学教学既需要课前预设，也需要捕捉课堂中的生成资源，使"生成"成为丰富数

学教学、促进学生个性发展的课程资源,成为师生生命体对话的过程,其价值远远高于预设。为此,抓课堂的生成资源要成为我们处理教学的一种技能、一种智慧。

[教学案例] 在八年级下册 20.2(2)一次函数的图形一节教学中出现了教师预设外的情况:两条直线互相平行,一条直线经过怎样的平行得到另一条直线?学生中出现了不同的解释。

例题:在同一直角坐标系中画出直线 $y=-\frac{1}{2}x+2$ 与直线 $y=-\frac{1}{2}x$,并回答直线 $y=-\frac{1}{2}x+2$ 由直线 $y=-\frac{1}{2}x$ 如何运动得到。多数学生的回答都是后者向上平移两个单位得到前者。当我正准备汇总知识点直线 $y=kx+b$,如何由直线 $y=kx$ 平移得到时,同学甲提出,直线 $y=-\frac{1}{2}x$ 向右平移也能得到直线 $y=-\frac{1}{2}x+2$。他的意见遭到同学们的质疑。甲同学说直线 $y=-\frac{1}{2}x$ 向右平移 4 个单位会和直线 $y=-\frac{1}{2}x+2$ 重合。他的回答引起了其他同学的思考,赞同他的人越来越多,最后大家赞同了他,但也在等待我的最后定夺。

我微笑着,用肯定和赞赏的眼神看着甲同学,说:"你很棒,你表达了自己的想法,而且还表达清楚了自己的想法,你开发了自己的思维,真的很好。"

直线 $y=-\frac{1}{2}x$ 通过向上平移或者向右平移都能得到直线 $y=-\frac{1}{2}x+2$,这时我又要求同学在同一个坐标系中画出直线 $y=-\frac{1}{2}x-2$,将班级同学一分为二,要求分别通过左右平移或者上下平移来表达直线 $y=-\frac{1}{2}x$ 平移几个单位得到直线 $y=-\frac{1}{2}x-2$,同学们都能较快地回答出来,生成结论:两条平行的直线,其中一条直线经过左右平移或者上下平移得出另一条直线。

我再一次提出问题:直线 $y=0.32x-2$ 如何由直线 $y=0.32x$ 平移得到?选择上下平移的学生很快得出了答案;选择左右平移的学生还在画图,或者计算着,得出结果还有不少错误的。我接着问:既然这两种平移方法都能达到目的,哪种表达更直接、更简单？经过学生的实际操作，自然是上下平移，此时书上的结论呼之欲出。

这时我提出问题：对于两条平行的直线，为什么上下平移容易表达？学生回答：就是截距的变化，一条直线 $y=kx+b$ 中有两个常数，k 是斜率，平行直线斜率不变，b 是在 y 轴上的截距，所以上下平移就是截距的变化。

再问直线 $y=kx+b$ 如何由直线 $y=kx$ 平移得到，学生就很容易得出书上的结论。同时要求学生比较方法，选择最优的方法。最优的方法简单明了，更易被人们接受，所以才成为规律。

教学过程中，教与学双方会有各种信息的相互传递、互相交流和相互作用。教师只有在教学过程中及时抓住有利时机，迅速有效地处理来自学生的各种反馈信息，调节自己原定的一些想法、做法，才能更有针对性地指导学生的学习，促使学生自主、有效地学习。所以在课堂上教师要鼓励学生多发言、多交流，在学生回答的时候教师必须用心听，及时捕捉和充分肯定学生的思维创作。另外，教师可组织学生从"正方""反方"进行辩论，让学生在辩论中掌握正确的知识，这样的教学才能让数学课堂更有趣、更有效。

三、结语

弗莱登塔尔曾经说："学一个活动最好的方法是做。"学生的学习只有通过自身的探究活动才可能是有效的，有效的数学学习过程不能单纯地依赖模仿与记忆。构建主义学习理论认为，学习不是一个被动吸引、反复练习和强化记忆的过程，而是一个以学生已有知识和经验为基础，通过个体与环境的相互作用主动构建意义的过程。创造性教学表现为，教师不在于把知识的结构告诉学生，而在于引导学生探究结论，在于帮助学生在走向结论的过程中发现问题、探索规律；教师应引导学生主动地从事观察、实验、猜测、验证、推理与合作交流等数学活动，从而使学生形成自己对数学知识的理解和有效的学习策略。因此，在课堂教学中，教师应该让学生探索事物的数量关系、变化规律的过程。

总而言之，在初中数学课堂教学中，教师要在新课程理念的指引下，认真将教学内容和实践相结合，不断探索，积累有效的教学策略，运用合理有效的教学方法进行及时、有效的教学反思。只有这样，才能让学生主动积极地参与到课堂教学活动中来，提高初中数学教学的有效性，显著提高教学质量。

整本书自主阅读为学生积淀人文底蕴

——以《骆驼祥子》整本书阅读为例

钱小燕

人文情怀是指人的内在素质和文化底蕴。语文教学的重要内容,需要培养学生的人文情怀,提升学生的人文素养,形成健康的审美情趣。培养学生的人文情怀,提升人文素养,已经非常明显地体现在语文教材的编写意图中,新教材中最显著的变化是增加了"整本书阅读"。一书一世界,整本书阅读精选的经典书目,区别于单篇文章散点式、拼接式的阅读。通过稳定而完整地阅读,学生可以培养阅读兴趣和思维能力,在阅读中更充分地感受人文之美。通过整本书阅读,扩容经典阅读,重视经典阅读,既为语文教师提供了极大的支持,也给语文教学带来了巨大的挑战。怎样调动学生阅读整本书的兴趣?怎样让学生克服作品时代、内容、主题等方面的隔阂自主地品读出经典作品文学的"滋味"?怎样指导学生阅读才更有效?怎样让学生从距离生活较远的经典著作中汲取人文的力量?为此,我以《骆驼祥子》为例,谈谈整本书阅读如何突破难点,在一定的原则和活动中让学生走进阅读,感受经典著作中的人文情怀。

老舍的经典著作《骆驼祥子》入选中学生必读篇目主要在于,其主题适合初中生,人物塑造形象鲜明,描写了一个人力车夫从年轻好强充满活力,在经历三起三落的人生后,走向颓废。通过一个底层劳动者的人生波折来反映时代的特点,展现二十世纪二三十年代的社会特点。但是由于时代完全不同,距离现代生活比较遥远,要让学生认真阅读,走心阅读,沉浸到小说中去,读懂人物,挖掘人物悲剧的根据,体会到小说的主旨,还是有一定的难度的。如何分解难度,拉近时代的距离感,让学生融入其中,感受到作品的人文魅力,我在引导学生阅读的过程中,尝试这样做:

第一,整本书阅读的过程以"由浅到深"渐进阅读为原则,让学生在"整体—局部—整体"的阅读体验中,经历"不求甚解""细品慢读""整理回顾"的过程。这样的过程使学生阅读渐入佳境,在反复阅读的引导中让学生品读出经典的味道。

阅读的第一阶段为"速读",让学生在一周的时间内完成《骆驼祥子》的阅读。读的过程中教师不进行点拨,让学生在不受干扰的情况下速读完成。这样的目的是让学生在一气呵成的整体阅读后,了解故事人物、故事梗概,构建小说的故事框架。整本书读完后,通过一定的活动形式进行交流分享。学生的阅读理解不同,读完后的感受不同,在分享中对小说的理解达成一种基本的共识。

阅读的第二阶段为"品读",让学生以一天一章的速读完成《骆驼祥子》的二次阅读,读的过程中教师介入指导,带着问题阅读,事先教师设计问题,学生每读完一章,第二天抽出一点时间师生围绕问题进行点评研读。

阅读第三阶段为"享读",在前两个阶段阅读的基础上进行回顾整理,尤其是将第二阶段的细读化零为整,串联小说的发展脉络,深度挖掘,将原先理解不到位的内容再一次细品消化,再回过头来研究小说中的人物、故事情节、提出对某一问题或细节的看法,加深对文章主旨的理解,感受到深入阅读小说后的乐趣,体会作品余味。

第二,整本书阅读的过程以"自主活动"方案设计来进行串联,消除初中阶段学生对距自己时代比较远的文学作品的隔阂,教师在活动中增加趣味元素,让阅读的过程变得轻松无压力。

第一阶段为"速读",进行了如下活动设计:

(1)利用一周的时间以较快的速读通读《骆驼祥子》。读完后请设计一份阅读小报。小报需要具备的信息有本书作者、写作背景、故事梗概、读后感悟等。第二周对设计的小报进行评选。还可以进行一次海报设计,将《骆驼祥子》改编成一部影片,请为影片设计海报。需要具备小报的要素,并且海报上要为影片设计亮眼的广告语。以上设计可以二选一。

(2)随手进行圈点勾画,可以依据自己的习惯在重点或关键语句、精彩语句处以及有疑问、有感触的地方做出不同的标记。

(3)为了了解人物经历和命运走向,为祥子制作人物卡片,同时为祥子绘制命运轨迹图。通过梳理小说中祥子的主要经历,尤其要关注发生在人生转折点的事件是如何呈现祥子的主要经历和命运走向的。通过绘制线条的方式体现祥子命运的起落。

第一阶段,运用浅层阅读的方法了解人物,重在激发学生的阅读兴趣,任务布置宜简单富有趣味,注重视觉感受和粗浅的内心感受。一周后,安排一次读书分享会,展示海报、小报、人物命运轨迹图、小说的阅读感悟。主要目的是对《骆驼祥子》有整体性的阅读感悟,引导学生关注小说中的人物和发生在人物身上的故事情节。通过同学们自己设计的海报、小报进行介绍,对于阅读中印象最深刻、自认为最感兴趣的人物或情节进行分析,分享过程中同学自由点评。至于本阶段的活动设计,许多同学会更关注小报、海报的画面,同时对于感兴趣的人物或情节可以互相进行补充,一般同学会较多地将关注点聚焦在主要人物祥子身上。在讨论中,学生应梳理出和祥子相关的其他人物、他们和祥子之间的关系,以及对于祥子命运的影响,从而将同学们比较单一的轨迹图进行完善。

第二阶段为"细读",进行如下活动设计:

在第一阶段的分享和讨论的基础上,教师提出第二阶段的任务要求,学生开始重新细读《骆驼祥子》。根据第一次的阅读体验以及阅读分享中学生对感兴趣的情节的探讨,组成阅读小组。以探究阅读专题的方式,激发学生深入思考,引导学生产生阅读专题。主要目的是通过进一步的精读来挖掘小说的特色和创作意图。就此,我们形成了以下专题:探究祥子悲剧的根源并说明依据;影响祥子命运的人物有哪些,请探究这些与祥子相关的人物的特点和意图;探究作者对祥子命运的情感态度;探究小说中体现的语言特色等。本阶段的探究内容需要在第一阶段的基础上有所深入,侧重于让学生对人间百态有一定的感受和思考,找到主要人物和其他人物之间的关联,思考人物和社会之间的关联,初步感受创作者的情感。

在回忆第一阶段阅读章节内容的基础上,教师建议学生针对感兴趣的探究内容选取相关章节进行精读。学生在读的过程中采用圈点批注法,对于精彩的内容进行一定的摘抄并进行一定创作性的点评。为避免泛泛而谈,我们组建了专题性的学习小组,让学生的阅读更有针对性,更好地抓住学生感兴趣的点,通过小组互动来推动学生阅读的主动性。

随着阅读的推进,许多同学的思考逐步深入,开始对人物和情节更有话可说,比如某一小组探究祥子的悲剧的根源,他们在共读第 22 章的时候,各阅读小组进行了如下的点评和思考:

A同学：原文中写道,可以投奔的,可依靠的人,在他心中,只有两个。打算努力自取,他得去找这两个——小福子与曹先生。

评论:这两个人,一个也是如祥子一样的苦人——小福子。祥子去找她,其实更多的是要帮助她。因此当他知道她去世后,不仅觉得没法过下去,而且对于她的死十分愧疚;另一个曹先生在祥子心中是"圣人"一样的存在,祥子觉得只要依靠他出的主意,必能成功。然而曹先生其实没有他想的那么优秀,只是相对来说,曹先生一家对待他这样的人好,只因为社会的黑暗,祥子没见过比曹先生更好的人。

B同学：原文中写道,他不会和别人谈心,因为他的话都是血做的,窝在心灵的深处。

评论:祥子的处境十分艰苦,他的经历是多么坎坷,欲自强却四处碰壁,经历了多少打击。一般来说,祥子把自己的回忆压在心的深处,绝不会拿出来告诉别人。首先他不信任别人;其次这些回忆都是血做的,他一提起就能回忆起那些惨痛的经历。而他是一个要强的人,所以不愿去回想,这样的一个毫无人性的社会是能逼死人的。

C同学：原文中写道,祥子改了,难道老天爷还不保佑吗?

评论:这还真不一定。祥子想要上进,但在当时的社会,不是我想上进就能成功的,他是受压迫的底层劳动人民,在当时既病态又战乱的社会中,是不可能凭自己"混好"的。"老天爷"若是想保佑他,他就不可能永远是穷人了。原先这样一个勤劳的人放在现在的社会中也能过上富足的生活。这句话在后文看来,是多么具有讽刺意味的一句话,更加凸显出祥子喊天天不应、叫地地不答的艰难处境。

D同学：原文中写道,祥子忘了是往哪里走呢。他昂着头,双手紧紧握住车把,眼放着光,迈着大步往前走,只顾得走,不管方向与目的地。

评论:传神的描写,写出了祥子的坚定、祥子的执着,通过他的双手、眼睛以及有力的步伐,写出了祥子强大的信念。这样一个人怎么会被摧毁的,因为什么而被摧毁呢?

……

通过一组同学的阅读体会,我们不难看出,小组同学围绕着自己感兴趣的探究主题,对于文学作品的创作进行了一定的探究、思考和碰撞,对于作品中的人物的情感产生了共鸣,形成了一种精神活动,进行了一定的再创作。可见,精读过程中建立的以自主探究为原则的共读小组,对于学生深入阅读具有较好的促进作用。

第三阶段"享读",进行如下活动设计:

在第二阶段细读的基础上,围绕小组选定的阅读专题,进行梳理回顾。以学习小组为单位,分工完成一次成果展示。大家分工合作,展示方式可以多种多样。同时以小组为单位根据两个阶段的阅读给祥子写小传,可以针对感兴趣的情节,排演一个小话剧。

此过程的目的主要是让学生由整体到局部,再回归整体,构建整体性阅读的思维方式,同时通过设计小组合作写小传、排小话剧等活动任务,在分享中享受深入阅读后的深度思考、碰撞,并展现成果,在分享中再一次形成阅读的热点。写小传要求基于阅读的客观梳理,排演小话剧需要对阅读进行加工,展开一定的联系、想象,需要对情节做一定的补充,这样的话是能激发学生的兴趣的。同时,学生在小组性的活动中可以体验合作式学习妙处,其自主探究的兴趣也可再一次得到激发。

通过几个阶段的阅读,学生对于《骆驼祥子》中祥子的命运、悲剧的根源有了较全面的认识和思考,将祥子的命运跟社会联系起来,对于作者小说创作的背景和意图等又有了一定的思考。贯穿其中的阅读活动设计,让学生阅读这样的小说尽量摆脱沉闷,更切中学生的年龄特点,让学生在来来回回的阅读中增加了浸润式的体验。这样的一个过程的阅读必然不是浮光掠影式的浅层阅读。

整本书阅读作为语文新教材改革的重头戏,确实需要语文教师对于学生阅读进行有策略的引导,对于初中低年段的学生来说更是如此。设计自主阅读的活动方案,让学生自主参与其中,无疑能提升学生阅读的效果,增强学生对于文学的审美能力,在不断品读中才能让学生充分阅读,实现拓展知识、丰富人文素养、提升语言素养、优化思维结构、发展想象能力。而这一切,都在为青少年积淀人文素养做充足的准备。

"情境"引"探究" "探究"促"自主"

——初三化学课堂情境创设的案例分析及启发

王 瑛

一、

核心素养培育背景下的课堂是以生为本、以学为本,为学生的知识构建提供适合的条件,让不同层次的学生主动参与课堂学习,让学生在学习活动中有问题意识,提高学习兴趣,增强自主学习能力,最终实现自身发展。

传统"填鸭式"的教学方式已经不能满足现代课堂教学的需要。现代课堂不仅是学生学习知识、进行知识构建的场所,更是逐渐渗透学习知识迁移和应用的一方沃土。情境教学就是进行知识应用的有效手段和方法。在情境教学中,教师更新了教育理念。对学生来说,创设的情境是和化学知识息息相关的,又一定是来源于现实生活或已有经验的,同时也是符合学生已有的知识结构和认知水平的,所以能充分激发学生的学习兴趣和热情,从而使融于情境中的化学知识更易被学生理解、掌握、吸收和运用。情境教学让知识的应用不再是纸上谈兵,学生解决实际问题的能力也会有所提高。情境教学的形式多样化,使其表现方式更加生动、形象,有利于学生将抽象知识形象化,提高学生的自主探究的学习能力。

二、

结合初三化学"溶液的溶质质量分数"一课,谈谈在课堂上如何巧设情境,激发学生探究欲望,提高学生学习兴趣,进而引发学生自主学习。

（一）案例描述

1. 导入环节

师：展示 3 杯不同浓度的红糖水以及 3 杯不同浓度的白糖水，分别问哪个浓度最大，可以运用哪些方法知道？

生：红糖水看颜色，白糖水喝一下。

师：无色溶液不能根据溶液颜色来判断溶液的浓稀，而且溶液的"浓""稀"只是表示溶液浓度一种粗略的方法。在工农业、医疗、科学实验中，往往要精确地知道一定量溶液中所含溶质的质量，例如用来选种的食盐水 16%、生理盐水 0.9% 等。

2. 新授环节

师：实验将一杯红糖水三等分，并往其中两杯分别加入红糖和水。此时这三杯红糖水的浓度哪个最大，哪个最小？

生：回答浓度大小。

师：影响溶质质量分数的因素有哪些？

生：溶质质量和溶剂质量。

3. 讨论分析环节

师：人们经过长期的实验发现，用 16% 的食盐水最合适。使用以下物质，如食盐、蒸馏水、20% 的食盐水、10% 的食盐水，有哪些方法（粗略）能配制出 16% 的食盐水？

生：①蔗糖和水；②20% 的食盐水中加水；③10% 的食盐水中加食盐；④20% 的食盐水和 10% 的食盐水；⑤蒸发 10% 的食盐水……

4. 归纳提炼和巩固练习环节

生：【完成计算题】配制溶质质量分数为 20%，盐酸溶液 100 克，需要市售 37% 浓盐酸溶液多少克？体积为多少毫升？

```
        盐  酸      化学纯(CP)
                (500 mL)
品名：盐酸
化学式：HCl      相对分子质量：36.5
密度：1.19 g/cm³  质量分数：37%
```

图 23

(二) 案例分析

在本节课的导入部分,联系生活,创设情境。通过有色溶液和无色溶液判断溶液浓度的方法不同,引发对已有知识的冲突,从而激发学生的学习兴趣。另外,学生直观感受溶液浓度,联系实际生活,体会浓度在生活、农业以及医疗方面的重要性。现实生活中处处有化学,找到化学与生活的衔接点,捕捉其中的化学现象,创设化学学习情境。教师在新授课时,从学生平时能感知的现象切入,在具体形象的感知中走进新知,消除对新知的陌生感和畏惧感,为新授课的探究过程做思想上的铺垫和准备。

在构建质量分数概念环节,教师利用"红糖水"这一生活中常见学生熟悉的溶液作为探究素材,利用往其中继续加水以及加红糖的实验情境,呈现溶液颜色深浅的直观变化,有效刺激了学生的感官认识,丰富了其感性认识。常见的生活情境为探究新知铺设捷径,逐渐促进理性认识的转化和升华,最终获得知识,自主构建概念。

讨论环节以联系生活和知识的应用为目的创设情境,学生探究配制16%的食盐水有多种方法。从日常生活出发,学生选择了生活中的鲜活素材。情境取材于生活,同时其广泛的实用性也让学生体会了化学和生活息息相关,激发了学生的学习热情,最终让探究变得水到渠成。

在巩固溶液稀释的计算环节,教师设置了计算题,利用教材中的已有素材进行情境素材的挖掘和积累。该例题的来源是教材第 93 页上的一张有关市售浓盐酸的标签图。教师充分利用该图片,并围绕图片组织学生展开对相关问题的讨论,通过对溶液标签的解读,培养学生自主获取有用信息、处理信息的能力。

(三) 反思:用"情境"引"探究" 借"探究"促"自主"

1. 利用情境教学促进学生探究能力的发展

学习情境与探究活动是融为一体的。生动有趣的学习情境,引导学生通过多种多样的探究活动,学习主题内容。适宜的学习情境还可以提供在活动中体验知识应用的机会,促进课内外知识的迁移和联系,让学生在生动的应用活动中理解所学的知识。总之,学生借助情境,并通过情境引发的探究活动解决问题、获得新知。学生的探究能力是在情境教学中获得并发展的。

2. 利用探究活动促进学生自主学习

学生在利用情境教学的探究活动中,激活各方面的知识。探究活动是学生积极主动获取知识、认识和解决问题的重要实践活动。在情境教学中,选取学生身边的生活事例、社会中的热点问题、学生熟悉或愿意关注的高新科技等素材创设学习情境,能有效激发学生的学习动机,引发学生学习兴趣,从而进一步促进学生自主参与探究过程。

(四)启示:初三化学情境中的教学策略

1. 利用教材,挖掘情境

教材是知识的载体,随着科学技术的日益发展,以及在新中考改革的背景下,在教材上有限的内容已不足以满足学生认知水平发展的需要。因此,教师要改变和完善教育观念,特别是要改变"捧着教材上课,照本宣科"的教学方式,要学会从教材中充分挖掘合适的情境,以帮助学生完成知识的构建。教材中的"图片""阅读""拓展"等都是能被充分挖掘情境教学的素材。这些内容往往图文并茂、形式活泼,深受学生喜爱,还可以充分利用教材上"探究与实践"中的小实验发现可用素材。

例如,在学习物质变化,教材中有先请学生判断是化学研究范畴,还是物理学研究对象,还是生物学研究对象?其中就有5幅图片,如图24所示。

a

b

　　　　　　　　　　c　　　　　　　　　　　d　　　　　　　　　　　e

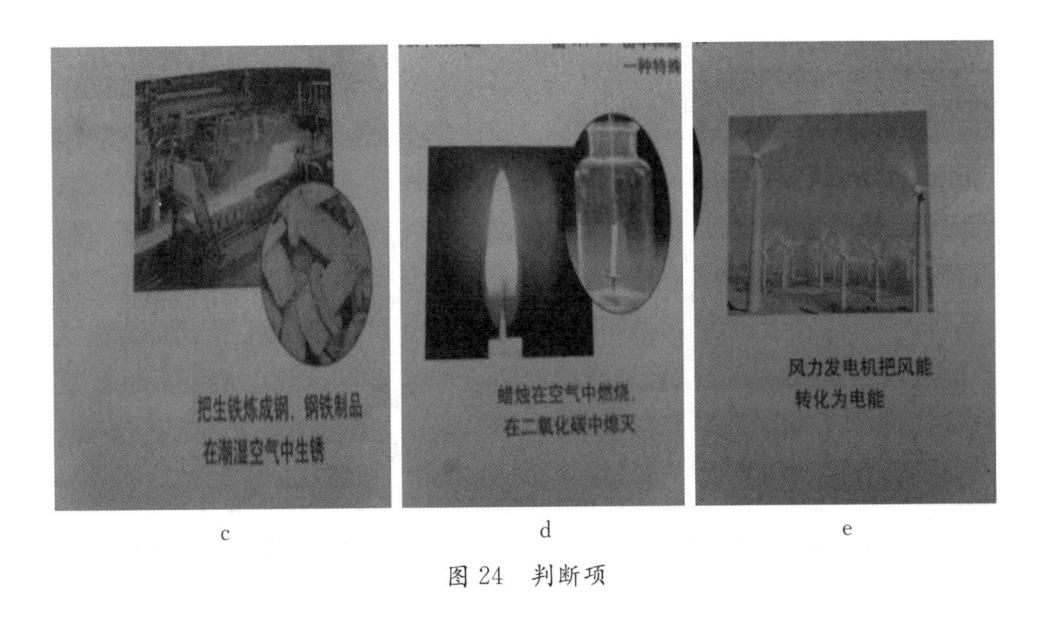

　　　　　　　　　　　　　　　图 24　判断项

　　我们这时就可以利用其中图片 d 是蜡烛燃烧的图片作为情境教学的素材,顺势提问蜡烛燃烧究竟生成什么物质呢? 于是展开蜡烛燃烧的生成物的探究实验。

2. 借助实验,巧设情境

　　学生的心里都藏着一个小小"柯南",对充满神秘感的东西都有刨根问底的欲望,因而教师要通过有趣的实验,激发学生的学习兴趣。从心理学的角度来说,学习兴趣是一个倾向于认识、研究获得某种知识的心理特征,是可以推动人们求知的一种内在力量。学生愿意学,迫切想要学,而且化学实验现象直观,具有较大感官上的冲击力,有助于加深学生对化学原理和知识的理解与思考。因此,我们可以借助实验,巧设情境。

　　例如,在"酸和碱的组成和分类"一课中,在导入部分,我做了一个简单的"小猫现原形"实验巧设情境:先在一张白纸上用"无色"的氢氧化钠溶液画了一只小猫,然后往白纸上喷"无色"的酚酞溶液,结果一只"红色"的小猫咪出现了。学生对这只"红色"小猫充满着疑惑:红色小猫究竟是怎么来的呢? 我是否也能让"小猫现原形"呢? 于是我顺势展开有关常见酸和碱的初步认识的教学。可见,化学实验是神秘大自然中千奇百怪的变化在人们手中的再现,为学生提供了丰富、生动、鲜活而新奇的感性经验。情境导入部分的实验不仅可以帮助学生理解化学知识,增强观察能力和思维能力,更重要的是吸引学生的注意力,引发学生思考。

3. 联系生活,创设情境

自1661年波义耳发表了《怀疑的化学家》一文之后,在这3个多世纪里,化学科学得到了飞速的发展,同时也建立了一个庞大的概念体系。在促进学生理解概念时,教师必须着眼于学生能否进行课外延伸、联系生活,进行应用。并且核心素养培育背景下的初中化学教学也有了有效的转变,课堂教学逐渐从"讲、听、记、练"向"看、想、做、用"转变。如何提高学生对化学知识的应用能力,成了初中化学课堂教学的重要任务,所以要联系生活,让情境教学与生活、生产密切相关。这些内容为学生所熟悉,有亲切感,如果在其中发现新问题,就容易萌发解决问题的强烈欲望。教师要擅长从日常生活、实际出发,正确选择、利用生活中的鲜活素材,及时关注与化学有关的新闻事件,使学生感触生活与化学的紧密关系,应用与化学密切相关的能源、环境等作为化学情境素材,创设贴近生活的情境,使学习最大限度地贴近生活,能够最大限度地调动和激发学生的求知欲。

例如,在学习单质碳的化学性质时,教师可以从钻石的广告语"钻石恒久远,一颗永流传"出发进行情境教学,引导学生不断联系生活经验来体会"常温下,单质碳化学性质稳定"这一化学性质。接着,我们从现代年轻人都爱吃的"烧烤"出发,总结"高温下,单质碳具有可燃性"这一性质;同时用冬季频发的煤气中毒事件这个情境,来强化碳单质在氧气足量和氧气不足量时,燃烧产物不同。

4. 追根溯源,设置情境

化学学科是几百年来科学家们在无数次的实验和实践中不断发展起来的,其背后是内容丰富而又精彩的化学史。我们可以追根溯源,借助化学史,借助其中的伟人事迹设置情境,进行情境教学,让学生感受严谨的科学态度和科学精神,感知丰富的科学探究思想和探究方法。

例如,在"质量守恒定律"这节课中,质量守恒定律是化学史上一个里程碑式的定律,是化学学科由定性研究逐渐转向定量研究的基础。该定律并不是几个实验验证一下就能轻松得出的,其有一个经历无数次验证的历史背景。因此设置情境,引导学生学生自行查阅资料,查找化学史上质量守恒定律的发现过程。

在探究空气中氧气体积分数时,为了了解该实验背后更深远的意义,知道该实验使人们对空气组成的认识由定性逐渐转向定量的一个过程,我们充分利用"拉瓦锡的钟罩实验"这个历史背景,设置情境,感受科学探究的过程。

生活皆"数" 宜"境"至动

——以初中数学情境创设激发活力为例

陆天依

秋天的校园,落叶纷纷,学生们跑去操场边上捡落叶,兴奋地拼凑出一些有趣的图案。遂使我想起毕达哥拉斯学派"万物皆数"的美喻。学生们对"数是万物的本原"的学说可能不甚了解。然而,大自然的天工造化还是无形中撬动了一个孩子的心,也打开了困惑我许久的教育难题。

在捡落叶的孩子中,我看到了他的身影,全神贯注地比对观察着手里的落叶,这是个对数学学习兴致缺失,对于图形学习又略显吃力的孩子。我不禁感慨他要是对数学学习也如此有兴趣就好了。我不禁反问自己,大自然馈赠与我们的美好事物,可以作为教学的切入点吗?是啊,万物皆数!

困惑与思考

我所执教的六年级,作为小学与初中学段的衔接年级,学生们正处于少年心理向青年心理的过渡期,他们的内心世界较丰富,更注重对事物的分析和主观感受。他们更乐于分享自己的生活体会和感受,缺乏一定程度的论证能力。他们时常会出现困难太多,难以调节情绪而失去进取的勇气。在数学学习方面,思维比较活跃,好奇心强,乐于探索。但在学习图形问题——圆与扇形的相关内容时会遇到一些困难,这是需要一定的空间想象力,但这一阶段对数学方法的渗透和逻辑思维的培养尤为关键,这使得我不免在教学中有些困惑。

著名教育家叶澜老师曾向教师的智慧与能力提出挑战:当学生精神不振时,你能否使他们振作?当学生过度兴奋时,你能否使他们归于平静?当学生茫无头绪时,你能否给予启迪,擦出思维的火花?你能否使学生在课堂上学会合作,感受和谐的欢愉、发现的惊喜？这些问题正是无形中启发我：我需要打造有活力的课堂，首先需要成为一个有活力的教师，这样才能成就有活力的学生。

对于"教育活力"一词，叶澜老师也曾做出解释：传统的课堂教学机械、沉闷和程式化，缺乏生气与乐趣，缺乏对智慧的挑战和对好奇心的刺激，使师生的生命力在课堂中得不到充分发挥，进而使教学本身也成为导致学生厌学、教师厌教的因素，连传统课堂教学视为最主要的认识性任务也不可能得到完全和有效的实现。为了改变上述状态，应从更高的层次——生命的层次，用动态生成的观念，重新全面地认识课堂教学，构建新的课堂教学观，它所期望的实践效应就是：让课堂焕发出生命的活力。

在我的理解中，教育活力是指教育要有生命力，要有生成性，更要有延续性。只有打造活力课堂，才能成就教育的活力。要想打造真正有活力的课堂，让学生成为课堂的主人，必须是教师的教学活力、学生的学习活力、教学过程的动态活力生成三者相辅相成。教学最重要的不是在课堂上教了多少，而是通过课堂学生愿意学多少，怎么学。激活课堂，那么首先可以将数学情境的创设作为一个有利的着手点。在教学中思考了这些后，基于六年级数学的情境教学，我展开实践，就如何实现有活力的教育进行研究。

一、生活皆"数" 取"境"通幽

毕达哥拉斯欣赏美丽的瓷砖，想到与数的关系，推导出勾股定理；费马研究掷骰子赌博的输赢规律，从而成为古典概率论的奠基人之一；《孙子算经》中，韩信利用数学知识点兵，不仅保住军事机密，又极为高效。除此之外，学以致用，学习是为了内化知识。数学源于生活，又要服务于生活，这才是应用数学的价值所在，可谓数以致用。现如今，按揭购房的数学分析、彩票中的数学问题、广告创造的效益价值、建筑工程中的问题、通信花费的计算等需要运用数学知识去解决。

其实，生活中处处是美，充满了源源不断的活力，数学的魅力往往蕴含其中。若是学生能将生活同数学相联系，呈现生活化的课堂。教学过程中选取适宜的情境，就能够激发思维，激发学习兴趣，同时使得重难点获得有效突破，就能达到"通幽"的目的。在学生动手操作的过程中，引导学生自主探究问题，去感受数学的美的同时，让学生真正活起来,定能打造自主高效、积极互动的活力课堂,为学生的思维注入不竭的活力,这大概就是我们一直在追求的教育的活力吧!

1. 取"境"

罗丹曾说过,生活中不是缺少美,而是缺少发现美的眼睛。从捡树叶拼凑时,我就发现学生正是美的观察者、欣赏着和发现者。对于教师而言,数学学科的学习是基于生活的,生活中充斥着可以取来用的情境。看到学生满脸笑意地拿着一片片落叶看我时,我忽然想到这同教材衔接的练习册中呈现的一个叶子形状的组合图形很像。这不就是一个很好的载体吗?历经观察、动手实践,不仅能激发学生的学习兴趣,还能培养学生自主探究解决问题,可谓一举两得。

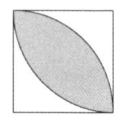

图 25

2. 借"境"

于是我布置了一项特别的作业,让学生用树叶拼一个美丽的图形,并尝试着去求它的面积。这项新奇的作业,学生的反响很热烈。第二天一早,学生就拿着自己的作品争先恐后地来给我看,七嘴八舌地说着是如何制作的,对于去求它们的面积也是喋喋不休。我看到这时孩子们的眼睛很亮,说话时充满了自信,我想这就是这个年龄段孩子该有的活力啊!我肯定了每位孩子认真的态度和富有创造力的品质,仔细查看了上交的作品,发现开头说的那个平时对数学学习不太"感冒"的孩子的作品,最符合我教学内容的作品(形似电扇叶的图形),于是我拍拍他的肩,告诉他今天我们就一起来研究他的作品。他的脸上有了很明显的喜悦之色。上课时,当我展示图形时,马上有学生就提出,他们家的灯上面也有这样的图案,这就让学生体会到了数学能和生活联系起来。接下来学生很容易将这个图形抽象成我们学习的几何图形。

图 26

本来这是一个比较复杂的数学问题,学生存在了畏难情绪的,因为这样的一个小插曲,给沉闷枯燥的几何问题注入活力,让他们更有兴趣去探索知识的内涵。

3. 用"境"

到了如何求这个组合图形面积的环节,我组织学生进行有效的课堂讨论,开展得如火如荼。到了展示环节,大家都跃跃欲试,一个个手举得很高。于是我就将课堂还给孩子们,让他们来当小老师,让他们走上讲台,把他们的方法讲给全班听并把大家讲懂。孩子们展示了解决这个数学问题的多种方法:

(1) 先求半片树叶的面积,再求整片树叶的面积

(2) 分割成两个半片树叶,再补成半圆(割补法)

(3) 树叶面积＝正方形面积－两个空白处面积

一个空白处的面积 ＝ 正方形的面积 － 扇形的面积

(4) 树叶面积＝两个扇形面积－正方形面积(叠合法)

这充分激活了他们的思维,最后共同总结归纳了求组合图形的面积的四种方法。学生在探究如何求形似一片叶子图形的过程中,也体会了转化的思想,在上黑板讲述方法的过程中,也训练了语言表达能力。同时,我在锻炼学生思维能力的过程中,考查学生对基础的面积公式的熟练运用。这节课上完后,我发现同学们互相交换自己拼的树叶图形考考对方,抽象成几何问题后再去求解,甚至还有学生回家后和爸爸妈妈一同研究去求灯上、地毯上的组合图形的面积。特别是在后续的练习中,我发现他们的思维得到了释放,解决问题的方法更具多样性,在课后也更乐于和同学们探讨交流。

4. 悟"境"

在我看来,本堂课在教学过程中是表现出生命力的,也展现了后续的可持续发展能力,这是我所理解的教育活力。我想这就要求教师做到教育思想活、教学机制活、教育方法活,以学生为主体,充分发挥学生的主观能动性,展现学生的学习活力,才能生成动态的教学过程,并且具有延续性。

陶行知先生曾提出过"生活教育"理论,他认为:"没有生活做中心的书本是死书本,没有生活做中心的教学是死教学。"就拿数学教学而言,数学源于生活又服务于生

活,生活中的情境可谓取之不尽、用之不竭。让学生感知数学与生活的联系,对于激发学生创新思维是非常有利的。这便使得教育充满活力。

在教学过程中,将日常生活元素结合数学知识进行普及,化抽象为具体,一方面可以改善课堂枯燥乏味现象,使课堂有活力,充满新鲜感,另一方面可以提高学生探究知识的兴趣,使学生能够更好地理解和吸收数学知识。巧用生活情境,加深联系,会激发学生主动探索知识的欲望,也在一定程度上体现了教育本身的可持续发展性。

提高数学生活化的策略我认为可以从四方面开展,一是教材内容与生活相联系,例如打折、利息问题等,二是实施因材施教策略,三是构建生活化情境带动学生学习积极性,四是布置生活化作业,从而加深对知识的记忆。

教学是不断学习、实践、反思和改进的过程,合理地取用生活情境是很有效的,在课堂中充分发挥学生的主体地位,激发他们的思维,从而使他们找出解决问题的途径和策略,成就有活力的学生,就能真正打造有活力的课堂。

二、宜"境"至动　融会贯通

"宜境"一词指的是将大量适合学生认知、知识点等的情境融入数学课堂。例如线段与角、长方体的学习借助于不同的生活物品,储蓄问题、盈亏问题、行程问题借助于不同的生活场景,方程、方程组、不等式的应用等问题借助于合理的生活情境,这些都使得原本枯燥的课堂变得生动,被动接受新知的学生变得主动思考,师生互动更有效,教学过程变得更为动态化,此谓"至动"。将适宜的情境融合于学科教学中,往往能产生意想不到的效果。

1. 选"境"

今年我在教授沪教版六年级第四章第三节的教材内容《圆的面积》时,对于情境教学的实践又有了新的尝试和感悟。本节课是在学生认识圆、圆的周长的已有知识的基础上进行学习的,学习难度不高,但十分重视对学生数学方法的培养。本堂课的教学目标:在具体的情境中,建立圆面积的概念,了解圆的面积的具体含义;通过操作、实验、探索导出圆的面积公式;掌握圆的面积公式,能运用公式进行简单计算;在操作实验中,体会化曲为直、无限逼近的数学思想。

但在学习这节课之前,我发现班级中一部分学生已经知道了圆的面积公式,能够知道半径去求解圆的面积,这样很容易消弱他们学习新知识的兴趣和热情,甚至对于数学方法的渗透发挥不了作用,一时间我有些苦恼。特别是我又想到数学公式繁多,如果他们只能做到一味地死记硬背,这样没有办法实现长久记忆,同时对于公式如何推导得出的过程也并不了解,往往很难发现知识点之间的联系,没有办法体现学习的延续性。

古话说:"授人以鱼不如授人以渔。"数学学科的教学是注重学生逻辑思维能力的培养,而并非是应试教育的产物。因此我一直思考该如何打造自主有效、积极互动的活力课堂。那就以这节课作为一个新尝试,六年级的孩子对于有趣的情境很感兴趣,对于探索数学问题有比较浓厚的兴趣,也很愿意跟随老师的引导,表达自己的观点。

2. 改"境"

本节课的引入,课本中呈现的是这样一个问题:一只小狗被它的主人用一根绳子拴在草地上,小狗能够活动的范围有多大?小狗能够活动的最大范围可以用以这根绳长为半径长的圆的面积来表示。这本身就是一个非常生活化的情境,学生是很容易理解的。但是该如何激发学生的学习兴趣呢?

课间,我去观察学生的课间休息情况时,发现有三两个孩子在读《西游记》,兴致勃勃的,还生动地在表演。了解下来才知道,目前正在提倡整本书阅读。《西游记》这样的经典读本也是蕴含了满满的活力。于是,我想可以合理地改编情境,与此结合,增强数学趣味。我将这节探索圆的面积的课包装成唐僧师徒四人取经之路。于是本节课通过设计情境问题进入新课,根据名著《西游记》导入,将小狗改成白龙马,提问能活动的范围有多大?当我一出示师徒四人的图片时,学生反响很热烈,很快就融入课堂,增加了学生对于探究新知识的积极性。

3. 创"境"

为了激发学生的学习兴趣以及增加课堂趣味性,我以"唐僧师徒四人取经"贯穿始终,让学生在欢乐中学习;为了及时掌握学生对知识点学习的情况,我设计了相关的课堂练习——西天取经闯关路,将教学重难点融入每一关的问题中,难度呈阶梯式展现给学生,让学生随堂完成,边闯关边巩固新知识,也能培养学生阅读文本的能力,提高审题能力。

趣味闯关:西天取经闯关路

第一关:镜显白骨精

唐僧被白骨精迷惑,悟空拿来直径为 20 cm 的照妖镜,同学们能算出它的面积吗? 只有算出来了,才能显示白骨精的真实容貌哦!

第二关:火烧八卦炉

孙悟空大闹天宫时,被困在太上老君的炼丹炉内,同学们只有计算出周长为 62.8 m 的圆形炉口的面积,才能解救大圣,加油啊!

第三关:智取雷音寺

师徒四人到达雷音寺,佛主笑问八戒:我坐下圆形莲台的面积是 4π 平方米,请问半径是多少米? 算对后才会给经书,小伙伴们快来帮帮他吧!

第四关:披萨换不换

取得真经后的师徒四人非常开心,唐僧决定去必胜客吃披萨,点了一个9寸(直径约为 30 厘米)的披萨,可是服务员说9寸的披萨卖完了,用两个6寸(直径约为 20 厘米)的披萨来替换行吗? 猪八戒一想,这下可赚了,马上同意了。同学们,你们认为呢?(结果保留 π)

这一环节的创作实现了创境造"境",将《西游记》这一经典中人物与发生的地点与关于圆面积的数学知识结合,设计出不同层次的闯关游戏,学生能够在欢乐的情境中循序渐进地掌握圆面积相关知识。

4. 活"境"

在这节课中,师生实现积极互动,通过精心创设的情境使教学内容有趣生动,营造了平等、和谐的课堂氛围,学生在这样的氛围中能充满活力,基本能达到最佳学习状态,在表达自己观点时能获得自信,思维更活跃,精力更充沛,更能集中注意力于所学内容。

初中情境教学对于数学这门实践性很强的学科至关重要,教师结合学生已有的知识和生活经验设计情境,让学生从熟悉的事物中学习,又能把学到的知识运用于解决生活中的实际问题,学会用数学的思想方法去观察和认识客观世界,促进学生科学的思维方式的发展。

就拿初中数学教学为例,在"勾股定理逆定理"的教学中,多媒体展示金字塔的塔基截面,应用直角知识,蕴含了古代文明的智慧;在"线段的大小比较"的教学中,从生活情境比身高过渡,引出叠合法;在学习"有理数乘方"时,让学生动手折叠报纸体会,借助拉面体会乘方的意义……

在教学中要想学生实现积极活力的学习行为,激发禀赋,点亮学生,就需要激发他们的思维,挖掘他们的潜力。在不断实践的过程中,确实需要我们掌握适当的方法来促进教学过程。

反思与感悟

创设生动形象的情境,让学生贴近生活,感悟数学的真谛,真正体验到数学的学习不是枯燥空洞、高深莫测的,而是实实在在发生在身边的。只有使学生真正认为学科学习一定程度上能帮助我们更好地生活,是极其有用的,才能真正激活他们的内驱力,达到长期的效果。要是能在学习中体会到数学的魅力,我想教育的生命力也就蕴含其中了,教育也将充满活力。

"成功的教育依赖于一种真诚的理解和信任的师生关系,依赖于一种和谐安全的课堂气氛。"新型的课堂教学模式必须是一种非常有效和主动的教学模式,有利于发展学生各方面的能力。因此,我们需要打破常规教学,建立一个多维的、真实的、开放的、充满活力的、师生积极互动的教学环境。

除了可以通过情境创设达到预设,抓牢学生的注意力,营造融洽、充满活力的课堂氛围,还有很多有效的教学技巧可以实施,值得我们去思考。可以通过层层深入的问题链进一步激发学生的探究欲,不断掀起课堂高潮,成就有活力的学生;也可以通过科学合理的学习单形成有效的沟通,辅助教师达成教学目标,让任务驱动下的学习变得更高效更具活力。

实现有活力的教育,这就需要执教者不断探索、不断前进。作为青年教师,这个时代有活力的年轻人,我们胸怀理想,志存高远,将致力于教育活力的研究,将培养"活"的学生作为己任。

激荡教育活水,启程生命修行

——我与学生共成长

方依琳

我从事语文教学刚满三年。这三年是我困惑的三年,也是成长极大的三年。在大学课程里,我虽已知"教学相长"的含义,但直到真正踏上语文教学道路,才对"教育"二字有了真切的认识:教师不仅是教者还是学者,只有当自己的专业功底更加扎实,教学方法有所改进,教师成长带领学生一起成长,才能使学生们充满活力,课堂充满热情,呈现源头活水。

一、问渠那得清如许,为有源头活水来

康德说过,"人只有通过教育才能成为人""人只有通过人,通过同样是受过教育的人,才能被教育"。读书是一场与先贤的对话。通过这场对话,我的思想仿佛接受了洗礼。我的专业成长都与读书有关。众所周知,教语文这门学科,如果没有文化底子是一件非常可怕的事。教学第一年,我深知要让自己变得厚实,必须沉下心来读书,构建自己的知识体系,对世界的个性有所认知,在讲授课文时才能用自己的文化储备吸引学生。当自己旁征博引给学生带来新体验,当学生眼睛中放着光芒时,我才真正感觉到读书的价值以及读书带给人的新生活力。

我在课堂上讲解文言文时,明显感觉到学生对文言文理解的无力、认识的浅薄,以至于课堂有些枯燥。同时,我的性格有些许内向,在课堂上光靠讲解课文确实不容易吸引学生。穷则思变,我开始思考如何解决这个问题。

当时,正值疫情防控期间,采用了网上授课,我在每篇文言文开始前专门抽一节课进行预习互动。10分钟,我和学生配乐共读教材中的文言文;再花10分钟,组织学生自主梳理课文内容,进而提出自己的疑问并记录;剩下20分钟,我给学生提供一

些学者的文章，帮助他们理解这篇文言文，让学生尝试去自我解答疑问。比如，在教授《庖丁解牛》这篇寓言式文言文时，我想要纠正学生对于成语"技艺高超"的误解，特地提供了3篇解读文章。在课堂结束前10分钟，我打开了4位举手的同学的麦克风，让他们在"线上"自由讨论，最后我引导一位同学进行总结。

在特殊时期，因地制宜，学生有充足的时间去阅读，我就要给足时间让他们积累、发问并解决问题。当我给学生营造了读书、积累、讨论的氛围时，他们的学习积极性明显提高了。

为师者，启蒙他人，更是要先受启蒙；教人者更要先掌握文化，否则岂不是以其昏昏使人昭昭？

我在备课时，一直围绕着以下几个问题进行思考。作者为什么要写这篇文章？他的写作背景是什么？这篇文章最值得教授学生的是什么？我能从这篇文章中升华出什么？在这些问题引导下，我广泛查阅资料。对文章有了深入理解后，我会产生强烈的表达欲望。只有登上讲台和学生进行交流，才能时常让课堂充满讨论、充满活力与欢声。

二、疏渠行活水，水鸣空院幽

我渐渐认识到，教书不是"教书"，教书先生应当在教育上下功夫，因为教育是为了改变人的状态，让人获得启蒙。在教一篇课文前，我会更加重视把课文内容放入文化的视野中，放入学生的知识架构中，思考其精神是否有益于学生的健康成长。

讲杜甫、李白的诗，先讲诗的精神灵魂，诗是诗人灵魂的艺术体现，由此进一步讲诗作，才能条理清晰，使学生感悟其精神，感受其艺术。讲《故都的秋》，先要明白季节是人内心发乎外的情感体现，念及家国情怀则四季皆可成文，不仅仅是秋色动人。讲《屈原列传》，要懂得时代之波诡云谲，把"以死明志"的大义凛然变成了"爽然自失"的喟然叹息。讲《小二黑结婚》，要使学生懂得时代风俗问题，二诸葛和三仙姑都是落后农民的代表，用此眼光读书，学生自得其乐。

同时，我在思考教育的本心是什么？这学期我们学习了易卜生的《玩偶之家》。此剧本中出现了海尔茂这样一个虚伪的男权主义者。但是在讨论其性格特点时，学生按照辅导书的答案胡乱应答，都是浮于表面，无法深入文本。我私下询问一个同学,为什么答不上人物形象?学生的回答是文章太长,无法细究人物语言。

于是,我想着先抛开课文,讲讲实际生活,正好这段时间我在另一个班上课前留了一项预习作业:最近,有个抛夫"自驾游"的女士——苏敏——"火"了!苏敏称,以往的生活大多数时候,她仿佛和丈夫生活在两个世界。除了自己的工作,她还要照顾丈夫和女儿,承担所有的家务劳动。经济上,每一笔账丈夫都要和她掰扯,一切 AA 制。除了她付出的家务劳动不算钱,一切都要算清楚。"自驾游"两个月来,苏敏说,美景慢慢治愈着她抑郁的心,心情好转,眼界也开阔了。对于更远的将来,苏敏回应称:等对老伴没有埋怨只有同情时,我可能会回去。通过这则新闻,苏敏给了你什么启示?你又是如何看待《玩偶之家》中的海尔茂,并说明原因。

收上来的思考题作业中,学生们都在指责苏敏的丈夫,述说她丈夫的自私和大男子主义。学生们通过现实案例,更能够深刻地感受到描写海尔茂带有男权主义的语句,比如:"(拉住她)你上哪儿去?""我没事了!娜拉,我没事了!""你在这儿很安全,我可以保护你,像保护一只从鹰爪底下救出来的小鸽子一样。"通过这个切合实际的生活例子,学生们在后续发言中能更快地组合起海尔茂的充满男权主义思想的语言,大家在述说海尔茂形象时,一个个形容词脱口而出,学生们的情绪高涨。最值得欣喜的一点是,学生们说出来的形容词不再是辅导书里的虚伪、自私、男权。取而代之的是新细节,比如"不要想这个丑恶的事情,不要想起死人"来引出海尔茂对朋友的冷酷无情。关注点不再是辅导书中丈夫和妻子的矛盾,而是朋友之间的情谊,更加突出海尔茂的自私、虚伪形象。

学生们抛开辅导书的束缚,关心真实的人际关系细节。说出来的细节不再是硬邦邦的,说出来的词语不再是冷冰冰的,我这里通过一个预习作业调动起了学生们的生活情感。这个预习作业也是我当时的一个灵感。我想让学生感受生活,同时也想到了"教育"两字中"育"的重要价值。我想着之后的教学,要着力在"育"上下功夫,多介绍有思想的文章和生活实例,让学生有温度、教学有亮光。

三、活水还须活火烹,自临钓石取深清

你见过钱塘江与大运河两股强大水流交汇后螺旋上升的形态吗?那种水漩潮涌

的状态令我至今难忘。这两股水流不正是教师和学生吗？课堂不是教师一个人的，而是同属于教师和学生的，只有两三股甚至多股思想的强烈碰撞才能有令人欣喜的结果。

在当时疫情网课期间，充当起主播的我，没有舞蹈，没有歌唱，自然没有礼物和鲜花，甚至不知道屏幕对面的学生是否在睡梦中听我絮絮叨叨地讲课。最头疼的一点就是，收上来的作业跟标准答案相似度极高，笔记的版本可谓"异曲同工"。当时的第一反应就是这些孩子可真令人头疼。但是又转念一想，在家里那种安逸的环境中，极容易让人产生"天高皇帝远"的舒适感，成人如此，何况十几岁的孩子？

知困而后求变，接下来的一周，我都在思考如何让学生自己"动"起来——动起来看书，动起来思考。我突然想起来，在大学时，教《教育论》的老师总喜欢让我们去操场大草坪，围成一个圈子，在默默地看完书本的某一章节后，进行自我讨论和分析，然后再组织每个小组进行感悟交流。当时的我们来自五湖四海，不同风格的老师上课状况和学生的做法、想法让我们或开怀大笑或哀伤沉默。就这样，我们班在半个学期不到，就在相互的指导、争辩中完成整本《教育论》的学习。老师没讲知识点吗？他讲了。我们没有体会到书本中的知识点吗？领悟到了，"定篇、文学素养、语感养成"等名词解释和内容我至今都难忘。

想到这些，这个模式可不可以运用到网课教学中去呢？答案当然是可以。经过必要的改良过程，最终确定了一个改良版网课教学模式：由学生自由组合小组，六人一组，每两天一篇课文，每组轮流讲授一篇课文。要求小组成员从文章研读、重点知识点确定、开麦讲授以及课件制作，都由该小组成员分工完成。讲授的学生可以随机开麦提问，正因为是学生讲授，许久未见，听见同学声音，学生们都很激动，讨论区极其热烈。正因为打破教师讲授的常规，碰到讲授同学有解读文本时的小问题，其他听课学生们会在讨论区积极留言指出，最后我再简单总结点评，一个小时过得很快也很充实。

为了让每位学生认真阅读文本，也为了让授课学生体悟到教授知识的重大责任，我会要求授课学生收齐其他学生对于文本的疑惑进行筛选整理，在授课时要进行答疑。每周五，我会进行一个周评，对本周讲授的小组进行点评。点评结束后，还有学生在讨论区发表意见，综合给出分数。当时网络上偶像选秀节目也进行得如火如荼，我照搬也弄了个海报,选了C位出道偶像,学生们的积极性又提高了。

通过这种以学生为主体的互动式教学,教师能激发出每个学生的潜能,引导他们的好奇心、求知欲、想象力、创新欲望和探索精神,让学生从中真切地体会到成就感与快乐,激发他们对于语文学习的兴趣。授课形式的转变,使学生们在学习过程中处于思考状态,引导学生思维碰撞,尤其注重学生提问和解惑,争取做到深入浅出,文章不枯燥,学习有趣味。

现在我们回到了学校,有时在备课中我碰到要介绍距离我们现代社会较远的人物,想着硬生生地让学生们看辅导书中的作家简介很无趣,而且不够深入,无法让学生感同身受。那应该怎么办呢?这时,我会去问问我的学生,他们是否知道这位人物的逸事?他们又是从何得知的?学生的回答给了我不少提示和灵感。

曾记得,教授恩格斯的《在马克思墓前的讲话》时,我苦恼于如何解释恩格斯与马克思的深厚情感:仅仅一个"友谊"就打发了吗?如何深入文本,让学生感同身受恩格斯的悲痛情愫呢?我将我的困惑告诉了学生。当天晚上,就有一个女生在社交软件里找我,发送了一个名为"领风者"的动漫。我一看才发现,动漫里的马克思、恩格斯高大帅气、俊朗,两人的友谊在时代背景烘托下更显真挚。我下载了一集切合课文的动画,在课堂上播放。学生们都看得津津有味,感叹他俩的友谊!看完这一集,再让学生们阅读课文,学生们对找到的句子和词语解析得更深刻了,主题总结也很顺利。学生懂学生,教师懂教材,两者一结合,就有着不可思议的"化学反应"。

教师在教学中绞尽脑汁与学生打成一片,让他们吸收知识。教师要像朋友一样关心学生的思想道德,还要有意培养学生的文化素养;多借订正作业、背书等时机,与学生交谈,重视给学生营造"平等感",鼓励学生每一次的参与活动,倾听学生的每一句话。我觉得,教师要想到"学生与你一样有能力",教师对待学生的态度会影响学生学习的态度。这种信任感和认同感对于学生而言是非常重要的。

曾有专家说过,"讨论问题时,老师应成为学生的'挚友'或'兄长',担负力所能及的'有限'责任,双方都服从真理而不是身份"。教师在倾听、引导、教授学生的同时,对于自身而言,又何尝不是一种打开新思路的学习?我相信每位教师在课堂上与学生互动时,学生问的问题,有时也能为教师提供新的角度与新的研究方向,而单单靠教师自己,是不容易获得这种启示的。因此,在一定程度上,教师与学生是一起成长、共学共进的。这是一个教师亲力亲为的改变过程,过程的繁杂更能体现结果的美好。

四、积小流而成江海

3年的教学经历中,我逐渐从教材的演绎者蜕变成以学生为本的实践者,在和学生的相处、和教材的磨合中,我深刻意识到以文求道、以文育人的重要性。

古人语:"经师易得,人师难求。"这句话我同意一半,其实,经师也不易得。教师和学生都是学习者,只是到达知识彼岸的时间有早晚,年龄、地位并不是代表了教学智慧。我时刻鞭策着自己汲取专家们给予的营养,提醒着自己教育是一个灵魂和另一个灵魂的对话,是一个灵魂对另一个灵魂的熏陶。为师者,多一分知识,多一分谦恭,为生者就会多一分力量,多一分精进。

有句话让我印象深刻:"宽度、温度与深度,构成语文教学的鼎立三足。"在教学中,每节课的内容取舍、有效问题的生成、情境的创设、学生的思维活动,都体现着教师的教学智慧。学生促进教师成长,教师培养学生成才。学校教育给学生阳光和雨水,但不要求他们长得一样高大,让小麦长成小麦,让小草长成小草,按照他们的自然规律自在成长,绿满天涯、活力四射便是最好的结果,不管是教师还是学生成为更好的自己,就是最澄澈的那片江海。

为师者要无限相信学生的理解力和创造力。课堂,教会学生能力,让学生自己将课堂打造得活力四射,学生有了自主独立的生命感悟,才会有灵魂的润泽和丰盈,这样的课堂才是活力的课堂。

作为教师,自己须精进努力,勤耕不辍,不断积聚"小流",我相信终将会汇聚成波涛汹涌的"江海",尽力完善"教育"之道,才能呈现源头活水。

我是活力课堂的"变身人"

——以一节初中数学公开课为例

孙 婧

提到"活力课堂",很多人的第一反应就是把课堂的主导权交给学生,让课堂活跃起来。到底什么是"活力课堂"?"活力课堂"的原点在哪里?"活力课堂"的终极目标是什么?

通过学习和实践,我慢慢地对"活力课堂"有了初步的认识和感悟:我们不仅仅要把学习的主动权交给学生,更重要的是要把学生视作"活"的生命体,是活生生的,有喜怒哀乐,有好奇心,有求知欲,更需要肯定和鼓励。要营造开放的自主学习的氛围,教师应不失时机地点拨,学生在自我学习活动中打造属于自身的学习力。"活力课堂"的终极目标,是让学生保持长久的活力,保持本色的活力不丢失,并焕发出新的生命力。教师是与学生互生互动的"活"的生命体,在活力课堂中不断地改变角色,不断地激发课堂活力,让学生爱想、爱说、爱动,保持长久的学习活力。

作为青年教师,我有幸参加了我校组织的"同听一堂课"活动。我选择的上课内容是"22.1 多边形内角和"。找到多边形内角和公式并运用其实不难,难的是多边形内角和公式的推导过程。为了使课堂充满活力,我进行了多次"变身"。

不知不觉,我成了"超人"

为了能上好这节公开课,我提前观摩了"空中课堂"的课。生怕学生课堂上回答不出问题,我将本节课的知识点整合、揉碎、再整合。第一次整合是为了自己更好地梳理知识点之间的关系;揉碎是为了降低知识点之间的跨度,铺设大量有效的"台阶",为学生掌握课堂知识做铺垫;再整合是为了让学生清楚知识点之间的内在联系,掌握知识的同时学会运用数学思想解决学习中的问题。

在课堂的前15分钟,通过类比三角形的相关概念,我设计了27个问题,其中5个问题与三角形有关,新课之前让学生回家复习过。自认为,降低了问题难度,学生对于我所提出的问题定了然于胸,必定积极举手,踊跃发言。课前,我做了充分的准备;课堂上,我讲得激情澎湃。可事实与我预计的有较大落差。起初,学生举手率确实与我预计的差不多。可随着时间的推移,多数学生渐渐没有了兴趣,虽然学习单上的笔记都记得十分详细,可回答问题却主要集中在某几个学生身上。尽管在这15分钟内,回答问题的正确率高达100%,看似师生一问一答,十分热闹,可主动答题的学生越来越少。从学生答题的正确率看,知识点掌握情况较理想。可课堂氛围较沉闷,个别学生有点昏昏欲睡了。我以为我上了一节"活力"课堂,可学生并没有参与到"活力"课堂中。

在我当"超人"期间,我将教学内容剖析透彻,上课充满激情,可学生除了回答特定问题,几乎没什么反应。到底是哪个环节出现了问题?本想着,我这个"大超人"带着一群"小超人们"在活力课堂中发光发热。可在我的"超人光环"之下,"小超人们"反而蔫了,他们对我所讲的知识不敢有质问,唯一能做的是把学习单填满。看似满满当当的小半节课,其实都是我在"赶着"学生前进。

为了营造活力课堂,我做了很多努力,可事实并没有朝我预计的方向发展。如果一节课我都保持着"超人"状态,学生的学习单记得满满当当,公式倒背如流。可过几天,学生只记得公式,不清楚公式的由来。过几个月,学生会把公式忘得一干二净。我只是教授了一个公式,并没有教授学生学习的方法,这与我们的活力课堂主旨相差甚远。

脱掉铠甲,我是"假面人"

由于之前,我过于强势,过于睿智,导致学生不得不一步不差地走在我为他们铺设的道路上。我想:会不会是我讲的太多,把本该是学生自己发现探究的学习任务揽在了自己身上,学生全程跟着我的问题走,丝毫没有感受到探究带来的成就。既然"大小超人"不能同时存在,那如果我说的少一点,学生会不会说的多一点呢?于是,我想换一种上课模式。既然学生不愿意回答"问答式"的题目,那如果把问题改成论述的形式会不会学生更愿意说一点？毕竟论述形式不存在明显对错,学生不用担心自己讲错,我也不需要担心学生不会说。我打算做学生背后的"假面人",偶尔出来点拨一下课堂。

师："我们未曾学过多边形内角和,那我们能不能转化成我们学过的知识？"小娜："我们学过三角形内角和,是不是可以将多边形转化成三角形？"小江："从点 A 出发作对角线,可以把四边形分成两个三角形,四边形的内角和就是 $2\times180°$。"师："小江同学,你是怎么想到从点 A 出发作对角线的？"小江："你当时让我们画从一个顶点出发的对角线时,我就发现了。"此时,我发现在我身边的小宇拿出了橡皮,因为小宇画了从点 B 出发的对角线。我及时制止小宇,并问他："你为什么要擦掉你画的图？"小宇："因为小江说的是从点 A 出发作对角线,而我是从点 B 出发作对角线。"我并没有直接告知小宇对错,而是询问班级同学："有没有与小宇一样情况的同学,你是怎么想的？"如果这个问题出现在课堂的初期,我必定又要滔滔不绝地表现一番。可现在,我必须强迫自己闭嘴。小白："四边形的任意一个顶点都可以,不管你从哪一个顶点出发,一个四边形就能分割出两个三角形,所以从不同顶点出发的图虽然不一样,但最终结果是一样的。所以没有必要擦掉。"明显学生们的眼神一亮,昏昏欲睡的学生也来了精神。

在这一讨论过程中,师生、生生之间交流明显比之前活跃多了。阶梯式的一问一答,揭示了知识点的深层含义,活跃了课堂气氛。小宇的困惑得到了解决,小白也体会了一把"权威"的感觉。其他学生看在眼里,着实羡慕小白的"权威",也想着自己当一次"权威"。课堂气氛不再沉闷,开始活跃起来。我的"小超人们"渐渐苏醒。

在我当"假面人"期间,我不再完全照着我的课堂预设进行。让学生发现知识点之间的联系,把学生的困惑作为问题,在学生的一问一答中,不仅解决了教学的重难点,也提高了课堂的活跃度。出于教师的"权威性",学生们不敢反驳;但当同学发言时,学生反而会竖起耳朵认真听,从细节处扣"错误"。之前常常被忽略的小细节,需要我反复提醒学生,可现在每一个学生都是福尔摩斯。我的任务从剖析知识点、强行灌输给学生变成把握课堂主线,学生有较大的发挥空间。在我"牵线"下,学生发言更积极了,在讨论中不断完善知识体系。在我的不断"挑拨"之下,让学生相互"为难"彼此。"当事人"辩驳得很起劲,"听客们"也听得很认真,随时准备上台与之一辩。在这轻松愉快的氛围中,学生已掌握了多边形的相关概念,通过类比归纳方法得出三角形内角和公式。

让出舞台,我是"隐形人"

"以五边形为例,是否还有其他证明多边形内角和的方法?"是本节课的难点。

"考虑到内角和公式中的180°,我们学过三角形的内角和是180°、平角是180°、两直线平行,同旁内角互补、周角是2个180°,你可以从这些方面考虑一下。"本想着当学生们没有思路时,我可以适当提醒一下他们。可还没轮到我提醒,学生们拿起笔开始涂涂画画起来,个别小脑袋还不时地左右转转。

在巡视过程中,我发现小钟同学画的图与我预设的一样。但在证明过程中,小钟在图纸上不断写写画画,时而挠挠脑袋。本想着提醒一下小钟同学,但看到她依然不放弃地研究着,我便放弃了提醒的念头。由于没有同学主动举手表达想法,我打算让大胆的小钟同学首当其冲,做第一个发言人。师:"你可以先上黑板讲你的想法,如果讲解过程中有问题,我会帮你补充。"小钟:"例题中我们是从顶点出发作对角线,我想试试从边上找一个点作对角线,然后我就作出了4个三角形。可根据我们今天所学的公式,还要再减去一个180°。"小钟看向了我,很明显她需要我的帮助。本在教室侧边的我准备走上前帮她解决这个疑问。才走了两步,就听到有一个同学喊了一句:"有平角,减去一个平角就可以啦。"小钟立马接受了同学的提醒,在同学的提醒下,小钟完成了完整的证明:"在多边形的一条边上任意取一点F,联结这个点与各顶点的线段,即五边形$ABCDE$内角和等于4个三角形内角和减去1个平角的度数。"我退回到了教室侧面,欣慰地看着我的"小超人们"发光发热。

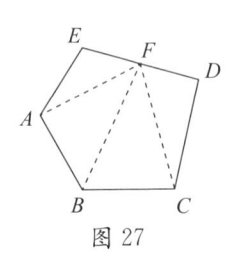

图27

小娜是个基础较好的学生,听着小钟同学的表述过程,突然拿起笔刷刷地写了起来,看来她刚刚卡壳的360°被解决了。小娜开心地看着我,主动要求上台发言。小娜:"我觉得从五边形内部找一个点,也能分割出多个三角形。在多边形内任意找一

点 F,联结各个点,即五边形 $ABCDE$ 内角和等于 5 个三角形内角和减去一个周角的度数。"听着小娜完整的表述、看着工整的板书,完全没有需要我作补充的地方,我感觉我被"架空"了。

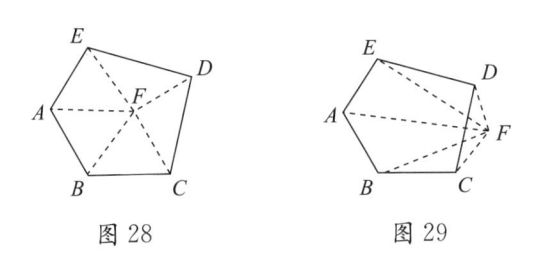

图 28　　　　　图 29

小秦是一个谜一样的学生,经常有奇奇怪怪的想法,但能力似乎与想法不匹配。平时,他就能提出很多与众不同的见解,被否定的次数大大多于被肯定的次数。可这并不影响他一如既往地表达着他的想法。小秦:"我看了我同桌画的图形,我同桌在五边形内部找了一个点,我就想能不能在五边形外部找一个点。我觉得我这个方法是可以的,但我证明不出来,我想让大家一起帮我看看。"同学们放下手中的笔,与小秦一起研究了起来。大家你一言我一语讨论了起来,并没有想向我求助的样子。在一番热烈讨论之后,竟然把过程分析出来了。小秦做了最后的完善说明:"在多边形外取一点 F(点 F 不在 n 边形任一边的延长线上),联结此点与各顶点,得到四个三角形(不含 $\triangle CFD$),所以此五边形的内角和等于四个三角形的内角和减去 $\triangle CFD$ 的内角和。

正如萧伯纳曾经说过:"如果你有一个苹果,我有一个苹果,彼此交换,我们每个人仍然只有一个苹果;如果你有一种思想,我有一种思想,彼此交换,我们每个人就有了两种思想,甚至多于两种思想。"学生们"交换思想",进行思维碰撞。此刻,我像一个局外人,课堂已经不由我把控了。学生们或讲得很激动或听得很认真,与刚上课的神情完全不一样。

小宇平时是一个"小透明"一般的存在。对于代数,通过反复练习,小宇掌握得还算比较理想。可对于几何题,小宇常常就无从下手,导致对几何越来越不自信。看到小宇画的图,这个方法确实惊艳到我了,在我预设中从未想到过通过补成基本图形来证明五边形内角和,试教时也没有学生提出过,所以教案中也不曾出现这种方法。看到小宇画的图，一时我也没反应过来。可细细品味，实在是妙啊。我轻声问小宇："你愿意上台说一说你的想法吗？"小宇明显一愣，这是他第一次在几何题上被肯定。害羞的小宇自信地表述着自己的证明方法。小宇："刚刚大家都在分割多边形，我就想能不能补成一个常见的图形。我想到了一次函数中求不规则三角形面积时，就常常补成长方形，然后减去三个直角三角形的面积。我就把五边形补成了一个长方形，被剪掉了四个直角三角形，五边形 ABCDE 内角和等于5个平角减去4对互余的角的度数。"

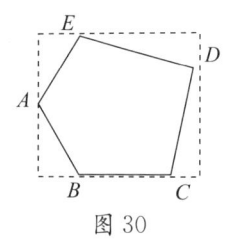

图 30

听着小宇同学的讲解，能将自己并不擅长的几何证明用擅长的函数方法来解决，实在是出乎意料。正所谓："弟子不必不如师，师不必贤于弟子。"课前我已经做了充足的准备，可依然有我疏忽的地方。我们常常觉得自己懂得比学生多，但我们忽略了学生的想象力远比我们丰富多了。

随着时间的推移，主动举手的同学越来越多。考虑到课堂时间的有限性，我在挑选不同方法的同时寻找一些平时课堂上并不怎么发言的学生。在查看学生的证明时，留意到了小欣的证明。第一次巡视时，小欣添了三条平行辅助线，可第二次看小欣的证明时，她擦去了一条辅助线。小欣是一个比较轴的学生，自己认定的方法不会轻易改变。出于好奇，我请小欣上台讲一讲她的想法。小欣："我们之前学三角形内角和时是通过作平行线构造平角来证明的，我就想作平行线试试看，我本来作了三条平行线，但在证明过程中发现构造三条平行线不好证明，反而两条平行线就够了。分别过点B、D 作 AE 的平行线 BF、DG，五边形 ABCDE 内角和等于4对同旁内角和一个三角形减去两个平角的度数。"

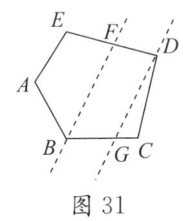

图 31

因为本节课我们从三角形的相关概念推到了多边形的相关概念。虽然我们一直在讲类比的数学思想，但学生能主动想到了用推导三角形内角和的方式来推导多边形内角和，将类比的数学思想融入学习中实属难得。甚至在推导过程中对自己的预想进行整改，而不是一味地钻牛角尖，更是难能可贵。

每一种方法的得出，都能引起同学们的阵阵掌声和惊叹声。看着同学们上台分享自己的发现成果，不少同学再次拿出被自己否定的图，尝试着创造出一个与众不同的图形,惊艳其他人。在这探究五边形内角和方法的15分钟内,我站在教室的右边,把讲台和课堂交给学生。本想着,在学生讲解出现卡壳的时候,能适当地提醒一下,结果全程唯一能做的事就是跟着同学们一起鼓掌,没有我发挥的余地。班级的氛围一阵高过一阵,而我成了教室里的"隐形人",学生们不在乎我在那里,认真盯着黑板听着同学的讲解,偶尔窜出一句"我怎么没有想到呢?""我也画了这张图"……学生们模仿我上课的样子,将每一种方法的由来、分解都讲解得十分透彻。连一些平时一节课都不怎么发言的同学,今天受到身边同学的感染,不仅主动上台发言,还讲得头头是道。这应该是我上的所有公开课中最轻松的15分钟了,也是学生们最活跃的15分钟。此时,我真正体会到了,只有学生充满活力,才能创造出活力课堂。

活力课堂,我是"变身人"

曾经,我总想着在有限的课堂中把自己掌握的所有与本节课相关的内容尽可能多地教授给学生。为了能让学生掌握得更快,我经常花大量时间设计"小问题"。课堂上,我一个人激情澎湃,学生笔记满满当当。可到了练习时间,明明讲过的内容,学生出错率依然很高。自己的努力总没有预计的收获,会失望,会沮丧。现在,我明白,一个人的活跃并不是活力课堂,一群人的参与才能创造活力课堂。学生是学习的主体,只有发动学生学习的积极性,学习才能事半功倍。如果教师习惯性地在课堂上侃侃而谈,势必留给学生思考、表达的时间就被大大缩短,久而久之,学生就会养成光听不说的习惯。教师抱怨学生上课不积极,学生反映教师上课太无趣,形成恶性循环。教师过于强势,学生就容易变得弱势。在教师的"压迫"下习得的"死知识"并无法活用到练习和考试中,时间一久,遗忘率极高。为了让学生在学习中更强势一些,教师就必须放下身段。适当地示弱,反而能激发学生的表现欲。只有学生自己探索总结出来的知识,才有成就感,更有利于学生理解与掌握。

陶行知先生说过:"教是为了不教。"我们能教给学生的是知识,无法教授的是智慧。倡导活力课堂的目的就是挖掘学生的智慧来解决学习中的知识难点。在这一过程中,我们需要不断改变自己的"身份"。当学生毫无思绪时,我们是"超人",手把手牵着学生一步一步往前走;当学生有个人想法时,我们是"假面人",把握课堂的主线路,让个别学生引领大部分学生前进;当学生们发生思维碰撞时,我们是"隐形人",把课堂还给学生,让学生们携手共进。活力课堂需要一个充满活力的教师带动一群学生思维,学生的灵活思维才能使课堂真正地"活"起来。我愿"带"他们一起飞,让他们自由地翱翔在数学的世界。

破局后的困惑

——历史"活力课堂"漫笔

罗舒璃

今年我在教师这个岗位上已经工作 10 年了。这 10 年里,我一直在学习做一件事——做一名有活力的教师,打造活力课堂。

我也取得了一些小小的成绩。我所教授的课入选上海市"中小学学科德育精品课程",在浦东新区的各类教学技能比赛中获奖,撰写的文章也获得市、区级的各类奖项等。曾经,我认为自己的课堂教学渐入佳境。

但是,这两年我的课堂似乎不再充满活力。在我讲得激情四射,大家积极思考,徜徉在知识的海洋里时,猛回头,突然发现有人在睡觉。每个班都有几个百毒不侵的"老油条",让我束手无策,他们总能以一己之力拖垮全班的整体水平。这给我极大的挫败感!我应该如何打破目前的困局?

一、演活教材

2011 年,我大学刚毕业,就在四川乐山外国语学校教初一。虽然是初中,但它是当地最好的中学。怀着初为人师的志忑,我精心备课,希望能打造属于自己的活力课堂,让孩子们爱上我的历史课。

他山之石,可以攻玉。我积极主动地听前辈的课,向他们讨教经验,也利用网络资源,广泛阅读,借鉴学习。我总是挖空心思地备课,有时在刷牙时、步行回家时、阅读时……脑子里都会突然冒出一个好想法。

那一年课堂上,学生们表演了"秦始皇微服私访""张骞出使西域""鉴真东渡""当忽必烈遇到文天祥"等历史情景剧,进行了三国知识竞赛、武则天"无字碑"征文比赛,还一起识读甲骨文、赏析敦煌壁画、"参观"兵马俑、撰写不同时期的乐山大佛游记……我采用情景体验式教学法,将教材知识变成有趣的故事与活动,调动学生的学习兴趣与积极性,让学生感受到中国传统文化的魅力,从而热爱历史。

慢慢地,我们班的学生中有人开始问一些有思考性的问题,喜欢课后与我交流讨论;还有人在我的推荐下,开始读《万历十五年》《国史十六讲》《中国人史纲》等课外读物。

那一年,我的确和那群稚嫩、天真的孩子一起演活了教材,他们虎头虎脑、活泼可爱的样子,至今仍历历在目。孩子们喜欢我,喜欢历史课,我感受到师者传道的成就感。第二年,我离开乐山到上海。虽然我只教了他们一年,偶尔的节日里还会收到他们遥远的祝福,每念及此心中总是涌出一股暖流。

二、激活学生

我刚刚到上海时在南汇的工商附中任教。那是一所民办高中,学生的学习能力低,学习态度也差,厌学情绪严重,上课时经常有人趴在课桌上睡觉。我当时暗自思忖:既来之,则安之,我就把他们当初中生教。

我如此前一样,课堂上幽默风趣、插科打诨,讲一些生动鲜活的历史故事,设计一些有意思的课堂活动。但是,我很快就发现,课堂上的热闹、活跃是假"活"。如何才能让学生真正"活"起来?

高中生心智比初中生成熟,表演、游戏等活动可能会吸引他们,但是并不能真正调动他们的学习兴趣,看似热闹的课堂,并没有发生真正的学习。他们也不像初中生一样,初涉历史学科,保有对未知领域的求知欲,而且初中时已经养成了一些不良的学习习惯。如何才能真正调动学生学习的自主性?我想,首先得解决两个问题。

第一,上课犯困。打造活力课堂的第一步是要保证他们是醒着的。为此,我采用了学案教学法,设置每节课的基础知识填空题的学案,下发给学生,课堂上边讲边完成。当堂完成的课后就没有作业,否则就作为课后作业,每周上交检查。这学案既是随堂笔记,也是课后作业,还是考前复习资料。这个方法挺有效,学生们为了课后没有作业,都在课堂上完成,而且都听得很认真。

第二,懒于思考。这个问题比第一个问题棘手多了。这群学生是初中时班级中的"尾巴"、课堂教学的"绝缘体",早已养成了不愿意动脑的思维惰性,尤其是考试时一遇到论述题就手足无措,甚至留白卷。解决这个问题非一日之功,但是对一道题目的讲解是一个好的开端。

著名历史学家唐德刚先生说:"我们鸦片战争以前的中国史,几乎是千年未变;而鸦片战争后,则几乎是十年一变。"问题:①鸦片战争前,中国的"未变"主要有哪些?②鸦片战争后,中国社会发生了哪些变化?③你怎样看待这些变化?第①题很简单,我本以为学生能说出一些答案,可是我让他们举手回答时,教室里顿时鸦雀无声,大家都低下了头,躲避着我的目光。

无奈,我只能抽人回答,从第一排第一个同学开始轮流。第一个同学站起来半天不出声,一直保持沉默,眼神中似乎还有央求我"放过他"的意味。我只能让他暂时站着,请第二个同学。可是不管我怎么启发,第二个、第三个、第四个同学都说不知道,木木地伫在哪里。时间一秒钟、一秒钟地流逝,课堂的气氛十分尴尬。

我着急万分,心想先出示一个答案,给他们一些提示,可是马上又想,这个僵局最好由学生来打破,同学的榜样力量比老师的提示更能调动他们思考的积极性。当轮到第五个同学时,一个瘦瘦的女生站起来,她用怯怯的微弱的声音吐出了四个字:"封建王朝。"那一刻,我太激动了,大力表扬了这位女生,并请同学们为他鼓掌。在同学们的掌声中,那个女生自豪、灿烂的微笑像一束光,驱逐了笼罩着课堂的阴霾。

此后,课堂的气氛慢慢活跃起来,同学们越来越愿意开口回答,只要能说出沾边的答案,我都会表扬,让他们坐下;如果实在差太远,我也会纠正、引导他们说出正确的答案;第一轮没有回答出来站着的同学,在第二轮都说出了正确的答案。最终,这节课变得比平常上课还活跃,同学们兴致很高。有一个细节很有趣,一个男生看到平时成绩比自己好的同学因回答不出来站着,自己的答案得到我的表扬而光荣地坐下时,脸上得意的神情很可爱。在同学们你一言、我一句的发言中,我们慢慢一起整理出了这3个问题完善的答案在此基础上,我再引导他们归纳这一类题目的解题思路与答题规范。

这一节课最重要的意义是学生克服了学习的畏难情绪,战胜了自我,遇到困难也不轻易放弃,知道只要积极思考,总能获得解决的路径与方法。

一次,办公室里一位语文教师突然说:"奇怪了,这道题目(2)班只有4个人写对,但是(4)班居然只有2个人没写对。"因为(2)班是年级里的优秀班,(4)班是后进班,这立刻引起了大家的兴趣,都很好奇地问是什么题目。那位教师说:"解释卖官鬻爵的'鬻'。"我心里一动。她突然问我:"这是不是你们历史课讲过的?"的确,在一次解读史料时,我给他们解释过这个字。

学生们渐渐觉得历史学习有趣、轻松、简单,在历史考试中也能获得成就感,学习进入了良性循环。我感受到了作为教师的快乐与满足。

三、活化思维

大概到第六年,我慢慢地觉得做教材的演绎者没意思,把宝贵的课堂时间用在让学生抄写学案上很浪费,似乎自己之前的教学很低级。历史学习不应该只是向学生演绎教材的知识,历史学科独特的育人价值是什么?

2016—2018年,我参加了浦东新区名师基地的培训。基地主持人汪德武老师说:"好课应该是能带给学生思维的启迪与情感的共鸣的。"我心中咯噔一下,有一种众里寻他千百度,蓦然回首,那人却在灯火阑珊处的感觉。这就是我苦苦寻觅的答案。

知识是死的,时代日新月异地变化,我们学的任何知识未来都可能被推翻。面对未来,我们教给孩子的应该是"活"的思维,而非"死"的知识,还必须关注人文情怀的涵养,否则知识可能变为洪水猛兽。培养学生的历史思维与人文情怀,是历史学科独特的育人价值,也成了我的活力课堂的新追求。为此,我不断地学习,参加市、区级的各种教研活动,向前辈、专家取经,广泛阅读专业书籍、论文,了解最新的学术前沿成果,融入我的课堂教学中。

在"影响世界的工业革命"一课中,我讲到约翰·凯伊发明飞梭,使织布所需要的劳动力减少了一半,这时我引导学生思考飞梭的发明,纺织厂主们和工人们会有什么反应。学生们回答:工人可能会丢掉工作,厂主们会采用飞梭。接着,我再追问凯伊本人能从中获得什么,学生们都认为凯伊会获得财富。但是历史的真相却是,纺织厂主们使用了飞梭,但拒绝缴纳专利税,为此凯伊花了很长的时间和精力去追讨赔偿;而工人们怨恨凯伊,认为飞梭的使用影响了他们的生计,暴民们洗劫了他的房子。凯伊心灰意冷,在唾骂声中逃往法国,最后穷困潦倒,客死他乡。学生们对此唏嘘不已。发明珍妮纺纱机的哈格里夫斯也遭遇了同样的悲剧,英国还爆发了工人焚烧、砸毁机器的"卢德运动"。在此基础上,我引导学生们思考技术与人性的关系,历史上往往会出现技术的变革与普通大众利益冲突的现象,这种冲突和矛盾应该由谁来化解?如何化解?同学们的回答远远超出了我的预设,他们很快回答出应该由国家、政府来化解。化解的方式有:扩大生产,为工人提供更多的工作岗位;组织就业培训,让工人学习使用与修理机器;增加失业救济,保障工人的最低生活水平;落实、细化专利法,保护发明家的利益……他们提出的一些措施,甚至超过了当时英国社会立法的范畴。此后,阿克莱特、瓦特等人因发明而致富,不再重蹈凯伊与哈格里夫斯的覆辙,英国形成鼓励发明、热衷科技的社会环境。

下课前,学生们齐声朗读了木心的诗句:从前的日色变得慢,车、马、邮件都慢,一生只够爱一个人。工业革命极大地提高了生产力,促进人类从农业社会到工业社会的嬗变,但也带来了贫富分化、环境污染、疾病与犯罪等问题,一些通过国家法律、行政措施解决了,但是出现的人性异化、道德沦丧等问题至今难以解决。人们对农业时代浪漫主义的怀念,实质上是现代工业文明对人性、对传统冲击的一种文学折射。当今社会,科技发展的速度超越了人的发展,通过这堂课,我希望引导学生以历史的眼光理性地思考科技与人性的问题。当然,这节课不可能完全解决这个问题,但是我相信会在学生心中打开一扇窗,引导他们在未来的时间里能有更多的思考。

在讲"冷战"时,我总会给学生讲"柏林墙射手案"的故事:1989年2月,20岁的东德青年克里斯·格夫洛伊试图翻过柏林墙逃往西德。守卫柏林墙的东德士兵因格·亨里奇开枪射杀了格夫洛伊。在冷战期间,因偷越柏林墙边界而被枪杀的东德民众有两三百名,被亨里奇开枪打死的格夫洛伊可能是最后一位遇难者。在柏林墙倒塌、德国统一之后,亨里奇受到了审判。你认为守墙士兵亨里奇有罪吗?

同学们讨论激烈,往往基本都觉得无罪,陈述的理由一般是:他是守墙士兵,防止人们翻越柏林墙是他的职责。当我告诉他们,亨里奇与他的辩护律师也是这样辩解的,但是最后法官却叛亨里奇有罪,同学们一片惊讶。我陈述法官的理由:作为士兵,执行上级命令是无罪的,但是开枪打不准则是无罪的。作为一个心智健全的人,此时此刻,你有权把枪口抬高一厘米,这是你应主动承担的良心义务。这被后人称为"一厘米良知"。

铁面无私的法官提出的脉脉温情的"一厘米良知"的理由,征服了所有法律人士与公众舆论,也征服了课堂上的每一位学生。我进一步引导他们认识,法治不仅需要优良的法律,更需要优秀的执法者,一个优秀的执法者不应该漠视生命、机械执法。多年后,和同学们的聊天中,我发现一些学生忘记了冷战的具体知识,但是还记得"一厘米良知"的故事,这也许就是历史学科的温度与湿度。

课堂上,我享受着与学生交流讨论、思维碰撞带来的满足感,历史人文温情滋养学生心田的幸福感。我认为自己的教学渐入佳境了。可是,这两年出现了一些事与愿违的情况,学生的两极分化越来越严重了。在课堂上,总有学生睡觉,而且如"打地鼠"般叫醒一个,又睡一个。这在我的课堂上以前是几乎不可能的事,而现在每个班、每节课都有游离在我的课堂之外的学生。

四、内化素养

我一直在不断学习,研究历史,关注学生,也自认为进步了、成长了,但是为什么我的课堂却不如以前一样充满活力了?

时代变化,社会多元发展,很多人不再相信读书改变命运,现在的学生的求知欲不如以前的学生了;这几年中考改革,对我们这种普通高中生源影响较大;我的课堂大多思维要求比较高,很多后进生上课可能跟不上;学生与学生之间的个体差异很大,我的课堂难以满足所有学生的口味……但是,难道我要退回到以前,采用我曾经使用的比较低级的教学方法吗?

这学期,我上了"全球联系的初步建立与世界格局的演变"的公开课,课前我布置学生预习教材时,无意中问了一句:"你们觉得这一系列的全球贸易中的最大获益者是谁?"当时高一年级的3个班级中的绝大部分学生回答是中国,只在(1)班中有一个历史学习优秀的学生说是西班牙。这个结果是我没有想到的,答案当然不可能是中国,否则新航路开辟后就是中国崛起、称霸世界了。但是,教材中出现了3次"白银流入中国",学生有这样的认识也是正常的。这个问题是他们思维的难点。

我调整教学设计,将重点设置为对围绕"白银输入中国的世界贸易网络中最大的受益者"的分析与认识,引导学生从商业与价格两个维度,分析新航路开辟后欧洲和中国社会的变化,帮助学生理解全球商品流动促进了欧洲的社会转型,却为中国造就了一个超稳定的传统社会结构。接着,我又引导学生继续分析,欧洲国家中最大的获益者是谁,西班牙虽然从殖民地获得了巨额财富,但是没有将资本转化为生产,促进资本的原始积累,壮大本国资产阶级的经济实力,而是购买别国的工业制造品,促进了工场手工业发达的英国、法国、荷兰等国的发展,尤其是英国。这为后来英国成为"日不落帝国"奠定了基础。

这堂课对学生来说,思维含量相当高,需要一定的跨学科的经济学知识为背景。但是,学生却听得很认真,居然没有一个人睡觉,课堂反馈相当不错,讨论很激烈,连平时几个不愿意参与课堂的学生也加入了。我感受到了久违的全班学生都全神贯注地听讲的满足感。一堂思维能力要求很高的课,学生的参与度、积极性却比平时更好,这说明我们的学生不是不愿意思考,关键是提出的问题是否能调动他们思考。这堂课上,我成功地抓住了学生思维的疑惑点,激起了他们思考的自主性。

我突然明白了,新课标提出的历史学科的唯物史观、时空意识、史料实证、历史解释与家国情怀的五大核心素养,是针对学生的,更是针对教师的。之前,我的教学困境是因为我过于关注学科内容,以为那就是素养,忽略了只有吸收、转化为学生内在的才是素养。

我一度认为,只要自己不断地深耕专业,钻研学科教学,就能在课堂上很好地落实学科素养;认为自己的教学是面向未来的,以培养学生的终身学习为目标,就能打造充满活力、生命力的课堂。但是,我认为好的、重要的,未必真是对学生好的、重要的。追求情与思的课堂是正确的,但是关键在于启迪的思维与传递的情感,必须是基于学生的,问题的设置不能是超过学生的认知,或者是学生不关心、不感兴趣的;传递的情感也应该是学生能够理解、感悟的,否则教师需要做铺垫。

历史学科讲述的是过去的人事,今天的学生可能难以"穿越时空",教师需要在学生的认知水平与历史学科之间架起桥梁。课堂教学要面向未来,也要基于现实,脱离、超越学生现有认知水平的教学,再专业、精妙,也是难以真正转化为学生的素养的。

我似乎打破了自己目前的教学困局,但是如何照顾学生个体的差异,如何真正做到因材施教,如何准确把握学生的思维难点……还需要继续研究、探索。

优秀的课堂教学是带着问题进去,带着问题出来。打造活力课堂,是我毕生的追求;做教师,是我需要用一生去学习的事。

以"现场"为管　窥"活力"之斑

——漫谈教育活力

张爱华

什么是"活力"？词典定义为旺盛的生命力。由此推出，"教育活力"是指教育旺盛的生命力。什么是教育旺盛的生命力？教育旺盛的生命力，源头在哪里？古代的哲人早就给出了答案。亚里士多德以及后来的西方活力论者认为，有机体内在的、合目的、非物质性的生命力对有机体趋向完美成熟有催化作用。中国的庄子则认为，如果要使万事万物充满活力，就必须尊重万事万物的自然本性，否则万事万物都会失去活力以至于消亡。马克思从制度导致人的异化、人与人关系的异化的角度，阐述了人的自由、自觉的本性对活力的重要价值。

我不是专家，只是一个站了多年讲台的教书匠，生活"现场"和教学"现场"中新鲜的案例，是我研究"教育活力"的第一手资料。我想通过发生在我身上、我学生身上的"现场"，一窥"教育活力"之豹斑。

一、48岁的"年轻人"

一个语文教师，有没有可能是导游？有没有可能是高级茶艺师？有没有可能是自由行者？有没有可能是博物馆志愿者讲解员？

我，今年48岁。

2013年，我任教两个高三语文班教学工作、高中语文教研组长、班主任，工作繁重，俗事琐碎。出于对"远方和诗"的向往，我报考了导游。我没有时间参加考前培训，自学啃了3本厚厚的考试材料。利用零星时间，我到一个一个现场实地考察。30%的录取率，我过了。

2013年，第一次踏出国门。其后至今，8年里去了12个国家，最远是非洲，国内最远是西藏。停留时间最长的一次,是31天,非洲。全程自由行,没有导游,我自己是导游;行程、交通、住宿、景点,全部自己来。"背包客"是别人对我这种人的称呼,而我喜欢称呼自己为"行者",永远走在路上的人。没有人指导,全靠自学。在行走中学习,在学习中行走。

2018年,我学习茶艺,分别于2019年和2020年获得上海市中级茶艺师和高级茶艺师资格证书,并且因为成绩优异,获得上海市职业技术鉴定中心的奖励。

2021年3月,我报名参加上海市博物馆志愿者讲解员的选拔。经过层层筛选,过"五关斩七百将",成功进入最后一轮的选拔。

我觉得自己始终没有停下学习的脚步,不为考证,不为兼职,不为跳槽,纯粹为了学习本身。我的专业始终是教师。学习让我始终充满活力。经常有人问我,年近半百,你哪儿来的这股子活力?我也试图寻找答案。是精力旺盛,无处挥洒吗?不可能,教学工作繁重,全力以赴,每天都累成狗。是因为拥有年轻人一般的身体吗?不可能,岁月是饶不了任何人的,年近半百,身体开始走下坡路了。说百病缠身那是夸张,从上到下,十几个病是身体的常态。是没有家累吗?不可能,老公常年加班,几乎没有双休日,长辈没有条件搭把手,里里外外都得我操持。

看到这次"黄浦杯"征文的主题,我恍然大悟。我的学习活力来自我所受的教育,曾经14年的学校教育,以及一直延续至今的27年的自我教育。

我出生于20世纪70年代,小学和初中阶段是在上海郊区偏远的农村度过的。那时,条件匮乏,学习条件是极差的。学校操场是我们师生一起打造的,校园绿化是师生一起种植和养护的。没有围墙,田野里的油菜花和麦苗就是围墙——大自然打造的围墙。"围墙"外的小河里,春天有蝌蚪,夏天有荷花,秋天有菱角,冬天有坚冰。在自然中劳动、体验,在课堂上学习、求知。没有抑郁,没有焦虑,德、智、体、美、劳,五育融合,五育并举,自然而不刻意。

我的大学生涯是在上海市区度过的。城市为农村的孩子打开了一个全新的世界。英语课全程英语,体育课教杠上体操、背跃式跳高、健美操,图书馆竟然有那么多书。语文老师经常鼓励我们阅读、写随笔,组织我们看话剧、电影,听音乐会。至今我还留有吕梁、奚美娟、闵惠芬的亲笔签名。体育老师和音乐老师联手,组织排练黄浦区旅游节开幕式开场舞。自由、鼓励、谦和、纯粹的学习氛围,至今想来依然激荡胸膛。

我14年的学校教育是非常质朴的,没有理论,也没有流派。硬要说流派,那也是自由派、自然派。纯粹地为学习而学习,让我喜欢上了学习本身,并且在学习的过程中掌握了学习方法,培养了学习习惯。就是这样的学校教育,让我在离开校园之后,依然能自主学习、不断学习,将来也会一直学下去。于是我成为大家眼中的"年轻人",一个48岁的"年轻人"。

从我的教育"现场"来看,长效性是教育活力的首要特征,是检测教育活力的重要指标。经济的可持续发展可以促进社会的和谐发展。同理,学校教育如果能够拥有长效性,那么就能实现终身教育。那才是教育的"理想国",不是浮躁粗暴、急功近利的教育所能抵达的境地。"一年之计,莫如树谷;十年之计,莫如树木;终身之计,莫如树人。"关乎人的任何事情,从来都不是短时间内能够完成的,没有"速成班",没有终止符。学生离开了校园,离开了老师,依然能够自我学习、自我教育,终其一生,这样的教育还不够有活力吗?

二、火之始然,泉之始达

高中《语文》新教材推行也快两年了。两年里,我始终觉得自己没有搭准它的脉。费心费力,效果不大,尚在意料之中,课堂沉闷、教学环节难以推进却让我大感意外。我不断调整教学环节,降低教学难度,实行分层教学、分层作业,设置学习单,效果依然不明显。偶然的一次小改变,课堂就大变了模样。

那是小说的单元教学,包含了《荷花淀》《小二黑结婚》《党费》3篇小说。我分别从小说内容主旨的把握、情节展开的特色、叙事视角的设置等角度,由点到面展开单元教学。原定的回家作业是书面作业,完成练习册上对应的几道题。一想起学生书面作业的质量,我不禁头疼。不做、抄袭、敷衍是我们学生作业的常态。我还要在他们的这种常态上做无谓的劳动吗?批改、讲评、订正,甚至大动肝火。我的心沉到了底,一个念头却油然而生:"同学们,今天没有书面作业,只有口头作业。明天课堂请大家推荐一部你最喜欢的小说,推荐理由请你用上课堂学到的概念。"话音未落,马上有学生提问:

"老师,小说类型有限制吗?可以是科幻小说吗?"

"可以是动漫吗?"

"老师,可以做成PPT来演示吗?"

"老师,发言有时间限定吗?"

"老师,我们可不可以组队来完成?"

……

对于作业,他们从来没有这么多问题,也从来没有表现出这样的热情。事实是,为了达到理想的效果,他们的推荐文案或者PPT的文字,远远超过了原本书面作业的数量,所花费的时间也更多。但是他们不在乎,因为他们喜欢,千金难买学生喜欢。这一届的学生喜欢口头表达,喜欢上台表演,喜欢被人关注。新时代学生的特点吧,跟我前几届的学生不大一样。所以用以前的那一套玩不转,学生不吃你这一套。在落实课堂知识点的基础上,变化一下形式,学生乐于参加,能力有所提升,何乐而不为呢?第一轮下来,效果不错。学生纷纷踊跃登台发言,形式多样。个别能力差点的,在倾听中学习,依葫芦画瓢,也能寻找"外援",所以"瓢"也画得像模像样。

我组织的第二轮主题是"外国戏剧和诗歌"单元。易卜生的经典之作《玩偶之家》,教和学都是相当有难度的。这一轮我如法炮制,但是形式上做了更大的改变。课堂上,我让学生组成学习小组,围绕《玩偶之家》进行讨论,确定研究主题。也就是说,这篇戏剧作品,学什么内容,你们小组自己定。课堂一下子就炸开了锅,讨论声此起彼伏。我微笑着巡视各个小组,接受他们的提问,点拨他们的思路:

生:"老师,我们想研究海尔茂这个男人。"

师:"很好,不过这个剧里还有另外两个男人,不一起研究研究?"

生:"是的,还有阮克大夫和柯洛克斯泰。我们查了资料,资料认为阮克大夫这个人物是完全可以抹掉的,是这样吗?"

师:"好问题!不过我们学过那么多经典作品,里面的人物哪怕是小人物,是说抹就能抹掉的吗?"

生:"嗯,大师笔下无闲笔,我们要研究研究。"

就在师生这样的对话交流中,学生确定了这样一些主题:

(1)《玩偶之家》三个男人的人物性格及其典型意义;
(2)娜拉和林丹夫人的人物性格及其典型意义;
(3)两封信在情节推进和人物塑造上起到的"突变"效果;
(4)舞台说明的效果;
(5)娜拉为什么要出走?
(6)娜拉出走之后会怎么样?
(7)原本的剧名《娜拉》和现在的改名《玩偶之家》,哪个好?
……

站了那么多年讲台,从来没有过这样的满足感。我们普通高中的学生,竟然,竟然能提出这样的问题! 竟然能有这样的研究视角!

在充分表达肯定和赞赏之情后,我提醒学生思考:要研究你们组的主题,需要查阅什么资料?正确有效的研究途径是什么?怎样的操作顺序是合适的?需要分工吗?准备以什么形式上台交流?需要幻灯片或者其他辅助工具吗?

于是第二轮发言达到高潮,不论是形式还是内容。这种课堂现象引发了我的思考。课堂的活力来自哪里?学生的活力来自哪里?学习的活力来自哪里?

如果说,我的课堂教学给了学生一个自我学习的基点,那么这两轮的自学交流是学生自己生发的。打好必要的基础之后,我把学习的权利还给学生,给学生自由学习和选择学习内容的权利,营造开放的学习氛围,经过教师不失时机的点拨,学生在自我学习活动中打造了属于自身的学习力。

我不禁想起了柳宗元的《种树郭橐驼传》。驼背的郭橐驼为什么那么会种树?"能顺木之天,以致其性焉尔",是他种树的理念。"其本欲舒,其培欲平,其土欲故,其筑欲密",是他种树的方法。看似简单,实则奥妙无穷。按照树木的特性,仔细做好前期工作,后期就可以不管不顾。做好根舒、土匀,是种树的基点,还要尽心、精心。然后就顺其自然,可以不管不顾了。那是郭橐驼相信树自身的力量,相信它能自己扎根、吸水、伸展,直至参天。树犹如此,人何尝不是?我们的教育,太忽视学习者自身的力量了,老觉得他们没有力量,不够强大。力量是长着、长着就会有的,长着、长着就会强大的。我们不给他们长大和强大的空间和时间,直接就越俎代庖了。越俎代庖终究是成就不了一个好厨子的。"爱之太恩,忧之太勤。旦视而暮抚,已去而复顾",在教育中,我们一直充当着这样的角色。

孟子曾经如是说:"凡有四端于我者,知皆扩而充之矣,若火之始然,泉之始达。"孟子所说的"四端",是人性的发端。站在教育的立场上来看,是学习的发端,是学习的基点。孟子认为拥有这四个发端,通过自然的自主学习,就能扩充这"四端",就能让星火燎原、溪流成瀑。站在教育的立场上来看,是在肯定学习的生发力,肯定学生的学习力。生发力、学习力,是教育要拥有活力的保障和必备因素,也是实现终身教育的途径之一。杜威所说的"教育即学生个体经验的继续不断的增长,除此之外教育不应该有其他的目的",阐述的应该就是教育的生发力。

当然,我也担心,我们天天玩似的学习一些貌似不考的内容(例如现代诗歌),考试成绩会怎么样。我想,如果真正拥有了学习力、生发力,学生难道还能应付不了考试?如果应付不了考试,那么表明学生真正的学习力还没有形成,还需要继续打造。真正的学习力,应该是"万变不离其宗"的那个"宗",是"透过现象看本质"的那个"本质"。自由开放的学习氛围,以学生为本的自主学习,扎实的学习能力,是不论时代发展到什么程度、教育理念东风吹西风吹,都不会更改的东西。把握好教与学的"宗"和"本",即使短时间内看不到效果,假以时日,它必将让学生受益无穷。

三、教育即生活,生活即教育

今年 3 月,我报名参加上海博物馆志愿者的选拔赛,两个月里经历了材料审核、笔试、面试、三轮考核。每过一关,我都和学生分享自己胜出的原因。我告诉他们,填报材料时,我是如何突出重点的,才在 700 人中脱颖而出;告诉他们,笔试时,我是如何立意为上、扬长避短的——在专业题得分不理想的情况下,凭两篇文章获得晋级的资格;面试时,我是如何借助得体的口头语、扎实的语文功底、手势眼神等态势语,赢得考官的青眼相加。每次交流,我都强调:每一次过关斩将,我运用的"利器"都是语文知识和语文能力。我用自己的亲身经历,让学生知道,生活是最广阔的训练场,也是知识技能最好的用武之地。

在很多学生心目中,语文实用性不强,没有数理化与生活的联系紧密。经常有学生质疑:学习文言文有什么用?背那么多诗歌干吗,网上一搜不就什么都有了吗?语文比数学有用吗?的确,目前的教育现状很难回答学生的质疑。"漂亮的皮囊千篇一律,有趣的灵魂万里挑一""你所有读过的书,都会储存在你的灵魂里"之类的"心灵鸡汤",滋养不了当今的时代青年。所以,我以自己为例,用生活的真实事例证明给学生看,"看,我就是这么用的!"

目前上海博物馆志愿者选拔赛进行到了最后一轮,87进30,是真刀实枪的专业知识的比拼。对于博物馆专业知识,我是小白,而对手都是某个领域的行家。强手如云,但我毫不畏惧,也不会退缩。我把厚厚的复习资料展示给学生,告诉学生我准备怎么把厚厚的一本书读成薄薄的一张纸,考场上我准备如何把这薄薄的一张纸写成厚厚的一本书,并邀请学生关注我的最终结果。之所以这样做,是希望学生能够了解老师生活中的学习状态和具体可感的操作方法,通过生活化的教育,还原教育活力的原貌。

在课堂学习、活动中,我也试图把生活和教学联系起来。小说推荐、诗歌朗读交流,可以是在你郁闷、愉悦、悲伤而又无人倾诉时的最佳途径;点评社会现象,是思维风暴,让你身处纷繁复杂的社会中不致迷失方向;剧本改编、演出,是生活的调剂品,能提升生活品质……

美国教育家杜威提出"教育即生活,学校即社会"。陶行知先生继承和发展了杜威的教育思想,指出:"生活教育是生活所原有,生活所自营,生活所必需的教育。教育的根本意义是生活之变化。生活无时不变,即生活无时不含有教育的意义。"两位教育家都在强调教育与生活的联系,旨在强调教育的生活化。和生活紧密联系的教育,才有可能长久,才有可能生发,才有可能具有活力。生活无时不变,生活中的很多元素都可以变成教育的内容。反过来,教育是为了更好地生活。教育的生活化,是教育活力的保障。离开了生活,教育就失去了根基,失去了意义。

四、"活学生""活教材""活教育"

社会日新月异,时代后浪追前浪。不论是物质条件还是精神财富,今天的肯定都优于当年的。从教育的角度来看,诸如教学设备之类的硬件和教学理念之类的软件,也早已不可同日而语。

我无意于比较 20 世纪教育和 21 世纪教育的区别,站在半百的年龄回望,我一直在思考:教育的"根"是什么? 教育活力的"原点"在哪里?

陶行知说,我们教育儿童,第一步就要承认儿童是活的,要按照儿童的心理进行。我非常赞同。首先得承认学生是活的,不是机器,可以机械操作;不是陶泥,可以随意揉捏。他们是活的、活生生的,有喜怒哀乐,有好奇心,有探究欲(小学生最明显)。为什么他们学着、学着,我们教着、教着,感觉他们就不活生生了? 年龄越大,年级越高,怎么就越来越死气沉沉了? 这里固然有年龄带来的思维特点,我们的教育也不见得没有问题。我们经常忘了他们是"活"的,总是把他们往"死"里教,让他们往"死"里学。他们偶尔想看看窗外的风景,我们就马上把窗门紧闭。教育要有活力,就得让学生始终保持本色的活力不丢失,并且通过适当的教育点拨,激活一度失去本色活力的学生。这是教育的本职、教育的本色。

其次,要打造"活教材"。课本是教材,学课本的学生也可以是"教材",教课本的教师也可以是"教材"。课本可以"死",也可以"活",取决于学生是不是"活"学,教师是不是"活"教。如果能把学习与生活挂钩,那么学生就能"活"学;如果能以学生为本展开教学,那么教师就可能"活"教。甚至,学生的"活"学和教师的"活"教合力,能打造出不同于课本教材的"活"教材。要用"活"的人去教"活"的人,要让"活"的人去学"活"的教材,想想都是件美好的事情。

若真能如此,吾心足矣。

初中生英语朗读能力培养的实践

吴丹青

在多年的初中英语教学中，我发现不少学生在英语朗读方面存在很多问题。有的学生缺乏自信心，朗读时声音很轻；有的学生发音不准，朗读中错音很多；有的学生朗读拖音，缺少优美的语音语调。另外，我校是一所农村完中，有些班级近一半的学生是外省市户籍，受家庭条件和以往学习习惯的影响，很多学生没有养成听录音、模仿课文磁带朗读英语的好习惯。朗读能力的滞后，对学生听力、口语等能力的提高会带来很大的障碍。针对这种现状，我决定从预备年级开始，培养学生主动朗读英语的良好习惯。

一、朗读的重要性

坚持正确的朗读方法，可以提高听力水平、口语水平，提高英语语感，还有助于培养学生学习英语的自信心。

（一）朗读有助于提高学生的听力水平

多听是提高听力水平的有些途径，朗读对提高听力有着举足轻重的作用。在听力训练中，我发现，学生不能记下已学过的单词。当我把这个单词写在黑板上，让学生朗读几遍后，学生一读就理解了。出现这种现象的主要原因就在于，学生脑子里只储存着通过眼睛输入的英语单词的形的信息，却没有将有声信息通过耳朵同时与有形的信息融合。通过视觉只能输入词形的信息，而通过朗读存入的信息是形、声结合的。因此，坚持朗读，就会不断提高听的水平。

（二）朗读有助于提高学生的口语水平

农村的孩子大多缺少学英语的语言环境,所以对他们来说,朗读是学英语的重要方法之一。朗读的第一步是模仿标准的语音、语调跟读。古人云:"熟读唐诗三百首,不会作诗也会吟。"让学生经常朗读所学课文是加强学生英语口语能力的有效方法之一。朗读是说的前提,只有读得通畅,才能说得流利。

（三）朗读有助于提高提高学生的语感

俗话说"书读百遍,其义自见"。英语是一门实践性很强的课程,有了正确的语感,才能自如地运用这种语言。我在教学实践中重点落实让学生多读课文,感受语言的境界,不断提高语感。如果学生有了良好的语感,对于阅读理解也有很大的帮助。

（四）朗读有助于提高学生的自信心

坚持朗读会让学生摆脱害羞,提高自信。学生有了自信,就愿意交流,也为自己创造了更多的机会和他人用英语交流。初中生的好奇心强,只要教师善于引导,他们还是乐于尝试、乐于朗读、乐于表现的。

二、培养初中生英语朗读能力的方法

朗读要有正确的方法,教师首先要教会学生注意朗读材料中的升降调。在教学中,我主要采取了以下几个步骤培养学生的朗读习惯。

（一）教师示范,学生模仿

为了培养学生良好的语音语调,备课时我先在课文上标出升降调,再用PPT展示,给学生示范朗读。让学生从教师抑扬顿挫的语调、快慢适中的语速中体会到"语音"的艺术性。接着让学生边听边读,同时模仿教师的标记,在课本上标出升降调。朗读过程中,教师要求学生边读边用右手配上升降调动作。学生对增加手势后的朗读充满好奇,积极性非常高。教师稍作观察,就会发现哪个学生的手势和别人不一样。配上手势的朗读,学生注意力集中,效果更好。教师在朗读训练中的作用,更多的是教学生如何模仿录音,帮助学生纠正错音,对个别难读的句子,教会学生划分意群,多听读几遍。对于学生的点滴进步,教师要及时肯定和表扬,使他们树立信心,获得初步的成就感,产生进一步读出优美的语音语调的动力。

(二) 小组合作,学生"愿为"

为了帮助朗读上有困难的学生,我组织学生小组合作,四人一组操练朗读,要求声音响亮,手势一致。这样的小组活动,在几分钟之内使朗读有困难的学生跟上了小组的步伐,打出正确的手势,读出基本的升降调,使每个学生"愿为",积极投入朗读中来。手势一致后,胆子小的缺乏自信的学生也能慢慢融入小组中,读得正确了,读得动听了。四人一起读,你大声读,我也不甘落后,越读越响亮。看到全班41位学生,四人一组凑在一起,打着手势,积极朗读,没有一个学生开小差,没有一个学生不发声。每个学生打着升降调的节奏,琅琅的读书声也给整个课堂营造了一种全新的学习气氛,所有的学生都以高涨的热情和饱满的精神完成朗读任务。几分钟之后,四大组各派一代表在教室前展示。上台表演最佳组每人可加德育积分一分。这种加分方法,激发了学生主动参与朗读、主动展示朗读的积极性。很多学生都把手举得高高的,渴望在班级中展示。有时我会选一些平时朗读不够到位的学生所在的组,让他们表演,并举出他们的亮点。如:声音洪亮、手势一致、表情自然、语音语调优美等,使更多的学生得到肯定,尝到成功的喜悦,让更多的学生喜欢上朗读,愿意上台展示。《标准》中强调:"教师应给学生营造民主、平等、和谐、宽松的课堂学习氛围,最大限度调动学生参与教学活动的积极性,培养学生思维创造能力。"实际上每个学生都有学习表现的欲望,并且希望得到教师或家长的肯定。教师可以利用学生这一心理特点,让学生在课堂上尽情展示自己的才华,进一步激发朗读热情,使学生主动参与朗读活动。

(三) 课外检测,人人"能为"

课堂上的朗读只是一段序曲,延伸课文的朗读,才是重点。因为课堂上的时间非常有限,只能检测小部分学生的朗读情况。我要求学生,教新课的第二天必须过朗读关。读得好,同样可以加德育积分。即课后小组继续合作操练,再到老师那儿过关。中午休息的时候,我们预备年级的两个班级,拿着英语书,打着手势,都在走廊里训练朗读,那真是一道美丽的风景。比起背诵来,学生更喜欢朗读。比起一个人朗读,学生更喜欢几个同伴一起读。一起读,学生胆子大,读错一点,老师不一定觉察,学生也不会感到尴尬。学生也有了信心,有能力展示朗读。

每次上完新课后,学生就在教室外的走廊里排队准备"过关朗读"。我们初一年级的学生就这样在不知不觉中养成了主动朗读的好习惯。课外检测是教学的检查过程,这种学生读、教师听的检测方法也有助于师生情感的培养。当学生充满激情地在教师面前表演,教师观察着学生的手势和表情,倾听着他们的朗读,教师的一个微笑、一个点头、一个手势、一个拍肩动作,都肯定着学生的进步、激发着他们的热情。

(四) 家长关心,学生"敢为"

这样训练了一个月左右,我要求学生回家预习时,新课至少听读5遍,自己标出升降调。第二天检查时,我发现两个班级只有9名学生举手说回家听英语了,其中还有一名"谎报军情"的,因为我在检查时发现他标的升降调没有几个是对的。情况不容乐观,怎么办呢? 我想到了请家长帮忙,督促孩子在家朗读英语。正如课程标准中所说:"家长既是教育活动的直接参与者,也是教育活动的重要责任者。"经过思考,我决定请家长签名,并注明孩子在家听英语的时间。有了家长的关心和督促,我如同有了靠山。一段时间的实践后,两个班级的学生基本上能完成回家的朗读作业。对不能完成朗读作业的学生,我及时和家长取得微信联系。在了解情况以后,我给家长献计献策。对于父母不在身边的孩子,我一般采用课间和午休的时间陪伴学生朗读,带着他们跟上班级的步伐。

我主要采用了"晓黑板"和"芝士网"两个软件辅助检测朗读。从学生的朗读评价来看,超过三分之二的同学能得到"优"的评价。目前学生都敢于朗读,不仅朗读响亮、清晰、有重音、有节奏,而且每个学生都参与朗读、敢于朗读。

(五) 创建平台,德育加分

开展朗读竞赛活动也是朗读训练的一种好方法。这种比赛非常符合初中学生的好胜心。在具备了一定的朗读技巧之后,我采取组与组竞赛,通过男女生竞赛,充分调动学生的朗读积极性,培养他们的朗读能力。对于朗读优胜者和优胜小组,在德育积分中将主动学习分为两份加分,以此激励学生。

(六) 课外朗读的延伸

要提高学生的朗读能力,仅靠课堂上的时间是远远不够的。为了进一步训练学生的朗读,提高他们的朗读技能,我主要采用以下 3 种方法培养学生主动朗读的习惯。

1. 用好报刊课

学校每周五的报刊课上,我组织了阅读材料的朗读比赛、"句子接龙"比赛。要求小组合作,每人读一个句子,快速流利朗读。现在初一(5)班的学生不用标调,也能读出升降调,并关注重读、连读、失爆等语音现象,大多数学生的朗读有了节奏,也能读出感情。这和他们在以往主动听录音的良好习惯有着密不可分的联系。

2. 用好新概念

对于学有余力的学生,我建议他们在双休日学习《新概念》第二册。要求他们以听录音朗读为主,学语法为辅。要求这些学生至少每篇课文听录音跟读 10 遍,要特别关注重读、连读、失爆,以及词组意群的朗读、长句的停顿和朗读的节奏感。平时只要老师有空,就可以把自学的课文朗读给老师听。有时我也让学生在课堂上朗读,有进步的学生奖励一根棒棒糖。(通过调查,预备年级的学生特别喜欢吃棒棒糖。)有一次,一个平时英语朗读很难过关的学生也来朗读《新概念》的课文,我大吃一惊。他读完后,我目瞪口呆。因为读得太好了,长短音句子里的微笑都读出来了。激动之下,我一下发给他5根棒棒糖。他兴奋地挥舞着那些棒棒糖蹦出办公室。后来得知,他在妈妈的督促和帮助下,在家足足读了1个多小时。这样一个英语基础不好的学生,朗读英语能主动到这种状态,可见孩子的潜力是多么大!

三、提高要求,改变方法

孔子说:"不愤不启,不悱不发。"我们除了启发学生懂得朗读技巧的具体内容之外,更重要的还在于启发学生学习掌握朗读的技能。"授人以鱼,不若授人以渔",教学过程中朗读技巧训练是至关重要的。

朗读中只注重升降调显然是远远不够的。一方面学生对朗读没了新鲜感,另一方面也无法真正提高学生的朗读能力。因此,我采取了以下改进的方法。

(一) 改变朗读要求

首先向学生介绍英语朗读中除了注重升降调,还需关注重读、连读、不完全爆破失爆、意群和停顿等语音现象,要读出节奏、读出感情。

一个句子中通常形容词和名词重读的现象比较多,有时要根据句子的意思、需要强调的内容来判断重读的对象。连读时的音节一般不重读,顺其自然地一带而过即可。爆破音是指发音器官在口腔中形成阻碍,然后气流冲破阻碍而发出的音。这些音有6个,即/p/、/b/、/t/、/d/、/k/和/g/。在领读几个长句时,我注重教会学生将长句分为若干个意群,该停顿的地方停顿,待各意群读熟了再领读整个句子。最后培养学生独立朗读整句(长、短句)的能力,在朗读中读出节奏和感情的能力。在家里听录音时,学生要用符号标出重读、连读、失爆的地方。坚持模仿朗读,久而久之,这些朗读技巧在无意识中就会逐渐养成,习惯成自然。

（二）改变分组方法

以前四人一组，哪个学生读错教师不多指出，为的是让学生有更多的自信，愿意读英语，喜欢读英语，从而达到主动读英语的境界。现在我要求学生两人一组，异质同组，即"师徒结对"，课外检测课文的朗读。我首先做好学生的思想工作，鼓励"师傅"要在课内外多帮助"徒弟"，共同进步。同时我也采用分层的方法，即师傅可以陪徒弟一起朗读，也可以背诵课文内容，给"徒弟"起表率作用。

（三）改变朗读材料

以前朗读的材料都是以课本为主，现在我要求课本上的内容可以四人一组，来做背诵或课本剧表演。选取《21世纪报》上的文章来朗读，也可以选用《新概念》第二册和SBS第二册的材料进行朗读。朗读优美的可以每人分别加"德育创新分"2～3分。

（四）改变检查方法

对于一些自觉的学生，免去家长签名，可以加"德育主动分"，每周1～2分。平时不是很自觉的学生需要家长继续签名，继续培养良好的朗读习惯。

（五）改变奖励方法

教师随时通过微信联系家长，表扬朗读优秀的学生。对于出色完成本周朗读作业的学生一周表扬一次，颁发红榜——"朗读优胜奖"，加"德育优胜分"2分。在一张玫瑰红的硬纸上盖上教导处的印章，让学生带回去给家长看。学生特别喜欢这张红榜。连续两周出色完成朗读作业的学生，下周也可以免家长签名，加"德育最佳分"4分。连续四周出色完成朗读作业的学生可以少做抄写作业，其他同学写两遍，而他们只需写一遍。默写满分可以免下一次的抄写作业。学生对教师这样的分层布置回家作业非常满意,同学之间也形成了良好的竞争意识和学习氛围。目前已经有21位学生的朗读作业不需要家长签名,也能做到流利地朗读或背诵课文,语音语调非常优美。目前班级中许多学生逐渐养成了良好的朗读习惯,有了一定的朗读技巧。

四、初中生英语朗读能力培养的效果

一段时间的训练后,原来19个英语不及格的后进生,在小组合作朗读展示活动中也能打准拍子,积极参与朗读。课堂上回答问题时声音也响亮一点了。我也经常表扬他们,偶尔也看到他们脸上难得的笑容,使我更深地体会到:后进生更需要教师的关心和鼓励。

我还开设了一堂区公开课,来自兄弟学校的教师对于本人在课堂上采取的"手势朗读法"给予了肯定。他们说,学生在课堂上小组合作朗读非常投入,人人动手动嘴,找不到一个开小差的学生,效果很好。此外,我还得到了家长的肯定:"我的孩子以前回家从来不读英语的,录音机上面灰尘厚厚一层。但是自从吴老师教英语以来,孩子读英语可积极了,还常要我签名、写时间,说可以加什么主动分。现在我的孩子读英语,已经养成了习惯。我不督促、不签名,他也经常读英语了。"听到家长这样的评价,我感到很欣慰。

目前班级里大多数的学生由原来的被动听录音,逐渐转化成了主动朗读英语。因为学生喜欢上了读英语,也喜欢上了学英语。上学期期末考试时,不及格的学生减少了,90分以上的学生增加了。从学生的答题情况来看,朗读能力的提高也促进了学生的阅读理解能力的提高。

当然,培养学生的朗读能力不是一朝一夕的事,需要教师在实践中为学生创设"有为"环节,不断反思,在反思中不断改进,持之以恒,不断摸索。但我坚信:努力培养学生正确、连贯、流畅有感情的英语朗读能力,让他们学会坚持努力做好一件事情,也是培养"有为"人才的有效方法。

由内及外 展示自我

唐璐敏

一、背景

爱因斯坦曾说过:"想象力比知识更重要,因为知识是有限的,而想象力概括着世界上的一切,推动着进步,并且是知识进步的源泉。"这是我第二次在公开课上选择了《英语(牛津上海版)》6A 第三模块,第十单元"healthy eating 的 Reading: good diets and bad diets"。第一次的课堂主要侧重创设亲身经历的情境,激发学生的学习兴趣,然而,我对于单元整体的把握和学习单的应用缺乏一定程度的研究和精心设计。第二次的教学设计要推陈出新,有新的侧重点和创新点也不是一件容易的事。此时正值学校推广"有为课堂"学习单,这份语文的学习单给了我新的灵感。学习单对于学生好似一份新手指引,慢慢地在一个个问题中探索新的话题,循序渐进地从学习别人的故事到描述和展示自我的精彩片段。英语字母背后所传达的文化和思维便也水到渠成地在学生根据学习单的指引下得以掌握和应用。语言的最重要的功能便是语用功能,因此我在单元教学设计总体背景下,第二次的教学设计开启了学习单的精心设计之路,学习单中各任务设计难度层层递进,让学生在课堂上不断闯关升级,最后得以展示自我风采。

《英语(牛津上海版)》6A 第三模块的主题为 food and drink,显而易见整个模块都是围绕"食物"这一主题,其中的第八、第九、第十等三个单元也都是围绕食物展开的:第八单元侧重我们日常的饮食,第九单元侧重野餐食物的准备,我选择的第十单元主要围绕健康食物的主题展开的,不仅与学生的日常饮食生活息息相关,而且还倡导学生健康饮食,对培养学生的语言能力和树立正确的价值观都有重要的作用。

二、过程

(一) 动画引趣,倡导健康

好的开始是成功的一半。导入作为教学各环节的起始环节,是引导学生了解本节课所学主题和产生兴趣的重要环节。首先,我将动画和歌曲两种形式相结合并展示在学生面前,但是在观看视频之前,我对学生提了一个小小的要求,就是记下视频中出现的形容词。视频刚一开始,同学们就被视频中以花椰菜为代表的"healthy food"和以巧克力为代表的"junk food"以拟人化的形象吸引了,同时相配应的歌曲也随着人物的动作而缓缓流出。同学们聚精会神地看着这些以不同类型食物为原型的卡通人物在互相搏斗,在观看视频后纷纷举手指出该动画中出现的形容词:strong、fast、weak、soft、slow and fat。学生在接下来的连线环节,争先恐后地将strong 和 fast 与健康的食物(healthy food)连在一起,其余的与不健康的食物(junk food)连起来。所以自然而然,在我提问"Do you want to be strong and fast?"时,同学们异口同声地回答"Yes!",我进一步追问:"So what kind of food should we have?",同学们指着视频中健康食物的动画形象回答道:"Healthy food."。由此在引入环节,我们不仅形象生动地引出"Healthy food makes you strong and fast while junk food makes you weak, soft, slow and fat.",而且还倡导了本节课的主题"Healthy eating",告诉同学们健康饮食的重要性,促使学生对何为健康饮食做进一步的了解。

(二) 借学习单,逐步升华

在学生对本节课的主题产生了兴趣之后,我将我阿姨的故事向学生娓娓道来。我先给学生展示了我阿姨 3 个月前的照片。照片中的阿姨身着红色衣服,但是由于太胖,扣子都被崩开了。学生们看到时都在笑。在同学们的笑声中我提问道:"What does she look like?",学生表现出异常的踊跃和激动,几近齐声说道:"She is fat."。

还有同学补充道:"Very fat."。接着我追问道:"Can you guess why she is fat?",这时有更多的同学举手,有的同学回答:"Because she has unhealthy food."。我回答:"Good guess. Can you tell me what kind of unhealthy food does she have?"。这时,这位同学就会给出一些不健康食物的名称。有的同学回答:"Because she does no sports."。我回答:"You're right, she always stays at home and watches TV."。同学们回答得都很起劲,但我一摊手说道,我阿姨现在很苦恼,应该怎么做才能变得健康呢?有几个同学受前面动画的启发,很快回答道:"She should have healthy food."。我肯定了同学们的答案,但又提问我们应该吃哪种健康食物,而且应该吃多少呢?这时学习单的"魔力"便慢慢地发挥出来了。

由于此课型为阅读课,需要着重培养学生阅读技巧。我让同学们自主阅读课本中的图片和备注,完成学习单上的任务一,找出我们每日所需的食物名称并写在横线上。同学们很快完成了此项任务。这时,我问同学们这些都是健康的食物吗?同学们异口同声回答道"不是"。这时我肯定了同学们的回答并说道,这些虽然不全是健康的食物,但却是我们人体所需要的食物。这时我看到有些同学面露疑惑,我却不动声色地让同学们第二次进行阅读并完成学习单上的任务二,找出每日所需食物的摄入量并写在横线上。之后,我在白板上设计了一个小游戏,将锥形体的不同大小根据听到的量词进行排列,在最终拼成的完整的锥形体之后,向同学们展示了埃及金字塔的图片,并且告诉同学们学习单上的图片被称为"食物金字塔"。我让同学们进一步通过阅读课本,找到食物金字塔展示的我们每日所需不同食物的不同的量。通过学习单这两个环节,同学们了解到只有摄入正确量的食物,才是一种健康的饮食,从而使我们变得健康。

(三) 层层递进,展现自我

教学进行到这儿,我知道,学生对健康的饮食有了一个新的理解,不再是单维度地看待健康的饮食。这时我在学习单中设计了任务三。任务三中展示了我阿姨的"食物金字塔",我让同学们两人一个小组分角色扮演我的阿姨和我,来讨论我阿姨每日所食食物的名称与量。这时同学们兴趣盎然,在学习单中示例的指引下,有声有色地进行着对话。在小组讨论结束后,我让同学们到台前再现了这段对话。他们的精彩表现也赢得了台下的热烈的掌声。他们不仅指出我阿姨每日饮食中吃得过量或过少的食物,而且通过指出我们每日所需要的该食物的量,间接地提出了友好的建议。之后我展示了我阿姨在遵循"食物金字塔"要求3个月后给我寄来的一张明信片和一张照片,和同学们提出的建议不谋而合,而且确确实实达到了想要的效果。同学们在齐声阅读这张明信片的过程中,我听到了深深的感动之情,也知道了同学们已经了解了健康饮食的双维度。

接着跟着学习单的指引,大家进入了最后的自我展示环节。我让同学们完成自己的每日饮食,并画好自己的"食物金字塔"。刚布置完任务,我便看到同学们飞快地动起笔来。没过多久,快的同学已经在用彩色笔在为自己的"食物金字塔"进行勾勒和涂色了。随着时间一分一秒地过去,已经完成的同学挺直了腰板,举着小手跃跃欲试了。同学们在台前有模有样地指着自己的"食物金字塔",介绍着自己的日常饮食。台下同学适当的点评也让气氛增色不少。

三、反思

此次课堂教学活动,不仅侧重培养学生的语用能力,更重要的是培养其情感目标,从学生感兴趣的动画和歌曲形式导入,不仅成功地引起了学生的探索兴趣,还了解到探索的主题。之后通过创设实际情境,设计一系列活动,各活动间环环相扣,将过去、现在和未来连成一条线,不断为学生架阶梯,激发学生的探索兴趣,不仅锻炼了学生的阅读能力和逻辑思维能力,也培养了学生的表达能力。本次教学活动主要借助多媒体,通过视频、图片等形式形象直观地展示了本节课的内容,吸引了学生的注意力,引导学生积极思考,乐于探索,而且注重学练相结合。学生学完新知后有操练环节,形式多样,在不断地练习探索中巩固所学。最后的小组活动环节,我让学生从阿姨的例子中获取灵感,来写出自己的日常饮食,说明自己的饮食是否健康及以后的改进措施。同学们展示了自己的饮食,有些同学还加以配图,说明同学们对这一堂课兴趣浓厚,非常积极地参与其中。本次课堂的最大特色之一是巧妙设计了学习单上的各项任务,通过这些环环相扣的任务,同学们对本堂课所学既有一个宏观的把握,又有了微观的细致掌握。

兴趣是最好的老师。教师要在课时教学设计以及单元教学设计中合理设计各项活动,由浅入深,环环相扣,充分引导学生和激发学生的探索兴趣。让同学主动探索,不断深入,积极参与,在不知不觉中掌握所学,并提升英语中听、说、读、写的能力以及逻辑思维能力。我以后也会继续研究学习单的设计,合理设计问题,引导学生探索,让他们产生兴趣,主动学习,创造有效课堂。

四、建议

饮食作为"衣食住行"中的重要方面,一直都为人们所津津乐道。民以食为天,但如何进行健康的饮食,还是值得我们探究和学习的。

我在本案例中的教学,不仅以教材为本,而且超越了教材,从课内走向学生的日常生活,具有强烈的教育功能。同学们对健康饮食有一个新的认识和理解,在日常饮食中倡导健康饮食,热爱生活。这次主要以学习单为主线,步步深入,不断探寻,到最后的自我展现部分一气呵成。同时以我的阿姨的故事为副线,将过去、现在和未来三个维度串联起来,进一步加深同学们的认识,培养了学生的生命情怀,确实非常成功!

这一案例的成功原因在于,我利用了动画视频这一音色俱全的媒介,让学生自然地深入了本节课的主题。同时我以其阿姨的故事创设了一个真实的情境,其中没有令人厌烦的刻板授课,而是通过故事的方式娓娓道来,在润物细无声中渗透饮食健康的理念。本案例的成功有着普遍的意义,它告诉我们:其一,教师应该明确教育的意义,对真实生活的细节把握可以深深地打动人;其二,教师必须有对教育资源的洞察与把握能力,才能将它们引入教育过程,进行流畅而严谨的教育教学设计。

语言的学习不是一个被动接受的过程,相反地,应该是一个主动探寻、不断应用,到最后自我展示的过程。

高效化学课堂的"有为"与"无为"

——以《从海水中提取溴和碘》为例

傅佳艺

在提倡素质教育的今天,我们都明白"授人以鱼,不如授人以渔"的道理。但是如何在课堂教学过程中真正做到以学生为主体,让他们能够积极主动地去探索新知识,在提高思维的活跃度的同时,培养他们的观察力、推理力、概括力、创新力。毕竟只有学生积极主动投身于学习的全过程,我们才能帮助他们达到"有为"的最终目标。作为一名踏上工作岗位不久的新教师,创建能让学生愿为、能为、敢为的课堂环境,逐步养成学生的自主学习能力和良好的学习习惯,是值得我去深入思考的问题。下面就以"从海水中提取溴和碘"的教学为例,谈谈我的一些想法。

一、选准"有为"的基本环节

基于促进学生学习良性的发展需求,教师在课堂中的主导地位需要被弱化,但是弱化并不是没有,如何弱化?这个问题确实需要讲究一些方法。

首先,掌握好学生的学情是一项必不可少的准备工作。苏霍姆林斯基说:"教育,这首先就是人学,不了解孩子——不了解他的智力发展,他的思维兴趣、爱好、才能、禀赋、倾向,就谈不上教育。"针对这种情况,在课堂教学之前,教师必须做好两个方面工作:一是要了解学生对海水中卤素的认知程度;二是要通过预习作业的方式,了解学生对于物质提纯的掌握程度。有了这样的基础排摸之后,教师的教才有针对性,才能进入循序渐进的科学轨道中去。因此,在"从海水中提取溴和碘"这节课中,我设计了两个课前思考:"为什么要提取溴单质和碘单质?""为什么是从海水中提取溴单质和碘单质?"这两个问题旨在引发学生的好奇心和求知欲。学生通过自主上网查阅资料或阅读课本,就能够明白海水中有着陆地上缺乏的卤素资源,所以我们要从海水中获取溴单质和碘单质。这些卤素资源对于人类来说,有着许许多多的用途。通过这样的课前准备,能够让每一个学生参与到课堂教学前 3 分钟的互动交流中去。提高每一个学生的课堂参与度,带着自己的见解进入新的课堂学习中,必然能够让教师更好地开展这一课时的教学工作。

其次,要做好科学的教学设计。"凡事预则立,不预则废。"教学设计可谓整个教学活动的纲领,它的质量决定了教学效果。为此,在掌握学情的基础上,本着促进学生"有为"发展的原则,教师要拟出合乎学生思维水平的课堂提问。我国著名教育家叶圣陶先生说过:"发明千千万,起点是一问,智者问得巧,愚者问得笨。"课堂提问能够开启学生的心智,启发学生的思维,增强学生主动参与课堂的积极性。这些往往比引导学生解决问题的"一问一答"式教学要重要得多。因此,在引导学生解决"如何从海水中提取溴"时,我给学生留了三个问题:

(1) 海水中溴的浓度比较低,该怎么办?

(2) 海水中的溴是以什么形态存在的?

(3) 如何从海水中获得单质溴?

这三个问题的设计其实是将海水提溴的步骤进行了切割,将一个大问题切割成小问题。层层递进的提问方式能够让学生的思维变得缜密起来,从而更好地突破教学重难点,让学生一步步地靠近最终答案,从而形成深刻记忆。

另外,提问要面向全体。教师要切实照顾到每一位同学,使每一位同学都得到发展,教室里不应该存在"被遗忘的角落"。在提问过程中,学习成绩不好的学生应该是教师优先照顾的对象,鼓励他们去回答一些简单的问题,提高他们的课堂参与度。在学生回答完毕之后,教师应该给予学生充分的肯定,同时指出不足的地方,提出期望。"素质教育不是英才教育,而是国民教育;不是选拔教育,而是普及教育;不是淘汰教育,而是发展性教育",教师应该给每一个学生成功的体验,又能给他们指明前行的方向。

最后,教师还可以在作业布置和批改环节"有为"。作业布置方面,教师的任务应该清晰,千万不可以不作为或者乱作为。黄沙如海,找不到绝对相似的两粒沙子;绿叶如云,寻不见完全相同的一双叶子。我们要尊重学生的个体差异,满足他们不同的学习需求,保护好学生的进取心,让每个学生都能在完成作业的过程中感受到成功的体验。基于这个考量,教师就必须通过精心选择和取舍,设计不同层次的作业,让不同层次的学生都能选择适合自己的作业,从而体验到成功的快乐。通过这样的"对号入座"来延续学生对于化学学习的热情,保鲜这一颗颗"愿为"的心。第一类可以是一些填空题,用来帮助学生巩固当天获得的新知;第二类可以选择一些利用新知解决问题的选择题,有利于学生增强自信心;第三类可以是一些具有发散性思维的题目。在本课的作业中,我就设计了一个从海水中提取镁的实验题,设计这样的题就是防止那些能力比较强的同学在课上"吃不饱",对他们进行一个"提优",每个同学都可以根据自己的实际情况选择作业,这样才能真正让"优等生吃精、中等生吃好、学困生吃饱"。

二、做足"无为"的核心文章

教学目标制定以后,教师的中心工作就是引导学生通过一系列的教学活动,逐步实现目标。于是,在教学目标的驱动下,教师的"教"和学生的"学"就成为整个教学活动关注的焦点。在这个环节,我认为教师适度、适时的"无为"就是积极"有为"。

例如:请学生以小组为单位讨论"如何将有机层和水层分开?",有一些小组讨论得较为热烈,能够想到借助分液漏斗就可以完成此操作,那么教师可以再进一步提问:什么时候关闭活塞?有一些小组没有头绪,教师也可以进行启发性提问:"用过滤的方法行不行?"学生肯定会回答:"不行,都是液体,滤纸没有办法阻碍上层液体通过滤纸。"教师可以继续提问"那怎么样才可以阻止上层液体往下流呢?就像切断流水的水闸一样",通过这一启发,学生也能够想到分液漏斗。不可否认,教师的"无为"不是一种绝对的"无为",而是一种相对的"无为"。

《淮南子》中说:"所谓无为者,不先物为也。所谓无不为者,因物之所为。"这告诉我们,要遵循事物的自然趋势,遵循万物本性而不妄为即是"无为"。有时候,在课堂教学中,我们也应该尊重学生的自然发展,静待花开。例如:学生进行自主实验活动:在 3 支试管中各加入 2 mL 碘水,然后分别加入 1 mL 酒精、四氯化碳、苯,振荡,观察现象。做完实验,学生就已经开始七嘴八舌地讨论起来:"为什么加了苯和四氯化碳之后分层了?""你看我手里这根试管,加完酒精之后和你们的现象不一样?""好神奇啊!""为什么加完苯,红棕色在上层,而加了四氯化碳的试管里红棕色在下层呢?"这个时候,学生的好奇心已经完全被激发起来了。他们的思维是活跃的。在他们的连连惊叹中,我并没有直接解答,只是追问了一句:"对呀,这是为什么呢?"其实这个时候只要给学生一点留白的时间,他们很容易就联想到水和油的互不相容(苯和四氯化碳也和水互不相容),水和酒精是互溶的,用无水硫酸铜就可以检测无色层是不是水。不可否认,此时教师的"无为"效果远胜于"有为"。多留点时间,生生之间就能产生强烈的思维碰撞,从而得出经得起推敲的结论,又何须教师在此时费心费力呢?

在日常教学中,我们常常能见到这样的现象:某个教学问题被抛出后,学生不能迅速解决问题,教师就匆匆地揭示了"谜底"。其实有这种现象也可以理解,课堂时间有限,教学任务需要完成,等不了学生的深度和自主思考。其实,越是在这种状况下,教师越要适度发挥"无为"的作用。美国著名科学家加波普尔说过:"科学与知识的增长永远始于问题,终于越来越深化的问题,越来越能启发新问题,越来越能启发新问题的问题。""问"是一门学问,如何发问,何时发问,如何启发新问题的问题?如何才能投出一粒石,激起千层浪?这种适度"无为"背后,其实需要教师花费更多的时间去思考和琢磨。

三、寻找"善为"的达成之法

对于教师而言,"有为"与"无为"的切换永远是一个两难命题,为此我们必须平衡两者之间的关系,并最终达到"善为",这才是学生成才之路上最大的福音。要达到"善为",适时的自问就显得尤为重要。

"有为"的作用点选择是否合理,是否推动了学生自主学习的能力。心理学家布鲁纳认为:"学习是一个主动的过程。对学生学习内因的最好激发是激起学生对所学材料的兴趣,即来自学习活动本身的内在动机,这是直接推动学生主动学习的心理动机。"因此,教师要能够依据学生的发展情况,在教学引入环节多动脑筋,这样的"有为"能够更好地激发学生的学习动机,培养学生的学习兴趣;在教学过程中巧设问题,这样的"有为"能够促进学生去思考,从而产生求知欲;在教学过程中设计合理的实验,这样的"有为"给学生提供了动手实践的机会,让学生在实践中解决问题。

"无为"的效果是否成功,教师的"无为"是否变成了教师的无所作为。在我看来,教师的"无为"是不缩短学生的自主学习时间。有的时候教师为了赶教学进度，在抛出问题之后，还没等学生缓过神来，就已经开始揭晓答案了。这样匆忙的学习探究，最后让课堂学习变成一个空幌子。学生根本没有经过思考就获得了知识，这样只会导致学生习惯于被动地接受知识，根本达不到让学生变得"有为"的初衷。因此，教师一定要在课堂上给学生充分的时间去思考、去讨论、去思辨，只有通过这样充分的自主学习，学生才能主动地去获取知识。

自身的教学能力和专业知识是否存在不足。曾子曰："吾日三省吾身，为人谋而不忠乎？与朋友交而不信乎？传不习乎？"作为教师，如果不善于课后反思，那么即使他有20年的一线课堂教学经验，也只不过是将同样的课上了20遍而已。只有从自己的教学中吸取经验教训，教师才能得到飞速的进步。我国著名心理学家林崇德提出了"优秀教师＝教学过程＋反思"的成长模式。我们要去整理自己课堂上的闪光之处，比如能够激发学生学习兴趣的教学引入、新颖的实验设计、教学中临场应变得当的措施、能与学生产生共鸣的有趣语言、条理清晰的板书设计等。这些闪光点都是组成一堂好课的因素。我们也要去反思课堂的不足之处，提高自我的教学能力。提问的时机是否恰当？提问后留给学生思考的时间是否充足？自己的语言表达是否精准？课后的习题是否能够满足不同层次学生的需求？这些问题都值得我们在课后去细细琢磨。只有找到解决的方法，我们才能避免重蹈覆辙。在课堂教学中，师生之间的你来我往，往往会成就一些"超常"发挥，"灵感"也就随之而来。然而，灵感稍纵即逝，如果不及时记录下来，往往追悔莫及。因此，还需将这些具体的感受记录在案，从而帮助我们对自己的教学内容进行进一步的完善，这样的"再设计"能够使我们的教学工作精益求精。

教师要根据实时变化的课堂灵活切换"有为"的教和"无为"的教，实现"有为"与"无为"之间的互补，保持二者的平衡。相对于以往的课堂，虽然教师的主角戏分大大减少，但是却能成就学生的"有为"，何乐而不为呢？

后记

一份结题总报告、八个子课题报告、百余篇研究的案例、25位教师的研究文集、约25万字,在3年的时间里,围绕核心素养培养,就学生"自主性发展"主题,我们的团队开展了从理论到实践的探索研究,这是我们走"科研立校"之路、打造"研究型教师团队"与建设"书香校园"心路历程上的一个缩影。作为一所由"薄弱"向"脱贫"、"致富"路上努力的学校,需要有这样的理念与行动。特别感谢丁林华、邱凤、倪菊红、赵刚、王瑛、宋飞、万玮和罗舒璃老师,他们通过课题组教师的实践案例,提炼的子课题研究成果,为总报告提供了丰富的实证材料,也衷心感谢参与课题组织和研究实践的所有老师的付出与分享。

多年来,学校一直致力于依托科研,以龙头课题牵引,为教育教学的改进与改善而孜孜以求、不断前行,也真真切切尝到了甜头,在教学质量的进步、教师专业的提升、学生综合素质的提高、社会声誉的改善等方面,有了明显的变化。

本次的课题组参与人员,不仅集学校在科研、教学、教育岗位上的中坚力量,发挥着引领示范的作用,而且覆盖了几乎全学科的老师。我们采集了26位教师的研究习作,参与研究的主干教师有的也是我们的行政管理人员。更令人惊喜的是还有9位工作时间不满5年的青年教师。他们的"登场"代表着学校可期待的品质,以及良好的科研生态。引领、合作、共享的文化渗透在我们的研究氛围与工作机制中,真正体现了我们"自主涵养品质"的主题。

美国学者波斯纳曾提出一个广为流传的教师成长公式:教师专业成长＝经验＋反思。我想,仅仅对经验进行反思,而不把反思的结果通过写作进行固化和明确,那么反思的结果通常难以对自己的后续发展和实践改进产生持续、深入的影响。从这个角度说,教师专业成长的公式应该是:教师专业成长＝经验＋反思＋写作。鼓励教师不断笔耕,我们的用意不仅要唤醒教师的自主意识,帮助教师认同研究者的身份,还要教师建立专业视域下的表达自信,鼓励教师表达教育情境中的事件智慧,从而实现对教育写作的理解与超越,实现教育写作新时代的转型。

繁盛的教育写作一定会带来繁盛的教育理论与教育实践。在学校攀登上行的路上,我们一定用坚定的步伐,走好"科研兴校"这条路,带领我们的教师努力做新时代"研究型"教师。

上海市吴迅中学党支部书记　朱哲明